BAEDEKER

E
ELBA

Toskanischer Archipel

»

Mir geht es so gut auf Elba, für kein Geld der Welt würde ich von der Insel weggehen!

«

Napoleon Bonaparte

baedeker.com

DAS IST ELBA

08 Mutter, Schwester und Geliebte
12 Es sind die »Donne Del Parco«
16 Elisabetta Pavolini
20 Zeitkapsel und Natur pur
24 Giglios Leuchttürme ...

TOUREN

30 Unterwegs auf Elba und im Toskanischen Archipel
31 Spur der Steine ...
35 Strandparadiese im Westen Elbas
37 Hinaus in Macchia und Kastanienwälder
39 Elba – heimelig toskanisch
41 Bummeln, Biken, Baden
43 Auf Napoleons Spuren

LEGENDE

Baedeker Wissen
● Textspecial, Infografik & 3D

Baedeker-Sterneziele
★★ Top-Reiseziele
★ Herausragende Reiseziele

ZIELE AUF ELBA

48 ★ Bagnaia
50 ★★ Calamita
52 ★★ Capoliveri
60 Cavo
63 Lacona
66 Magazzini
67 ★★ Marciana
74 Marciana Marina
79 Marina di Campo
85 ★★ Poggio
91 ★ Porto Azzurro
97 ★★ Portoferraio
104 ● Napoleons Inselreich
127 Rio Marina
131 ★★ Rio nell'Elba
133 ● »Piratenbraut« – verschleppt und verheiratet
137 ★★ San Martino
142 ★ San Piero in Campo

ZIELE IM TOSKANISCHEN ARCHIPEL

148 Inseln des Toskanischen Archipels
148 Capraia
158 ★★ Giannutri
163 Giglio
172 ● Costa Concordia
174 Gorgona
179 ★★ Pianosa
188 ★ Montecristo

HINTERGRUND

194 Die Inseln und ihre Menschen
196 ● Elba auf einen Blick
200 ● Blumen und Kräuter auf Elba
207 ● Inseltopografie
210 ● Elbas Bodenschätze
212 ● Gino Geniale – die Geschichte der Eisengewinnung auf Elba
215 Geschichte
226 Kunst und Kultur
231 Interessante Menschen

ERLEBEN & GENIESSEN

244 Bewegen und Entspannen
253 Essen und Trinken
254 ● Typische Gerichte
261 Feiern
264 ● Elbas Romeo und Julia
266 Shoppen
270 ● Alles lokal: der Mercato Agro-alimentare Tradizionale
272 Übernachten

PRAKTISCHE INFOS

278 Kurz und bündig
279 Anreise · Reiseplanung
283 Auskunft
284 Etikette
286 Gesundheit
287 Lesetipps
288 Preise · Vergünstigungen
289 Reisezeit
290 Sprache
296 Telekommunikation · Post
297 Verkehr

ANHANG

302 Register
307 Bildnachweis
308 Verzeichnis der Karten und Grafiken
309 Impressum

PREISKATEGORIEN

Restaurants
Preiskategorien
für ein Hauptgericht

€€€€	über 25 €
€€€	20 – 25 €
€€	15 – 20 €
€	bis 15 €

Hotels
Preiskategorien
für ein Doppelzimmer

€€€€	über 150 €
€€€	130 – 150 €
€€	100 – 130 €
€	bis 100 €

MAGISCHE MOMENTE

59 Bucht der Verliebten
80 Die fantastischen Sonnenuntergänge ...
119 Ein außergewöhnlicher Schlafplatz
126 Bis zum Horizont
161 Malerische Küste
171 Abendliche Wanderung
256 Cacciucco schmausen am Meer...

ÜBERRASCHENDES

53 **6 x Einfach unbezahlbar**: Erlebnisse, die für Geld nicht zu bekommen sind
89 **6 x Unterschätzt**: Genau hinsehen, nicht daran vorbeigehen, einfach probieren!
155 **6 x Durchatmen**: Entspannen, wohlfühlen, runterkommen
162 **6 x Typisch**: Dafür fährt man auf die Inseln.
190 **Erstaunliches**: Hätten Sie das gewusst?

Vom Castello del Volterraio hat man einen fantastischen Blick ins Umland.

D
DAS IST ...

Elba

Die großen Themen
rund um Napoleons Exil.
Lassen Sie sich inspirieren!

Wer früher nach Pianosa kam, passierte diesen Torbogen am Hafen der Strafkolonie. ▶

MUTTER, SCHWESTER UND GELIEBTE

... sorgten mit dafür, dass Napoleon das kleine Elba während seiner Verbannung in die Neuzeit katapultierte. Weltpolitisch bedeutsam waren sie bei der Flucht.

Die Villa dei Mulini in Portoferraio nutzte Napoleon für Empfänge und Feste. ▶

NICHT alle Günstlinge folgten Napoleon (1769–1821) ins Exil auf Elba. Eine reiste aber mit: **Kaiserinmutter Maria Letizia Ramolino** (1750–1836), die ihren Zweitgeborenen gern »Nabulione« rief. Elbas Frauen schmunzeln heute über »Madame Mère«, Madame Mutter, die in Portoferraio ein schlichtes Domizil an der Via Ferandini 12 bewohnte und Pomp hasste. Erinnert wird sie als »donna con le braccia corte«, Dame mit »kurzen Armen«: Denn Donna Letizia war geizig! Kein Wunder: Sie hatte acht Kinder phasenweise allein großgezogen. Gatte Carlo di Buonaparte, aus verarmtem Adel, starb 1785, Nabulione war 16 Jahre alt. Mit Not brachte die Witwe die im Haus verbliebenen Kinder durch, unterstützt von Geldsendungen Napoleons, der fast zwangsweise beim Militär gelandet war. Auch 1814 hütete sie ihr Vermögen, verlieh Geld selbst an ihre Kinder nur gegen hohen Zins.

Strenge Mutter

Madame Mutter war sehr katholisch, auch wohltätig, stets streng: auch mit Nabulione, der ihren Rat oft nicht annahm. Das führte zu Streit: Madame Mère blieb gar der Selbstkrönung des Kaisers fern, weil sie seine Gattin Joséphine nie mochte. Napoleon ließ die Mutter trotzdem aufs Krönungsbild malen. Schön ist der **Hinterhofblick** auf ihr Logis, Teil des Itinerario Napoleonico durch Portoferraio: Von der Piazza Napoleone an der Villa dei Mulini blickt man auf Donna Letizias Rhododendren.

Mutter und Tochter

Kompliziert war ihr Verhältnis zu Tochter **Paolina Bonaparte** (1780–1825, ▸ Interessante Menschen), gerufen Paoletta. Doch Napoleon war seine Lieblingsschwester heilig. Die galt als It-Girl: verschwenderisch, exzentrisch, Star jeder Party. Skandalös ihre Amouren, auch Bewunderung, als Canova sie 1805 bis 1808 fast nackt als »Siegreiche Venus« in Marmor meißelte (heute: Galleria Borghese in Rom). Napoleon sah über ihre Eskapaden hinweg: Schließlich war Portoferraio Provinz, nicht Rom oder Paris, wo sie zuvor zelebrierte.

Schätze der Schwester

Dank ihres oft gehörnten Gatten Camillo Borghese kamen sogleich Möbel ins Heim. Dessen Hausrat, auf dem Weg nach Rom, ankerte gerade in Porto Azzurro und wurde flugs beschlagnahmt. Davon ist nichts in der **Palazzina dei Mulini** erhalten, die Paolina perfekt und mit neuem Ballsaal ausstattete. Echt in Paolinas Gemächern, die einst Napoleons neuer Gattin Marie Louise von Habsburg zugedacht waren, sind aber eine gigantische Schleppe und ihr monströses Prunkbett, kämpferisch verziert mit goldenem »N«, zwei Speeren und Lorbeerkranz am Baldachin. Im Garten ist sie als Canovas »Galatea« (Kopie) zu bestaunen. Überraschend integrierte sich Paolina auch in Portoferraios Alltag, schuf das Teatro dei Vigilanti als Gesellschaftstreff und hatte die geniale Idee zu Napoleons Flucht an Karneval. Auch in der Villenbibliothek, 730 von 2500 Bänden blieben, ist sie präsent. Ihre Tagebücher zieren ein »P«, die Napoleons ein »N«. Die Vereinigten Arabischen Emirate spendierten bis 2016 die Digitalisierung der Bibliothek (373000 Seiten!). Seitdem sind auch Paolinas intime Mitteilungen online im Museum lesbar.

Napoleons Lieblingsschwester Paolina sorgte für einigen Klatsch und Tratsch – zum Beispiel durch diese kaum bekleidete Skulptur von Canova.

Wohlwollende Geliebte

Auch **Gräfin Maria Walewska** (1786–1817) war seit 1807 auf Druck polnischer Patrioten und ihres Gatten Napoleons Geliebte. Sie vollbrachte beim Kurzbesuch im Exil am 1. September 1814 (48 Stunden) im abgeschiedenen **Madonna del Monte** Historisches: Der Geheimtreff war nicht zur Liebelei gedacht, denn sie kam mit dem gemeinsamen Sohn Alexandre (geb. 1810) und sie informierte Napoleon über die Situation in Paris, überbrachte Kassiber und forcierte so seine Flucht: Der Kaiser kehrte aus dem Exil zurück.

NAPOLEON-RESIDENZ

Villa dei Mulini, Wallfahrtskirche Madonna del Monte:
Ein Muss ist die Villa dei Mulini in Portoferraio. Zum geheimen Treffpunkt Napoleons an der Kirche Madonna del Monte geht es zu Fuß in ca. 50 Minuten.
(▶ S. 99 bzw. S. 71)

GELOBT SEIEN DIE »DONNE DEL PARCO«

Die Frauen im Nationalpark Toskanischer Archipel brillieren als Guides, in der Administration oder als Tourorganisatorinnen und setzen das nachhaltige Tourismuskonzept in der Inselwelt »Sieben Schwestern« um.

Der Nationalpark Toskanisches Archipel erstreckt sich von der Insel Capraia (im Bild) über Elba bis nach Giglio und Giannutri. ▶

ALLEN voran ist Ex-Parkdirektorin Franca Zanichelli für einen Großteil der Neuerungen auf allen sieben Inseln des Nationalparks verantwortlich. Ihre Beharrlichkeit führte zur Öffnung von Pianosa, wo täglich mehrere Guides mit hervorragendem Fachwissen, meist Frauen, zu den Kultur- und Naturschätzen führen. Seit 2018 setzt Dr. Maurizio Burlando ihre Arbeit als Parkdirektor fort.

Schillernde Lokalhistorie

Auch auf Elba selbst kann man sich den Guides bedenkenlos anvertrauen. Etwa der aufgeräumten **Tatiana Segnini,** die im Bergdorf Marciana geboren wurde. Beim Spaziergang mit ihr durch die Gassen kann man auch ihre Mutter treffen. Im Dorf kennen Tatiana alle. Schließlich wirkte ihre Großmutter hier als Hebamme und wusch Leichen; jede Familie hatte irgendwann mit ihr zu tun. Lachend nennt Tatiana ihre Oma wegen deren Leibesfülle (120 kg) »una montagna«, »einen Berg«.
Tatianas Ausführungen sind gespickt mit lokalhistorischen Details, nicht etwa Dorfklatsch. Ihr Wissen erwarb sie beim akribischen Studium historischer Akten des Dorfarchivs. Ihre Suche ergab ein schillerndes Bild des Frauenlebens auf Elba in den letzten Jahrhunderten – und führte auch zum **Open-air-Schauspiel** »Marciana nel Cinquecento« (»Marciana im 16. Jh.«). Museumsdirektorin Dr. Valentina Anselmi setzte es nach Tradition des Teatro Popolare, des toskanischen Volkstheaters, in historischen Kostümen in Szene. Und ganz Marciana machte mit!
2022 publizierte Tatiana mit Dr. Ilaria Monti das Buch zu den »Statuti e decreti nella terra di Marciana«, den Statuen und Dekreten von Marciana vom 16. bis ins 18. Jh., 2023 ein Buch zur Geschichte von Montecristo. Ilaria Monti wies 2022 zudem nach, dass der Turm am Hafen von Marciana Marina schon 1549 und nicht erst 1560 entstand.

Von Mitgiftbüchern und Badekostümen

Frauenforschung auf Elba ist lebensnah und spannend. Da ist Marcianas **»Liberdot«:** In dies Libro delle doti ließen Bräute einst ihre Mitgift eintragen, immens wichtig im Fall des Ablebens des Gatten oder bei Entführungen durch Piraten. Und es gab unzählige »Suppliche«, **Bittgesuche,** die Frauen in Not an die Medici in Portoferraio schickten. Da ging es um Lösegeld für entführte Töchter, Unterstützung von Witwen oder schlicht die Wohnrechtgewährung in Portoferraio, dem einzig sicheren Inselort. Eine Reihe Elbanerinnen hat Heimatdorfarchive durchstöbert und entdeckte in Rio nell'Elba, ungewöhnlich im 16. Jh., gar eine staatlich bezahlte Ärztin. In Rio Marina wurde 2005 anhand historischer Fotos nachgewiesen, wann die Damenröcke erstmals über die Knie rutschten und erste Dorfdamen im Badekostüm auftraten.

Starke Frauen verewigt

Viele Fäden der Sozial-, Kultur- und Frauenforschung auf Elba laufen bei **Gloria Peria** zusammen. 2012 veröffentlichte die Direktorin aller Archive auf Elba ein Buch zur Lebenswelt der Elbanerinnen vom 17. bis ins 20. Jh., 2017 einen Band zu Vittoria Altoviti Avila Toscanelli, die im 19. Jh. ihre Villa Ottone zum berühmten Salon machte.

PARCO NAZIONALE ARCIPELAGO TOSCANO

Die Nationalparkverwaltung logiert in der perfekt restaurierten Tonnara auf der Halbinsel Enfola (Elba). Dort halten Direktor Maurizio Burlando, Aurora Ciardelli und Kolleginnen Infomaterial bereit und laden auch in die Nationalparkzentren auf Elba, Capraia, Giglio, Montecristo und Pianosa ein. (► S. 116)

ELISA-BETTA PAVOLINI

... bezirzte Napoleon und erhielt ein wertvolles Geschenk, dass in der unscheinbaren Dorfkirche San Defendente in Poggio wiedergefunden wurde.

◄ Am Fuß des Monte Capanne ragt das Dörfchen mit seinen zwei Kirchen zwischen den Wäldern hervor.

In den verwinkelte Gassen im verwunschenen Bergdorf Poggio

1814 wählten die Honoratioren von Poggio das schönste Mädchen im Bergdorf aus, das Napoleon beim Antrittsbesuch seiner neuen Dorfbesitzung begrüßen sollte. Die Wahl fiel auf »Betta la Carina«, die »süße Elisabeth« (Betta = Elisabetta). Auf der Piazza vor der Hauptkirche San Niccolò näherte sich das Mädchen Bonaparte mit »grazia e titubanza«, Würde und unschlüssigem Zögern, um dem Ex-Weltherrscher einen Strauß Feldblumen zu überreichen. Doch der sich schüchtern mit niedergeschlagenen Augen Nähernden blieben die Begrüßungsworte im Halse stecken. Ängstlich schwieg sie. Napoleon fragte sie amüsiert nach ihren Namen. Elisabetta antwortete brav: »Carina«, »Süße«! Denn so wurde sie seit Geburt gerufen. Napoleon bewahrte Haltung, kramte in den Rocktaschen nach einem Büchlein, dem ab 1804 verfassten Gesetzwerk Code Napoleon, und schenkte es Elisabeth samt Widmung:

> »
> Für Carina, damit sie sich stets an diesen Tag und ihren Imperator erinnert.
> «

Verewigte Schönheit

Die Dorfschönheit fiel später dem Bildhauer Allori auf, als sie, graziös einen Korb Obst auf ihrem Haupt balancierend, zum Elternhaus an Poggios Fischmarkt (Piazza del Pesce) schritt. Da Allori gerade die zweite Dorfkirche **San Defendente** neoklassizistisch mit Kapitellen und raffiniertem Stuck ausschmückte, verewigte er »Betta la Carina« als geflügelten **Marmorengel** über dem Hauptaltar. Seine eigene Büste platzierte er rechterhand in gleicher

Der Code Napoleon – ein Geschenk des Kaisers höchstpersönlich

Höhe an die Seitenwand – so bewachte er Carina permanent mit Argusaugen. Alloris verliebte Eifersucht war unbegründet. Die zwei heirateten, hatten viele Kinder und noch mehr Enkel.

Die Kirche

Natürlich hat San Defendente auch noch mehr zu bieten. Der **Kirchturm** wurde 1815 gebaut, der Giebel der 1821 erneuerten Fassade fiel aber am 7. Januar 1958 einem »uragano« (Hurrikan) zum Opfer. Dies ist bedeutsam, weil am

SAN DEFENDENTE UND CASETTA DROUOT

Der Besuch der Dorfkirche in Poggio lässt sich ideal mit der Visite in der nahen Casetta Drouot (17. Jh.) verbinden.
(▶ S. 85)

Jahrestag des Heiligen (2. Januar) einst »Panitelli«, kleine **Votivbrote,** an die Gläubigen verteilt wurden. Die legten die Brötchen daheim auf Fensterbänke als Schutz vor den gefürchteten »tempeste marine«: Meeresstürmen. Den Hauptaltar schmücken seit 1883 Holzstatuen von Antonio Rossi aus Siena. Im gleichen Jahr schuf er die Statue des **Cristo Morto** aus Feigenbaumholz.

Glückliche Spenderin

Die Gipsstatue des Hl. Defendente – ein früher auch auf Pianosa verehrter Heiliger, der als römischer Militär 287 den Märtyrertod starb – schenkte 1930 eine gewisse Gioconda Pavolini der Kirche. Sie war wohl Nachfahrin oder Verwandte Betta la Carinas, deren **Code Napoleon** eher durch Zufall testamentarisch an Paolo Ferruzzi ging. Der wiederum wuchs in Poggio »wie einst Proust« in gediegenen Verhältnissen auf und wurde später Direktor der Accademia di Belle Arti in Rom. In seiner Jugend hatte er eine alte, einsame, im Dorf offenbar weniger gelittene Frau einst täglich getroffen und höflich gegrüßt. Das hatte die alte Dame, Nachfahrin der schönen Süßen, nie vergessen und ihn in ihrem Testament bedacht! Carinas Code Napoleon vom 3. September 1807 ist in **Ferruzzis Casetta Drouot** zu bewundern, ehe man Paolo Feruzzi selbst in seiner 2017 gegründeten Accademia del Bello treffen kann (Ausstellungen im Sommer meist 17–20 Uhr). So bleibt die »Süße« ein wenig unsterblich. Gleich neben dem Bändchen liegt auf der Konsole auch eines der ältesten Elba-Reisebücher, Arsene Thiebault de Bernauds »Voyage a l'isle d'Elbe« von 1808. Ob General Drouot darin blätterte und die Inselkarte studierte?

FERRINO

ZEIT-KAPSEL UND NATUR PUR

Stein gewordene Zeitkapsel des 19. und 20. Jahrhunderts, Symbol für nachhaltigen Tourismus im Toskanischen Archipel! Das nur 29m aus dem Meer ragende Eiland Pianosa war einst Gefängnisinsel und unter Napoleon die Möchtegern-Kornkammer Elbas. Heute erkunden viele Pianosa mit dem Mountainbike.

◄ Die spektakuläre Mountainbike-Tour führt an Orte jenseits der Gefängnismauern.

TAGESAUSFLUG AUF DIE INSEL PIANOSA

Schiffsausflug auf die Insel? Aquavision bietet Tagesausflüge mit oder ohne Übernachtung auf die Insel Pianosa. Auch vom Festland (San Vincenzo, Piombino) und von Rio Marina legen Schiffe ab. (▶ S. 185)

KLEIN, aber oho: Pianosa ist mit seinen 10,25 km² kaum größer als der Schlosspark in Versailles. Und doch hat die »Geisterinsel« 2021 fast 34000 Besucher angezogen, die 1254 Tourangebote der Nationalpark-Guides wahrnahmen. Denn nur so kann man den einzigartigen Charme der Insel in der über 60 Jahre fast unberührten Natur erleben. Maximal 330 Tagesgäste dürfen das einst römische »Planasia« am Landungssteg unterhalb Pianosas massivem Burgturm betreten. Dabei war es lange eine Gefängnisinsel, hier saßen Größen der Mafia und der Roten Brigaden in Hochsicherheitstrakten ein. Nun ist die 1858 gegründete Colonia Penale, Italiens **älteste Inselstrafkolonie,** aufgelöst und Schatz im Nationalpark-Portfolio.

Freies Gefängnis

Noch sieben ausgewählte Freigänger des Gefängnisses von Porto Azzurro leben auf Pianosa, pflegen Beete sowie die Infrastruktur und helfen im Bar/Ristorante »Da Brunello« oder im Hotel Milena. In diesem ehemaligen Haus des Gefängnisdirektors bietet Chefin Giulia Manca Übernachtungen zur Vollpension an. Auch die Gefängnisgebäude und die 6 m hohe Gefängnismauer Muro Dalla Chiesa stehen noch. In diese »Zone« darf man nur auf Führungen, die an der **Casa dell'Agronomo** starten. Das Haus, bis 1875 im eklektizistischen Stil erbaut, wurde für 2,2 Mio. restauriert und beherbergt das neue, multimedial angelegte und sehr zu empfehlende **Ökomuseum**.

Die Insel entdecken

Geführte Trekking-Touren in die Macchia voller Wacholder und 17 Orchideenarten führen vor allem in den Südosten der Insel. In die »verbotene Zone« jenseits der Gefängnismauer geht es per Bus, in der Kutsche oder auf spektakulären Mountainbike-Touren, die Top-Guide **Stefano Luzzetti** anbietet. Er organisiert auch fantastische Kajaktouren ab Pianosas Badestrand Cala Giovanna. Der Strand gilt vielen als »Karibik des Toskanischen Archipels«!

Am eindrucksvollsten ist sicher die **Tour in die Gefängniszone**. Man erlebt die bebauten Felder und die Stallungen fürs Vieh, in denen auch Italiens populärster Nachkriegspräsident, **Sandro Pertini**, arbeitete. Er war hier 19131 bis 1935 während der Mussolini-Zeit als politischer Gefangener inhaftiert. Die Tour führt auch am berüchtigten Hochsicherheitsgefängnis vorbei, das 1998 geschlossen wurde. Ein Höhepunkt ist sicher der **Turmbau zu Babel** (Torre di Babele), ein Rundbau, der womöglich der Wasserversorgung diente. Nur zu bestimmten Anlässen veranstaltet der Nationalpark auch Naturwanderungen, etwa zur

Zugvogelstation. Wichtig: Besucher dürfen niemals Abfall auf der naturgeschützten Insel hinterlassen.

Insel des Exils

Zugänglich sind die Reste von **Agrippas Bad** (1. Jh. v. Chr.–1. Jh.), wo Agrippa Postumus, letzter Erbe des ersten Kaisers Augustus, sieben Jahre im Exil lebte und 14 n. Chr. ermordet wurde. Teile der Anlage wie die antike Fischzucht liegen unter Wasser, der Palast im Inselinneren wurde mit dem Hochsicherheitsgefängnis mit Agrippa-Trakt überbaut.

Inselperle

Spezielle **Geisterführungen** durch das im 19. Jh. erbaute Inseldorf und abendliche Sternenkunde bietet die Direktorin des Hotels Milena an, Giulia Manca. Jedes Gebäude hat seine Geschichte, 1974 geschah hier sogar ein Mord! Fotos zur bewegten Inselgeschichte bewahrt die tolle, völlig neu gestaltete Gratis-Ausstellung »Pianosa com'era« (»Pianosa, wie es war«). Noch tiefer in die Vergangenheit schreiten Sie nur auf einer **Führung durch die Katakomben** (4./5. Jh.) – übrigens die bedeutendsten nördlich von Rom.

Die Korallenmöwe ist selten geworden, weshalb sie sogar zum Emblemvogel des Parks gemacht wurde.

JappoJoc

GIGLIOS LEUCHT-TÜRME

... erfüllen besondere Urlaubsträume. Gut, dass die Agenzia del Demanio in Rom viele »Fari« der Apenninenhalbinsel langfristig verpachtete. Die höchste Nachfrage hatten die Leuchttürme des Toskanischen Archipels.

◄ Am Hafen der Insel wachen die beiden Leuchttürme in Grün und Rot.

BAEDEKER DAS IST ...

AUF GIGLIO

Nicht billig, aber einzigartig sind Übernachtungen in den Leuchttürmen Punta Capel Rosso (Buchung: veronicamura@ymail.com, lesperidi@libero.it, www.faropuntadelcapelrosso.it) und Faro Punta Fenaio. Die Anfahrt zu den wunderbaren Zimmern und Suiten erfolgt mit Abholung im Jeep ab Loc. Scopeto oder n. V. direkt ab Giglio Porto (Tel. 0564 1 83 09 01, www.farodipuntafenaio.it). (► S. 168)

ALS 2015 und 2016 die ersten 40 Leuchttürme zum Verkauf standen, waren zwei Stück auf Giglio mit je 135 Bewerbern die attraktivsten. Den Zuschlag mit bestem Entwicklungsplan für den ersten erhielten drei Schwestern: Veronica, Gilda und Viola Mura aus dem toskanischen Empoli.

Umfunktioniert

In Giglios Leuchtturm an der Punta di Capel Rosso – nicht zu verwechseln mit dem fast gleichnamigen Exemplar in Giannutri – investierte das Unternehmerinnentrio 700000 Euro! Im Turm von 1883 logiert nun ein **»B&B mit Charme«**. Das Ensemble mit weißem Turm und rotweiß gestreiftem Gebäude bietet vier schicke Gästezimmer. Nach der Corona-Delle werden hier auch Ausbildungskurse für Rettungshunde, Bioenergetik-Seminare und Yoga-Sessions veranstaltet (Anna; Tel. 339 842 97 30; Di. 8.30 Uhr, Do. 19 Uhr, 25 €).
Am Faro Punta Capel Rosso gingen wohl 30 spanische und zig französische Schiffe unter. Direkt vor dem Leuchtturm versank 1643 die spanische Galeone Santa Barbara. 47 angekettete Gefangene starben. Angeblich soll nachts ihr Babyweinen ähnelnder Klagegesang ertönen. Doch Veronica Mura weiß, dass dies Rufe der Berta Maggiore sind, des geschützten **Gelbschnabel-Sturmtauchers** (Calonectris diomedea). Tatsächlich ist ihr Leuchtturm eine Ikone, war Symbol vergangener Kindheitstage im Film »La Grande Bellezza« (»Die große Schönheit«) von Paolo Sorrentino, dessen raffinierte Hommage an Fellinis »La Dolce Vita« 2013 in Cannes und 2014 den Oscar und Golden Globe gewann.
Die von den Schwestern gegründete Firma Le Esperidi verwaltet alles. Sie steht für die antiken Hesperiden, drei bis sieben hellsingende Nymphen, in deren Garten ein Wunderbaum mit goldenen Äpfeln wuchs, deren Genuss »ewige Jugend« verhieß. Und warum sollte Giglio nicht jene nie entdeckte Insel der Hesperiden sein? Zumindest sind die Hesperiden am Himmel über dem Leuchtturm präsent: In der griechischen Antike waren sie das Sternbild Kleiner Wagen, ihre Äpfel der Große Wagen.

Schlafen unterm Licht

Grandios ist auch Giglios zweiter Leuchtturm, der ebenfalls 1883 erbaute **Faro Punta Fenaio** im Inselnorden. Er blieb in Insulanerbesitz, ging an Paola Pini. Hier erwarten Sie acht luxuriöse Zimmer und Suiten, die nach den Sternpositionen bei der Eröffnung 2017 benannt wurden. Der Kontakt funktioniert im Sommer wegen Funkloch meist nur via What's App (Tel. 348 7 96 63 53). Im Ristorante »La Sentinella del Mare« mit Panoramaterrasse (im Sommer bis 30.9., im Winter nur B&B) wird man mit Giglio-Spezialitäten verwöhnt.

Leuchtturm der Verliebten

Giglios dritter Leuchtturm, der 1850 erbaute, rasch durch die anderen ersetzte achteckige Leuchtturm **Faro delle Vaccerecce** nördlich Giglio-Castello, ging 2015 an den Designer Gherardo Felloni aus Arezzo. Die Anlage ist als »Faro degli Innamorati« (Leuchtturm der Verliebten) berühmt. Hier spielt auch Federico Moccias Kult-Jugendroman »Scusa ma ti chiamo amore« (Deutsch 2010: »Entschuldige, ich liebe dich!«; 2014 verfilmt). Die perfekt restaurierte Anlage wird nur privat genutzt.

T
TOUREN

Durchdacht, inspirierend, entspannt

Mit unseren Tourenvorschlägen
lernen Sie Elbas beste Seiten kennen.

Rechts oder links? Auf den folgenden Seiten finden Sie passende Routen. ►

MTE CAPANNE
MTE PERONE
5
GTE
5
GTE

UNTERWEGS AUF ELBA UND IM TOSKANISCHEN ARCHIPEL

Elbas Küste und das gebirgige Inselhinterland bewahren unzählige Natur- und Kulturschönheiten. Es locken Badefreuden, Historisches und kulinarische Entdeckungen! Auch die weiteren Inseln des Archipels bieten vielfältige Erlebnismöglichkeiten. Die schönsten Routen lernen Sie hier kennen.

Routen und Ziele für jeden Geschmack

Der reiche Naturschatz und das grandiose historisch-kulturelle Erbe von den Etruskern bis zu Napoleon und in die Gegenwart ermöglichen ein breites Angebot an Ausflugszielen im Toskanischen Archipel. Auch abseits von Sonne, Strand und Meer locken Entspannung und Erholung für Aktivurlauber, die sich dennoch nicht überstrapazieren müssen. Idealer Start für Exkursionen ist Elba, von wo auch nahezu alle anderen Inseln des Archipels erreichbar sind. Auch vom Festland lassen sich Ausflüge unternehmen: nach Capraia (ab Livorno und San Vincenzo), Giglio und Giannutri (ab Porto Santo Stefano), Montecristo (Piombino und Porto Santo Stefano) und Pianosa (ab Piombino, San Vincenzo). Elbas, Giglios und auch Capraias Busnetze sind gut und funktionieren prima. Am angenehmsten sind natürlich Touren im Mietwagen. Und warum nicht eine klassische Inseltour auf dem **Vespa-Roller** oder – auch in Etappen – auf dem **E-Bike** oder **E-Mountainbike?** Schließlich lohnen stets auch Stopps mit leichten Spaziergängen oder Wanderungen zu Attraktionen. Und für den Heimweg finden sich auch Taxis.

Ausflüge zu Fuß und per Rad

Ideal für Tagestouren, Trekking- oder Mountainbike-Ausflüge sind **Frühjahr und Herbst.** Passende Kleidung, stabiles Schuhwerk und gegebenfalls Schutzhelme sind nützlich und sinnvoll, gerade bei umschlagendem Wetter. Überlegenswert ist die Hilfe eines Guides insbesondere für Elbas Höhenweg GTE und wenig genutzte Routen. Umsicht erfordern auch die fünf MTB- und Wanderrouten um Rio, da einige Pfade schwierig und nicht für jedermann geeignet sind. Auf allen Touren locken kulinarische Stopps, doch sollte gerade in den Bergen stets genügend Proviant und Trinkwasser mit dabei sein. Smartphones bieten zwar eine gewisse Sicherheit, doch können Funklöcher in Elbas Bergen, auf Giglio und Giannutri auftreten. Stets in guten Händen ist man auf den Inseln Giannutri, Gorgona, Montecristo und Pianosa, die man nur **mit offiziellen Guides des Nationalparks** begeht bzw. in Kutschen oder auf Mountainbikes befährt. Und: Brechen Sie nie allein auf! Zu mehreren sind Trekking- und Bike-Abenteuer sicherer!

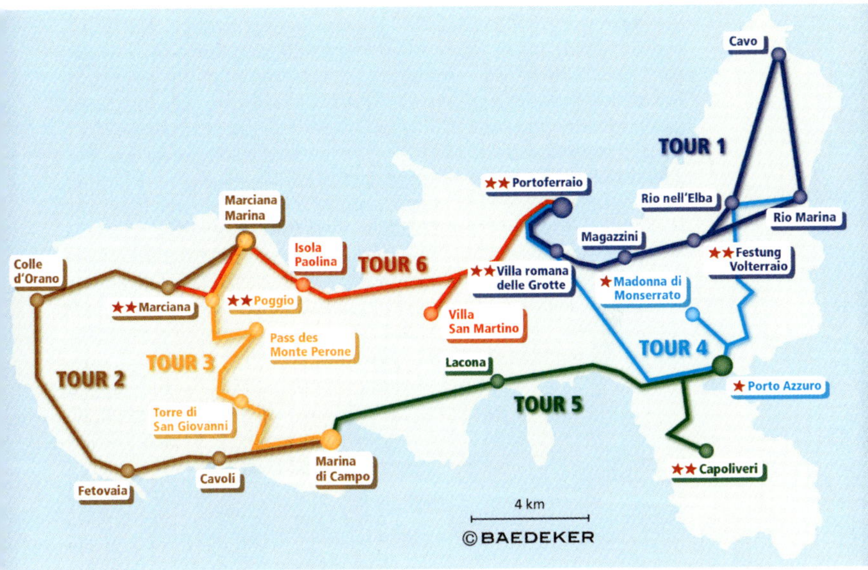

Mit dem Smartphone unterwegs

Großartig sind die neuen offiziellen Wanderkarten des Nationalparks Toskanischer Archipel auf Deutsch, Englisch oder Italienisch. Als App fürs Smartphone ist das Set von 8 Karten samt GPS-Daten (Elba, Capoliveri Bike Park sowie die sechs weiteren Inseln!) gratis erhältlich. Neue Wanderkarten

Download: www.islepark.it/rete-sentieristica/carte-e-app-dei-sentieri oder www.avenzamaps.com/maps/598632

SPUR DER STEINE ...

Start und Ziel: Portoferraio | **Länge der Tour:** ca. 51 km | **Dauer:** 1 Tag

Jahrhundertelang wurden auf der Route von Portoferraio nach Cavo die bei Rio nell'Elba abgebauten Erze zum Hafen von Portoferraio transportiert. Heute zählen Abschnitte dieser Route zu den schönsten Panoramastrecken der Insel. Und Schmuckliebhaber wie Mineralien-Fans werden steinreich – in Museen und Kunsthandwerksläden oder auf Führungen durch Abbaugebiete. Tour 1

Therme und Ruinen

Von ❶ ★★ **Portoferraio** geht es vom Abzweig Richtung Porto Azzurro (SP 26) nach 1,5 km auf der links abzweigenden Stichstraße zum **Thermalbad San Giovanni.** Hier locken Kur- und Wellness-Anwendungen oder der Kauf von Kosmetika auf Limo-Basis im Thermenladen. Schön sind auch der kleine Park mit altem Becken zur Limo-Gewinnung und das herrliche Grün im Thermenhotel Airone. Nur 300 m weiter stadtauswärts folgt nach dem Sportgelände und einer Ampelanlage eine weitere Stichstraße zum Strand von San Giovanni. Hier lohnt die herrliche Aussicht auf Portoferraio. »Ship Spotter« erfreuen sich an den ein- und auslaufenden Fähren, Bootsvermieter bieten ihre Dienste an. Vor dem Bar/Ristorante La Rada am Lungomare San Giovanni sitzt man herrlich oder ordert gleich ein tolles Mittagessen. Nur wenig später taucht zur Linken der große Parkplatz vor der ❷ ★★ **Villa Romana delle Grotte** auf. Dank neuer Grabungen, dem Projekt DREAMland, Yoga-Abenden und Konzerten im Juli/August sowie dem Anschluss an den neuen Cammino della Rada (Geführte Wanderung von hier zum Castello del Volterraio) ist die antike Anlage eine Topattraktion!

Von Magazzini nach Volterraio

Wenig später folgt an der SP 26 der Abzweig linker Hand auf die Landstraße 32 nach ❸ **Magazzini.** Vorsicht bei Gegenverkehr! Im Ort sollte man dann die Einfahrt zur Tenuta »La Chiusa« nehmen, das seinen Namen der Ummauerung entlang der Straße am Weingut verdankt. Aleatico Passito kaufen und unbedingt das alte Gutshaus und den herrlichen Gutsgarten bewundern! Rechts ab (Schild »Hotel S. Stefano«) geht es eine schmale Straße hinauf zur romanischen Kirche Santo Stefano alle Trane (12 Jh.) auf einer mit Olivenbäumen bewachsenen Hügelkuppe. Hier lag einst wohl jene Siedlung Latrano bzw. Laterano, die 1259/1260 schriftlich erwähnt wurde und deren Bewohner wahrscheinlich 1442 einem Sarazenenüberfall zum Opfer fielen. Der Abstecher nach Bagnaia könnte zum Botanischen Garten ★ **Giardino dell'Ottone** (Camping Rosselba Le Palme) und zum Komplex des geschichtsträchtigen Hotels ★ **Villa Ottone** führen. Auf direktem Weg geht es auf schmaler Landstraße hinauf zum Parkplatz unterhalb der Ruine des wuchtigen einstigen »Spionage«-Kastells ❹ ★★ **Volterraio.** Vom Parkplatz an der Bergkuppe führt ein markierter, stufenförmig angelegter schöner Fußpfad (40 Min.) hinauf zum Kastell, das dem Nationalpark gehört und im Innern nur auf Führungen zu besichtigen ist. Ein zweiter, kürzerer Zugang zum Kastell wurde 2018 weiter oberhalb angelegt.

Minen und Bergwerkslandschaft

In zig Serpentinen geht es nach ❺ ★★ **Rio nell'Elba,** das 2018 mit Rio Marina zur Gemeinde Rio fusioniert hat. Am besten parkt man auf der Piazza Caduti delle Miniere unterhalb des Dorfs. Hier beeindruckt das Werk »Affondamento dello Sgarallino« von Itali Bolano (2007). Inspiriert wurde es vom Untergang des Dampfers »Andrea Sgarallino« 1943 mit ca. 300 Toten in einer nahen Bucht. Das wirklich sehenswerte Archäologische Museum (»Museo Civico Archeologico del Distretto Minerario«) zeigt 200 Exponate und Mineralien aus der Kupfer-, Etrusker- und Römerzeit sowie dem Mittelalter. Nach dem Besuch des Nationalpark-Hauses Casa del Parco »Franco Franchini« bieten Davide Carletti und Gattin im Bar/Ristorante »Da Cipolla« (Piazza del Popolo 1) Elba-Spezialitäten wie Gurguglione, Sburrita oder Tonnina. Ein Abstecher führt zum Eremo di Santa Caterina, wo Kräuterexperte Dr. Francesco Marino durch die sechs Abschnitte des Botanischen Gartens ★★ **Orto dei Semplici Elbano** führt. Weiter geht es auf der Strada della Parata durch urwüchsige Macchia Richtung Cavo und vorbei an den wie Wunden wirkenden, klaffenden Aufschlüssen der Minen im Jupiter- und Rialbano-Tal. Rechts der Straße, verdeckt von der Macchia,

OBEN: Rauf auf den Sattel! Mit dem Rad lässt sich Elba wunderbar erkunden.

UNTEN: Gönnen Sie sich eine Pause und genießen Sie das toskanische Flair in den Straßen von Rio nell'Elba.

entdeckt man die Kirchenruine San Quirico (12. Jh.) jenes Dorfes Grassera, das Khair ad-Din Barbarossa 1534 zerstörte.

Cavo und Rio Marina

Im ruhigen 6 **Cavo** lockt die Pause auf der Terrasse des Ristorante/Bar Mokambo. Auf der Küstenstraße geht es nach 7 **Rio Marina.** Zwischen Punta del Fiammingo und Capo Pero stehen Überreste von Schmelzöfen aus vorrömischer Zeit mit kreisförmigem Grundriss. Nach dem Besuch des Mineralienmuseums im Palazzo del Burò sollte auch Zeit für eine Führung im Parco Minerario dell'Isola d'Elba oder die Fahrt in der Kleinbahn sein. Leckeres in bester Elba-Tradition gibt es dann in der Trattoria Da Oreste La Strega (Piazza Vitt. Emanuele II 6) und in der Osteria Vento in Poppa (Calata dei Voltoni 3). Pane Marinaio und Schiaccia Briaca bieten Muti & Lupi (Via Palestro 13).

STRANDPARADIESE IM WESTEN ELBAS

Start: Marciana Marina | **Ziel:** Marina di Campo | **Länge der Tour:** ca. 33 km | **Dauer:** Tagestour

Tour 2

Spektakuläre Einschnitte prägen die durch Stahlnetze gegen Geröll und Steinschlag gesicherte Küstenstraße in Elbas äußerstem Westen. Mancherorts schweift der Blick bis Korsika. Einstige Fischer- und Bergarbeiterdörfer krallen sich waghalsig an die Klippen der Steilküste. Keine Frage auch, dass Badeurlauber diesen eindrucksvollen Abschnitt schätzen. Es locken idyllische, versteckt liegende Strände und Badebuchten in den winzigen, wunderschönen Ferienorten Sant'Andrea, Patresi, Chiessi, Pomonte, Fetovaia, Seccheto oder Cavoli.

Punta Polveraia und Monte Capanne

Nach dem Frühstück in der Gran Bar la Perla, Piazza della Vittoria 29, in 1 **Marciana Marina** führen enge Serpentinen Sie ins Bergdorf 2 ★★ **Marciana.** Hier verkaufen Doriana und Renato im Il Capepe (Viale del Pretorio 2, www.ilcapepe.com) exzellente Marmeladen. Exquisite Lederwaren liefert Unzipo (Via XX Settembre 3, www.unzipo.it). Zurück zur Küste geht es von Zanca hinab zum Strand von Sant'Andrea. Direkt am Strand locken an der Piazza Capo Sant'Andrea die Bars »Le Sirene« und »Il Gabbiano« sowie das »Barsa...Bistrot«. Herrlich ist der **Botanische Garten** im Hotel **Cernia Isola Botranica**, Via San Gaetano 23. Zurück auf der Landstraße 25 geht es nach **Patresi** zur Punta Polveraia. Auch Bonaparte schätzte diesen Ort. Vom Felsbrocken mit

dem Namen »Sitz des Napoleon« soll der Exil-Kaiser häufig gen Korsika geblickt haben. Grandios ist der Fernblick von der Terrasse des Hotel Belmare in Patresi. Pesce (Fisch), Pizza und Panorama bietet auch Bastia's Bar, Via dei Quattro Archi 29, in 3 **Colle d'Orano.** In **Chiessi** ist der Felsstrand ein beliebter Treff. Pomonte verdankt seinen Namen der Lage »am Fuße des Berges«, nämlich des ★ **Monte Capanne.** Im Hinterland säumen schmale Täler den Inselgiganten.

Granitwege

Die Südküste startet im schon zu Campo nell'Elba gehörenden 4 **Fetovaia,** dessen malerischer, weißer Sandstrand einer der schönsten Elbas ist. Von der Küstenstraße nach Seccheto zweigt ein Fußpfad zu den sogenannten »piscine« (Schwimmbecken) ab. Es sind tiefe Aus-

höhlungen im Granit, die die Brandung im Laufe der Zeit ausgewaschen hat.
Das Hinterland von Seccheto ist durch Wanderwege, die sog. Vie del Granito (Granitwege) erschlossen. In Seccheto wurde früher Granit verladen, der früher aus den Steinbrüchen im Vallebuia-Tal und nahe dem Bergdorf San Piero in Campo gebrochen wurde.
Im Agriturismo Terre del Granito, Loc. Vallebuia 1496, kann man guten Wein kaufen, essen und übernachten. In 5 **Cavoli** lockt feinsandiger Strand, ehe mit 6 **Marina di Campo** Elbas südliche Kapitale mit allen Annehmlichkeiten aufwartet. Strand, Aquarium und Bootsausflüge locken. Gemütliche Tagestouren auf Eseln bietet die Somareria dell'Elba (Traversa di Via Filetto 421 B, www.somareriadellelba.com). Ein erstklassiger Treffpunkt ist die Bar »Il Veliero«, Piazza della Vittoria 35. Das beste Eis hat die Gelateria Ghibli, Piazza Torino 5. Und Feinschmecker treffen sich im Ristorante »Da Piero Iselba« (Viale degli Etruschi, www.dapiero-iselba.it). Dann ruft die Rückfahrt.

HINAUS IN MACCHIA UND KASTANIENWÄLDER

Start: Marina di Campo | **Ziel:** Marciana Marina | **Länge der Tour:** ca. 19 km | **Dauer:** 3–4 Std.

Tour 3

Die Tour durch Zentral-Elba führt von Süd nach Nord vorbei am Monte Perone bis Marciana Marina. Immer wieder bieten sich schöne Stopps mit Gelegenheit zu Spaziergängen in den stillen Bergdörfern. Elbas mächtiger Monte Capanne ist ein unvergessliches Naturerlebnis.

Steil hinauf

Von 1 **Marina di Campo** geht es nach San Piero in Campo und zum Monte Perone. Im Bergdörfchen **San Piero** startet ein Rundweg auf den Vie del Granito (9 km, 3 Std.). Das neu und modern gestaltete Mineralien- und Schmuckmuseum **MUM** präsentiert herrliche Elbaite und Ilvaite. Am Kirchplatz erinnert die Bar/Paninoteca Mago Chiò an Elbas berühmten (und tragischen) Gauner und Kletterer gleichen Namens. Beste kulinarische Adresse ist die Osteria/Pizzeria »Cacio e Vino«, Via della Porta 12. Am Sportplatz bietet der Verein Piazzale dell'Astronomia im Sommer Teleskop-Blicke in den Sternenhimmel und Nachtwanderungen an (https://piazzaledellastronomia.it).

Anschließend führt die Straße nach Poggio Sie in steilen Serpentinen Richtung Monte Perone. Die üppige Vegetation bricht mit ihrer Farbenpracht das strenge Grau des Granits. Auf einem Felsausläufer erhebt sich ein recht gut erhaltener Verteidigungsturm aus pisanischer Zeit, der 2 **Torre di San Giovanni in Campo.** Dieser »Turm der Königin« (12. Jh.) beherrscht bis heute den Golf von Marina di Campo. War er Wachtturm oder Gefängnis? Etwa 500 m bergauf versteckt sich die Kirchenruine San Giovanni in Campo.

Gipfel mit Aussicht und Geschmack

Weiter bergauf geht es in dichten Wald bis zum 3 **Pass des Monte Perone** mit lauschigem Picknick- und Parkplatz. Das Zelten ist aber untersagt. Mountainbiker müssen ihre Räder abstellen. Denn der hier star-

tende Schmetterlings-Wanderweg (Sentiero delle Farfalle) durch das Sanktuarium der Schmetterlinge ist nur zu Fuß begehbar (5 km; 2 Std. 20 Min.). Kammwege führen sogar bis zum ★ **Monte Capanne.**
Weiter geht es talwärts durch Steineichen- und Kastanienwald nach 4 ★★ **Poggio** zur balkonartigen Aussichtsplattform der Piazza del Castagneto. Parkboxen sind 50 m unterhalb markiert. Der Blick über Marciana Marina und den Golf von Procchio bis zum Golf von Portoferraio ist fantastisch. Nahe der Piazza lockt an der Via della Fontanella 13 der Gourmetladen Borgo del Poggio mit Elba-Spezialitäten und Pasta aus Kastanienmehl! Die Bar »La Dolce Vita«, Piazza del Castagneto 3, hat leckere Snacks. Gegenüber lockt das Gourmetrestaurant Publius, Piazza del Castagneto 11, mit seiner Terrasse. Günstig und lecker sind die Gerichte in der Trattoria Sciamadda, Via del Carmine 2.
Nicht versäumen dürfen Sie den Aufstieg zur Dorfkirche ★ **Chiesa di San Niccolò** und den Besuch der Zweitkirche San Defendente mit der Marmorbüste der Dorfschönen »Betta la Carina« (▶ S. 16), zudem die Accademia del Bello, Via dei Pini 12, sowie die Casetta Drouot, Via Ulisse Leoni 12. Auf dem Weg ins mondäne 5 **Marciana Marina** lohnt der Stopp im Ristorante »Da Luigi« (Loc. Via di Lavacchio, www.ristorante-daluigi.it). Dann locken der Promenadenbummel, die Galerie der Künstlergruppe Gulliver – Terre d'Autore, Via Mentana 6 (Mo.–Sa. ganztägig, So. nur vormittags) oder ein kulinarisches Stelldichein im Ristorante RendezVous, Piazza della Vittoria 1. Auch das Ristorante Capo Nord am Strand La Fenicia ist zu empfehlen. Das beste Eis hat die Gelateria La Svolta (Via Cairoli 6, www.gelaterialasvolta.it).

ELBA – HEIMELIG TOSKANISCH

Start: Portoferraio | **Ziel:** Rio Marina | **Länge der Tour:** ca. 30 km
Dauer: 1–2 Tage

Tour 4

Die flache, fruchtbare Landschaft Mittel- und Ost-Elbas ist ebenso Ziel dieser Tour wie das quirlige Hafenstädtchen Porto Azzurro und der lange vom Erzbergbau geprägte Inselosten. Hier lässt sich die mediterrane Macchia intensiv erleben. Guter Wein, frisches Obst und hochwertige Oliven locken ebenso wie herrschaftliche Landsitze.

Von Portoferraio nach Porto Azzurro

Von 1 ★★ **Portoferraio** folgt man der SP 26 Richtung Porto Azzurro. Vorbei an der römischen Ruinenstätte ★★ **Villa Romana delle Grotte**

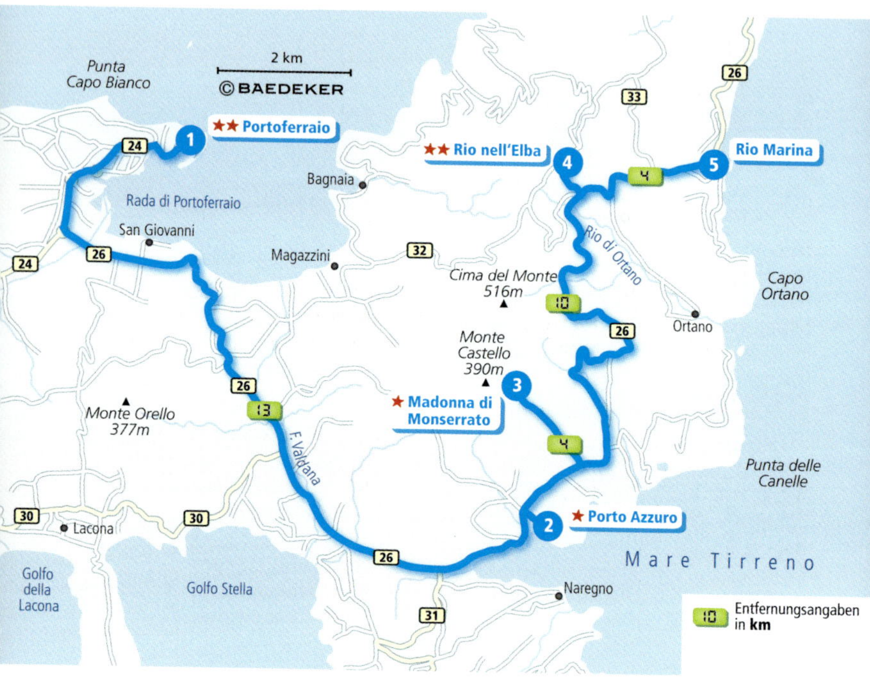

locken Weindegustationen auf den Gütern »Piano B«, Loc. Schiopparello 64, im Landgut und Restaurant Montefabrello, Loc. Schiopparello 30, sowie im Weingut Acquabona, Loc. Acquabona 1, wo exzellenter Weißwein (Elba bianco) und ein trockener, nicht zu süßer Aleatico gekeltert werden. Kurz vorm Abzweig nach Capoliveri öffnet das Weingut Sapereta in der Via Prov. Ovest 73 mit erstklassigem Ristorante.

Dann geht's nach 2 ★ **Porto Azzurro.** Das Städtchen überzeugt durch sein breites Angebot für Segler und Motorbooteigner und wunderbare Hotellerie- und Restaurantangebote, weshalb auch der Stopp über Nacht etwa im Wellnesshotel Plaza lohnt. Die Mittagspause lockt in Restaurant, die auf Pfeilern im Hafen stehen, z. B. La Caravella, Via Vitaliani 3, oder Delfino Verde, Via Vitaliani 1. Famose Küche hat die Osteria La Botte Gaia, Viale Europa 5. Ausgezeichnet kochen auch Massimo Poli und Marina Rovano in der neuen Osteria Clandestina, Via D'Alarcon 8–10. Edelsteine, Mineralien und Schmuck führt Giannini Minerali, Viale Italia 2, ausgefallene Kunstkeramik hat Livia de Montis im Laden Bambole della Bottega Scura, Via Sant'Anna 57. Ein Muss sind Weinberg-Trekking und Degustation bei Winzer Antonio Arrighi (Viale Europa, Loc. Pian del Monte; ausgeschildert).

Nur wenige Hundert Meter vom Barbarossa-Strand zweigt ein Sträßchen zur malerisch am Berghang gelegenen Wallfahrtskirche 3 ★ **Madonna di Monserrato** ab. Das letzte Wegstück geht man zu Fuß. Erneut einige Hundert Meter weiter auf der Hauptstraße führt eine Stichstraße zum Campingplatz »Reale«. Von dort sind es nur Minuten zu Fuß zur schwefelhaltigen Süßwasserlagune des Laghetto di Terranera, die durch einen schmalen Streifen Strand vom Meer getrennt in einer aufgelassenen Pyritgrube entstand. Vorbei am Bergbaudorf Ortano geht es nach 4 ★★ **Rio nell'Elba** mit sehenswertem Dorfkern, Nationalparkhaus und Archäologischem Museum. Die Straße zum früheren Erzverladehafen Rio Marina ist für Busse und schwere Wohnmobile gesperrt. In 5 **Rio Marina** parkt man am bemerkenswerten Etrusker-Schiffsmonument im Dorfpark. Dann locken das Museum und die wunderbare traditionelle Gastronomie.

Badevergnügen und ehemalige Bergbaugebiete

BUMMELN, BIKEN, BADEN

Start: Porto Azzurro | **Ziel:** Marina di Campo | **Länge der Tour:** ca. 28 km | **Dauer:** Halb- bis Ganztagestour

Wildromantisch herbe Natur, dazu Dolce Vita in Bars und Cafés und jede Menge Badespaß machen die Tour zur vielleicht attraktivsten auf Elba. Elba von seiner schönsten Erholungsseite – auch für Anhänger des süßen Nichtstuns, des »dolce far niente«!

Tour 5

Nach ausgiebigem Bummel in 1 ★ **Porto Azzurro** geht es durch die Ebene von Mola zur Halbinsel Calamita und hinauf ins lebhafte Bergdorf 2 ★★ **Capoliveri.** Unterhalb des Rathauses an der Piazza del Cavatore sind Parkplätze, direkt am Platz der Mountainbike-Verleih Rent Elba Bike. Hier starten spannende Rundtouren auf den zehn Kursen des Bike Park Calamita: ein perfektes Angebot für Mountainbike-Liebhaber. Aber natürlich lohnen auch entspannte Spaziergänge, etwa auf dem herrlichen Küstenweg bis zum Innamorata-Strand.

Von Capoliveri zur Küste

Spektakulär sind die geführten Ausflüge auf die Halbinsel Calamita. Mit Ende des Bergbaus 1982 wandelte sich das Gebiet um den Monte Calamita zum wunderbaren Naturidyll. Wanderer und Mountainbiker schätzen das Meerespanorama, den Orchideenrundweg und den Reichtum der Macchia. Ein Muss ist das Bergbaumuseum mit der Fotodokumentation des Münchener Ehepaars Mergenthal. Bis 54 m un-

Geführte Touren

ter Meeresniveau führen die Stollen im ehemaligen Bergwerk der **Miniera del Ginevro**, wo Guide Patrizio Leonardi regelmäßig aktiv ist.

Mit dem Auto zu den Badestränden

Mit dem PKW gelangt man auch zum Weingut Tenuta delle Ripalte, kann dort baden, essen und übernachten, Reit-, Bike- oder Wandertouren unternehmen. Unschlagbar sind dort die wunderschönen Badestrände und die Weinverkostung auf der Terrasse der Cantina mit Panorama bis nach Giglio und Montecristo. Der Besuch im historischen Dorfkern führt zur Piazza Matteotti mit dem Szenetreff, dem Controvento Café (»Gegenwind«, Nr. 15). Unterhalb der Piazza zeigt Elbas »Mini-Titanic-Museum«, das Museo del Mare, auch ein Golddöschen, das einst ein Haar Napoleons barg. Kulinarisch verwöhnen die Taverna dei Poeti (Via Roma 14), das Cibo Cibo (Via Roma 94) und die Osteria GalloNero (Via Mellini 3).

Rund ums Wasser

Das herrliche Bad am Lido di Capoliveri (Parkgebühr) kann mit dem Besuch der Pasticceria Elba Magna verbunden werden, wo man die besten Traditions-Süßspeisen Elbas erhält. Weiter geht es entlang dem Golfo Stella mit vielen Stränden zum Badeort ❸ **Lacona.** Sehr zu empfehlen ist der Spaziergang zur Wallfahrtskirche **Santuario della Madonna della Neve,** kurz Madonna di Lacona genannt, wo das Abbild der Gottesmutter erschienen sein soll. Ein Bistro, Bio-Frischgemüse und sagenhaftes Bio-Eis im Hofladen bietet der Campingplatz Orti di Mare (Via dei Vigneti 522).

Vor ❹ **Marina di Campo** zieht das Aquarium Besucher an. Hier haben 150 Arten aus der Unterwasserwelt des Nationalparks ihr künstliches Zuhause. Unbedingt sollte man zum Ticketverkauf für einen Ausflug nach Pianosa ins Büro von Acquavision, Piazza dei Granatieri 203.

AUF NAPOLEONS SPUREN

Start: Portoferraio | **Ziel:** Marciana | **Länge der Tour:** ca. 28 km
Dauer: Ganztagestour

Tour 6

Napoleons Villa in San Martino besuchen fast alle Urlauber des Toskanischen Archipels. Sie zählt zu den Top-Attraktionen der Toskana. Schon vor 200 Jahren wollten englische Touristen auf einer Grand Tour den geschlagenen und von den Siegern verbannten Kaiser leibhaftig in seinem neuen Miniaturreich erleben. Natürlich existieren noch weitere Orte auf Elba, die dank Napoleon der Hauch der Geschichte streifte. Diese Tour spürt die romantischsten und malerischsten Orte des Bonaparte-Inseluniversums auf.

Villa und Kirche

Nach seiner Ankunft auf Elba bot man dem Kaiser Logis im Rathaus von ❶ ★★ **Portoferraio** an. Doch das Umfeld der ehem. Biscotteria, in der einst Zwieback für die Galeeren der Medici gebacken wurde, war ihm zu laut. So wählte er als Wohnsitz die auch Palazzina dei Mulini (Mühlenpalästchen) genannte ★★ **Villa dei Mulini** zwischen Forte Falcone und Forte Stella. Napoleon ließ die vormalige Offiziersresidenz renovieren, ausbauen und einen Garten anlegen. Bergab geht es auf der Salita Napoleone zum kleinen Museo dei Cimeli di Napoleone neben der **Chiesa della Misericordia,** in der jährlich am 5. Mai eine Totenmesse für Napoleon zelebriert wird. Im Museum befindet sich die bronzene Totenmaske Napoleons. Die Nachbildung der rechten Hand Napoleons erhielt die Kirche 1929 vom Pariser Musée de l'Armée. An der Piazza della Repubblica 24 bietet das Ristorante Il Pescatore frische Schwertfischsteaks. Frisch aus dem Holzkohleofen kommt in der Pizzeria Il Castagnacciaio, Via del Vecchio Mercato 5, die berühmte »Torta di ceci«: hauchdünne Fladen aus Kichererbsenmehl. Und im Laden von »Tonnina«, Calata Mazzini 15, werden Palamita und Sardellen (acciughe) sowie das mit Meerwasser gebraute Bier »Salina« verkauft.

Lieblingsort Napoleons

Im Tal von ★★ **San Martino** entdeckte Napoleon seine Wunschidylle. Das einfache Bauernhaus auf einer Hügelkuppe hatte es ihm angetan. Nicht zuletzt der Blick bis zum 6 km entfernten Hafen von Portoferraio schuf für ihn Sicherheit. Unterhalb der ausladenden Terrasse der ❷ **Villa San Martino** lohnt der Blick in die Galerie Demidoff mit Zeichnungen, Drucken und Stichen zu biografischen Stationen Napoleons, einer historischen Stadtansicht von Portoferraio sowie einem Porträt jenes englischen Colonel Campbell, dessen grenzenloses Vertrauen erst Napoleons Flucht von Elba ermöglicht haben soll. Rund um den Parkplatz laden Cafés und Souvenirläden zum Shopping. Das **Freilichtmuseum** zu Ehren von Elbas wichtigstem Künstler Italo Bolano (1936–2020), Via Scotto 14, zeigt Bolanos Werke zu Leben, Schlachten und Kämpfen des großen Franzosen.

Felsen der Paolina

Weiter geht es entlang an Elbas Nordküste Richtung Marciana Marina. Gleich nach Procchio erkennt man ein kleines, mit Sträuchern bewachsenes Inselchen, die 3 **Isola Paolina,** die ursprünglich Scoglio della Paolina, (»Fels der Paolina«) hieß. Hierher kam Napoleons Schwester angeblich gern zum Baden – womöglich gar splitternackt. Doch ist das wohl alles nur eine Erfindung eines cleveren Elbaners aus den 1960er Jahren. Kurz vor 4 **Marciana Marina** lohnt indes der Fotostopp an einem metallenen Scherenschnitt-Portait Napoleons. Blickt man »durch ihn« hindurch, sieht man Marciana Marina auf unnachahmliche Weise. Nach der Pause an der Promenade von Marciana Marina, die hervorragende Einkaufsmöglichkeiten – auch von Napoleon-Devotionalien – bietet, geht es ins malerische Bergdorf 5 ★★ **Poggio.** 1 km außerhalb sprudelt an der Straße nach Marciana die Quelle »Fonte di Napoleone«, mit deren Wasser auch Bonaparte Heilung suchte.

Kleine Wanderung

In 6 ★★ **Marciana** startet an der pisanischen Festung, oberhalb des Nationalparkhauses, rechter Hand vom Parkplatz der beschilderte Aufstieg zur Wallfahrtskirche ★★ **Madonna del Monte.** Auf Anraten seiner Mutter wurde hier Napoleons Treffen mit der polnischen Gräfin Walewska und dem gemeinsamen Sohn Alexandre arrangiert. (▶ S. 11) Besucher entdecken hier auf den **Sentieri dei Mostri di Pietra,** den Wanderwegen der »Steinungeheuer«, auch den von der Natur modellierten Felsen »Napoleons Pferd«. Nach der Rückkehr bittet man 100 m vom Parkplatz in der Osteria del Noce, Via della Madonna 14, zu köstlicher Elba-Küche nach Slow-Food-Regeln.

Sitz Napoleons

Einer der Aussichtspunkte und Felsbrocken, die Napoleon auf Elba gern als Sitzgelegenheiten nutzte, ist die Sedia di Napoleone in **Patresi** an der Westküste. Von hier schaute er bis nach Korsika. Bequemer sind die Stühle auf der Terrasse des Hotel Belmare (mit Bar und Restaurant) in Patresi, wo man sagenhafte Sonnenuntergänge vor der Kulisse von Korsika und Capraia genießt.

Z
ZIELE AUF ELBA

Magisch, aufregend, einfach schön

Alle Reiseziele sind alphabetisch geordnet. Sie haben die Freiheit der Reiseplanung.

Portoferraio sieht aus wie gemalt – auch wenn es nicht von einem alten Fenster eingerahmt wird. ►

BAGNAIA

Gemeinde: Rio (seit 1.1.2018) und Portoferraio
Höhe: 0–3 m ü. d. M. | **Einwohnerzahl:** 230 (Rio: 3350)

Im ruhigen einstigen Fischerdörfchen, kurioserweise zur einen Hälfte Portoferraio, zur anderen Hälfte der Neugemeinde Rio zugehörig, dominieren der 300 m lange Sand- und Kiesstrand. Neben dem touristischen Angebot weckt die Villa Ottone größtes Interesse.

Über 320 m zieht sich der teils private Strand von Bagnaia dahin. Hier locken Schnorcheln, Segeln sowie Boots- und Kanu-Ausflüge, etwa zu den Stränden von **Nisporto** (220 m lang: mit Bar, Restaurant, Sonnenschirmverleih) und **Nisportino** (120 m lang), die auch per Pkw auf schöner Panoramastraße erreichbar sind.

★ Villa Ottone

Besonders der Aufenthalt von Salondame **Vittoria Altoviti Avila Toscanelli** (▶ Interessante Menschen) verhalf der schmucken, um 1860 erbauten Villa Ottone zu ihrem Rang. Zur eleganten Architektur kommt das Angebot des heutigen Luxushotels, das besonders in den drei Etagen der perfekt restaurierten Villa den Charme des 19. Jahrhunderts verströmt. Man kann sogar im Zimmer der Contessa (Gräfin) wohnen! Das Hotel, in dem schon der **Geiger Uto Ughi** (▶ Interessante Menschen), der **Maler Paul Klee** im Jahr 1926 und **Caroline von Monaco** logierten, bietet Gästen außerdem Führungen zu den botanischen Höhepunkten im 22 600 m² Villenpark, zu Libanon-, Atlas- und Himalayazeder aus Buthan, türkischer Eiche, Zypresse, Magnolie, Feige, Eukalyptus und kanarischer Palme. 1920 verkauften die Grafen Toscanelli den Besitz, der 1940 an die Familie Di Mario ging.

★ Giardino Botanico del'Ottone

Palmen und Wein

Portoferraios **Botanischer Garten** wurde ursprünglich vom Berater der Gräfin Toscanelli, dem Biologen Giorgio Roster, angelegt. Er befindet sich zwischen Magazzini und Bagnaia auf dem Gelände des Camping- und Glampingplatzes Rosselba Le Palme. Der vermögende Münchner Dr. Garbari erwarb das 2 ha große Areal im Jahr 1910. 1913 wuchsen hier ganze 36 Palmenarten, und das Areal wurde durch Weinbauflächen erweitert. 1927 wechselte alles in italienischen Besitz. Ein Spaziergang durch dieses Palmenparadies lohnt sich! Und wenn Sie nicht wieder gehen wollen: Die sieben Apartments der Villa Le Palme im Botanischen Garten werden seit 2023 auch vermietet.

Loc. Ottone 3 | Tel. 0565 93 31 01 | www.rosselbalepalme.it

Der Strand spielt in Bagnaia die Hauptrolle.

BAGNAIA ERLEBEN

IL FARO LOUNGE BAR €€€–€€

Strandbar/Ristorante mit optimalen Cocktails. Nur Ostern bis Okt.!
Via della Marina
Portoferraio (Bagnaia)
Tel. 0565 96 12 49
www.ristorantebarilfaro.it

RENT BOAT BAGNAIA

7 Schlauch- und Motorboottypen mit Yamaha- Motoren zwischen 40 und 225 PS. Bis 40 PS ist kein Bootsführerschein nötig!
Loc. Bagnaia
Portoferraio
Tel. 347 6 87 02 75
www.rentboatbagnaia.it

VILLA OTTONE €€€€

Oase der Ruhe! Tophotel mit Privatstrand, Pool, Ayurveda/Massagen im Wellness- und Beauty-Zentrum Essentia, Jachtservice, drei Restaurants (eins im Park) und zwei Bars.
Loc. Ottone 4
Portoferraio (Bagnaia)
Tel. 0565 93 30 42
https://villaottone.com/de

★★ CALAMITA

Gemeinde: Capoliveri | **Höhe:** 0–413 m ü. d. M.

»Calamita« – mit langem »i« – bedeutet im Italienischen »Magnet«. So erklärt sich der Name der Halbinsel südlich Capoliveri: Seit alters her war sie für ihre Erz- und Mineralienvorkommen berühmt. Heute steht sie für das größte Naturparadies auf Elba – aber auch für Wandern, Mountainbiking, Reiten und Wein.

Magnetisches Verderben

Betont man Calamita auf der letzen Silbe (»calamità«), steht das Wort auch für »Kalamität«, »Unheil«. Und tatsächlich hat die Halbinsel vielen Schiffen Verderben gebracht. Ursache für die vielen Wracks um Calamita: Die Lagerstätten von Magneteisenerz sorgten dafür, dass die Kompassnadeln der Schiffe verrückt spielten und falsche Himmelsrichtungen anzeigten. Seit 1982 sind alle Minen auf Elba zu, die berühmte Miniera del Ginevro wurde zum begehbaren Museum. Seit 2015 war sie die beeindruckende Kulisse für Open-air-Konzerte des »Magnetfestivals«. 2022 wurde das jedoch abgelöst vom **Magnetic Opera Festival**, dessen Konzerte nun im Juli in Portoferraio (Torre della Linguella), Porto Azzurro (Piazza Matteotti) und im Sanktuarium Madonna delle Grazie in Capoliveri stattfinden.

Wohin auf Calamita?

Erforschung des Bergwerksstollen

Miniera del Ginevro

Interessant für einen Besuch sind die imposanten **Ruinen** der bis 1981 produzierenden Miniera del Ginevro, die in Strandnähe knapp über dem Meeresspiegel vor sich hinrosten. Hier sind jene alten, bis auf 54 m u.d.M. in die Tiefe getriebenen Bergwerksstollen auf der spannenden Führung **»Ins Herz der Erde«** (»Nel cuore della terra«) zu besichtigen. Guide Patrizio Leonardi begleitet regelmäßig max. 15 Personen über die zwei beleuchteten, je ca. 1 km langen Rundwege (Percorso 1 und 2). Einer führt treppab bis zu 24 m unter den Meeresspiegel. Nehmen Sie Jacke oder Pulli mit: Die Temperatur im Stollen liegt bei max. 18° C! Zu sehen sind auch uralte Grubenlampen, Kerzenstummel, Loren und die einstige Kaue, in der bis zu 15 Bergmänner ihre Brotzeit einnahmen. Die Mine Ginevro verfügt über den größten Anteil an **Magnetit** in Europa. Magnetit zählt wegen seines hohen Eisenanteils und starken Magnetismus zu den wichtigsten Rohstoffen in der Elektroindustrie. Und farbige Stalaktiten wachsen hier beeindruckend schnell.

Rundweg 1: 18 €, Rundweg 2: 24 €, Kombiticket möglich | Ticketverkauf im Museo »La Vecchia Officina« | www.minieredicalamita.it

Fotos der Minen

Museo »La Vecchia Officina«

Das neu gestaltete Minenmuseum von Capoliveri ist im alten Werkstattgebäude der Minenverwaltung (mit früherer Tankstelle!) untergebracht und liegt ca. 6 km von Capoliveri entfernt an der Schotterstraße zur Tenuta delle Ripalte. Einmalig ist die **Fotodokumentation** zum Verfall des Industriedenkmals, die das Münchner Ehepaar Helga und Kurt Mergenthal kurz nach Minenschließung 1982 begann. Die ausgestellten Aufnahmen sind ebenso beeindruckende Zeitzeugnisse wie das ausgestellte historische Bergwerkzeug, eine ehemalige Krankenstation und handschriftlich verfasste Originalakten der hier arbeitenden Bergmänner. Mehr als lohnend sind Führungen und das Angebot von sechs geführten Trekking-Ausflügen in die marsähnliche Landschaft ringsum, etwa mit Alessandra Aprile, einer der acht Museumskräfte. Hinzu kommen die **Mineralien-Schatzsuche** und Führungen in der Miniera del Ginevro.

Minenmuseum »La Vecchia Officina«: 20.6.–10.9. tgl. 10–15.30, 11.9.–11.10. tgl. 10–15 Uhr, Ostern bis 2.11. n.V. (Tel. 0565935492) Eintritt: 2,50 € | www.minieredeicalamita.it und Verein Caput Liberum (Cultura di Capoliveri) www.caput-liberum.it

»Magnetische« Halbinsel

Naturerlebnisse

Mit dem Ende des Bergbaus wandelte sich das Gebiet um den Monte Calamita (413 m) zum viel bewunderten Naturidyll. Nun führen behutsam entwickelte Touren in die herrliche Ruhe und Stille: Wanderer, Mountainbiker, Reiter und Badefreunde finden ihr Dorado. Die gepflegten Schotter- und Sandpisten bieten zahllose Panoramapunkte und fantastische Fernsicht auf den Golfo Stella, die Inseln Montecristo, Giannutri und Giglio oder den Kanal von Piombino. Im Süden der Halbinsel stehen an der **Möwenküste** (Costa dei Gabbiani) 4000 ha unter Naturschutz. Hier nisten und brüten Silber- und Korallenmöwen. (► S. 199)

Wanderlust

Wanderungen, Touren

Die Halbinsel Calamita ist perfekt für Abenteuer. Gutes Schuhwerk, evtl. Nordic-Walking-Hilfen, Sonnen- und Windschutz, Mobiltelefon und ausreichend Trinkwasser sind anzuraten. Wandergrüppchen spazieren im Frühsommer und Herbst vor allem an Wochenenden auf den festen Schotterpisten, genießen das grandiose Meerpanorama und die duftende Pflanzenwelt. Höchst beliebt auch bei den Einheimischen ist der Panoramahochweg von Capoliveri bis zum Abzweig oder weiter hinab zur **Cala dell'Innamorata.** Vor der Küste haben Freunde und Bewunderer dem verstorbenen Apnoe-Taucher und »Homo Delphinus« Jacques Mayol an den Gemini-Inseln ein Unterwasserdenkmal gesetzt. Auch der Weg zur **Tenuta delle Ripalte** (► S. 58) mit dem dortigen riesigen Angebot wird geschätzt. Sehr schön ab diesem Weingut (221 m ü. d. M.) mit zwei Badestränden sind auch Mountainbike- und vor allem Reittouren.

Der Duft der Blumen

Rund um den Monte Calamita

Wander-Nonplusultra ist der **Sentiero delle Orchidee:** Der Orchideen-Wanderweg führt von der Piazza del Cavatore in Capoliveri 19 km um den Monte Calamita. Das Pflücken besonders der nur hier wachsenden Orchideenarten ist streng untersagt. Kürzer und ebenso orchideenreich ist der Percorso di Calamita (Calamita-Rundweg; 11,4 km; 3 Std. 30 Min.) auf den Wanderwegen 230 und 231, der ebenfalls an der Piazza del Cavatore startet. Zur üppigen Flora (▶ Baedeker Wissen, S. 200) zählen auch Mastica sowie Zistrosen, und von den Bergleuten eingeführte Wildziegen, Hasen, Kaninchen, Wildschweine und zig Seevögel sind ebenfalls zu erspähen. Vom Weg um den Berg führen auch Gipfelwege ab. Führungen bieten das Tourismusbüro Capoliveri, der Nationalpark Toskanischer Archipel und die Mitarbeiter des Minenmuseums Calamita. Sie veranstalten Trekking-Touren entlang der alten Schienenwege der Halbinsel, auf dem **Sentiero della Ferrovia,** oder bieten den alten, 9 km langen täglichen Minenarbeiterweg ab Capoliveri zur Miniera Ginevro an. Exkursionen führen auch zum schwefligen Süßwassersee **Laghetto di Sassi Neri** (Teich der schwarzen Steine) an der Ostseite des Monte Calamita, der sich in einem alten Minenloch bildete.

Radlerparadies

Bike Park (Monte) Calamita

Perfekt für Mountainbiker ist der Capoliveri Bike Park mit 10 Kursen (5 permanent, 5 Enduro) und über 100 km Wegenetz auf Calamita (▶ S. 247). Die Küstenrundfahrt (ca. 19 km) ist angenehm. Mountainbikes auch mit Elektro-Antrieb verleiht der Bike-Laden **Rent Elba Bike** (mit Werkstatt) gegenüber dem Rathaus von Capoliveri. Auch geführte Exkursionen werden angeboten. Achtung: Fahren Sie nie allein! Und nehmen Sie ein Mobiltelefon mit.

Infomaterial Mountainbike/Reiten des Nationalparks auf Deutsch: www.islepark.it > Visitare il parco > itinerari > mountainbike e cavallo; oder www.avenzamaps.com/maps/598632 | **Capoliveri Bike Park:** Loc. Vaccarelle | www.capoliveribikepark.it | **Rent Elba Bike:** Piazza del Cavatore 1 | Tel. 392 9 60 61 14 | www.rentelbabike.it

CAPOLIVERI

Gemeinde: Capoliveri | **Höhe:** 0–167 m ü.d.M. | **Einwohnerzahl:** 4030

Das malerische Bergdorf hat es besonders Deutschen, Schweizern und Österreichern angetan, die heute sogar fast 10 Prozent der Einwohner stellen. Viele leben in alten, liebevoll sanierten Häusern. Und alle treffen sich auf der Piazza Matteotti.

6X

EINFACH UNBEZAHLBAR

Erlebnisse, die für Geld nicht zu bekommen sind

1.
»OASI DELLE ORCHIDEE«

Eine Oase wild wachsender und von April bis Juni prächtig blühender Orchideen ist Elbas **Halbinsel Calamita,** deren Natur man auf dem Rundweg (20 km) per Rad erfährt oder erläuft. Kürzere Orchideen-Wege (Sentieri) starten ab dem Museo della Miniera. (▶ **S. 52**)

2.
HÄUFIG...

...in Portoferraio zu bestaunen sind **Mega-Yachten** wie die von Giorgio Armani. Sein anthrazitfarbenes»Modeschlachtschiff« liegt regelmäßig an der Mole des »Eisenhafens«. (▶ **S. 97**)

3.
MUSEEN – UMSONST!

Freien Museumseintritt gewähren Italiens staatliche Museen, Galerien, Monumente und archäologische Stätten am **ersten Sonntag im Monat,** auch Elbas Napoleon-Residenzen. (▶ **S. 99, 137**).

4.
ZU BEWUNDERN ...

... sind kostenlos in fast allen Dörfern auf Elba prächtige **Kunstwerke** von Italo Bolano (1936 bis 2020), die er seiner Heimatinsel vermachte. Auch im Freilichtmuseum Italo Bolano nahe der Napoleon-Villa San Martino wird kein Obolus fällig. (▶ **S. 141**)

5.
ZUM STARKEN ANSONACO-WEIN ...

... von der Insel Giglio gibt es nicht nur leckere Häppchen. In der Sommerhitze gratis ist oft auch ein **Schwips** mit möglichem Brummschädel. Denn der leckere Weißwein ist bis 16 oder 17 Prozent stark! (▶ **S. 166**)

6.
ÜBERALL UMSONST ...

... ist der betörende **Duft** der Flora. Besonders großartig ist das in der artenreichen Macchia des Toskanischen Archipels.

Piazza Matteotti

Im Herzen des Ortes

Mit 39,56 km^2 bedeckt die Kommune Capoliveri ein riesiges Territorium. Doch das Alltagsleben konzentriert sich auf ein winziges Areal: den bezaubernden historischen Dorfkern mit alten Häusern an schmalen, verwinkelten, oft steilen und in Treppen angelegten Gassen, den »chiassi« (von »chiasso« = Lärm), und dort den kleinen Dorfplatz, die **Piazza Matteotti.** Institutionen sind das **Controvento Café** (Café Gegenwind), Piazza Matteotti 15, und die Bar **Da Peter**, Via Camillo Benso Conte di Cavour 20, wo Peter Müller Rodenberger seit 1984 bayrisches Bier und Wildschweinsalami anbietet. Frischen Fisch und Snacks bietet die Peschieria **La Antonietta** (Via Vittorio Veneto 27). Und schicke Ledertaschen und Accessoires liefert **Dampai** (Piazza Garibaldi 13, www.dampai.it). Die im Zentrum aufgestellten historischen Maschinen und Loren erinnern an die Vergangenheit des uralten Bergarbeiterdorfs und unterstreichen das Ambiente.

Ortsgeschichte

Etruskisch-römische Wurzeln

Ein Plätzchen in einem Open-Air-Café an der Piazza ist auch der richtige Ort, um bei einem Gläschen Wein und leckeren Häppchen in die

Traumhaft schön ist Capoliveri, und farbenfroh erstrahlt es besonders im Frühjahr.

Geschichte dieses auf einem Bergrücken errichteten Dorfs einzutauchen. Capoliveri geht wohl auf etruskisch-römische Wurzeln zurück. Schon die Ras'na bzw. Rasenna, wie sich die Etrusker selbst nannten, errichteten hier eine strategisch wichtige Schutzfestung. Funde im Ortsteil Profico bestätigen dies. Ein besonderes Exponat, die Votivstatuette eines Opfernden, besitzt nun das Archäologische Nationalmuseum Neapel. Schon vor den Römern waren die antiken Griechen in Profico, wo 1816/17 Colonnello Giacomo Mellini einen hellenistischen Friedhof (3.–1. Jh. v. Chr.) entdeckte. Die Funde befinden sich im Archäologischen Museum Portoferraio (▶ S. 113).

Verbrecher oder doch die Götter?

Namensgebung

Nicht verbürgt ist, dass die Römer den Ort »Caput Ilvae«, Hauptstadt von Elba, oder »Caput Liberum«, »Hauptstadt« bzw. »Berg der Freien« nannten. Herausfanden dies die Lokalhistoriker erst im 19. Jh., die stolz auf die lange, oft widerspenstige, freiheitsliebende Tradition der Minenarbeiter im Dorf waren. Danach hätten sich hier Roms Verurteilte, Verbannte oder Freigelassene innerhalb der Mauern frei bewegen dürfen. Ebenso schön, gar attraktiver, ist aber die Herleitung von den Göttern Liber und Bacchus. Der erste war der Gott der Fruchtbarkeit, Dionysos-Bacchus stand für Wein, Kunst, Musik und Freizügigkeit.

Der Zwist mit Napoleon

Werdegang zum heutigen touristischen Topziel

Erst im 13. Jh. wurde der Dorfname aktenkundig. Als Capolibero taucht es 1260, später als Capoliveri und Capolivri, schließlich 1343 als Capolivro auf und war der Hauptort Elbas. Die Pisaner organisierten hier ihre militärische Verteidigung. 1544 wurde es von den Korsaren um **Khair ad-Din Barbarossa,** erneut 1553 unter Dragut fast vollständig zerstört. Anfang des 18. Jh.s geriet es infolge des Zwists zwischen den Spaniern in Porto Longone (nun Porto Azzurro) und den **Medici** in Portoferraio unter das Diktat der Spanier. Im Erbfolgekrieg wechselte die Dorfbevölkerung auf die Seite Österreich-Habsburgs. Wenig im Sinn hatten die **»Capoliveresi«** mit der Französischen Revolution: 1799 kam es zum Eklat, als Dörfler fünf aus Porto Longone geflohene Franzosen töteten und das Dorf dann aus Rache von französischen Truppen zerstört wurde.
Das erklärt auch die Abneigung Capoliveris gegen Napoleon 1814. Nur hier begegnete man Elbas neuem König skeptisch. Als Napoleon mehrfach Steuern erhöhte, kam es zum offenen Streit. Laut Legende hielt ihn nur die Dorfschönheit **Amelia Vantini** davon ab, Capoliveri in Schutt und Asche zu legen. Die Stadt ehrt sie mit Kulturprogrammen auf der Piazza/Anfiteatro La Vantina im August. Capoliveri blieb erhalten und entwickelte sich nach Ende des Bergbaus 1981 zum heutigen touristischen Topziel. Mit über 1 Mio. Übernachtungen stellte es 2022 einen neuen Besucherrekord auf.

Wohin in Capoliveri?

Museo del Mare

Schätze auf dem Meeresgrund

Direkt unterhalb der Piazza Matteotti widmet sich das Museum des Meeres in der Ausstellung »Il relitto del Polluce – Naufragio a Capoliveri« (»Das Wrack der Pollux – Schiffsuntergang in Capoliveri«) jenem **»Mini-Titanic«-Unglück,** bei dem am 17. Juni 1841 der in Le Havre gebaute Luxusdampfer Pollux auf offenem Meer in nur zehn Minuten vor Capoliveris Capo Calvo sank. Er war von einem anderen Schiff gerammt worden. Passagiere und Besatzung wurden gerettet, die wertvolle Schiffsladung ging verloren. Dazu gehörten unzählige Gold- und Silbermünzen, Schmuck, edles Porzellan und Alltagsgegenstände wie Rasiermesser und Brillen reicher Passagiere. Nach dem Untergang versuchte der Schiffsreeder Raffaele Rubattino vergeblich, das Wertvollste aus 103 m Tiefe zu bergen. Im Jahr 2000 lokalisierten englische Schatzsucher das Wrack, schafften die Fracht an Land und wollten sie auf einer Auktion in London versteigern. Doch Italiens Behörden beschlagnahmten den Fund. Zu bestaunen sind einmalige Funde wie die 1839 in Le Havre gegossene **Schiffsglocke,** kostbare Münzen, ein Golddöschen, das ein Haar Napoleons enthielt (Objekt Nr. 66), oder das herrliche englische Erste-Klasse-Wasserklosett (ebenfalls 1839!) mit bemalter Porzellanschüssel.

Via Palestro 1 | Tel. 0565 96 70 29 | 14.6.–13.9. tgl. 10–12, 18–23.30, Ostern, 16.5.–13.6. und 14.9.–30.9. tgl. 10–12.30, 17.30–19.30 Uhr Eintritt: 3€ | www.museiarcipelago.it und www.caput-liberum.it

Pieve di San Michele

Zerstörte romanische Kirche

Die Kirche San Michele (12. Jh.) nahe dem Ortsteil San Rocco entstand auf Fundamenten eines Langobarden-Heiligtums. Lange galt sie als bedeutendste Inselkirche. Angeblich las hier sogar Papst Gregor XI. 1376 eine Messe, nachdem sein Schiff hier während eines Sturms Zuflucht gesucht hatte. Dann zerstörten Khair ad-Dins Mannen den pisanischen Bau. Die Kirche wurde nie wieder aufgebaut, nur als Friedhof. Dann verbot Napoleons Gesetzgebung die Grablege in Kirchen. Die restaurierte Apsis und Mauern des Presbyteriums sind erhalten.

Info: Caput Liberum, Piazza del Cavatore 1 | www.caput-liberum.it

CAPOLIVERI ERLEBEN

INFO POINT TURISMO CAPOLIVERI
Viale Australia 1

Tel. 0565 96 76 50
www.comune.capoliveri.li.it
https://visitelba.info
So. und Okt. bis Ostern geschl.

NEW MANDEL CLUB €€€

Neustart des beliebten Tanz- und Nachtclubs der Residenzanlage Mandelclub im Ortsteil Morcone, diesmal an der Via Pareti.
Via Pareti 45
Tel. 339 5 62 24 93
www.mandelclub.com

MÄRKTE

Zum Wochenmarkt an der Viale Australia (Do. 8–13 Uhr) findet im Sommer ein Abendmarkt mit Kunsthandwerk statt. Mode-, Schmuck- und Souvenirgeschäfte reihen sich an der Piazza Matteotti. Der Weihnachtsmarkt findet seit 2022 an der Via Italia/Piazza del Cavatore statt

AZ. AG. LA FACCENDA

Sergio Lauriola produziert jährlich 25 000 Flaschen Wein Elba DOC, dazu Grappa, Aleatico passito und perfektes Olivenöl.
Pian di Mola, Tel. 335 7 20 61 47
www.lafaccenda.it

ELBA MAGNA

Kaufen Sie die grandiose Schiaccia del Armistizio (»Waffenstillstands-Schiacca«) oder Panficato dell'Elba, das historische Minenarbeiter-Feigenbrot. Auch Feigenkuchen, Cantuccini und Geschenkkörbe mit Elba-Delikatessen!
Bäckerei: Lido di Capoliveri 26
Laden in Capoliveri: Via Mellini 4
Tel. Tel. 338 5 42 81 78
www.elbamagna.it

CIBO CIBO €€

Dies Feinkostgeschäft ist auch ein Café, in dem man herrlich zubereitete frische Speisen auch direkt vor der Tür an den zwei Tischen verkostet.
Via Roma 94
Tel. 339 2 68 62 01

TAUCHSCHULE AQUANAUTIC ELBA

Die viermal als beste Tauchbasis am Mittelmeer ausgezeichnete deutschsprachige Tauchschule veranstaltet Do. um 19 Uhr ihre berühmten »Höllenglut«-Grillabende.
Loc. Morcone 33
Tel. 339 6 38 59 79
www.aquanautic-elba.de

CINEMA TEATRO FLAMINGO

Filme, Konzerte, Theater, Events: Das restaurierte altehrwürdige Kino wendet sich mit seinem Programm an die in aller Welt verstreuten Elbaner.
Via Circumvallazione 2
Tel. 0565 93 91 47
www.flamingo.it

CALANOVA €€€€

Simona Giovannetti und Chefkoch Christophe bieten in ihrem Strandlokal kreative mediterrane Küche (vor allem Fisch und Meeresfrüchte) unter romantischem Sternenhimmel!
Loc. Calanova 1
Tel. 05 65 96 89 58
https://ristorantecalanova.it/en

IL CHIASSO €€€–€€€€

Bei Eloisa und Luciano überzeugten die ungezwungene Atmosphäre und großartige Küche auch die strengen Michelin-Sternestifter. Nur abends!
Via Nazario Sauro 9
Tel. 0565 96 87 09

LA TAVERNA DEI POETI €€€–€€€€

»Mein Restaurant ist mein Zuhause«! Seit 1985 bieten Padrone Paolo Paolini und Küchenchef Massimo Poli Spitzenküche für und von

Poeten – in heimeliger Atmosphäre. Renner sind Tagliatelle mit Kichererbsen und Wildschweinragout oder Filet vom Kapaun mit Spinat und Degustationsmenüs (4 Gänge) kosten 55 bzw. 60 €.
Via Roma 14, Tel. 0565 96 83 06
www.latavernadeipoeti.com
tgl. 19.30 – 23 Uhr

OSTERIA GALLO NERO €€€

Cacciucco all'Elbana, Fischgerichte oder Ravioli mit Trüffeln probieren! Küche top, Weine perfekt!
Via Vincenzo Mellini 3
Tel. 0565 96 85 05
tgl. 19 – 22 Uhr

SUMMERTIME €€–€€€

Seit 1991 setzt Maurizio Tosi, nun mit Sohn Federico und Köchin Anna, auf die Slow-Food-Philosophie und tagesfrisch gefangenen Fisch. Probieren Sie Spada del Tirreno con verdure (heimischer Schwertfisch mit Gemüse) oder die Fischgrillplatte (Grigliata di pesce azzurro)! 20 Plätze drinnen, im Sommer ein Dutzend Plätze vor der Tür!
Via Roma 56
Tel. 0565 93 51 80
www.ristorantesummertime.it

L'ORCHIDEA €

Der Frühstückstreff in Capoliveri! Domenico Tammaro und Familie servieren auch draußen Leckereien: von der mehretagigen Hochzeitstorte über Pralinen und Kekse bis zu deftigen Panini mit Bier.
Viale Australia 6
Tel. 0565 96 80 30
www.pasticcerialorchidea.it

COUNTRY HOTEL & RESIDENCE DA PILADE €€€–€€€€

Sehr familäres und famileinfreundliches Hotel, nur 500 m vom Strand entfernt! Mit Riesen-Frühstücksbuffet und großartigem Restaurant, dessen Grillgerichte bereits Michelin-Sternetester ins Schwärmen brachten. Mit Halbpension und Familienapartments (bis 6 Betten).
Loc. Marina di Mola
Tel. 0565 96 86 35
www.hoteldapilade.it
20 DZ, 18 Apartments
nur Ostern–Nov.

HOTEL DINO €€€

Im Hotel über der Bucht von Pareti wird man mit herrlichen Sonnenuntergängen verwöhnt! Mit kleinem Privatstrand unterhalb sowie gutem Restaurant samt großer Terrasse und ausreichend Parkplätzen. In Pareti hält auch der Marebus.
Loc. Pareti
Tel. 0565 93 91 03
www.elbahoteldino.com
30 Zimmer, 2 Ferienwohnungen, mehrere Ferienhäuser

TENUTA DELLE RIPALTE €€€–€€€€

Die Topadresse! Übernachtung im Boutique-Hotel und der umgebauten Fattorie, in Villen und glamourösen »Glamping«Zelten, dazu Gourmetrestaurants und Weingut mit hervorragendem Rosé (Rosato), Brut Rosato, Aleatico und Grappa (Kellerführung mit Degustation 60 €; 2 Std.).
Täglich öffnet auch die Aussichtsterrasse (Aperitif mit einer Flasche Rosé Spumante und Tapas 35 €). Mit Strand-Shuttle-Service zu den Stränden der »Möwenküste« und zig Aktivitäten wie Yoga, Meditation, Reiten, Surfen, Tennis, Mountainbike.
Loc. Ripe Alte
(Costa dei Gabbiani)
Tel. 0565 9 42 11
www.tenutadelleripalte.it
www.fattoriadelleripalte.it
86 DZ und Suiten, 16 Ferienvillen, Luxus-Safarizelte

Rund um Capoliveri

Vielfältige Flora

Cala dei Peducelli

Der Botanische Garten von Capoliveri (1 ha) in der Residence Cala Peducelli entstand 1985 in der Tradition der historischen **»Akklimatisierungsgärten«** des späten 19. Jahrhunderts. Es locken 400 Palmen, Agaven, Sukkulenten und mediterrane Pflanzen, darunter Raritäten wie z. B. eine über 100 Jahre alte Ficus Carica am Eingang. Der Agavenweg (Via delle Agave) führt auch vorbei an Bougainvilleen. Am Pool, dem Herz der Anlage, steht neben anderen Tropenpflanzen eine Bismarckia nobilis. Oleander und Hibiskus runden den Besuch ab.

Punta Morcone, Loc. Peducelli | Tel. 0565 96 70 17 | Ostern–Okt. tgl. geöffnet | Eintritt frei | www.caladeipeducelli.it/de/giardino-botanico.php

BAEDEKER MAGISCHE MOMENTE

BUCHT DER VERLIEBTEN

Auf dem wunderschönen Küstenweg die milde Nachmittags- oder Abendsonne und die frische Meeresbrise genießen, die einem sanft ins Gesicht weht – das lässt die Sorgen des Alltags vergessen. Mit einer fantastischen Aussicht und mit dem Duft der wilden Kräuter vom Wegrand in der Nase steigt man hinab zur Cala dell'Innamorata. Das schätzten schon Elbas Romeo und Julia ... (▶ S. 264)

Buonarottis Werke kopiert

Santurio della Madonna delle Grazie

In der Wallfahrtskirche (16. Jh.) vor Morcone (Via Madonna delle Grazie 2) findet sich ein **kleines Öltafelbild** (45 × 56 cm) der »Madonna del Silenzio« (Madonna des Schweigens), das wohl aus der Hand von **Marcello Venusti** (1512–1579) stammt, eines Schülers von Michelangelo Buonarotti. Der Name des Bilds geht zurück auf den abgebildeten jungen Johannes den Täufer, der mit dem Zeigefinger seiner linken Hand zum Schweigen auffordert. Die Deckenfresken schuf 1903/04 der Elbaner Eugenio Allori. 1792 suchten hier französische Mönche Schutz vor der Französischen Revolution. Aus Dankbarkeit sorgten sie für die erste Straße hierher. Ein Mäzen, der Kölner Gustav Blankenagel, zahlte in den 1960er-Jahren die Restaurierung.

Entspannung pur!

Strände

Unweit der Kirche lockt ein schöner Sandstrand, die Spiaggia della Madonna delle Grazie – kurz Le Grazie – mit Restaurants und Bars. 3 km von Capoliveri entfernt laden die Sandstrände der Barabarca- und Zuccale-Bucht zum Bad. Die kleine Strandbar versorgt hier Urlauber mit kühlen Getränken und Snacks und verleiht Liegestühle sowie Sonnenschirme. Komfortabel ist südlich von Le Grazie der hübsche Sandstrand der **Bucht von Morcone.** Hier kommen auch Taucher auf ihre Kosten (▶ S. 57). Capoliveris Top-Sandstrand ist der **Lido di Capoliveri.**

Romeo und Julia auf Elba

Cala dell' Innamorata

Etwa 5 km von Capoliveri schließt sich die wohl berühmteste Bucht der Insel an – die Cala dell'Innamorata, die **»Bucht der Verliebten«.** Der von Felsen eingerahmten Bucht sind die unbewohnten Zwillingsinselchen **Isole Gemini** vorgelagert; der ca. 30 m breite, 280 m lange Sand-Kiesstrand wird von einer großen Ferienanlage beherrscht. In der Bucht soll sich im 16. Jh. die – stark an Romeo und Julia erinnernde – Tragödie um Maria und Lorenzo abgespielt haben (▶ Baedeker Wissen, S. 264).

CAVO

Gemeinde: Rio (seit 1.1.2018) | **Höhe:** 0–51 m ü. d. M.
Einwohnerzahl: 620 (Rio: 3350)

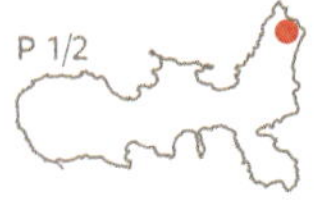

Auch die Bewohner des außerhalb der Hauptsaison eher verschlafenen Cavo votierten 2017 für die neue Kommune Rio. An der Wende zum 20. Jh. bauten hier die neuen Konzessionäre der nahen Erzminen ihre Villen und machten Cavo zu ihrem Erholungsort. Geblieben ist vor allem ein Bauwerk: das auch Cappella genannte Mausoleo Tonietti.

1899 gründeten die Familie Tonietti und ihr Geschäftspartner, der Industrielle Pilade Del Buono, die Bergbaugesellschaft »Elba« und übernahmen die Erzminen. In ihrem Feriensitz Cavo entstanden die neogotische **Villa Bellariva** und die **Villa Tonietti.** Um 1901 ließ Pilade Del Buono (1852–1930) ein Grabmal für den Vater seines Mitkonzessionärs Ugo Ubaldo Tonietti, Giuseppe Tonietti, errichten. Das von der Leuchtturm-Architektur inspirierte Bauwerk schuf der Florentiner Adolfo Coppedè (1871–1951), dessen Freund, Mentor und Mäzen **Del Buono** war. Das auf quadratischem Grundriss aus Elba-Granit errichtete Mausoleum Tonietti in Cavos Ortsteil Pinetina (Weg ausgeschildert) gilt als Meisterwerk von Coppedè auf Elba. Am Portal trägt es den Schriftzug »Famiglia Tonietti« samt stilisiertem Adler, obschon es nie als Grablege benutzt wurde: Die Behörden verweigerten die Friedhofsgenehmigung. Ab 1899 hat Adolfo Coppedè für Del Buono weitere Bauten auf Elba errichtet, so den **Palazzo dei Merli,** den **Palazzo della Societá Elba** und die **Grabkapelle Del Buono** in Portoferraio sowie die **Villa del Buono** in Poggio, wo während der Ausschachtungsarbeiten Etruskergräber entdeckt wurden. Del Buono verlor später viel Geld bei Investitionen in Venezuelas Kohleminen, baute aber auch ein erstes Mineralienmuseum mit Sitz in San Martino. Eine legale Grabstätte auf Cavos Friedhof erhielten hingegen Ofelia Baleni (1914–2000) und ihr Gatte. Die arme Halbwaisin aus Cavo hatte es in ihrem arbeitsreichen Leben bis zur Hausdame der Herzogin von Windsor, Wally

Nördlichster Ort auf Elba

Ein Blickfang in der Bucht Cala dell'Alga ist die Villa Bensa, eines der feudalen Herrenhäuser, die den Direktoren der Erzminen gehörten.

CAVO ERLEBEN

MOCAMBO WINE BAR RISTORANTE €€–€€€

Wunderbares Terrassenrestaurant am Strand, wo man zu perfekten Cocktails leckere kalte und warme Snacks (stuzzichini) reicht. Grandios sind auch Pizza, Pasta und die Fischplatte. Seit 1957, tgl. 8–24 Uhr!
Lungomare J. F. Kennedy 2–4
Rio (Cavo)
Tel. 320 2 74 95 05

MISTRAL PIZZA & CAFÉ €€

Himmlische Pizza, für viele die beste auf Elba! Gute Cocktails zu Reggae-Musik. Tgl. 10–23 Uhr.
Lungomare C. Colombo
Rio (Cavo)
Tel. 0565 94 97 94

RISTORANTE RENDEZ VOUS €€

Im sympathischen Hafenlokal ist die Auswahl an Pizzen, Crepes und Salaten ein Gedicht. Leckere Tagesgerichte! Tgl. 08–01 Uhr!
Lungomare C. Colombo 3
Rio (Cavo)
Tel. 0565 93 10 60

HOTEL MARELBA €€€–€€€€

Ruhiges Hotel mit schattigem Garten und schönem Terrassenrestaurant, nur Halb-/Vollpension. 300 m von Hafen und Strand.
Via Pietri 10, Rio (Cavo)
Tel. 0565 94 99 20
www.hotelmarelba.it
52 DZ (nur 1.6.–15.9. geöffnet)

AGRITURISMO RISTORO L'AMANDOLO €€€

Köstliches Slow-Food-Essen im Ristorante (20 Plätze; nur Juni–Sept.) sowie einmal wöchentlich Weindegustation mit Besitzer und Sommelier Alessandro Acinelli. Ringsum locken zahlreiche Wanderwege.
Loc. Colle a Vita, Rio (Cavo)
Tel. 0565 93 19 08
www.agriturismo-elba.it
4 Apartments (12 Betten)

ALBERGO GINEVRA €€€

Ruhiges Haus mit frisch restaurierten Bädern und Zimmern, großer Sonnenterrasse, schönem Garten und nur ca. 250 m zum nächsten der drei Strände.
Via A. de Gasperi 63
Rio (Cavo)
Tel. 0565 94 98 45
www.albergoginevra.it

PIEROLLI €–€€

Alles, was man braucht, zu kleinem Preis: Luigi Marcianesis Hotel bietet 22 Zimmer, Restaurant, Terrasse und einen gepflegten Garten.
Lungomare Kennedy 1
Rio (Cavo)
Tel. 0565 93 11 88
www.hotel-ami.com

Simpson gebracht, deren Ehe mit dem daher abgedankten englischen König Edward VIII. der internationale Society-Skandal der 1930er Jahre war. Ofelia diente Wally Simpson von den 1950ern bis 1986. 2020 widmete ihr Maria Gisella Catuogno den Roman »Ofelia«.
Cavos **schönster Badestrand** ist die auch Spiaggia Frugoso genannte **Spiaggia von Capo Castello** mit glasklarem Wasser.

Landspitze mit Inselblick

Capo Castello

Am Capo Castello, der Nordostspitze Elbas, lockt ein Park- und Rastplatz mit Panoramablick. Aus dem Meer ragt die **Isola dei Topi** (»Mäuseinsel«, in Privatbesitz) aus dem Meer. Ringsum stehen versteckt herrliche Villen. Auf einem Privatgrundstück an der Via Capocastello ruhen die Ruinen einer dritten großen antiken Villa: Die **Villa Romana di Capo Castello** entstand frühestens im 1. Jh. v. Chr., spätestens in der ersten Hälfte des 1. Jh. n. Chr. Die spektakulärsten Funde stellt das Archäologische Museum Portoferraio aus: z.B. die Terracottaplatte mit Bild des Gorgoneion (»Medusenhaupt«), das einst als Schutz- und Schreckbild Unheil abwehren sollte, oder eine Bronzeskulptur mit der Inschrift »kronos«. Das Archäologische Museum des Minenbezirks in Rio nell'Elba bewahrt Stuckblöcke aus der Villa und eine Wanne mit Rohren – Teil jenes Aquädukts, das die Villa mit Wasser versorgte.

LACONA

Gemeinde: Capoliveri | **Höhe:** 0–5 m ü. d. M. | **Einwohnerzahl:** ca. 300 (Capoliveri: 3900)

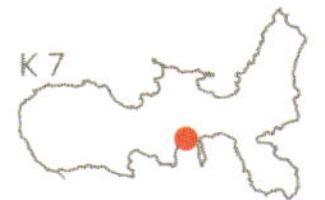

Im beliebten, viel besuchten Badeort Lacona reihen sich Campingplätze, Hotels, Ferienhäuser und Geschäfte bis zum Colle Reciso. Im Hinterland betreiben Gutshöfe Wein-, Obst- und Gemüseanbau. Unschlagbar ist der Strand.

Laconas 1200 m langer Sandstrand, die **Spiaggia Grande,** trennt die schmale Halbinsel Capo Stella vom Kiesstrand des Golfs von Stella. Hier geht es im Sommer quicklebendig zu: Baden, Surfen, Wasserski, Schlauch- oder Tretboottouren sind angesagt! Ein Tipp im äußersten Westen ist die kleine **Badebucht Laconella.**

Informationen zu Baden, Surfen oder Wasserski

Lacona erleben

... bietet das Nationalpark-Büro InfoPark Lacona am Strand (Mai–Mitte Juni Di.–So. 10–16, danach bis Mitte Sept. tgl. 9–18 Uhr). Das Umweltzentrum CEA am Strand bietet von Mai bis September Schnorchelkurse (Mo. 11 Uhr) und abends Führungen zu den Dünen von Lacona an (15.6.–15.9. jeden Di.; 8 €, mit Aperitif 10 €).
Bestes Bio-Gemüse/-Obst gibt's auf Laconas Wochenmarkt (So. 8–13 Uhr) oder im Bio-Hofladen des Campingplatzes Orti di Mare.

Lagune im Höllental

Lange Siedlungsgeschichte

Lacona – vom lat. Lacuna, also Lagune – war schon in der Frühsteinzeit bewohnt. 1962 wurde im Ortsteil Valle dell'Inferno (Höllental) eine

prähistorische Siedlung ausgegraben. 1961 wurde im Ortsteil Caubbio ein **späthellenistischer Friedhof** (2. Jh. v. Chr.) entdeckt. Unter den Funden im Archäologischen Museum Portoferraio ist auch ein Unguentarium: Der auch Lacrimarium genannte Flakon enthielt enthielt Parfüm, Salben oder Tränen von Trauernden (lat. lacrima = Träne).

Rund um Lacona

Zu Ruinen

Capo Fonza

Von Lacona führt ein alter Karrenweg (Strada della Segagnana) zum westlichen Capo Fonza, den französische Truppen nach ihrer Landung 1944 in der Fonza-Bucht anlegten. Auf dem Capo finden sich Spuren einer **vorrömischen Siedlung,** wohl ein Stützpunkt der Ligurer.

Verwunschenes Plätzchen

Santuario della Madonna della Neve

Das Kirchlein auf einer Anhöhe inmitten bewaldeter Hügel begründeten Anhänger des hl. Giovanni Gualberto (13. Jh.), die auf dem toskanischen Archipel lebten. Lange war es daher von der toskanischen Abtei Vallombrosa abhängig. Den Ausbau im 16. Jh. verdankt es auch der **forcierten Marienverehrung** im Zuge der Gegenreformation. Legendär erschien hier das Abbild der Gottesmutter. In der Kirche ist ein Bildnis der Madonna di Lacona zu stehen.

An der Bucht von Lacona kann man die Ruhe und Abgeschiedenheit genießen.

LACONA ERLEBEN

INFO PARK LACONA
Spiaggia (Strada Provinciale 30)
Capoliveri (Lacona)
Tel. 0565 1 93 07 78
www.parcoarcipelago.info
www.visitlacona.com/de

AZIENDA AGRICOLA ALLORI
Guido Allori produziert herrlichen Aleatico Passito DOCG und Vermentino DOC – beide erhältlich im Laden Elba Nostrale in San Piero in Campo, Piazza della Chiesa 76. Zudem gibt's Honig, Napoleon- und Walewska-Liköre für einen Cocktail »Napoleone«.
Via Pian di Lari 1
Capoliveri (Lacona)
Tel. 338 1 50 09 52
www.bluelba.com/elbanostrale/

AZ. AG. MAZZARRI
Die 200 Jahre alte Cantina produziert Topweine und Olivenöl. Önologe Luca Cantelli verbürgt die Qualität von Aleatico Passito DOCG und Bianco Passito. Mit Glück trifft man den wohl besten »Unterwasserfischer« und dreifachen Weltmeister (1987, 1989, 1992) im Apnoe-Tauchen mit Harpune und Speer, Renzo Mazzarri (geb. 1956). Apartments und Bungalows an Laconas Strand werden ab 4 Nächten vermietet.
Via Colle Reciso 716
Capoliveri (Lacona)
Tel. 347 3 34 26 76
www.cantinamazzarri.it

CASEARIA SARA ESPOSITO
Ricotta, Safran, Wolle und Souvenirs
Via d. Vigneti 61, Capoliveri (Lac.)
Tel. 392 9 42 64 73
www.regalirurali.it

LO ZENZERO €€
Schmausen an einem großen Tisch mit Blick auf den Weingarten, im Sommer auch mit Abendkonzerten. Nach feinen toskanischen Vorspeisen lockt Gegrilltes. Spezialität ist der Schoko-Mandelkuchen.
Via Dei Vigneti 61C,
Capoliveri (Lacona)
Tel. 328 8 15 10 25
http://ristozenzero.com
nur abends geöffnet, im Winter nur am Wochenende

CAPO DI STELLA €€€
Hier bleiben keine Wünsche offen: Haustiere sind willkommen (15 € extra pro Tag), auch Pkw-, Scooter- und Fahrradverleih an der Rezeption. Dazu stehen Sauna, Pool mit Hydromassage, Solarium, Bar, Garten und Jachtcharter bereit. Im Restaurant wird auch gluten- und laktosefreie Kost serviert. Und alle 34 Zimmer haben einen Blick aufs Meer!
Loc. Capo di Stella
Capoliveri (Lacona)
Tel. 0565 96 40 52
www.hotelcapodistella.it/de

ORTI DI MARE €€–€€€
Der etwas andere Campingplatz – mit Glamping, Camper-Stellplätzen, 12 Wohnungen, Pool sowie eigener Bio-Landwirtschaft. Großartig sind der Bio-Hofladen (April–Okt.), das famose Bistro (Mai–Mitte Okt.) und die Bäckerei. Einmalig ist das Bio-Eis.
Via dei Vigneti 522
Capoliveri (Lacona)
Tel. 331 5 86 78 05
Bistro: Tel. 351 9 06 06 31
www.ortidimare.it/de

MAGAZZINI

Gemeinde: Portoferraio | **Höhe:** Meereshöhe | **Einwohnerzahl:** ca. 170 (Portoferraio: 11 780)

Der ruhige, einstige Fischer- und heutige Ferienort verdankt Namen und Existenz dem kleinen Hafen in der idyllischen Bucht gegenüber von Portoferraio. Wo einst Salz aus den Salinen von Schiopparello und San Giovanni für den Weitertransport gelagert wurde, locken nun Pensionen, Restaurants und die Segelboote der deutschsprachigen Segelschule am 200 m langen Kiesstrand. Größte Attraktion sind aber die Wein- und Olivengüter.

Französisch und Englisch

Auf das über 400 Jahre alte herrliche Anwesen (21 ha) mit Laden, Weinlager und Weinverkostung im alten Herrenhaus hatte schon Napoleon ein Auge geworfen! Er rastete hier vor seiner Ankunft in Portoferraio, entschied sich dann aber doch, sein Domizil nicht in das prachtvolle neue Herrenhaus der Familie Foresi, sondern in die **Villa dei Mulini** zu verlegen. Anfang des 18. Jh.s wurde die Gutskapelle errichtet. Seit 2003 führt die Römerin Giuliana Bertozzi Corradi das Gut La Chiusa (»die Verschlossene«), dessen Name von der weißen Gutsummauerung herrührt (▶ S. 269). Neben Gutsbesichtigung und Weindegustation wird auch Agriturismo in 10 Apartments angeboten. Verpasst hat Napoleon den Blick auf den wunderbaren Garten, der wie ein englischer **Walled Garden** wirkt, aber durch seine exquisite, auch dezente mediterrane Bepflanzung besticht.

MAGAZZINI ERLEBEN

RISTORO AGRICOLO AGRITURISMO MONTEFABBRELLO €€–€€€

Das Bio-Landgut produziert Mehl, Pasta, Oliven und Top-Bioweine wie den Ansonica Zampicata, dessen Trauben in der Granit-Kelterwanne am Eingang mit blanken Füßen gestampft werden. Mit Übernachtung in 5 Appartments, Hofladen (tgl. 9–12 und 14.30–19.30 Uhr), Picknick im Weinberg und Top-Restaurant Ristoro (tgl. 19–22 Uhr).

Loc. Schioppparello 30
Portoferraio, Tel. 0565 940020
www.aziendaagricolamontefabbrello.it

HOTEL ST. STEFANO €€€–€€

Das Hotel bietet eine herrliche Yoga-Terrasse und ist Mitglied der Vereinigung Elba Yoga (90 Min. Unterricht kosten 15 €). Im liebevoll von der Familie Anselmi geführten Haus gilt die Maxime von Joseph-Beuys: Jeder ist Künstler! 15 DZ, ein Bungalow.

Loc. Schiopparello 4, Portoferraio
Tel. 0565 93 31 61
www.elbahotelelba.com/de

AGRITURISMO LE DUE PALME

Gepflegte Gärten, Obsthaine (Aprikose, Feige, Pfirsich, Orange, Mandarine, Pflaume) und fantastisches Olivenöl! Nebenan konzentriert sich die Filiale Piano B (Loc. Schiopparello 64) auf wunderbare Weine wie den im Kopf »klingelnden« Rosato »Ringlinlin« und den Kult-Gerstensaft »Bireta« (»Bierchen«).
Loc. Schiopparello 28, Portoferraio
Tel. 388 7 43 37 36
www.agriturismoelba.it
www.agricolapianob.it
6 Apartments

TERME SAN GIOVANNI

Der Thermenladen verkauft Kosmetika von »Alghelba«, z. B. ein Konzentrat aus Algen und Meerespflanzen, Thermalfango sowie ein Bitterlikör (Amaro) mit Algen. Übernachten? Im nahen Hotel Airone oder den Residenze Terme Isola d'Elba (www.residencetermeisoladelba.it).
Loc. San Giovanni, Portoferraio
Tel. 0565 91 46 80
https://termeisoladelba.it, www.hotelairone.info, Mo.-Fr. 9-13, 16-19, Sa. 9-14 Uhr

---

Verschwundenes Dorf

Santo Stefano

Oberhalb Magazzini steht Elbas bedeutendste romanische Kirche (12. Jh.). **Santo Stefano** ist einschiffig und besaß ursprünglich wohl ein Holzdach. Der Ortsteil Santo Stefano (40 Einw.) heißt auch »Le Trane«. Dieser Name weist auf ein untergegangenes Dorf Latrano bzw. Laterano hin, das noch 1260 aktenkundig war und seit dem 14. Jh. nicht mehr erwähnt wurde. Es wurden hier auch Bronzen und Gräber aus dem 5. Jh. v. Chr. entdeckt. Die Bezeichnung »Le Trane« leitet sich wohl von den Dorfbewohnern von Latrano, den Latrani ab.

★★ MARCIANA

Gemeinde: Marciana | **Höhe:** 375 m ü. d. M. | **Einwohnerzahl:** 2040

Elbas älteste, seit der Bronzezeit bewohnte Siedlung am Hang des Monte Giove (855 ü. d. M.) erlebt auch dank engagierter Dorfbewohner eine bemerkenswerte Renaissance: Die einstige Sommerresidenz der Adelsfamilie Appiani birgt viele Geheimnisse, die man auf Führungen entdeckt. Und Marcianas Nationalparkhaus wartet mit einer sehenswerten neuen Ausstellung auf.

Wer z. B. mit der in Marciana geborenen Tatiana Segnini den historischen Ortskern erkundet, lernt viel zur Dorfgeschichte, die mit den Römern, wohl 35 v. Chr. mit einem Herrn namens Marcius begann. Vielleicht kommt der Name aber auch vom Lateinischen »marcidus«:

ein Verweis auf schwierige landwirtschaftliche Bedingungen. Nach den Pisanern beherrschte die Fürstenfamilie Appiani aus Piombino von hier aus jahrhundertelang Elba. Ihren kleinen Palazzo im Dorfkern hat ein deutsches Kunstdirektoren-Ehepaar erworben.
Nostalgie wecken Marcianas schmale, steile Gassen, die mit üppig blühenden Pflanzen vor schmuck restaurierten Häuschen bezaubern. Die auffallend hübschen Hausnummern bilden zusätzliche Farbtupfer. Mit Tatiana taucht man ein in die Lebenswelt des Gestern und Heute, entdeckt den alten Markt und in einer Hausnische einen letzten der öffentlich zugänglichen Öfen: Hier durften früher Arme jederzeit backen; das ganze Dorf nutzte sie an Festtagen. Herrlich sind Tatianas durch akribische Studien im Dorfarchiv belegten Schilderungen des historischen Dorflebens, insbesondere das nicht immer leichte der Frauen (▶ S. 12). In einem von den Appiani beauftragten Codex, den in Rio nell'Elba entdeckten Statuta Rivi (um 1571), waren auf 31 Pergamentblättern 110 zivile Regeln und 27 Strafen bei Verstößen festgelegt.
Natürlich darf auch Napoleons Mutter Letizia Ramolino (▶ S. 10) nicht fehlen. Die Gemeinde erinnert seit 1894 mit einer Marmortafel an ihr Logis im Hause Vadi in der Via delle Fonti. Hier wohnte Napoleon vom 21. bis 24. August 1814, dann kam die Kaisermutter (25. August–5. September 1814), die ihrem Sohn so ein klatsch- und

Sachte schmiegt sich das Bergdorf an die bewaldeten Hügel.

tratschfestes Alibi für sein Tête-à-Tête mit der Geliebten, Gräfin Maria Walewska, verschaffte.

Blick über Kastanienwälder

Casa del Parco di Marciana

Das unter der wunderbaren Aussichtsterrasse an der Fortezza Pisana erbaute Nationalparkhaus widmet sich auf 300 m² mit Multimedia-Einsatz den Themen »Land« und »Meer« sowie dem Nationalpark und seinen Werten. Besonders beeindrucken in Saal 2 die Videodokumentationen zur Mönchsrobbe (foca monaca) und zum Nationalparkvogel, der Korallenmöwe (gabbiano corso). Fantastisch weit schweift der Blick oberhalb von der Terrasse über Marciana und jahrhundertealte Kastanienwälder bis nach Poggio und hinab zum Meer.

Casa del Parco: Piazzale della Fortezza Pisana | variiert, meist: April – Mitte Juni u. Okt. Mo., Fr., Sa., So. 10 – 13, Fr./Sa. auch 15 – 18, Mitte Juni – Sept. Mo./Di. 9.30 – 13, Mi./Sa. 9.30 – 13, 16 – 19, Fr. 15.30 – 19.30, So. 10.30 – 13 Uhr | Eintritt frei | Tel. 0565 90 10 30 | www.museiarcipelago.it/musei/casa-del-parco-di-marciana

Wohin in Marciana?

Sommerliche Feste

Fortezza Pisana

Am heutigen Parkplatz des Nationalparkhauses über den Dächern Marcianas errichteten die Pisaner im 13. Jh. in 415 m ü. d. M. eine **Festung,** die 1450 bis 1457 von den Appiani aus Piombino mit vier Verteidigungstürmen ausgebaut wurde. In Kriegszeiten floh Marcianas Bevölkerung hierher, denn das Fort wurde über den Fosso della Giunca auch mit Wasser versorgt. Der 16 x 16 m große Innenhof und zwei Bastionen sind nun Museum. Zu sehen sind z. B. drei Dolia, fassförmige Vorratsgefäße, die in der Etruskerfestung auf dem Monte Castello bei Procchio entdeckt wurden und nicht in Marcianas Archäologisches Museum passten. Eine Bastion zeigt **Reproduktionen mittelalterlicher Waffen** und dokumentiert die **Falkenjagd** die anderen archäologischen Funde, die bei **Grabungen** in der Fortezza zum Vorschein kamen: Dazu zählen Majoliken und Vasenfragmente aus Lucca (15.–19. Jh.). Im Sommer finden hier Feste, Theateraufführungen und Konzerte statt. Beliebt ist das Fort auch für Ziviltrauungen.

25. Juni – 29. Okt. Mo., Mi., Fr., Sa. 10 – 13, 15.30 – 17.30, Do./So. 10 – 13 Uhr, Di. geschl. | Eintritt: 2 €; Kombitickets 3 bzw. 4 €

Antikes Wrack und Elfenbein

Marcianas Archäologisches Museum

Unterhalb der Festung steht die Dorfkapelle zu Ehren des Hl. Liborius (San Liborio). Im 18. Jh. Privatkapelle, datiert sie bis ins 12. Jh. zurück. Im Inneren erstaunen das restaurierungsbedürftige Fresko des Heiligen und das Weihwasserbecken (18. Jh.) aus schwarzem

Marmor in Muschelform. **Marcianas Archäologisches Museum** stellt herrliche Funde aus, u. a. in Saal 1 (Frühsteinzeit bis Etruskerzeit) frühbronzezeitliche Funde vom Monte Capanne (1700–1000 v.Chr.), Obsidianklingen aus Procchio und San Piero in Campo, Keramik und Bronzefunde aus der Nekrople auf dem Masso dell' Aquila (6. Jh. v.Chr.) und Bronzeäxte (8. Jh. v. Chr.), die nahe Chiessi entdeckt wurden. Saal 2 zeigt die Etruskerfunde auf dem Monte Castello, u.a. einen imposanten Terracotta-Kopf. Saal 3 (Mittelalter) konzentriert sich auf uralte Majoliken aus Pisa und Eisenwerkzeug zum Granitabbau aus Cavoli. Saal 4 (Unterwasserarchäologie) beherbergt das Prunkstück: den **Parfümverschluss** (2. Jh. n. Chr.) aus vergoldetem Elfenbein, die Statuetta crisoelefantina di Pan e Dioniso. Sie stammt aus dem antiken Wrackfund vor Procchio. Hinzu kommen Amphoren für Wein, Olivenöl, die antike, aus Fisch gewonnene Speisewürze Garum sowie Funde aus einem Wrack des 19. Jh.s, u. a. mit chinesischen Porzellantellern und Barbierscheren.

Via del Pretorio 40 | Juni–Okt. Mo. u. Mi.–Sa. 10–13, 15.30–17.30, Do./So. 10–13 Uhr, Di. geschl., Ostern Sonderöffnungszeiten | Eintritt: 2 €, mit Fortezza 3 €, Kombiticket 4 € | www.museiarcipelago.it

Verschwundene Münzen

Münzmuseum

Hinter der Kirche San Francesco steht der einstige Appiani-Wohnsitz (► S. 133). Im Keller wurden Vorräte gelagert und angeblich Münzen geprägt. Doch Münzfunde, die man direkt auf Marciana zurückführen könnte, gibt es bisher nicht. Die Florentiner Architekten Silvestre Ferruzzi und Luciano Giannotti richteten in der sog. Zecca di Marciana (Münze von Marciana) das **Münzmuseum** ein, das Münzen aus der Zeit von 1594 bis 1699 zeigt – jener Zeit also, als die Appiani das Fürstentum Piombino regierten.

Museo Didattico Numismatico della Zecca: Via del Giardino | Öffnung/Eintritt wie Arch. Museum (s. o.) | www.museiarcipelago.it

Stadttor und Kirchen

Piazza di For di Porta

In der Unterstadt steht die **Chiesa di Santa Caterina** (17. Jh.) mit Granit-Taufbecken von 1435, die Marcianas Ortspatronin, der Hl. Katharina von Alexandria, geweiht ist. An die Appiani erinnern auch die Kirche Sant'Agapito und die auch Porta di Donna Paola genannte Porta Marciana, das alte Stadttor an der Piazza di For di Porta.

Rund um Marciana

In Flammen aufgegangen

Pieve di San Lorenzo

Das einschiffige romanische Bauwerk an der Strada Provinciale 34 wurde im 13. Jh. von Pisanern errichtet. Seine Ruine besitzt eine schmale Apsis. 1511 rückte die Landkirche gar zur Abtei auf! Die kurze

Blüte endete in den Flammen des Augusts 1553, als Draguts Korsaren das Gotteshaus zerstörten.

Madonna del Monte

Kreuzweg zwischen Kastanienbäumen
Am Parkplatz des Nationalparkhauses Marciana startet der Wanderweg (40 Min.) hinauf zur **ältesten Wallfahrtskirche Elbas:** Madonna del Monte ruht am Nordhang des Monte Giove in 627 m Höhe, umgeben von Weiden und Kastanien. Erbaut wurde sie wohl im 15. Jahrhundert. Napoleon wird 1814 den Weg vorbei an den Erdbeerbäumen und den heute 14 **Kreuzwegstationen** wohl zu Pferd bewältigt haben. Marcianas gläubige Frauen spazieren den Pilgerpfad hingegen barfuß hinauf, besonders während der Prozessionen (1.–3. Mai) und zur großen Wallfahrt (1. Aug.).
1698 entstand das **Teatro della Fonte** genannte Halbrund gegenüber der Hauptfassade, ebenso der schöne Steinbrunnen mit drei löwenköpfigen Wasserspeiern. Die 1995 von Paolo Ferruzzi (▶ Poggio) entdeckte, dann freigelegte Freskenserie »Verherrlichung des Kreuzes« (Esaltazione della Croce) schuf wohl 1537 Sodoma. Dem Bild der Jungfrau Maria über dem Marmoraltar (1661), Werk eines Unbekannten, werden bis heute wundertätige Kräfte attestiert. Der Legende nach fanden Schäfer das auf einen Granitblock gemalte **Marienbild** und bauten zum Schutz eine Kapelle darum, die später zur Wallfahrtskirche wurde. Erst 1919 fügte Ingenieur Castelli den Glockenturm hinzu. Neben der Kirche befindet sich die berühmte **Einsiedelei,** in der 1735 der heilige Paolo della Croce lebte.
Hier empfing Napoleon vom 1. bis 3. September 1814 die Gräfin Walewska und den gemeinsamen Sohn Alexandre, der später Außenminister Napoleons III. wurde. Napoleons Mutter, Madame Mère, soll diesen abgeschiedenen Ort gewählt haben, um gesellschaftliches Getuschel zu vermeiden – was aber nicht klappte. Vor dem Sanktuarium zweigt ein Weg zur Grotta della Madonnina ab, wo eine Madonnenstatue verehrt wird. Im Rahmen der **Napoleon Experience** 2023 veranstalteten die Schauspieler der Compagnia Teatrale dei Tappezzieri Aufstiege und Vorführungen in historischen Kostümen an der Wallfahrtskirche Madonna del Monte.

Sentieri dei Mostri di Pietra

Weitere Wanderwege
Die Bergwelt rings um das Sanktuarium erschließt das Wanderwegenetz der »Steinungeheuer« (Sentieri dei Mostri di Pietra), das viele Freiwillige schufen. Die Wege führen zu Stein- und Felsformationen, die durch Erosion einprägsame Formen annahmen. Zu entdecken ist ein veritabler steinerner Zoo samt »Katze«, »Wal«, »Seeungeheuer«, »Kondor« und »Krokodil«, »Napoleons Pferd« und »Adler«.
Auf diesem Masso dell'Aquila (Adlermassiv), nur fünf Gehminuten vom Sanktuarium entfernt, ließ Napoleon während seines Aufenthalts einen optischen Telegrafen zur Nachrichtenübermittlung errichten –

sein Hauptgrund für die Ortswahl. Ein umgefallenes Schild erinnert daran. Der Nationalpark **organisiert Wanderungen zum Adlermassiv,** wo 1967 eine etruskische Nekropole (6. Jh. v. Chr.) und bronzezeitliche Funde gemacht wurden, die in Marcianas Archäologischem Museum zu bestaunen sind.

Meer- und Felsenblick

Sant' Andrea, La Zanca, Patresi

Den Charme des alten Fischerdorfes mit heute sehr guter touristischer Infrastruktur entdecken immer mehr Urlauber. Im Ortsteil La Zanca gibt es auch Privatunterkünfte. Winzig, aber traumhaft schön ist der Cotoncello-Strand mit herrlichem Blick auf die Felsen des **Capo Sant' Andrea.** Dem Bergbach entlang der steilen Serpentinenstraße ins Dorf ist der immense Pflanzenreichtum des Botanischen Gartens des Hotel »Cernia« (▶ S. 73) zu verdanken. Die Tauchgründe vor Sant' Andrea zählen zu den beliebtesten im Archipel. Auch das ruhige, beschauliche **Patresi** mit dem Leuchtturm an der Punta Polveraia hat einen kleinen Strand.

Klassik über dem Meer!

Campo lo Feno

In dieser privaten Kulturoase wurde bis zum Ausbruch der Corona-Pandemie Klaviermusik präsentiert und Künstlern wie Schumann, Beethoven, De Falla und Franck neues Leben eingehaucht. Die Konzerte fanden vorwiegend im Juli und August statt und sollen in Zukunft wieder aufgenommen werden.
www.campolofeno.it

MARCIANA ERLEBEN

CASA DEL PARCO DI MARCIANA
(▶ S. 69)

KOMMUNE MARCIANA
Via Santa Croce 34, Marciana
Tel. 0565 90 12 15
www.visitmarciana.it

IL CAPEPE
Konfitüren und Marmeladen, z. B. Pflaumen-Lavendel, Pfirisch-Aleatico- oder Feigen-Ingwer, Rote Zwiebel, Limonen-Rosmarin, Apfel-Fenchel oder Birne-Rosa Pfeffer. Die Waren bekommen Sie auch online oder in einer der vielen Filialen (Portoferraio, Capoliveri, Porto Azzurro u. a.).
Via del Pretorio 2
Marciana
Tel. 349 1 44 73 05
www.ilcapepe.com

BASTIA'S BAR €€–€€€
Bar, Pizzeria und Ristorante: Zu fast unschlagbaren Sonnenuntergängen

bereiten Marina und Franco leckere Pizzen, als Antipasto die warme Fischspezialität »Mariscada«, Wildschweingerichte und auf Vorbestellung auch »Porceddu«, das berühmte sardische Schweinefleischgericht.
Via dei Quattro Archi 29
Marciana (Colle d'Orano)
Tel. 0565 90 83 83
www.bastias.it
Im Sommer kein Ruhetag

OSTERIA DEL NOCE €€–€€€

Der Tipp! Nur fünf Tische auf der lauschigen Terrasse und fünf drinnen. Im Slow-Food-Restaurant unterhalb der Fortezza Pisana überzeugen Rita und Alberto Capello, Marina und Simona auch mit selbstgebackenem Kastanien- und Olivenbrot. Alex und Mauro zaubern in der Küche (Hauptgericht ab 15 €), z.B. Linguine alla pescatrice piccante, leckere Pacceri oder fantastische Wildschweingerichte. Guten Appetit!
Via della Madonna 14
Marciana (Castello)
Tel. 0565 90 12 84
www.osteriadelnoce.com

CERNIA ISOLA BOTANICA €€€–€€€€

Meer, Garten, Poesie! Im Haus von Francesca und Cristiano Campagna sind die künstlerisch gestalteten Zimmer »poetisch«. Der Zutritt zum Botanischen Garten (Osmunda-Garten), einer Oase der Exotik und Harmonie mit herrlichen Königsfarnen (10 000 m²; mit Pool; tgl. 9–19 Uhr) ist frei. Regelmäßig Klassik und Jazz live!
Via San Gaetano 23
Loc. Capo Sant'Andrea
Marciana (Sant'Andrea)
Tel. 0565 90 82 10
www.hotelcernia.it

BARSALINI €€€–€€€€

Hier erwartet Sie ein herrlicher Garten (Giardino del Benessere) mit Hydrotherapie, Massage, Ayurveda, Finnland-Sauna – und alles nur 20 m vom Sandstrand entfernt! Der Besitzer spricht Deutsch. Küchenchef Valerio Ragozzino lädt zum Frühstücksbuffet auf die Panoramaterrasse. Im Sommer nur Halb-/Vollpension.
Loc. Sant'Andrea, Marciana
Tel. 0565 90 80 13
www.hotelbarsalini.com

ILIO €€€–€€€€

Elbas bestes, vielfach ausgezeichnetes Boutique-Hotel lockt mit Panoramaterrasse, Garten mit Hibiskusblüten, Salon-Lounge und Wellnessbereich.
Loc. Capo Sant'Andrea
Marciana (Sant'Andrea)
Tel. 0565 90 80 18
www.hotelilio.com

GALLO NERO €€€

Loriano, Sandra und im Restaurant ihre Söhne Gabriele und Matteo sorgen für Wohlbefinden auch im modernen Wellness Center. Mit Panoramaterrasse, Garten, Pool, Whirlpool, Tennis und Piano-Bar. Im Sommer nur Halb- bzw. Vollpension.
Via San Gaetano 20
Marciana (Sant'Andrea)
Tel. 0565 90 80 17
www.hotelgallonero.it
29 DZ, 5 Cottages

BELMARE €€–€€€

Vinzenco Anselmi und Familie bieten grandiose Sonnenuntergänge von der Terrasse mit Blick bis Korsika und Capraia sowie eine großartige Küche. An der Bar können Sie Zwiebelkonfitüre kaufen aus der lokalen Sorte Cipolla di Patresi, die von den Anselmi gerettet wurde. Zudem gibt's unschlagbare Bitterorangen-Marmelade aus eigener Herstellung. Zu den Ba-

deströnden fährt auch der Marebus. Ausreichend Parkplätze.
Marciana (Patresi)
Tel. 0565 90 80 67
www.hotelbelmare.it

CORALLO €€€–€€
Öko-Herberge mit Bioküche für Naturbegeisterte! Ideal für Trekking- und Mountainbike. Mit Wellnessareal Relax, Antistress-Anwendungen und Ayurveda. 15 DZ, ein Appartment.
Via del Passatoio 28, Marciana (Pomonte), Tel. 0565 90 60 42
www.elbacorallo.it

BEL TRAMONTO €€–€€€
Familienfreundliches B&B und Residence-Hotel mit Garten und herrlicher Aussicht. 2 km zum Sandstrand von Sant' Andrea. 19 DZ, 6 App.
Marciana (Patresi)
Tel. 0565 90 80 27
www.beltramontohotel.it

MARCIANA MARINA

Gemeinde: Marciana Marina | **Höhe:** 0–3 m ü. d. M.
Einwohnerzahl: 1870

E/F 5

Das Hafen- und Fischerdörfchen in malerischer, 850 m langer Bucht wurde ursprünglich für das Bergdorf Marciana gegründet. Erst nach Ende der Piratenüberfälle im 17. Jahrhundert entwickelte sich aus dem Hafen und einigen Häusern im Ortsteil Cotone die wunderbare Dorfsilhouette mit Seepromenade und Sarazenenturm.

Fischerdorf

Wer von Procchio Marciana Marina erreicht, findet oberhalb des Ortes den Scherenschnitt Napoleons, dessen Aussparungen das schönste Fotomotiv auf Hafen, Promenade und den Sarazenenturm **Torre degli Appiani** freigeben. Der zylindrische Wachtturm mit Außentreppe galt lange als Medici-Bauwerk. Aktuell tendiert man zu Baumeistern aus Pisa (12. Jh.). Die Arbeit der Appiani am Turm ist seit 1549 belegt. Im Turm wohnte jahrelang Schriftsteller **Raffaello Brignetti,** nach dem Elbas Literaturpreis benannt wurde (▶ Interessante Menschen).

An der Promenade zur Kirche

Stadtrundgang

Flaneure und Lustwandler treffen sich an der Seepromenade mit dem ab 1911 in Stein erbauten Jacht- und Fischereihafen. Der trug übrigens im 19. Jh. aufgrund des enormen Thunfischfangs den Beinamen **»Klein-Marseille«** (»Piccola Marsiglia«)! Nur ein kurzer Abstecher ist es von hier zur Piazza Vittorio Emanuele. An der einen Frontseite beeindruckt die einschiffige Pfarrkirche Santa Chiara von 1776 mit den vier Säulen ihrer Fassade; im Inneren ist die Orgel aus dem Jahr 1829 sehenswert.

An der langen Seepromenade lässt es sich sehr gut flanieren – Meer- und Bergblick inklusive.

Kurios wiederum ist der Holzbau der Bar »Luma« auf der Piazza della Vittoria, in der nichts serviert wird. Sie war Kulisse für die erfolgreiche italienische TV-Serie »I Delitti del BarLume«, deren 7. Staffel 2020 gesendet wurde. Barkeeper Massimo löst dort zusammen mit Kommissar Fusco schwierige Fälle. Die Krimis spielen im fiktiven toskanischen Seebad »Pineta« (»Pininewald«): Marciana Marina. Weitere Drehorte befanden sich nur auf Elba!

Glitzern in der Sonne

Hinter der Mole mit dem **mittelalterlichen Hafenturm** erstreckt sich der Kieselstrand La Fenicia, dessen ei- und kugelförmig geschliffene Steine in der gleißenden Sonne glitzern. Vom **Strand** steigt ein schmales Sträßchen zu einem schattigen Waldstück an, wo ein Pfad hinunter zum einsamen Strand von **Ripa Barata** führt. Kleine, versteckte, überaus reizvolle Badebuchten sind auch bei der Punta del Nasuto, der Punta della Madonna, bei Bagno und der Punta Sprizze.

La Fenicia

MARCIANA MARINA ERLEBEN

AQUA DELL'ELBA

Die Werkstatt am Hauptsitz des Parfümherstellers (Via A. Moro 69) können Sie nicht nur besichtigen, Sie können hier sogar Ihr eigenes Parfüm herstellen! Verkauf auch in den Läden (Scali Mazzini 3 und Viale Regina Margherita 54).
Tel. 0565 99 84 78
www.acquadellelba.com/de
tgl. 9–13, 14.30–19.30 Uhr

UNZIPO'

Geht nicht, gibt's nicht! Denn dies bedeutet Unzipo' im Elba-Dialekt! Den Namen trägt auch eine im Wald lebende Märchenelfe. In ihrer Werkstatt stellen Giuliano und Paola Soldi raffinierte Schuhe, Taschen, Masken, Kleider, Gürtel und Hüte aus hochwertigem Leder her.
Via XX Settembre 3
Tel. 348 8 60 37 67
www.unzipo.it

GULLIVER – TERRE D'AUTORE

Zum 1984 eröffneten Laden für Keramik und aktuelle italienische Keramikkunst, dessen Eingang mit imposanten Bodenvasen eingerahmt wird, gesellte sich 1994 die Galerie mit außergewöhnlichen Exponaten bedeutender italienischer Künstler.
Via Garibaldi 47 (Galerie)
Via Mentana 6 (Laden)
Tel. 0565 9 91 13
www.gulliverarte.com

AQUAVISION

80 m² Kristallglasflächen sind unter der Wasserlinie des Motonave »Nautilus« eingebaut. So lässt sich Elbas maritime Welt trockenen Fußes am besten erkunden! Das Schiff bietet 50 Plätze.
Einstieg Scali Mazzini/Moletto del Pesce
Tel. 0565 97 60 22
Tel. 328 7 09 54 70
www.aquavision.it
Mitte Juli bis Sept. tgl. 10.30 Uhr ab Portoferraio (an 12.30 Uhr), ab Marciana Marina tgl. 15.30 Uhr (an 17.45 Uhr) und weitere Fahrtzeiten; Ticket (an Bord): 20 €

BAR TAHITI €€€–€€€€

Südseeträume werden am 1400 m langen Sandstrand von Procchio wahr: Restaurant mit mediterraner Küche und gutem Service, dazu die absolute In-Strandbar, wo ein »Aperitivo Relax« kredenzt wird. Zurücklehnen und genießen!
Spiaggia di Procchio
Marciana (Procchio)
Tel. 349 6 40 15 14
www.tahitielba.com
(Restaurant tgl. 12.30–14.30, 20–22.30 Uhr)

CAPO NORD €€€–€€€€

1985 übernahm Topsommelier Attilio Adriani die berühmte »Rotunde am Meer« – die Strandbaracke am Strand La Fenicia, in der seit 1958 Urlauber zu Musik aus der Jukebox Partys feierten. Seither ist sie auch dank der Söhne Alberto und Tommaso sowie dank Koch Daniele ein elegantes Spitzenrestaurant mit Michelinstern-Empfehlung geworden. Hier kann man à la carte oder Menüs ordern (50, 70 bzw. 90 €)! Dazu emp-

fiehlt Attilio die passende Weinbegleitung (15 bzw. 30 €) aus der Auswahl von 600 Spitzenweinen.
Loc. La Fenicia 79
Marciana Marina
Tel. 0565 99 69 83
www.ristorantecaponordelba.it
Mo. außer Juni–Aug. Ruhetag, Nov.–März geschl.

RENDEZ VOUS €€€–€€€€

Der Tipp! Bei Gian Piero und Gian Luca Landi, von allen nur »PieroeLucadelRendeVous« genannt, gibt es den besten Fisch und die besten Krustentiere vom Grill!
Piazza della Vittoria 1
Marciana Marina
Tel. 0565 9 92 51
Mi. Ruhetag

SCARABOCI €€€–€€€€

Das Sterne-Ristorante von Giorgio Morsiani gilt vielen als bestes auf Elba! Vaerlia übernimmt den Service im Ristorante, das auch »Corte di Giorgione« (Hof des großen Giorgio) genannt wird.
Via XX Settembre 29
Marciana Marina
Tel. 0565 99 68 68

AFFRICHELLA €€–€€€

Die Küche von Leandro Carotenuto, Fulvio Mazzei und Francesco Baldacci macht das Affrichella zu einem der fünf besten Restaurants auf Elba. Für perfekten Service sorgen Ramon Segnini, Sommelier Paolo Mazzei und die freundliche Kellnerin Fiorella Teggi. Und natürlich ist Fisch angesagt!
Via Santa Chiara 7
Marciana Marina
Tel. 0565 90 46 07
Kein Ruhetag

DA TERESINA €€–€€€

In diesem Familien-Ristorante kommt Elbas Traditionsküche auf den Tisch. Probieren Sie Schwertfisch oder Goldbrasse!
Piazza della Vittoria 15
Marciana Marina
Tel. 0565 9 90 49
Kein Ruhetag

TRATTORIA DA LUIGI €€–€€€

Luigi und Gattin Pinella haben 2024 das 50-jährige Bestehen ihrer Kult-Trattoria gefeiert, die versteckt an der Straße nach Poggio liegt. Hier wird alles selbst hergestellt! Berühmt sind Luigis Crostate mit Aprikosen oder Mandarinenmarmelade. Bestellen Sie Spaghetti Carbonara, Pasta alla Luigi (ohne Ei) oder Pappardelle mit Wildschwein – richtig lecker!
Loc. Lavacchio 11
Marciana (Poggio)
Tel. 335 6 48 22 26
www.ristorantedaluigi.it

GELATERIA/BAR LA TORRE €

Super Sorbets, Granite di Frutta, Joghurt und Eis, z. B. Karamell-Salz-Eis. Dazu gibt es Smoothies, Säfte, Aperitifs und Longdrinks!
Viale Regina Margherita 64
Marciana Marina
Tel. 347 6 92 93 49
Kein Ruhetag

GRAN BAR LA PERLA €

Der Promenadentreff! Auf der überdachten Terrasse mit dem Buch- und Zeitungsladen Libreria Rigola (Nr. 25) nebenan parliert man bei Mario Mazzei prächtig zu leckeren Snacks, Torten, Eis und Cocktails!
Piazza della Vittoria 29
Marciana Marina
Tel. 0565 90 41 33, kein Ruhetag

DESIREE HOTEL €€€€

Perfekt restaurierte Hotelanlage mit Privatstrand (Baia Spartaia) und herrlichem Park (7 ha). Zimmer und Apartments in den Häusern »Paolina«, »Walewska« und »Desirée«,

dazu Pool, Wellness, Workout, Tennis, zwei Restaurants und Cocktailterrasse »Boheme« am Strand.
Lido di Spartaia
Marciana (Procchio)
Tel. 0565 90 73 11
www.desireehotel.it
42 DZ, 10 Suiten, 30 Apartments

GABBIANO AZZURRO €€€–€€€€
Der Hotelname »Blaue Möwe« ist eine Hommage an Autor Raffaello Brignetti! B&B und Fitnesscenter bietet das 2019 eröffnete Zweithaus, das Art Hotel Gabbiana Azzurro Due – nur drei Gehminuten entfernt.
Viale Principe Amedeo 94
Marciana Marina
Tel. 0565 9 90 18
Tel. 0565 97 91 57 (Art Hotel)
www.arthotelgabbianoazzurrodue.it und
www.hotelgabbianoazzurroelba.it
39 klimatisierte DZ, 5 Apartments

MARINELLA €€–€€€€
3-Sterne-Haus mit Panoramaaussicht, Garten, Meerwasser-Pool und Tennis. Im Juli und August Halb- bzw. Vollpension.
Lungomaree Regina Margherita 38
Marciana Marina
Tel. 0565 9 90 18
www.elbahotelmarinella.it
57 DZ u. Suiten

LE BRICIOLE €€–€€€
B&B-Albergo der Familie Battani in der Nähe der Strände Paolina und Redinoce; ein Privatstrand inkl. Sonnenschirm und zwei Liegen liegt 400 m entfernt.
Loc. Redinoce 5, Marciana Marina
Tel. 0565 90 75 38, 16 DZ
www.albergolebriciole.it/de

HOTEL MONNALISA €€–€€€
150 m vom Strand und 200 m vom Zentrum. Mit in Weiß gehaltener Lobby, Bar, Terrasse und Garten. Leckere, leichte Küche, auch glutenfrei. Kein Lift!
Via Fontalleccio 10
Marciana (Procchio)
Tel. 0565 90 75 19
www.hotelmonnalisa.it
33 klimatisierte Zimmer

HOTEL ANSELMI €–€€€
Schönes B&B-Hotel, das einige Zimmer mit Terrasse bietet. Das Frühstücksbuffet wird auch im Garten hergerichtet, der zum Sonnenbad lädt.
Viale Amedeo 35, Marciana Marina
Tel. 0565 9 90 78, 24 DZ u. 1 App.
www.hotelanselmi.it
Mitte März.–Okt.

Procchio

Abkühlung benötigt?

La Paolina

Erst seit den 1960er jahren heißt dieser Strandabschnitt La Paolina. Hierher kam – angeblich – die Lieblingsschwester Napoleons 1814 gern zum **Sonnenbaden.** Die Felsinsel vor der Küste, der Scoglio della Paolina, heißt seither Paolina-Insel. Das Ganze war aber wohl eher nur eine allerdings ziemlich gute Idee eines cleveren elbanischen Touristikers.

Wrack gefunden

Campo all'Aia (La Spiaggiola)

1967 entdeckte Amateurarchäologe Gino Brambilla im Ortsteil Campo all'Aia 50 m vom Ufer in 2 m Wassertiefe **Reste eines antiken römischen Schiffs.** Aufgrund der wertvollen Ladung wurde es als

Relitto di Procchio, Relikt/Wrack von Procchio bekannt. Das um 190 n. Chr. gesunkene Schiff barg Glaskelche, Goldzechinen, den Parfümfläschchen-Verschluss aus vergoldetem Elfenbein mit Dionysos und Pan, eine Holzkiste mit Kosmetika, Weinamphoren aus Gallien und Schwefel aus Sizilien. Die Funde befinden sich im ▶ Archäologischen Museum Marciana.

MARINA DI CAMPO

Gemeinde: Campo nell'Elba | **Höhe:** 0 – 2 m ü. d. M. | **Einwohner:** ca. 2090 (Campo nell'Elba: 4680)

Das lebhafte Hafenstädtchen wartet mit Elbas längstem Sandstrand auf. So wurde Marina di Campo zum beliebtesten Ziel für Badeurlaub! Sommer, Sonne, Sonnenschein und viele attraktive Angebote im und auf dem Wasser sind angesagt. Wahrzeichen des drittgrößten Inselhafens ist ein 25 m hoher Beobachtungsturm.

Bereits um 1900 wurde das einstige Fischerdorf von begüterten Italienern als Ferienziel entdeckt. Sie errichteten zwischen der Hauptstraße und dem 1400 m langen, sauberen Sandstrand Villen und Sommerresidenzen. Besagter Strand wird mit breiten Angeboten von Segel-, Windsurf- und Tauchschulen genutzt und ist bestens für ein Bad oder zum herrlichen Faulenzen geeignet. Insofern ist er Marina di Campos großer touristischer Segen. Doch war er – bei Piratenüberfällen und einmal im 20. Jh. – auch ein Fluch! Hier erlebte ganz Elba den glücklichsten, gleichzeitig aber auch einen schwarzen Moment der Inselgeschichte. An der Via Roma (Fußgängerzone) erinnert seit 2008 Italo Bolanos ca. 1 × 2 m große Kunstwand **»Landung der Alliierten in Marina di Campo am 17. Juni 1944«** an die am Strand gestartete, in wenigen Tagen abgeschlossene Inselinvasion gegen Ende des Zweiten Weltkriegs. Sie brachte die Befreiung von der deutschen Besatzung, aber auch zig Tote und Kriegsgräuel mit sich.

Heute strahlt die attraktive Infrastruktur von Marina di Campo weit ins Umland. Es locken die **nahen Küstenorte,** das Hinterland der Granitberge, Delfine und Wale im Meer und Pianosa als Entdeckungsziel. Nur 2 km von Marina di Campo ist Elbas Flughafen, und auch die anderen Ortsteile der Großgemeinde Campo nell'Elba sind von Marina di Campo aus perfekt erreichbar per Pkw, Bus oder Motorroller, auf dem E-Bike oder zu Fuß und jetzt sogar dank Eröffnung des einzigen Eselshofs auf Elba selbst auf dem Eselsrücken!

DIE FANTASTISCHEN SONNENUNTERGÄNGE ...
... ziehen allabendlich Hunderte an. Ob an der Punta Polveraia oder im Hafen von Patresi, am Strand von Campo lo Feno, in Chiessi oder der Küste von Pomonte: Die unvergesslichen Panoramablicke bis Korsika begeistern.

Durch die Innenstadt zum Turm

Torre di Marina

Aus dem alten Hafen laufen Ausflugsschiffe täglich nach ▶ Pianosa aus, Fischerboote schippern abends zum Sardinen- und Makrelenfang und Segel- und Motorjachten warten auf ihren nächsten Einsatz. Die Hafenszenerie dominiert aber die Torre della Marina. Der Turm ist wohl pisanischen Ursprungs, wurde jedoch erst 1596 erwähnt. Da übernahm ein Matteo d'Antonio aus San Piero in Campo seine Aufsicht. Erst 1901 wurde nahebei der **Leuchtturm** errichtet.

Rund um Marina di Campo

Paradiese für Strandgänger und Wasserraten

Badeorte

In kleinen, attraktiven Buchten liegen die winzigen Badeorte Fetovaia, Seccheto und Cavoli. Die **Spiaggia di Fetovaia** zählt dank ihrem klaren, sauberen Wasser zu Elbas beliebtesten Sandstränden und wird durch eine schmale Landzunge geschützt, die weit ins Meer reicht. Hüllenlos badet man z.B. westlich Fetovaia am Strand Le Tombe, über einen Steilweg von der Küstenstraße zugänglich. Auch **Seccheto** und **Cavoli** besitzen herrliche weiße Sandstrände und kristallklares Wasser. Die **»Blaue Grotte«** (»Grotta Azzurra«) erreicht man z.B. im Tretboot. Auch geführte Wanderausflüge entlang der Küste kann man auf der neuen Via dell'Essenza unternehmen, z.B. auf dem Rosmarinweg. Luca Giusti bietet von seinem Eselshof **Somareria dell'Elba** mit dem schmucken Scheunenmuseum Tagesausflüge an (siehe Kasten). Da geht es auf Eseln über den Rosmarinweg, ins Mühlental (Valle dei Mulini) und sogar nach San Piero in Campo!

MARINA DI CAMPO ERLEBEN

IL TRENINO

Der Miniaturzug für Jung und Alt fährt zu allen Ortsattraktionen.
Tel. 329 6 11 74 75
www.elbaservizi.it

IL VELIERO €€

Die beste Bar in Marina di Campo ist dieser Treffpunkt an der Uferpromenade. Hier bei Emanuele Mannoni finden sich auch die Guides des Nationalparks ein. Service drinnen und draußen (überdacht).
Piazza Vittoria 35/Lungomare Mibelli, Marina di Campo
Tel. 348 4 04 61 19
https://ilvelieroecontrovento.it
tgl. 5.30–24 Uhr

GELATERIA GHIBLI €€

Zigfach ausgezeichnete beste Eisdiele im Ort mit aktuell 103 Eissorten!
Piazza Torino 5, Marina di Campo
Tel. 0565 97 78 29, tgl. 11.30–24 Uhr

KONTIKI €€€–€€€€

Restaurant/Terrassenbar am Hafen, in der Jura-Student Silvio Berlusconi um 1960 als Schlagersänger auftrat und der Evergreen »Quando Quando« ertönte. Im Sommer wöchentlich abends Livemusik zum Aperitif auf der Terrasse! Tgl. 11–24 Uhr.
Loc. Molo Nuovo
Marina di Campo, Tel. 0565 97 70 84
www.ristorantekontiki.it

AGRITURISMO TERRE DEL GRANITO »LA MERENDERIA«

Günstige, grandiose Elba-Gerichte auch draußen in den Terre del Granito am Weg nach Cavoli. Auch ihren perfekten Wein (Aleatico!) produziert die Kooperative selbst. Mit Übernachtung, Weinbergführungen und Verkauf (Honig, Konfitüre, Wein).
Via Vallebuia 1492, Seccheto, Campo nell'Elba
Tel. 0565 98 70 35

CANTINA ELBANA

Lokale Elba-Produkte, Fasswein (Syrah!), Delikatessen und exzellente warme Gerichte!
Via della Bonalaccia 1537
Marina di Campo
Tel. 392 9 59 54 47
www.cantinaelbana.it
tgl. 11–15, 17–23.30 Uhr

ACLI PESCA

Täglich fangfrischer Fisch, teils schon für den heimischen Teller oder als Take-away für den Strand zubereitet. Direkt von der Fischerkooperative.
Via per Portoferraio 412
Marina di Campo
Tel. 0565 97 72 43

www.aclipesca-elba.it
Okt. bis April geschl.

LOCMAN BOUTIQUE

Hauptladen der Weltfirma für Uhren, Schmuck u.v.m.: Filialen öffnen in Portoferraio und Porto Azzurro.
Piazza G. da Verrazzano 7
Marina di Campo
Tel. 0565 97 77 34
https://locman.it
tgl. 10–13, 16–24 Uhr

LA TANA DEI SOGNI

Lesevergnügen pur in der kleinen Buchhandlung »Das Versteck der Träume« im Zentrum.
Via Roma 62, Marina di Campo
Tel. 0565 97 63 19

SOMARERIA DELL'ELBA

Vor allem Deutsche und Schweizer buchen die großartigen Stunden- und Tagestouren auf dem Eselsrücken mit Luca Giusti, der auch als Guide auf Pianosa aktiv ist. Auf dem Hof öffnet das Scheunenmuseum mit antikem landwirtschaftlichem Gerät und einer historischen Küche. Tagestouren 20 bis 35 €, Kinder ermäßigt.
Traversa di Via Filetto 421 B
Loc. Filetto, Marina di Campo
Tel. 338 421 50 60
www.somareriadellelba.com

ECONAUTA

Umberto Segnini bietet ausgezeichnete Wandertouren, dazu Segel und Kajakausflüge.
Via della Bonalaccia 1204
Campo nell'Elba, Tel. 0565 97 67 07
https://econauta.net

IL VIOTTOLO

Ganzjähriges Programm, Juni bis Sept. täglich: Wandern, MTB, Nordic Walking, Kajak, Schnorcheln, Walbeobachtung und Segeln.
Via Albarelli 60, Marina di Campo
Tel. 329 7 36 71 00
www.ilviottolo.com

»MICKEY MOUSE«

Spektakuläre Ausflüge ab der neuen Mole mit dem Motorschiff (Motobarca) »Mickey Mouse« inkl. Sonnenbad entlang Elbas Südküste!
Piazzale della Salata
Marina di Campo
Tel. 392 3 18 69 62
www.elbadiscovery.com

IL CACCIUCCO €€€–€€€€

Vielbesuchtes Ristorante mit super frischem Fisch, omnipräsentem Chef und perfektem Service!
Piazza Cavour 10, Mar. di Campo
Tel. 0565 97 64 89
mittags u. abends, kein Ruhetag

DA PIERO – ISELBA €€€–€€€€

Mittags und abends gibt es hier Gourmetküche vom Feinsten! Spezialität: Fisch und Krustentiere.
Viale degli Etruschi
Marina di Campo
Tel. 391 4 32 28 31, kein Ruhetag
www.dapiero-iselba.it

BOLOGNA €€–€€€

Terrasse oder Keller? Das ist im Sommer die Frage! Backfisch und Holzofenpizza sind im stets gut besuchten Restaurant von Adriano, Stefanella und Andrea angesagt. Seit 1955!
Via delle Case Nuove 71
Marina di Campo
Tel. 0565 97 61 05
www.ristorantebologna.it
Mo. nur abends, sonst tgl. 12–14, 18–23 Uhr

LA LUCCIOLA €€€–€€

Das schicke Strandrestaurant übernahmen 2015 Carlo und Lucia Tibiletti. Mittags geht es formlos zu, abends elegant zu mediterraner Kücher bei Kerzenschein.

Viale Nommelini 64
Marina di Campo, Tel. 0565 97 63 95
www.lalucciola.it, Mitte Mai bis Ende Sept. Bar tgl. 9–23.30, Küche tgl. 12–14.30, 19.45–22.15 Uhr

ITTITURISMO LA ROSA DEI VENTI €€

Absolute Spitze! In La Pila bieten Marco und Paola beim Ittiturismo frisch zubereiteten Fisch.
Via del Brumaio 760
Marina di Campo, Di.–So. 20.30–23 Uhr, Tel. 329 2 28 63 33
https://ittiturismolarosadeiventi.it

BAGNI PINETA €€€

Direkt am Strand und doch abseits vom Trubel! Hier kommen Thunfischsteaks- und -salate auf den Teller. Auch die Rinderfilets sind sehr zu empfehlen!
Lungomare Nomellini 442
Marina di Campo
Tel. 0565 97 69 66, Mai bis Sept. Restaurant 20–23, Bar 8–23 Uhr
www.bagnipineta.it/il-ristorante/

DEI CORALLI €€€–€€€€

Schönes Haus, 100 m vom Sandstrand mit Garten, Pool, Tennis und Wellness. Das Restaurant »La Nassa« liefert typische Elba-Küche. Gratis sind die hauseigenen Fahrräder.
Viale degli Etruschi 56
Marina di Campo
Tel. 0565 97 63 36
www.hoteldeicoralli.it

ECOHOTEL MONTEMERLO €€€–€€€€

Nachhaltigkeit ist Trumpf! Das Hotel erhielt 2015 den ersten Preis des nationalen Öko-Labels, war bestes Ökohotel der Toskana und eines der sieben besten Italiens. Herrlicher mediterraner Garten, Pool mit Bio-Chlor sowie Wellness (Hydromassage). Zum Strand sind es 500 m.
Via del Canaletto 240
Campo nell'Elba (Fetovaia)
Tel. 0565 98 80 51
www.hotelfetovaia.it/de

MERIDIANA €€€–€€€€

3-Sterne-Hotel mit sehr gut ausgestatteten Zimmern (alle mit Balkon/Terrasse, Bad, Klimaanlage) und einfachem Ristorante.
Viale degli Etruschi 465
Marina di Campo
Tel. 0565 97 63 08
www.hotelmeridianaelba.it
nur April bis Okt., Restaurant nur 15. Juni bis 24. Sept.

PUNTO VERDE €€–€€€

Der Nachhaltigkeit verpflichtetes Hotel mit erstklassigem Frühstücksbuffet. Zwei große Parkplätze, sehr freundlicher Service.
Viale degli Etruschi 207
Marina di Campo
Tel. 0565 92 11 04
www.puntoverdehotel.it/de

LO SCIROCCO €€€–€€

Nahe am Sandstrand offeriert das ruhige Hotel im Restaurant gute Elba-Küche zu sehr guten Elba-Weinen. Frei nach Napoleon:

» Die Einwohner Elbas sind stark und gesund, weil der Wein ihrer Insel ihnen Kraft und Gesundheit verleiht. «

Loc. Fetovaia 84
Campo nell'Elba (Fetovaia)
Tel. 0565 98 80 33
www.hotelloscirocco isoladelba.it

RIVA DEL SOLE €€–€€€

Die Zimmer der Kategorie »Camera Superiore« im 1. und 2. Stock haben Balkon und Meerblick! Mit Snackbar »La Ginestra« und Ristorante »La Veranda«, Pool und Tennisplätzen.
Via Nomellini 253
Marina di Campo, Tel. 0565 97 63 16
www.hotel-rivadelsole.com

EM-Orakel 2008 und WM-Orakel 2010

Acquario dell'Elba

Zum Aquarium an der Straße nach Lacona folgt man am besten den Hinweisschildern zum Club Hotel Marina (Loc. Segagnana). Die einst als Diskothek genutzten Räume beherbergen Italiens zweitgrößtes Meeresaquarium. Auf 1000 m² sind in 80 Bassins mit 250 000 Litern Meerwasser 150 Arten vorwiegend der heimischen Unterwasserwelt zu bestaunen. Ein Mitarbeiter soll sogar **»Paul, den Kraken«** (2008–2010; italienisch Polpo Paul), aus den Gewässern vor Marina di Campo gefischt haben, was der offiziellen Version widerspricht. Doch die Trainerin des berühmten Orakel-Oktopus der Fußball-EM 2008 und WM 2010 nannte wohl Elba.

Acquario dell'Elba: Traversa di Via Segagnana 245 | Tel. 0565 97 78 85 | Ostern – 18. Juni und 11. Sept. – 16. Okt. tgl. 9 – 20, 19. Juni – 10. Sept. tgl. 9 – 23.30 Uhr | Eintritt: 12 € www.acquarioelba.com

Deutschland forscht … auf Elba

HYDRA Fieldwork

Wissenschaft und Ausbildung, darauf liegt der Fokus hier in der Feldstation über Fetovaia. Das Team um die Biologen Boris Unger und Dorothée Makarow organisiert Meeresbiologie-Kurse und führt vor allem die Ausbildung zum Europäischen Forschungstaucher durch. Die Feldstation ist in der **Villa Le Rocce** untergebracht, die im 1. Stock auch über eine Wohnung mit drei Schlafzimmern verfügt. Wissenschaftler und Gruppen können während ihrer Seminare hier auf zwei Labore, einen Nassbank, Seminarräume, zwei Hartrumpf-Schlauchboote, eine Segelyacht und die wissenschaftliche Tauchbasis zurückgreifen. HYDRA Fieldwork ist Mitglied des HYDRA-Netzwerks (www.hydra-institue.com).

Elba Field Station: Via del Forno 80, Campo nell'Elba Tel. 334 3 35 31 44 | https://hydra-fieldwork.com

Erleben Sie Elbas Essenzen und Düfte!

Wanderwege

Einige Wanderwege erschließen Elbas Hinterland, allen voran die **Granitwege** (► S. 144). Sie starten ab Cavoli, auch ab Seccheto und von San Piero in Campo. Ab dort folgen Sie 9 km bzw. 3 Stunden dem Rundweg: zu antiken und historischen Steinbrüchen, zu den **vier Menhiren der Sassi Ritti** (»Stehende Steine«), zum Panoramapunkt Pietra Murata oder Gräbern der Villanova-Kultur.

Auch der Rundweg **»Essenzen und Düfte«**, der Via dell'Essenza, ist ein besonderes Erlebnis und darauf ausgelegt, mit allen Sinnen genossen zu werden. Im Gemeindegebiet von Campo nell'Elba verlaufen die anspruchsvolle Etappe »Lavendel« mit herrlichem Panorama (Mortigliano – Cavoli; 17,6 km; 1083 Höhenmeter; 7 Std.) und der leichtere »Rosmarinweg« (Cavoli – Fonza; 9,75 km; 3 Std.).

Information: www.islepark.it/rete-sentieristica/percorsi-consigliati/percorsi-via-essenza-elba

POGGIO

Gemeinde: Marciana | **Höhe:** 330 m ü. d. M | **Einwohner:** ca. 230 (Marciana: 2140)

Der Treff im malerischen, für Kastanienmehl berühmten Bergdorf ist die Piazza del Castagneto, wo Napoleon selbst zur größten Attraktion werden könnte.

Das Auto lässt man unterhalb der Dorfpiazza in einer der kostenpflichtigen Parkboxen stehen, ehe es auf die wunderbar herausgeputzte **Piazza del Castagneto** mit Uhrenturm und Mosaikarbeiten der einstigen Dorfwappen geht. Drei historische Berühmtheiten könnten Ihnen – nach Voranmeldung – nahebei in der Casetta Drouot begegnen: Napoleon, die Gräfin Walewska und Antoine Drouot, Napoleons Gouverneur während seines Exils. Kongenial dargestellt werden sie von der Theatergruppe Compagnia dei Tappezzieri, die 2023 auch zu Events während der neuen Napoleon Experience in Marciana auftrat!

Eintauchen in eine andere Welt

Compagnia dei Tappezzieri: Casetta Drouot, Via Ulisse Leoni 12 | Vorbestellung: Tel. 0565 99 70 53 | nur n. V. tgl. 10–13, 16.30–20 Uhr (max. 18 Pers.) | Eintritt: 10 € | www.napoleone-elba.it

POGGIO ERLEBEN

BORGO DEL POGGIO

30 m von der Piazza del Castagneto führt der Delikatessenladen z. B. Nudeln aus Kastanienmehl, eingelegten Baccalá (Kabeljau), Marmeladen und rare Weine der Fattoria »Zega«.

Via della Fontanella 13, Poggio Tel. 0565 90 90 28, tgl. 8–13, 15–20 Uhr, www.elbaintavola.com

PUBLIUS €€€€

Gourmetgerichte und herrliche Panoramaterrasse! Seit 1970 ist das Publius in Familienbesitz, mittlerweile haben es die Kinder Emanuele und Simonetta Fontana übernommen. Koch Federico Baarbuto empfiehlt Tartar vom Maremma-Rind mit Whiskey und Trüffeln, Tagliolini mit schwarzem Trüffel und rosa Garnele oder Wildschwein Etrsukerart mit schwarzen Oliven und Wacholder. 300 Weine zur Auswahl!

Piazza del Castagneto 11 Marciana (Poggio), tgl. 12–14.30, 19–22.30 Uhr, Tel. 0565 9 92 08 www.ristorantepublius.it

TRATTORIA SCIAMADDA €€

Direkt am Dorfplatz setzen Giacomo Moretti und sein Team auf ligurische und Elba-Küche, etwa Rigatoni, vegetarisch, alla Genovese oder mit Makrele (scrombo) und Elbas Wunderkraut Nepitella. Kein Ruhetag.

Via del Carmine 2, Marciana (Pog.) Tel. 0565 90 90 98 www.sciamadda.it

OBEN: Das ruhige Bergdörfchen Poggio hält so manchen Schatz bereit, so auch in der kleinen Kirche San Defendente. (► S. 18)

UNTEN: Nichts für die Höhenangst: die kleinen Gondeln auf den Monte Capanne

Dorfschönheit

Malerisches Bergdorf

Eine große Attraktion ist das Gesamtkunstwerk Poggio, dessen etruskische Ursprünge bis ins 6. Jh. v. Chr. zurückdatieren und das im Mittelalter Podium Marciane hieß. Im Oberdorf lockt mittelalterliche Bausubstanz entlang schmaler, autofreier Gassen. Das einstige Bergarbeiter- und Köhlerdorf ist längst Luftkurort mit bedeutender Tradition! So war nach Napoleon 1898 Macchiaioli-Maler Telemacho Signorini (1835–1901) vor Ort und portraitierte das traumhafte Dorf. Wenig später baute hier Adolfo Coppedè die Villa des Eisenmagnaten Pilade del Buono. Nach dem Zweiten Weltkrieg wurde sie zur Luxusherberge – hier stiegen der surrealistische Maler Giorgio De Chirico, Ingrid Bergman und 1963 auch Winston Churchill, Wallis Simpson sowie Englands abgedankter König Edward VIII. ab. 1982 wurde die einstige Villa zum schlichten Apartmenthaus gewandelt, 2023 widmete ihr die Accademia del Bello in Poggio eine Sonderausstellung.

Wohin in Poggio?

Innenraum und Vorplatz

San Niccolò

Im höchsten, terrassenförmig ausgebauten Dorfbereich, schon seit der Römerzeit als Podium bekannt, steht seit dem 12. Jh. n. Chr. die barock umgebaute Hauptdorfkirche San Niccolò mit ihrem markanten Kirchturm (18. Jh.). Blickfang im Inneren ist die 1854 erbaute Orgel auf der rückwärtigen Empore. Die Brunnenanlage **»Okeanos«** auf dem Kirchvorplatz ist ein Spätwerk (1996) des Bildhauers Giò Pomodoro, Bruder des bekannteren Arnaldo Pomodoro. Hier überreichte Napoleon »Betta la Carina« den Code Napoleon, der heute in der Accademia del Bello in Poggio gezeigt wird.

Kleine Volkskunde

Museo Etnografico »Il Casalino del Castagno«

Kastanien, Köhlerhandwerk, Eisengewinnung und die Geschichte des Hirtentums: All das thematisiert das Volkskundemuseum unterhalb der Piazza del Castagneto. Falls geschlossen, lohnt der Blick auf den Grünsteifen zur Linken: Dort stehen unter freiem Himmel die rekonstruierten **etruskischen Schmelzöfen,** die Gino Brambilla schuf.
Via della Fontanella 25 | Juli/Aug. 10–13, 17–20 Uhr |
Tel. 349 4631717 | Eintritt frei

Liebevoll eingerichtetes Häuschen

Casetta Drouot

Conte Antoine (Antonio) Drouot, Napoleons treuer Artilleriegeneral, folgte seinem Herrscher 1814 ins Exil und avancierte zum Gouverneur von Elba. In einem Häuschen nur fünf Gehminuten von der Piazza, der nach ihm benannten Casetta Drouot, fand er sein »petit maison de bon repos« und verlebte vergnügliche Stunden. Es ist nicht gesichert, ob die Casetta tatsächlich Drouots Heim war. Doch sprechen liebevoll restaurierte historische Tapeten, Mobiliar sowie das authentisch rekonstruierte Schlafgemach dafür. Fest steht, dass **Ernesto Ferrero** (geb. 1938) den **Napoleon-Roman »N«** großteils hier verfasste. Dafür wurde er später mit Italiens wichtigstem Literaturpreis **Premio Strega** ausgezeichnet. Die Geschichte eines Bibliothekars, der Napoleon während seines Elba-Exils töten wollte, verfilmte Paolo Virzi unter dem Titel »N (Io e Napoleone)« 2006 mit Daniel Auteuil als Bonaparte(Öffnungszeiten/Eintritt ▶S. 85).

Frischer Fisch und kleine Kirche

San Defendente

Bis vor Kurzem wurde in der Casetta Drouot auch jenes historische Exemplar des **Code Napoleon** (▶ Abb. S. 19) gezeigt, das nun in Poggios Accademia del Bello zu bestaunen ist. »Betta La Carina«, Poggios »süße Elisabeth«, erhielt es bei Napoleons Antrittsbesuch in Poggio zum Geschenk. Sie selbst kann man – als **Marmorbüste** – über dem Hauptaltar von **Poggios zweiter Kirche** San Defendente bestaunen. Die Kirche erreicht man über Poggios alten Fischmarkt, an dem **Elisabetta** wohnte (▶ S. 16). Poggios Bürger sind bis heute stolz darauf, dass sie stets als erste den frischen Fisch aus Marciana Marina bekamen – noch vor Marciana. Zum Fest des Kirchenheiligen am 2. Januar erhielten die Gläubigen in der Kirche die sogenannte Panitelli: Votiv-Brote, die man daheim ins Fenster stellt und die gegen große Stürme vom Meer schützen sollen.

Bücher, Kunst und Plakate

Accademia del Bello

Der Wohnpalast mit drei Etagen aus dem 17. Jh. ist geöffnet für die Dauerausstellung und bestimmte Sonderausstellungen. Wie in der Casetta Drouot ist Paolo Ferruzzi hier der Hausherr. Neben der **herrlichen Bibliothek** ist gerade die kleine Gemäldesammlung von großer Bedeutung. Aber auch die Plakatsammlung mit **Elba-Tourismusmotiven** der frühen 1950er Jahre ist eine köstliche Reminiszenz.
Via dei Pini 12 | Tel. 347 5 85 70 92 | Sonderausstellungen im Sommer 18–21 Uhr | Eintritt frei | www.facebook.com/accademiadelbello

 Monte Capanne

Mit der Seilbahn den Berg erklimmen

Höchster Inselberg

Ein kleines Abenteuer ist die Fahrt in einem der offenen gelben **»Gitterkäfige«** (▶ Abb. S. 86) schon. Kinder sollten in Begleitung Erwachsener fahren, und man sollte schwindelfrei sein. Die 1635 m lange Cabinovia (Seilbahn) an der Landstraße Marciana – Poggio verbindet Tal- (346 m ü.d.M.) und Bergstation (963 m ü.d.M.) in 18 Minuten. Bei gutem Wetter kann man diverse Wanderwege (3,5 bis 6 Std.) auch zu Fuß bewältigen. Grandios ist das 360°-Panorama vom 1019 m hohen Gipfel, doch man muss mit Wetterwechsel rech-

BAEDEKER ÜBERRASCHENDES

6X UNTERSCHÄTZT

Genau hinsehen, nicht daran vorbeigehen, einfach probieren!

1. GIANNUTRI...

... besitzt kaum bekannte, **spektakuläre Tauchgründe.** Vor dem antiken Inselhafen Cala Maestra liegt das kuriose Unterwasserareal Il Parcheggio. 1976 lief hier der Frachter Nasim auf der Fahrt von Livorno nach Alexandria auf Felsen und sank. Die 43 PKW und 16 LKW an Bord werden seither in bis zu 60 m Tiefe von Fischen umkreist. (▶ **S. 158**)

2. WALE UND DELFINE

... sieht man mit Glück schon bei der Überfahrt zwischen Marina di Campo und Pianosa. (▶ **S. 185**)

3. ALTER WACHTTURM

Der **Torre di Campese** im Stranddorf Campese (Giglio) ist nicht nur ein herrliches **Urlaubslogis.** Hier hatte der Abenteurer Enrico Alberto d'Albertis (1846 bis 1932) sein Zweitdomizil. (▶ **S. 170**)

4. SANTUARIO DELLE FALFALLE

Ab Picknickplatz am Monte Perone, Nebengipfel des Monte Capanne, startet der herrliche, nicht sehr anstrengende und mit Infoschildern bestückte **Schmetterlingswanderweg** durch drei Vegetationszonen (Wald, Macchia, Kammwiesen). (▶ **S. 248**)

5. ZWEI SÄBEL UND EINE PISTOLE...

...in einer unscheinbaren Seitenkapelle der Kirche San Pietro Apostolo in **Giglio Castello** erinnern an den berühmten, fehlgeschlagenen Piratenüberfall vom 18. Nov. 1799, als Korsaren aus Tunis landeten, dort auf prallgefüllte Fässer Wein stießen, sich sinnlos betranken und die Belagerung ergebnislos aufgeben mussten. (▶ **S. 170**)

6. KASTANIENBIER

Richtig gelesen! In Marciana wird aus den Esskastanien nicht nur Mehl, sondern auch Bier hergestellt. (▶ **S. 258**)

nen. Der **»steinerne Panettone«** entstand vor rund 7 Mio. Jahren durch unterseeische Magmabewegungen. Den hellen Granit des Bergmassivs schätzten schon die Römer: Die Säulen des Pantheons in Rom und das Grabmal Theoderichs in Ravenna sind aus Granit des Monte Capanne. Vom Gipfel kann man an klaren Tagen fast den gesamten Toskanischen Archipel überblicken. Auf den Nordhängen des Massiv wachsen üppige Kastanienwälder. Die Vegetation auf der West- und Südseite ist wesentlich mediterraner.

Cabinovia Monte Capanne: Loc. Pozzatello 1 | Tel. 0565 90 10 20
8. April – 18. Nov. tgl. 10 – 17.30, sonst nur Sa./So. 10.30 – 15.30 Uhr
Ticket: einfach 12 €, retour 18 € | www.infoelba.net

Zufluchtsort

Einsiedelei San Cerbone

Die Einsiedelei San Cerbone am Nordhang des Monte Capanne liegt halb versteckt. Der Aufstieg erfolgt ab Napoleon-Quelle (Fonte Napoleone; 40 Min.), ein mittelscherer Rundwanderweg startet an der Pfarrkirche St. Caterina in Marciana (4,5 Std., 450 Höhenmeter). Nahe der Einsiedelei ist jene Grotte, in der San Cerbone, Bischof von Populonia, im Jahr 573 Zuflucht suchte. 1421 entstand hier zu Ehren des Heiligen ein kleines **Franziskanerkloster,** eine Spende Jakobs II. aus der Familie Appiani.

Vom Monte Capanne, dem höchsten Berg der Insel, kann man sich einen guten Rundumblick verschaffen.

Iglus in den Bergen

Caprili

Rund um den Monte Capanne stößt man oft auf Steinhütten aus groben, ohne Mörtel aufgeschichteten Granitsteinen. Sie erinnern an Iglus und wurden bis Ende des 19. Jh.s von Ziegenhirten angelegt. Daher ihr Name »Caprili« (ital. »capra« = Ziege). Bei Unwetter boten sie **schützenden Unterschlupf.** Die ausgeklügelte Bauweise sorgte dafür, dass Regenwasser ablief und der Rauch des wärmenden Feuers durch die Mauerritzen entwich.

PORTO AZZURRO

Gemeinde: Porto Azzurro | **Höhe:** 0 – 3 m ü. d. M. | **Einwohnerzahl:** 3630

Elbas zweitgrößter Hafen ist ein ausgesprochen schmucker Urlaubsort in herrlicher Lage an der Longone-Bucht – und mit weitem Blick ins rückwärtige Hügelland. Das historische Zentrum dominiert Elbas wohl schönster Platz. Kaum bekannt ist, dass das Hafenstädtchen erst seit 1947 Porto Azzurro heißt. Zur Debatte stand damals auch Porto Verde, grüner Hafen, doch entschied man sich lieber für azurblau. In jedem Fall wurde man den alten, ungeliebten Namen Porto Longone los. Auf also ins blaue Porto Azzurro, auf zur Piazza Matteotti!

Porto Azzurros Hafen ist stets überfüllt mit Segel- und Motorjachten, dazwischen behaupten sich ein paar Fischerboote. Regelmäßig treffen Fährschiffe von/nach Giglio oder Montecristo ein. Den großen, sonnigen Hafenvorplatz **Piazza Matteotti** schätzen Einwohner wie Gäste. Hier tummeln sich Bars, Eisdielen, gemütliche Cafés, Pizzerien und Restaurants, außerdem finden häufig Open-Air-Konzerte statt. Keineswegs hässlich ist auch Porto Azzurros Rathaus am Hafen, obschon dieser **Palazzo Comunale** von 1939 aus der Mussolini-Ära stammt. Vor ihm ist ins Promenadenpflaster das Stadtwappen als Mosaik ausgelegt: zwei Türme und zwei Anker. Wie die Piazza Matteotti ist auch die Altstadt komplett zur Fußgängerzone umgestaltet. So ist Porto Azzurro ein Paradies zum Bummeln und Flanieren, zum Einkaufen und für ausgedehnte Restaurantbesuche. Zum kulinarischen Hotspot des Toskanischen Archipels wurde es durch die zwei Spitzenrestaurants La Botte Gaia und Osteria dei Quattro Gatti, den Newcomer Osteria Clandestina sowie zig Tavernen. Der nahe Barbarossa-Strand (Sand, Kies) mit Campingplatz verdankt seinen Namen jenem Freibeuter, der der Legende nach von hier aus vernichtende Inselstreifzüge unternahm.

Wohin in Porto Azzurro?

Kniende Madonna in der Kapelle

Cappella del Sacro Cuore di Maria

Nur drei Gehminuten von der Piazza Matteotti wurde 1752 die Pfarrkirche **Madonna del Carmine** erbaut für alle, die es nicht zur Hauptkirche San Giacomo Maggiore hinauf schafften. Im Inneren befindet sich ein 1777 von Francesco Basile geschaffenes Bildnis der knienden Madonna vor dem Kreuz, das zuvor nebenan in der **Cappella del Sacro Cuore di Maria** war.

In den Knast gehen

Forte di Longone

Vom östlichen Ende des Hafens windet sich ein Fußweg durch einen herrlich wilden **Kakteengarten** hinauf zum Forte di Longone. Die Festung, die ursprünglich Forte Benaventano genannt wurde, entstand von 1603 bis 1605. Der 5. Graf von Benavente aus der spanischen Provinz Zamora beaufsichtigte den Bau im Auftrag des spanischen **Königs Philipp III.** Innerhalb der Wehrmauern entstanden Gouverneurspalast, Pulver- und Waffenkammer sowie die **Kirche San Giacomo Maggiore** und die **Kapelle Santa Barbara** an der Piazza d'Armi. San Giacomo Maggiore von 1656 wurde im 18. Jh. barock um- und ausgebaut. Im 20. Jh. erhielt sie Fresken des Elbaners Eugenio Allori. Militärisch diente das Fort bis 1802, als Elba französisch wurde. Seit 1858 wird das Fort als **Gefängnis** für Männer genutzt – bis heute. In Italien hatte sich bis 1947 sogar die Redewendung »einen Besuch in Porto Longone machen« etabliert, was schlicht »in den Knast gehen« bedeutete. Kein Wunder, dass der aufstrebende Tourismusort dieses Negativimage loswerden wollte. Dabei war die Bezeichnung »Longone« schon in der Antike bekannt – und bezog sich auf die langgezogene Bucht. In der Tabula Peuteringiana war der Ort als Portus Longe aufgeführt.

Die Festung kann man nicht besichtigen. Doch es gab bis zur Corona-Pandemie das Teatro in Carcere, für das die Strafgefangenen auf die Bühne gingen und Stücke wie Shakespeares »Kaufmann von Venedig« aufführten. 2022 fand nur ein Event statt. Dafür produziert die Designerfirma Dampaí nun mit den Gefängnisinsassen höchst erfolgreich hochwertige Taschen, Schmuck und Accessoires. Ihr Laden ist an der Via D'Alarcon 4 (www.dampai.it).

Schmuck und Minenarbeit

La Piccola Miniera, Museo Minerario Etrusco

Emilio Giacomelli und Familie machten am Ortsausgang Richtung Rio nell'Elba ihren Traum wahr. Erst einmal zeigt sie in der Ausstellung **Cristallomania Schmuck,** der großteils aus der eigenen Werkstatt stammt, in der anschließend die Fertigkeit der Steinschleifer zu bewundern ist. Es folgt die Schau der auf Elba zu findenden Mineralien, ehe es mit dem Minizug (trenino) in den Untergrund geht. Die Piccola Miniera ist die Rekonstruktion eines ca. 250 m langen Stollens, in

Gemütliche Abendstimmung am Hafen von Porto Azzurro

dem die harte **Arbeit der Minenarbeiter** dargestellt ist. Dann geht es ins Museo Minerario Etrusco zur Geschichte des Etruskerbergbaus auf Elba, die anhand von 19 Schautafeln und vier Schmelzöfen zur Hämatit-Verhüttung veranschaulicht wird. Im kommerziellen Teil des Hauses zeigt die Familie Giacomelli Schaustücke, einem Steinschleifer kann man bei der Arbeit mit Schmucksteinen zusehen. Viele Mineralien stehen zum Verkauf, in der Enoteca wird der Wein auch verkostet.

Via Provinciale Est | Mitte Juni – Aug. tgl. 9 – 20, sonst variierende Öffnungszeiten, meist tgl. 9 – 13, 14.30 – 18 Uhr; Nov. bis Feb. großteils geschl. | Eintritt: 10 € | www.lapiccolaminiera.it

Gesunkenes Schiff

Wrack von Punta Cera

Vor der Punta Cera (auch: Punta Nera) wurde 1961 in 35 m Tiefe das Wrack eines antiken römischen Handelsschiffs (Ende 3. Jh.) entdeckt. Die Ladung, 26 Amphoren aus Afrika und Gallien, findet sich im archäologischen Depot in Portoferraio.

PORTO AZZURRO ERLEBEN

INFORMATION FÜR SEGLER UND BOOTE

GUARDIA COSTIERA (KÜSTENWACHE)

Ufficio Locale Marittimo Capitaneria del Porto
Banchina 4 Novembre 18
Tel. 0565 9 51 95
Notruf (Seenot): Tel. 1530
www.guardiacostiera.gov.it

TAXI

ANDREA PROSPERI

Tel. 338 8 60 98 96

LUIGI ROCCO

Tel. 338 9 25 07 34

ARMANDO IN PORTO AZZURRO

Francesca, die für die Rezepte sorgt, und Armando Piaceri stellen Senf, Marmeladen und 18 Konfitüren her. Die Früchte stammen von Elba und aus der Maremma, bei Orangen schwört Francesca aber auf Sizilien!
Viale Italia 13, Porto Azzurro
Tel. 0565 95 77 47
Mo.–Fr. 9–12.30, 15.30–19,
So. 9–12 Uhr, Sa. geschl.

AZ. AG. ARRIGHI

Antonio Arrighi, von der Zeitung Corriere della Sera 2023 in die Liste der 100 besten Winzer Italiens aufgenommen, lädt täglich nach Vorbestellung zum Wein-Trekking. Im Zuge dessen genießt man am Rand des höchsten Weinbergs die Aussicht von der überdimensionalen blauen Sitzbank, der Big Bench Elbana Azzurra. Und dann geht es zu Degustation und Verkauf. Neben der Weltneuheit, dem Meerwein »Nesos« (0,75-l-Flasche 200 €) und Amphorenweinen wie dem »Hermia« sind der Elba Vermentino DOC und der neue Spumante »Im Bolla« große Klasse. Auch im Angebot: Olivenöl, Spezialessig, Limoncino und Arancino.
Loc. Pian Del Monte 2
Porto Azzurro, Tel. 335 664 17 93
www.arrighivigneolivi.it

AZ. AG. BIO IL LENTISCIO

Dr. Paolo Taluccis Superhonig, Bio-Olivenöl und Marmeladen im Hofverkauf.
Mo.–Fr. 17–20 Uhr und n. V.
Loc. Barbarossa, Porto Azzurro
Tel. 338 1 38 76 51
www.oliomielebio.com

AZ. AG. SAPERETA

2,5 km von Porto Azzurro hat Diplom-Agronom Italo Sapere noch vor allen anderen auf Bio gesetzt. So entstanden großartiges Olivenöl und Weine der Extraklasse wie der Elba-Bianco »Le Stipe«, der Bio-Weißwein »Vigna Tea« oder der neue »Kalliope«, der in der Amphore reift. Ein Muss ist der Passito. Tochter Danae bittet im Hausmuseum zur Degustation, ihr Gatte Sante Vaiti bietet erstklassige moderne Toskanaküche im Restaurant. Für Gäste stehen 15 Apartments, ein Pool und Tennisplätze bereit.
Loc. Mola, Via Porvinciale Ovest 73
Porto Azzurro, Tel. 0565 9 50 33
www.ristorantesapereta.it
Eintritt frei

I GIARDINI DI POSEIDONE

Die »Gärten des Poseidon« von Davide Fabbri sind aktuell der beste Biohof der Insel. Die Produkte werden ausschließlich auf Elbas Wochenmärkten verkauft.

Porto Azzurro
Tel. 335 5 68 93 76
www.igiardinidiposeidone.com

SPAZIO MARE

Hier kann man Schlauch-, Motorboote und Segeljachten mieten. Führerschein: nur für Motoren über 40 PS! Außerdem finden sich hier eine Segelschule, tägliche Bootsausflüge.
Via Vittoria Veneto
(Strand La Rossa)
Porto Azzurro
Tel. 0565 9 51 12
www.spaziomare.it

OSTERIA CLANDESTINA €€€

Bei Massimo Poli und Marina Rovano sorgen regionale Zutaten für feinste Elba-Küche samt Elba-Lebensgefühl! Probieren sollten Sie die Linguine del Pescatore (15 €) oder Ossobuco (18 €). Mi. abends gibt es exklusiv Cacciucco (35 €). Serviert wird an einem Tisch auch auf einer einstigen Traktorhaube!
Via D'Alarcon 8/10, Porto Azzurro
Tel. 327 8 74 85 76
Mo. ganz u. Mi. mittags geschl.

DA FLORIANO €€€

Stark besuchtes Altstadtlokal von Wirt Floriano Cecconi mit sehr guter Elba-Küche
Via Ricasoli 33, Porto Azzurro
Tel. 0565 9 50 92
https://dafloriano.it, kein Ruhetag

OSTERIA DEI 4 GATTI €€€

Stefania Prosperi und ihr Team entzücken ihre Gäste: Es dreht sich alles rund um Porzellankätzchen und unwiderstehliche Fischgerichte. Unbedingt testen!
Piazza del Mercato 4
Porto Azzurro, Tel. 0565 9 52 40
nur abends, Mo. Ruhetag

OSTERIA LA BOTTE GAIA €€€

Antonella Marinari und Gatte Riccardo Nelli zelebrieren fast Sternenküche! Menü ohne Wein ca. 60 €. Kabeljau mit Trüffeln und violetten Kartoffeln mit Kastaniengeschmack ordern!
Viale Europa 5–7, Porto Azzurro
Tel. 0565 9 56 07
www.labottegaia.com
nur abends, im Sommer kein Ruhetag

DELFINO VERDE €€–€€€

Das »Schiffsrestaurant« befindet sich auf Pfeilern mitten im Hafen! Die feinen, in Folie gedämpfte Fischgerichte, Cacciucco (Fischsuppe) oder Linguine ai Scampi testen!
Via Vitaliani 1, Porto Azzurro
Tel. 0565 9 51 97
kein Ruhetag

IL GIARDINO €€–€€€

Familiäre Atmosphäre seit 1973! Die vielleicht beste Pizza auf Elba aus dem Holzkohleofen sowie Elba-typische Fisch- und Fleischgerichte vom Feinsten. Reservieren!
Loc. Sassi Turchini 4
Porto Azzurro
Tel. 0565 9 55 96
www.ristoranteilgiardino.com

OSTERIA LOCANDA CECCONI €€

Glücklich, wer seine Küche auf einer Schultafel mit dem schlichten »Quello che s'è trovato oggi« (Das, was sich heute gefunden hat/gefangen wurde) bewirbt! Mamma Angela am Herd und Sohn Federico, der kellnert, verwöhnen mit Traditionsküche, z. B. Sburrita oder Gurguglione, Polpo lesso con patate (Tintenfisch gekocht mit Kartoffeln) oder Spaghetti con acciughe e finochietto (Sardellen und Fenchel) – alles nach Slow-Food. Auch Jazz live.
Via Ricasoli 21
Porto Azzurro

Tel. 329 1 38 11 59
im Sommer kein Ruhetag

LA CARAVELLA €€
Aladino Adami gab 1950 die Fischerei auf und wurde Koch. Nun sind bei Enkelin Consuelo und Ehemann Mino Cacciucco Fisch und Meeresfrüchte vom Grill die Renner.
Via Vitaliani 3, Porto Azzurro
Tel. 0565 9 50 66
www.ristorantelacaravella.eu/de/
nur Ostern bis Mitte Okt.;
Juli/Aug. kein Ruhetag, sonst Di. geschl.

BELMARE €€€
Das Ökohotel an der Strandpromenade bietet verschiedene Touren wie MTB, Trekking und Kajak.
Banchina IV Novembre 21
Porto Azzurro
Tel. 0565 9 50 12
www.elba-hotelbelmare.it
25 klimatisierte DZ

HOTEL PLAZA & SPA €€–€€€
Inmitten von Pinien gelegen, ragt das Hotel über die Hafenbucht und bietet auch dank der vor Möwen schützenden Keramik-Zwergohreule auf dem Dach herrliche Ausblicke! Chef Maurizio Damiani bietet im Restaurant gute Küche; das Spa liefert wunderbare Wellnessangebote wie das Paket »Lomi Lomi« mit gleichnamiger Hawaii-Massage. Außerdem gibt es einen Open-Air-Pool und einen MTB-Verleih.
Loc. Fanaletto
Porto Azzurro
Tel. 0565 9 50 10
www.hotelplazaelba.com, 29 DZ

Rund um Porto Azzurro

Urlaub auf dem Land

Piana di Mola

Die Piana di Mola (Ebene von Mola) verdankt ihren Namen dem lateinischen »molum« und bezieht sich auf den **alten Hafen** von Capoliveri, der sich früher in der folgenden Bucht befand und unbrauchbar wurde. Im landwirtschaftlich genutzten Flachland bieten Höfe auch »Urlaub auf dem Land« an und erzeugen hervorragende Weine.

Zu den Stränden

Forte Focardo

Vorbei am Sandstrand von Naregno gelangt man zur gut erhaltenen Festung Focardo, die 1676 auf einem **Felsvorsprung** im Süden des Golfo di Mola entstand. Bauherr war Gouverneur Ferdinando Gioacchino Foscardo. Dieser lange Name war den Elbanern zu kompliziert, so entstand das griffigere Forte »Focardo«, heute unter Marineverwaltung. Südlich des Forts liegen die gut ausgestatteten Strände **Spiaggia Stracoligno** und **Spiaggia Ferrato.**

Mufflons und schroffe Felsen

Madonna di Monserrato

Von der Straße Richtung Rio führt eine Abzweigung links hinauf zur romantisch auf einer Anhöhe stehenden Wallfahrtskirche Madonna di Monserrato (Eintritt frei). Fast wirkt sie wie eine **Miniaturausgabe des gleichnamigen berühmten Klosters Montserrat** nahe Barcelona. Ringsum gedeihen Agaven und Zypressen, auf den schroffen Felsen des Monte Castello tummeln sich wild lebende Mufflons. Spaniens Gouverneur von Porto Longone, José Pons y León, stiftete die Kirche 1606, dazu auch die Gemäldekopie der Schwarzen Madonna von Monserrat. Beeindruckend sind die vielen Votivgaben. Jährlich am 8. September startet zu Ehren der Madonna die große **Prozession** hierher.

Pfarrei S. Giacomo, Porto Azzurro | Tel. 0565 9 5075 | Mo. 15.30 – 18.30, Di./Mi. 10 – 12.30, 15.30 – 18.30, Do./Fr. u. So. 16 – 19, Sa. 10 – 12.30 Uhr

Schwarzer Sand

Von der Hauptstraße führt wenig weiter ein Abzweig rechts zum Campingplatz Reale. Dort führt ein Trampelpfad entlang der Küste in 15 Minuten zum ca. 7,5 m tiefen Laghetto di Terra Nera. Der kleine See bildete sich in einer aufgelassenen Pyritgrube und ist nur durch einen schmalen Küstenstreifen vom Meer getrennt. Hämatitpartikel der einstigen Erzmine Terra Nera färbten den Küstensand schwarz, der schwefelhaltige Seegrund ist grüngelb und wie der **Laghetto dei Sassi Neri** in Capoliveri für ein Bad gänzlich ungeeignet. Früher galt er als Jungbrunnen bei Hautleiden, **heute herrscht Badeverbot.**

★★ PORTOFERRAIO

Gemeinde: Portoferraio | **Höhe:** 0 – 78 m ü.d.M. | **Einwohnerzahl:** 11 780

Den Naturhafen der Hauptstadt Elbas erkor der britische Admiral Horatio Nelson 1796 zum »wohl besten Hafen der Welt«. 18 Jahre später kam nicht ganz freiwillig ein Franzose, der in kürzester Zeit und bis heute dem seit der Antike bekannten »Eisenhafen« den Stempel aufdrückte: Napoleon Bonaparte!

Der Reiseschriftsteller Gregorovius schrieb Mitte des 19. Jh.s in sein Tagebuch: »Die Stadt auf der Halbinsel, so graziös toskanisch, so lieblich und so klein, hat alles von ländlicher Einsamkeit und weltabgeschiedenem Wohlbehagen.« Er war längst nicht der erste, der über den Naturhafen und seine Bewohner schwärmte. Denn Portoferraio, den **»Eisenhafen«,** schätzten schon Etrusker, Griechen und Römer. Bis zum 2. Weltkrieg besaß Portoferraio tatsächlich eine Stadtsilhouette mit Hochöfen, die nach Kriegsende verschwanden. Heute ist Portoferraio wichtigster Ankunfthafen der Autofähren von Piombino.

OBEN: Wenn die Sonne langsam untergeht, entfaltet der Hafen seinen romantischen Charme.

UNTEN: Der Abend kann gut auf der Piazza Cavour ausklingen.

Festungen der Ritter des Stefansorden

Namensgebung

Laut Apollonios von Rhodos (295–215 v. Chr.) landeten die Argonauten unter Jason am Strand von Ghiaie und nannten eine erste Siedlung nach dem weißen Sand Argoos (griech. argos = weiß). Doch diese Theorie wurde schon in den 1920er Jahren widerlegt. Römer nannten das Dorf »Fabricia« (»Schmiede«); Langobarden machten es im 6. Jh. dem Erdboden gleich. Ab 1278 tauchte es als »Ferraia« bzw. »Ferraria« auf, ehe ein pisanisches Dokument 1289 den Stadtnamen als »Co(mun)is Fer(r)are« festschrieb. 1544 wurde das Gemeindegebiet schwer von der Piratenflotte des Khair al-Din Barbarossa (▶ Interessante Menschen) heimgesucht. Dann landete es 1547 als »Ferraio« für ein Jahr bei den Appiani, ehe der erste **Großherzog der Toskana, Cosimo I. de' Medici,** selbst auf den Plan trat. Ab 1548 ließ er Befestigungen über dem Altstadtkern erbauen. Für diesen neuen Stützpunkt im westlichen Mittelmeer beauftragte Cosimo I. zwei »Stararchitekten« jener Zeit: G. B. Bellucci und G. B. Camerini schufen ein Meisterwerk militärischer Architektur der Renaissance! Ihre Entwürfe berücksichtigten die Topographie der Landschaft ringsum ebenso wie den langfristigen Nutzen des Projekts. Als Kernbauten der Verteidigung schützten **Forte Falcone** und **Forte Stella** Hafen und Werften, die die hierher übersiedelnden Ritter des Stefansorden betrieben. Die ummauerte Stadt konnte nur über die **Porta a Mare** betreten werden. Später scheiterten mehrere Piratenanstürme am mächtigen Bollwerk. Noch Mussolini nannte Portoferraio daher prahlend **»Wachturm des Reichs«.**

Wassergraben an der Altstadt

Altstadt und alter Hafen

Die Altstadt auf dem Felssporn war zudem durch einen Wassergraben von der Insel getrennt, der 1919 zugeschüttet wurde. Eine 1925 abgebaute Zugbrücke von 1694 stellte die Verbindung her. Bis heute heißt das Viertel an der Viale Manzoni »Ponticello« (»kleine Brücke«). Im alten Hafen Darsena liegen dicht an dicht Fischerboote, Segel- und Motorjachten. Oft sieht man auch prachtvolle Riesenjachten wie die von Modezar Giorgio Armani an der Mole, wo die verkehrsberuhigte Promenade entlang der Calata Mazzini zum Laufsteg mit Cafés, Boutiquen und Geschäften avanciert ist.

★★ Museo Nazionale delle Residenze Napoleoniche »Palazzina dei Mulini«

Villen-Eintritt für max. 25 Personen gleichzeitig. Führungen auch in historischen Kostümen | Piazzale Napoleone | Ticket-Vorbestellung: Tel. 0565 91 58 46 | Ende März bis Okt. Mo./Do. 14–18.30, Mi./Fr. bis So. sowie Weihnachten, Neujahr und 6. Jan. 9–13.30 Uhr, Di. geschl. Eintritt: 6 € (nur Bargeld); jeden 1. So. im Monat Eintritt frei

»Mühlenpalästchen«

Napoleons Residenz

Bald nach der Ankunft in Portoferraio wählte Napoleon die Palazzina dei Mulini, auch **Villa dei Mulini** genannt, als Residenz. Sie liegt zwischen den Medici-Festungen Forte Falcone und Forte Stella. Eine Marmorpalette erinnert außen daran, dass ein Ex-Weltherrscher in dieser »casa angusta ed augusta«, diesem »schmalen und kaiserlichen Haus«, wohl auch lebte, aber vorwiegend empfing.

Auf dem Areal am steilen Felsabhang hoch über dem Meer und den Dächern der Hafenstadt drehten sich bis 1808 mindestens zwei Windmühlen. Das »Mühlenpalästchen« entstand auf einem Vorgängerbau: 1724 ließ Großherzog Gian Gastone de' Medici hier ein Haus mit Zisterne für den Gärtner seines Gouverneurs errichten. Wenig später entstanden in den Gärten auch ein Haus für den Inselrichter und ein Theater, das der Inseladel rege frequentierte. Das Areal wurde 1787 für die Kommandanten der Forts und der Artillerie geteilt. Strikt nach Plänen und Wünschen Napoleons baute dann Architekt **Paolo Bargigli** das Gebäude aus. Der junge elbanische Architekt Luigi Bettarini übernahm dann die Integration des Theaters in den Palast und seinen Wandel zum Tanz- und Ball- sowie Dinnersaal.

Das ursprüngliche Mobiliar des Palästchens hatte der finanziell klamme Bonaparte übrigens kurzerhand bei Schwester Elisa Baciocchi in Piombino konfisziert und vom Schiff seines Schwagers Borghese »besorgt«, das in Porto Azzurro ankert. Nach Napoleons Flucht von Elba stand das Haus lange leer. Nach und nach verschwand das Originalmobiliar spurlos und wurde später durch Möbel aus dem Palazzo Pitti in Florenz und aus dem Fundus der Stadt Pisa ersetzt. Die Palazzina wurde 1880 Staatsbesitz und diente 1944 und 1945 als Notunterkunft für Ausgebombte aus Portoferraio.

Bis 1955 wurde eine erste Restaurierung durchgeführt, der zum 200. Jubiläum des Napoleon-Exils auf Elba 2014 eine fulminante, Millionen Euro teure folgte. Sie beeindruckt durch die erfolgreiche Suche nach **Originalmöbeln** jener Zeit und die akribische Rekonstruktion nach Originalvorlagen.

»Tric Trac« mit Napoleon

Kaisersalon

Der Rundgang startet im Erdgeschoss zur Platzseite hin in der zwei Räume vereinenden Galerie. Der erste, nun Kaisersalon genannt, besaß ursprünglich teils auch Möbel aus Fontainebleau und ist wie z. B. der große Mahagonitisch im Empire-Stil gehalten. Er diente als **Schreib- und Spieltisch.** Napoleon hatte mehrere Spieltische auf Elba, an denen vornehmlich »Tric Trac« gespielt wurde. Sofa, Sessel und Chaiselonge waren geschnitzt, vergoldet und mit Löwenköpfen aus Lucca verziert. Das **Bild** an der Wand zeigt Napoleons Flucht von Elba. Es ist eine Kopie des Originals von Horace Vernet (Wallace Collection, London). Großartig ist die **Tischuhr** (Anf. 19. Jh.) auf dem

Mahagonischrank zur Rechten. Auch der sich anschließende **Empfangssaal** zeigt Stiche und Drucke mit Bezug auf Napoleons Leben (z. B. Napoleon mit Sohn) und die Kopie eines berühmten Gemäldes von Louis David: Napoleon auf scheuendem Pferd beim Überqueren der Alpen am Sankt-Bernhard-Pass. Eine weitere Kopie zeigt das Porträt des Generals Poniatowski, erneut von Horace Vernet.

Digitalisierung im Museum

Bei der Restaurierung wurde auch jene versteckte Tür wiederentdeckt, hinter der Napoleon Privataudienzen abhielt und mit Inselgouverneur Drouot (▶ Poggio) Elbas Aufbau besprach. Im Raum nebenan – einst am alten Haupteingang zur Villa – steht nun eine Computerkonsole. Sie speichert die komplette Digitalisierung von Napoleons **Privatbibliothek**, die einst über 2500 Bände umfasste. Eine weitere Konsole besitzt Portoferraios Stadtbibliothek im Centro Culturale Laugier (siehe unten). Die Kosten der Digitalisierung übernahmen die Vereinigten Arabischen Emirate.

Im nächsten Raum zur Gartenseite hin erinnert das Gemäldeportrait eines Pferdes »Wagram« an die Schlacht bei Wagram 1809, die Napoleon gegen Österreich gewann und die 12 600 Tote, 41 300 Verwundete und 21 600 Gefangene forderte. Hier ist das »Mobiliar No 1« von 1814 dokumentiert, das akribisch Napoleons Original-Palastmobiliar verzeichnet und so die ursprüngliche Aufteilung der

Kaiserlich: Vom Garten der Villa genießt Napoleon den Blick über das Wasser.

Räume rekonstruiert, die hier auch Wandpläne zeigen. Danach befand sich die **Bibliothek** am Eingang zur Platzseite. Nun findet man sie zum Garten hin. Geblieben sind noch 730 Bände, die meisten, noch aus dem Schloss Fontainebleau, sind in rotes Leder gebunden und mit **vergoldetem »N«** auf den Buchrücken markiert. Napoleons Hauptlektüre war die Zeitung »Le Moniteur Universel«, von der die gebundenen Jahrgänge 1789 bis 1813 vorhanden sind. Auch Napoleons Tagebücher sind mit »N« verziert, die ebenfalls digitalisierten von Lieblingsschwester Paolina mit »P«.

Festsaal, Schlafgemächer

Kaiserliche Betten und fantastische Kleider

Auf schmaler Marmortreppe führt der Rundgang nun ins obere Stockwerk in den repräsentativen Festsaal, den nun Paolinas riesiges **Baldachinbett** ziert. Hier feierte Paolina Borghese, Lieblingsschwester Napoleons, ihre rauschenden Feste. Eine dem Bildhauer François Rude (1784–1855) zugeschriebene Marmorbüste zeigt den etwa 30-jährigen Napoleon, gegenüber steht die Büste Paolinas. Ursprünglich waren die sich anschließenden Gemächer für Napoleons neue Gemahlin Marie-Louise von Habsburg vorgesehen, doch sie kam nie

Bei Kaiserwetter strahlt nicht nur die Sonne, sondern auch das saftige Grün im Garten.

nach Elba. Hier findet sich Paolinas Schlafgemach, dass nun das im früheren Schlafzimmer Napoleons gezeigte **Baldachinbett** mit verziertem »N« zeigt, eine italienische Arbeit (1. Viertel 19. Jh.). Großartig in den weiteren Räumen ist die Präsentation von Paolinas Originalkleidern, allen voran ihr formidabler **Umhang** hinter Glas. Es folgt – neu lokalisiert – Napoleons Schlafzimmer. Es zieren nun eine Reisekiste und ein einfaches, eisernes Feldbett mit Mini-Baldachin, das ebenso zum Stil des Feldherrn passt wie die schlichte Toilette an der Außenwand zum Garten.

Schmiede der Pläne Napoleons

Arbeitszimmer

Der Rundweg führt zurück ins Erdgeschoss mit Kammerdienerzimmer und Napoleons Arbeitszimmer, dem **Gabinetto dell'Imperatore.** Armstuhl und Schreibtisch mit grüner Marmorplatte (Anf. 19. Jh.) sind mit geflügelten Köpfen aus vergoldeter Bronze verziert, ganz im Stil der Ägypten-Liebhaberei am Hof Napoleons. Die beiden vergoldeten Kerzenständer zeigen der Antike nachempfundende Eros-Figuren als Fackelträger. Die Sala dei Cimeli beherbergt Reminiszenzen an den »König von Elba«, vor allem Objekte der Sammlung Foresina, u.a. zwei Gemälde von Antonio Morghen (1788–1853), auch eine Espressotasse jener Epoche.

Zwischen Statuen und Pflanzen flanieren

Garten

Im hübschen Gärtchen steht die **Marmorstatue der Minerva,** die vermutlich antik hellenistisch ist. Hier ließ Paolina Bonaparte viele Zitrusfrüchte anpflanzen. Bemerkenswert sind das marmorne Kaiserwappen, das früher die Porta a Mare in Portoferraio schmückte, und die Kopie der **Galatea von Canova,** für die die schöne Paolina Modell gestanden haben soll. Das Original ist in der Galleria Demidoff in ▶ San Martino zu sehen. Unterhalb des Felsens öffnet sich das »Bagno di Napoleone«, wo das Meer hart gegen den Fels schlägt. Ursprünglich hatte Napoleon erwogen, dort hinab einen von Orangenbäumen gesäumten Weg anzulegen. In einer Meeresgrotte an der **Spiaggia delle Viste** lebte noch in den ersten Dekaden des 20. Jh.s die heute verschwundene Mönchsrobbe (foca monaca).

Haus der Kaisermutter

Casa di Letizia Ramolino

Unterhalb der Villa lebte an der Via Ferrandini 12 die Kaisermutter, die von allen nur »Madame Mère« (Madame Mutter) genannte Maria Laetitia (Letizia) Ramolino (1750–1836), vom 2. August 1814 bis 2. März 1815. Eine Gedenkplatte an der Haustür erinnert an sie. Von der Piazzale Napoleone kann man in »ihren« Garten schauen. Auch in Marciana war sie präsent. Während der Schäferstündchen ihres Sohnes mit Gräfin Walewska lebte sie im Dorf in der **Casa Vada** (Via delle Fonti). Letizias Familie kam ursprünglich wohl aus San Gimignano. So wäre Napoleon auch ein wenig Toskaner ...

NAPOLEONS INSELREICH

Frankreichs hatte in der Völkerschlacht bei Leipzig (Okt. 1813) gegen Preußen, Russland, Österreich und England verloren, Paris wurde durch die Alliierten eingenommen – und so musste Napoleon Bonaparte am 6. April 1814 abdanken. Er behielt seinen Kaisertitel und durfte nur noch die kleine Mittelmeerinsel Elba als souveränes »Reich« regieren, weit weg von Paris, wo Ludwig XVIII. an der Macht war. Nur knapp 300 Tage hielt es den einstigen Beherrscher Europas auf Elba, doch in der kurzen Zeit veränderte er die Insel völlig.

Am 3. Mai 1814 lief die englische Fregatte »Undaunted« im Hafen von Portoferraio ein. An Bord befanden sich der **ehemalige Kaiser Frankreichs** und sein englischer »Aufpasser« Oberst Campbell. 700 Infanteristen und 150 Kavalleristen folgten dem großen Korsen, ein weiteres Zugeständnis der alliierten Siegermächte. Die Behörden wurden von seiner Ankunft informiert. Wenig später trafen Abgesandte der örtlichen Autoritäten an Bord ein. Napoleon erkundete zunächst die Stimmung und ging erst am darauffolgenden Tag um 15.30 Uhr an Land. Elba stand zwar seit dem Frieden von Amiens 1802 unter französischer Verwaltung, doch Napoleon war ein Verbannter, der schon auf dem Weg von Paris zur Küste **Attentate** zu überstehen hatte. Würde man ihn auch auf dem idyllischem Elba verfolgen? Doch die elbanischen Behörden waren augenscheinlich erfreut, ihn hier zu haben. Unter dem Jubel der herbeigeströmten, meist kaisertreuen Bevölkerung wurde Napoleon Bonaparte in seinem neuen Reich empfangen. Allerdings war in der Eile der richtige Stadtschlüssel nicht gefunden worden, und Portoferraios Bürgermeister Traditi überreichte dem Kaiser daher seinen eilends vergoldeten Kellerschlüssel. Als Wohnung diente ihm zunächst das Rathaus, dann zog er in die nach seinen Wünschen renovierte und umgebaute **Villa dei Mulini** zwischen den Festungen Forte Stella und Forte Falcone. Am nächsten Morgen stand Napoleon Bonaparte zu gewohnt früher Stunde auf und brach, begleitet vom unsanft geweckten Bürgermeister, zur Inspektion der Schätze seines kleinen »Kaiserreichs« auf. Obschon nur noch eine Randfigur im Weltgeschehen, machte er sich ohne Umschweife an die Arbeit.

Der Organisator

Napoleon kümmerte sich im Inselstaat buchstäblich um alles: um Wirtschaft und Verwaltung, um Fiskus und Zölle. Er ließ das Straßen- und Wegenetz ausbauen, Rebstöcke für die Weinproduktion und Maulbeerbäume für die Seidenherstellung importieren. Die Salzgewinnung wurde auf Vordermann gebracht, die erste Müllabfuhr eingeführt. **Sein Ziel war Elbas Autarkie.** Doch rasch stellte sich heraus, dass die nötigen Investitionen Unsummen verschlangen, die massive Steuererhöhungen verlangten. Natürlich war die Bevölkerung darüber alles andere als erfreut. Als sich Capoliveris Bürger weigerten, ihren Obolus zu entrichten, ließ ihr neuer Souverän kurzerhand ihren Kirchenoberen und den Bürgermeister so lange einsperren, bis sich das Bergdorf seinem Willen beugte und die **Steuerschuld** beglich.

Des Exkaisers Arkadien

Auf den für ihre Schönheit berühmten toskanischen Inseln fand auch Napoleon Bonaparte sein Arkadien. An einem idyllischen Flecken auf Elba ließ er ein altes Landhaus im Tal **San Martino** umbauen. Schwester Paolina quartierte sich in Napoleons Wohnsitzen ein, als feststand, dass die Kaiserin Marie-Louise ihrem Gatten nicht in die Verbannung folgen würde. Unter **Paolinas Einfluss** erlebte das gesellschaftliche Inselleben einen ungeahnten Aufschwung (▶ S. 10, 232)

Napoleon verlässt seine Insel

Napoleon erhielt laufend Nachrichten aus Paris und anderen Hauptstädten Europas. So wusste er von der glücklosen Herrschaft Ludwigs XVIII. Möglicherweise stand schon zu dieser Zeit sein Entschluss fest, aufs Festland zurückzukehren, um erneut die Geschicke Europas zu bestimmen. Doch Spione der Alliierten hatten längst alle wichtigen Posten auf Elba besetzt. Napoleon konnte sich nicht mit seinen Verbündeten treffen, außer während der rauschenden Feste in Portoferraio oder San Martino. Mit Projekten wie dem Ausbau von Fort Longone wiegte er seinen »Aufpasser« Campbell in Sicherheit. Als der für einige Tage in Livorno weilte, ergriff Napoleon seine Chance: Am 26. Februar 1815 floh er von Elba und kehrte nach Paris zurück, um die berühmte **»Herrschaft der Hundert Tage«** anzutreten. Napoleon wurde dann am 18. Juni 1815 nahe dem belgischen Ort Waterloo vernichtend geschlagen, dankte endgültig am 22. Juni ab und wurde von den Briten auf die winzige Atlantikinsel St. Helena verbannt. Dort starb er am 5. Mai 1821. Elba ehrte den Korsen besonders zum 200. Todesjahr 2021. Seit 2023 erlebt der Kult mit der neuen Veranstaltungsreihe **Napoleon Experience** (Mai–Okt.) neue Höhepunkte.

Feste und Jubiläen

Für Historker ist heute klar, dass die **grundlegenden Reformen** auf Elba und dem Archipel schon ab 1802 mit Ankunft der Franzosen begannen. Aber Bonapartes Elan führte zur strikten Umsetzung. Die Resultate prägten das gesamte 19. Jh. auf dem Toskanischen Archipel. Jedes Jahr im Mai erinnert Portoferraio mit der Rekonstruktion der Landung Napoleons auf Elba samt **Umzug in historischen Kostümen,** mit der berühmten Gedenkmesse an seinem Todestag, mit Theatervorführungen, Symposien, Lesungen und Konzerten des **Maggio Napoleonico** an den Korsen, Elbas größten und einzigen neuzeitlichen König und Kaiser.

1815 verlässt Napoleon Elba, um Europa zurückzuerobern (Ausschnitt Ölgemälde 1836).

Wohin in Portoferraio?

Auf den Spuren der Medici und Napoleons

Stadtwege und Cosmopoli Card

Portoferriao erschließt sich perfekt auf dem **Sentiero Mediceo,** dem Medici-Rundweg (Medici-Bastionen, Forte Stella, Forte Falcone, Torre Linguella, Rathaus, Dom, Chiesa della Misericordia, Palazzo Laugier, weitere Kirchen und Paläste) und dem Napoleonweg **Sentiero Napoleonico** (Rathaus, Teatro dei Vigilanti, Musei dei cimeli di Napoleone, Chiesa della Misericordia, Wohnhaus der »Madame Mère«, Villa dei Mulini, Villa San Martino).
Preiswert sieht man viele dieser Attraktionen mit der **Cosmopoli Card**. Für 12€ gewährt sie 7 Tage Eintritt zu den Fortezze Medicee, dem Forte Falcone, Teatro dei Vigilanti, Museo e Area archeologica della Linguella, der Villa romana delle Grotte und Pinacoteca Foresiana. Erhältlich ist sie in den Museen und der Tourismusinformation.
Info Point: Via Vittorio Emanuele II | www.visitaportoferraio.com, www.museiarcipelago.it

Leuchtturm mit Aussicht

Forte Stella

Ab der Villa dei Mulini führt die Via della Stella zum Eingang des sternförmigen, fünfzackigen Bollwerks (49m ü.d.M.). Ein Gedenkstein erinnert an die Rückgabe des Baus durch den Wiener Kongress 1815 an Großherzog Ferdinand III. Eine Tafel memoriert auch den Baubeginn 1548. Die über dem Tor angebrachte Büste Cosimos I. gilt als Abschluss des Mammutwerks und gelangte 1781 nach Florenz. Sie ist im Museo di Bargello aufbewahrt. An der »Sternfestung« ließ Großherzog Leopold 1789 den ersten **Leuchtturm** durch ein neues rundes Exemplar mit böhmischen Kristalllinsen ersetzen – für manche der schönste des Mittelmeers. Er sollte laut seiner lateinischen Inschrift »den Hafen während der Nacht erkenntlich machen«.
nur unregelmäßig geöffnet, Auskunft: Tel. 0565 91 69 89

Eulen und Kauze

Fortezze Medicee mit Gärten

Der von Cosimo I. ab 1548 veranlasste Bau der Wehranlagen und Forts war zentral für die Errichtung der nach ihm benannten idealen Festungsstadt Cosmopoli. Architektonisch bedeutende Wehrbauten sind Forte Falcone, Forte Stella und die achteckige Torre della Linguella an der Hafeneinfahrt. Auch Naturfreunde schätzen die Forts als Habitat für viele seltene Pflanzen und Refugien für See- wie Greifvögel. Unter den abendlichen und nächtlichen »Festungsjägern« sind Zwergohreule (ital. assiola; lat. Otus scops), Steinkauz (ital. civetta; lat. Athene noctua) und Schleiereule (ital. barbagianni; lat. Tyto alba).
Zugang: Via Guerrazzi (sog. »Porta di Terra«) | tgl. 9.30–18.30, im Sommer tgl. 9.30–20 Uhr | Eintritt: 7€ o. Cosmopoli Card

Der Leuchtturm am Forte Stella wacht über die Hauptstadt.

Mächtige Bastionen

Bastioni Medicei, Forte Inglese

Nach dem Zugang zu den gewaltigen Wehranlagen nahe der Porta a Terra zeigt die sog. Fronte d'attacco (Angriffsfront) mit vier Bastionen gen Portoferraios Neustadt. Giovanni Camerini baute sie ab 1555, Bernardo Buontalenti vollendete das Werk. Zwischen Fort Falcone und Forte Stella entstand die **Bastion dei Mulini.** Auch der Abschnitt vom Forte Stella zum Wachtturm Torre della Linguella am Hafen erhielt drei Bastionen. Außerhalb des historischen Stadtzentrums steht das **Forte Inglese** auf dem Hügel San Rocco. Ab 1700 als Forte San Giovanni Battista erbaut, verfiel es ab 1728. 1796 landeten die Engländer am Strand von Aquaviva, nahmen es in Besitz und bauten es zum »englischen Fort« aus. Heute präsentiert der Nationalpark Toskanischer Archipel in dem renovierten Fort eine Ausstellung zum Florentiner Mediziner, Biologen und Fotograf **Giorgio Roster** (1843–1927). Die weitere Ausstellung zum Thema Biodiversität umfasst auch das Naturlabor NAT-LAB.

Forte Inglese/NAT-LAB: Via Giagnoni 5 (Zugang über Via San Rocco) 15. Juni–15. Sept. tgl. 18–20, sonst Sa./So. 16–18 Uhr, Nov.–Feb. geschl. | Eintritt frei

Festung erobern

Forte Falcone

Zur auf 2360 m² erbauten »Falkenfestung« geht es über die Via Falcone bzw. Via Guerrazzi. Das renovierte Holztor schützte einst eine Zugbrücke. Ein Gedenkstein erinnert an den Schriftsteller Francesco Domenico Guerrazzi, der hier 1848 Gefangener war. Die Zisterne funktioniert noch. Die »Schlote« unterhalb des Forts dienten den dortigen Munitionsmanufakturen zur Be- und Entlüftung. Im Fort lohnen die Ausstellung zu **Cosmopoli** (Gemälde, Karten und Dokumente) und der **Spazio Bolano** mit Ausstellungen zu zeitgenössischer Kunst

Zugang über Via Guerrazzi bis zum Eingang links vor dem Tunnel | tgl. 9.30–18.30, im Sommer bis 22.30, Nov.–März geschl. | Eintritt: 7 € oder Cosmopoli Card | www.museiarcipelago.it

Blick vom Olymp

Teatro dei Vigilanti (▶ Abb. S. 262)

Als die Franzosen 1802 kamen, funktionierten sie die 1618 gebaute Hospitalkirche der Karmeliter kurzerhand in ein Waffenlager um. Napoeon ließ in besagte **Chiesa del Carmine** 12 Jahre später ein **Theater** bauen. Das hatten sich Paolina und der örtliche Adel gewünscht – ihnen fehlte die Villa dei Mulini als Society-Treff. 2015 wurde das Theater zu Ehren von **Renato Cioni** (1929–2014) umbenannt. Der Startenor aus Portoferraio debütierte 1961 an Mailands Scala und trat an der Wiener Staatsoper, in Buenos Aires und Tokio auf. Das heutige Teatro dei Vigilanti »Renato Cioni« entstand mit 230 Plätzen auf Hufeisen-Grundriss dank Architekturprofessor Paolo Bargigli. Die clevere **Paolina** ließ den Bau durch Verkauf der 65 Logen finanzieren. Um deren Zuteilung entbrannte ein erbitter-

ter Wettstreit unter Elbas Adel – alle wollten besondere Plätze. Die Einweihung im Januar 1815 fand mit großem Ball statt, wurde aber nach Napoleons Waterloo im Mai 1815 wiederholt. 1920 schloss das Haus, diente später als Kino und bis 2020 wieder für **Konzerte und Theateraufführungen**. Einmalig während der Führung ist der Blick vom 4. Rang, dem **»Olymp«.** Auch der Bühnenvorhang ist noch original »Paolina für Napoleon«: Ihn bemalte Vincenzo Antoni Rivelli, der alle Fresken in Elbas Napoleonvillen schuf. Bildthema ist eine ländliche Idylle mit Napoleon als Apoll, dem Gott der Künste.
Piazza Gramsci 1 | 2023 wg. Restaurierung geschl., danach Mo.–Sa. 9–3 Uhr | Eintritt: 5 € o. Cosmopoli Card | www.museiarcipelago.it

Von der Bäckerei zum Rathaus

Palazzo Comunale

Der ca. 1560 erbaute Palazzo Comunale an der Piazza Pietro Gori ist Sitz von Stadtverwaltung und -polizei. Im Gebäude war einst eine Bäckerei, in der haltbares Brot und Zwieback für die Medici-Galeeren bzw. den Stefansorden gebacken wurde: die »Biscotteria«. Am Eingang wird an die deutsche Bombardierung Portoferraios 1943 erinnert. Im Innenhof sind weitere Gedenktafeln, eine ehrt den französischen Schriftsteller Victor Hugo, der einige Zeit seiner Kindheit auf Elba verbrachte. Vater Joseph Hugo war – vor Napoleons Exil – Inselgouverneur. Im Hof steht eine Kopie eines römischen Granitaltars (1./2. Jh.), der bei Seccheto gefunden wurde. Stifter des dem Halbgott Herkules geweihten Altars war Publius Acilius Attianus. Man glaubt, dass der Prätorianerpräfekt Kaiser Hadrians in der Villa romana della Linguella wohnte, um von dort aus den Granitabbau auch für die Villa Adriana in Tivoli bei Rom zu überwachen.

Eindrucksvolles Licht unter der Decke

Chiesa del SS. Sacramento

An der Via Garibaldi steht die eher unscheinbare Chiesa del SS. Sacramento. Sie entstand 1551 bis 1568 dank **Cosimo I. de' Medici,** der die Arciconfraternitá del SS. Sacramento (Erzbruderschaft des Allerheiligsten) ins Leben rief. Die wegen ihrer Kopfbedeckung auch »die Weißen« genannten Laienbrüder spendeten eifrig. Dazu stiftete Hafenkapitän Michelangelo de Rossi den Baugrund. Da diese Bruderschaft in ständiger Konkurrenz mit der Bruderschaft von Portoferraios Misericordia-Kirche stand, geriet ihre Ausstattung besonders opulent. Die 1731 vergrößerte Kirche wurde im Zweiten Weltkrieg stark zerstört, aber wieder perfekt rekonstruiert.
Großartig im einschiffigen, auch der Vergine Assunta (Mariä Himmelfahrt) geweihten Bau ist das Deckengemälde mit der gekrönten hl. Jungfrau und Thomas von Aquin im Zentrum. Der Florentiner Giovanni Camillo Sagrestani schuf es in seinem Todesjahr. Die einzigartigen **18 Kristall-Deckenkronleuchter** illuminieren auf grandiose Weise auch den barocken Hauptaltar mit Marmor, Stuck und Bildnis der Himmelfahrtsjungfrau von Giuseppe Mazzei, einer Kopie nach

Guido Reni. Auch sonst birgt die Kirche reiche Schätze. Die **Kathedra** (Kanzel) für den Bischof stammt aus Teilen von Napoleons Bett von 1814. Und unter dem Seidenbaldachin wurde Napoleon am 4. Mai 1814 an Portoferraios Hafenmole empfangen. Die 1933 eingeweihte **Votivkapelle** links vom Eingang schuf Severino Crott für die ca. 300 im Ersten Weltkrieg gefallenenen Elbaner. Sie ist nicht zugänglich.

Kulturzentrum und Vorplatz

★ Centro Culturale Comte de Laugier

Auf der von der Piazza Cavour aufsteigenden Salita Napoleone lohnt ein Blick auf das ausgetretene Pflaster der Stufen: Raffiniert eingeritzte Rillen ermöglichten festen Halt bei Regen – und Pferde kamen hinauf bis zur Mühlen-Villa. Überhaupt tat Napoleon viel für den Straßenbau und sorgte für die erste Müllabfuhr in Portoferraio. Zudem verbot er die Straßenprostitution und griff sogar in den häuslichen Alltag der Bewohner Portoferraiaos ein. Er ordnete beispielsweise die Nutzung von Latrinen an.

An der Piazzale Caserma de Laugier öffnet heute Portoferraios Kulturzentrum mit Kongresssaal und Kino. Es wurde 1562 von **Cosimo I.** als Convento San Salvatore errichtet und diente dem im gleichen Jahr durch Bulle von Papst Pius IV. neu gegründeten Orden der Stefansritter (Ordine dei Cavalieri di Santo Stefano) als palastartiger Sitz. Der vornehmlich aus jungen toskanischen Adligen rekrutierte Orden organisierte von hier aus die Verteidigung Elbas und ging auf »christliche« Kaperfahrt gegen die Korsaren. Solche Unternehmungen fanden meist in der Levante statt und waren auch materiell höchst erfolgreich. Doch schon bald zogen die Ordensritter nach Pisa an die heutige **Piazza dei Cavalieri** (Ritterplatz) um.

Palastrundgang

Weiteres im Palast

Der Palast in Portoferraio wurde zum Franziskanerkloster San Salvatore, dann unter den Franzosen Kaserne. Er ist nach Napoleons Offizier, dem in Portoferraio geborenen späteren **General Cesare de Laugier de Bellecour** (1789–1871) benannt. Laugier nahm an den Napoleon-Feldzügen in Spanien und Russland teil und erntete 1848 Ruhm, als er mit 6000 Mann, die meisten Studenten der Universität Pisa, in den Schlachten von Curtalone und Montanara der 32 000 Mann starken Übermacht des Feldmarschalls Radetzky widerstand. Der Bau mit schönem Innenhof beherbergt seit 1924 die **Pinacoteca Civica Foresiana** (2. Etage). Der elbanische Gelehrte Mario Foresi (1849 bis 1932) vermachte seine in zwölf thematischen Sektionen gezeigte Familiensammlung (Gemälde, Stiche, Radierungen) 1914 samt Mobiliar der Stadt. Zudem ist hier die wertvolle **Biblioteca Foresiana** eingerichtet, die 40 000 Bände ab dem 16. Jh. umfasst. Allein 14 000 Bände stiftete Foresi. Spannend ist die digitalisierte Fassung der Bibliothek Napoleons, die 1815 der damalige Bürgermeister Traditi zu retten versuchte.

Pinacoteca Civica: Mo.–Sa. 9.30–13, 15.30–18.30, So. geschl., im Sommer: Mo.–Sa. 10–13, 17.30–22.30, So. 10–13 Uhr, Nov.–März geschl. | www.museiarcipelago.it | Eintrittt: 5 € o. Cosmopoli Card
Biblioteca Foresiana: Juli/Aug. nur Mo.–Fr. 9–13 Uhr, Sa./So. geschl., sonst Di., Mi., Fr. 9–12, Mo./Do. 17–19.30, Sa. 10–12 Uhr, So. geschl. | www.comune.portoferraio.li.it | Eintritt frei

Prozession zur Heiligenurne

Chiesa della Misericordia

Die auch Chiesa di San Cristino genannte einschiffige Kirche entstand dank der **Erzbruderschaft Reverenda Misericordia**, die Cosimo I. 1566 begründete. Die Kirche gegenüber dem Kulturzentrum an der Salita Napoleone wurde aber erst ab 1677 gebaut. Sie ist Hort für die Urne des offiziellen örtlichen Schutzheiligen San Cristino – der Märtyrer starb 65 n. Chr. während Neros Christenverfolgung. Da die Heiligenurne wohl schon am 29. April 1661 in Portoferraio landete, findet jährlich am 29. April ihm zu Ehren Portoferraios große Prozession statt. Den Marmoraltar krönt ein Tafelbild der Madonna della Misericordia (spätes 18. Jh.). Die prachtvolle Orgel ist von 1792. Kurios ist die linkerhand der Apsis ausgestellte große **hölzerne, mit Blattgold verzierte Königskrone.** Sie krönte einst das Haupt der Statue der Madonna del Carmine und schmückte dann Napoleons königliche Loge im der zum Teatro dei Vigilanti umgebauten Kirche.

Napoleons Bienen und Goldfäden

Museo della Misericordia

Größter Schatz im Kirchenmuseum nebenan ist die **originale erste Fahne Elbas** mit den drei mit Goldfäden gestickten Bienen, die Napoleon Portoferrraio und Elba bei seiner Ankunft am 4. Mai 1814 schenkte. Bemerkenswert sind auch die aus der Kirche ausgelagerte Statue der Madonna mit Kind von Tino da Camaino (ca. 1285–1337) sowie die bronzene Totenmaske Napoleons und seine Hand aus Gips. Der Wachsabdruck für beides wurde Napoleon auf dem Sterbebett von Leibarzt Francesco Antommarchi abgenommen. Fürst Anatoli Demidoff vermachte sie der Kirche 1852 mit der Auflage, jährlich am 5. Mai eine Totenmesse für den Kaiser zu lesen. Das geschieht bis heute. Napoleon starb am 5. Mai 1821 auf St. Helena. Ein ovales Gemälde mit der Madonna schmückte einst **Napoleons** Schlafzimmer. Und das Abendkleid trug eine noble Dame zu Ehren Napoleons bei einer Festivität. Seit 2016 beherbergt das Museum auch einen liebevoll von der Bruderschaft restaurierten **Handkarren,** der einst für Krankentransporte durch Portoferraios Gassen gezogen wurde.
Tel. 0565 91 87 85 | Di. und Do. 9–12 Uhr und n. V. | Eintritt: 2 € | www.misericordiaportoferraio.it

In den Dom

Piazza della Repubblica, Duomo

Napoleons Exilarmee nutzte die damals Piazza d’Armi genannte Freifläche im Herzen der Altstadt zum Exerzieren. Heute ist hier

der wichtigste **Altstadt-Parkplatz.** Ringsum öffnen Bars, Restaurants, Cafés und Geschäfte.
An der Piazza erhebt sich die 1549 erbaute, Duomo (Chiesa della Natività) genannte Pfarrkirche. Ursprünglich war sie für Cosimos Militär gedacht. Sie trägt auch den Namen **Propositura della Natività di Maria.** Grund ist ihr Votivaltar, der im 17. Jh. der Madonna del Buon Viaggio, also der Madonna der guten Reise geweiht wurde – wichtig für Portoferrraios gläubige Fischer und Seeleute. Bauerweiterungen fanden 1623, 1700 und 1950 statt.

Torre della Linguella

Gefängnis im Hammerturm

Am äußersten Ende der Bucht, an der Calata Buccari, überwacht die achteckige Torre della Linguella, benannt nach ihrem Standort, der schmalen Landzunge, die alte Hafeneinfahrt. Die wuchtige Form des Baus trug ihm auch den Namen Torre del Martello, »Hammerturm«, ein. Der im 18. Jh. zum Gefängnis erklärte Turm ist auch als **Torre di Passannante** bekannt. Giovanni Passannante (1849–1910) war ein Koch und Anarchist, der 1878 in Neapel ein Attentat

Vom unschuldigen Insassen bis zum späteren Staatspräsidenten: Der Gefängnisturm kennt viele Geschichten.

auf König Umberto I. verübte, das fehlschlug. Der Attentäter verbrachte hier 1879 bis 1889 an einer 18 kg schweren Kette und in einer winzigen, nur 1,40 m hohen Zelle unter primitivsten Bedingungen ohne Latrine. Er trug schwerste körperliche und mentale Schäden davon. Im Zuge der Verhaftungswelle nach dem Attentat erwischte es damals auch einen Unbeteiligten, **Niccolo' Quintavalle.** Der glücklose Auswanderer war aus den USA zurückgekehrt und arbeitete im Heimatdorf Capoliveri als Barbier. Seine aufregenden Abenteuergeschichten zogen die Dorfjugend an. Vor allem rasierte er in Wildwestmanier mit zwei Rasiermessern gleichzeitig, was terrorverdächtig war! Alles in allem reichte es nur zur Anklage gegen ihn wegen Aufrührertums, man verurteilte Quintavalle im Jahr 1900 zu 17 Monaten Haft plus 1200 Liren Geldstrafe. Ein weitere berühmter Häftling war **Sandro Pertini.** Der spätere italienische Staatspräsident, 1913 bis 1935 auf der Gefängnisinsel Pianosa interniert, wurde 1933 für einen Prozess hierher verlegt, nachdem es auf Pianosa zu einem Zwischenfall mit einem Aufseher gekommen war. Telemaco Signorino dokumentierte den »Bagno di Portoferraio« auf dem gleichnamigen, zwischen 1888 und 1894 entstandenen Gemälde (heute Palazzo Pitti, Florenz). Auf der Mole steht zudem die Torre del Gallo.

Überreste einer Villa

Bei der Restaurierung des Linguella-Turms wurden 1977 die Reste einer römischen Villa (1. Jh. v. Chr.) freigelegt, die bis ins 3. Jh. n. Chr. hochrangig bewohnt war. Erhalten blieben ein wohl zu einer Therme gehörendes Laconium, ein Rundsaal mit restaurierten Mosaikresten und Bodenbelägen in Opus sectile sowie Malerei in purpurrot und gelb. Vermutlich logierte hier Hadrians Freund und Prätorianerpräfekt (ab 118) **Publius Acilius Attianus** während seines Elba-Aufenthalts. Eine hier entdeckte männliche Marmorbüste ist nebenan im Archäologischen Museum zu sehen.

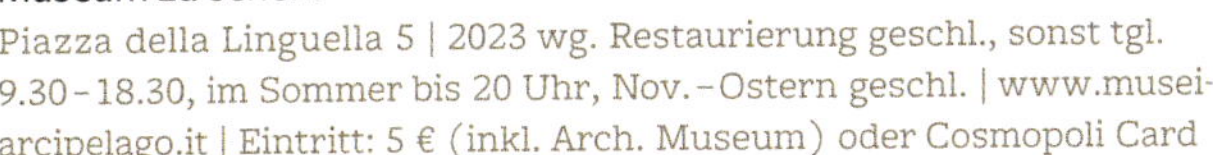
Piazza della Linguella 5 | 2023 wg. Restaurierung geschl., sonst tgl. 9.30 – 18.30, im Sommer bis 20 Uhr, Nov. – Ostern geschl. | www.museiarcipelago.it | Eintritt: 5 € (inkl. Arch. Museum) oder Cosmopoli Card

Vergrabene Schätze

Das Archäologische Museum im alten Salzmagazin zeigt Mosaikfragmente, Haushaltsgegenstände und Schmuck aus der Etrusker- und Römerzeit, die in der **Villa Romana delle Grotte,** um Porto Azzurro und Capoliveri sowie in einstigen Römersiedlungen auf Capraia und Montecristo gefunden wurden. Die griechischen, phönizischen und römischen Amphoren sind aus im Toskanischen Archipel entdeckten Wracks.

Piazza della Linguella 5 | 2023 wg. Restaurierung geschl.; sonst wie Villa Romana | www.museiarcipelago.it | Eintr.: 5 € / Cosmopoli Card

PORTOFERRAIO
Spiaggia Le Ghiaie
Viale delle Ghiaie
S. Fine
Viale Alcide de Gasperi
Parterre
Mario Foresi
Via Cairoli
Via G. Ninci
Guglielmo Marconi
Forte Falcone
Forte Inglese
San Rocco
Viale A. Manzoni
Bastione Imperatrice
Via G. Ninci
Via
Via Gen. le A. Leoncini
Salita V. Mellini
Communità Montana
Piazza del Popolo
Via degli Altesi
Via del Palchetti
Via Giosuè Carducci
Piazza A. Citi
Via Vittorio Emanuele II
Via G. Ninci
Viale I. Zambelli
Via R. Fucini
Piazze Dante Alighieri
Piazzale Virgilio
Banchina
Alto Fondale
Via P. Senno
Lambardi
Calata Italia
Via S.
Porta a Terra
Viale Elba
Pontile Comandante G. Massimo
Italia
Pontile Nr. 3
Calata
Pontile Nr. 1

Restaurants:

1 Il Pescatore
2 Bagni Elba
3 Da Lido
4 Da Luciano
5 Il Castagnacciaio
6 La Centrale Gourmet
7 Ber Bene Bar Enoteca
8 Osteria Pepenero
9 Osteria Ferraja
10 La Rada

Unterkünfte:

1 B&B Aethalia
2 Hotel Viticcio
3 Acquamarina
4 Hotel Airone
5 Hotel Fabricia
6 Villa Ombrosa
7 Hotel Hermitage
8 Albergo L'Ape Elbana
9 B&B Porto Sole
10 Terra e cuore

Bars:

1 Sail Port Club
2 Club 64

PORTOFERRAIO ERLEBEN ▶ KARTE S. 114

TOURISMUSINFORMATION
Tourismusbüro der Stadt: Infos, Buchungen, Cosmopoli Card (▶ S. 106).
Via Vittorio Emanuele II
Portogerraio
Tel. 0565 1 93 35 89
www.visitaportoferraio.com
tgl. 9.30 – 13 Uhr

INFO PARK
Tourismusbüro des Nationalparks: Infos, Buchladen und Reservierungen.
Calata Italia 4 (Eingang: Viale Elba 2), Portoferraio
Tel. 0565 90 82 31
www.parcoarcipelago.info
April – Okt. tgl. 9 – 19, sonst Mo. – Sa. 9 – 15, So. 9 – 13 Uhr

PARCO NAZIONALE ARCIPELAGO TOSCANO
Besucherzentren: Rio nell'Elba, Marciana, Lacona sowie auf Capraia, Giglio, Montecristo und Pianosa.
Località Enfola (Hauptverwaltung), Portoferraio
Tel. 0565 91 94 11
www.islepark.it, Mo., Mi., Fr. 9 – 13, Di./Do. 9 – 17 Uhr

❶ SAIL PORT PUB €€–€€€
Uriger Segler-Treff, entspannte Atmosphäre bei Roberto und seinem Team. Gute Cocktails.
Piazza Cavour 56
Portoferraio
Tel. 393 7 28 03 61

❷ CLUB 64 €€€
Elbas legendäre beste Diskothek an der Straße nach Procchio ist nachts sogar mit Marina di Campos Diskotheken per Nacht-Shuttle-Bus verbunden. Partytime seit 1964!
Loc. Capannone, Portoferraio
Tel. 347 3 23 12 84
https://club64.net

MAGIE DOLCE E SALATO
In Portoferraios bester Pasticceria mit Caffé Bar stellt Paola Fernanda Bertani sagenhafte Pralinen her, das Stück für 1,50 €. 2019 erhielt sie den Weltmeistertitel mit der Praline »Aleatica«, gefüllt mit Waldbeeren von den »Giardini del Poseidone« und Aleotico-Grappa von Antonio Arrighi. Zig Preise folgten.
Via Rodolfo Manganaro 116
Tel. 0565 91 53 85
https://paolabertanicioccolato.it

LA TONNINA
Im Bistro und im Laden werden Palamita, roter Thunfisch im Glas und Sardellen in der Büchse verkauft. Im Laden finden Sie auch das mit Meerwasser gebraute Bier »Salina«.
Calata Mazzini 13 und 15
Portoferraio
Tel. 393 0 17 32 45
www.tonnina.com

DAMPAI
Top-Taschen, dazu Schmuck und Accessoires von Simona Giovannetti und Team. Nebenan gibt es Elbas Edeluhren bei Locman und Parfüms von Acqua dell'Elba.
Calata Mazzini 16, Portoferraio
Tel. 0565 91 40 07, www.dampai.it

❶ IL PESCATORE €€€
Gemütliches Ristorante mit überdachter Terrasse. Wunderbare

Schwertfischsteaks mit Kapern und Oliven!
Piazza della Repubblica 24
Portoferraio
Tel. 339 2 70 58 34
kein Ruhetag

❷ BAGNI ELBA €€–€€€

Legendäre Bar mit Ristorante und überdachter Sonnenterrasse direkt über dem Strand von Ghiae. Große Auswahl an Fischgerichten!
Via Alcide de Gaspari 6
Portoferraio, Tel. 353 3 65 10 33
tgl. 8–24 Uhr

❸ DA LIDO €€€

Seit 1970 authentische italienische Küche mit sehr gutem Service! Auf den Tisch kommen Fischgerichte und Meeresfrüchte wie Insalata di polpo, Thunfisch-Tartar mit saurer Sahne. Unbedingt die Ricotta-Torte mit Holunderbeeren (mirtilli) testen! Mit überdachter Terrasse.
Salita del Falcone 2
Portoferraio
Tel. 0565 91 46 50
www.ristorantelido.org
Kein Ruhetag

❹ DA LUCIANO €€€–€€

Für eine lauschige Sommernacht! Gemütliches Lokal mit schöner Terrasse direkt über dem Golf. Antipasti di mare oder die Tagliata di tonno (Thunfisch) probieren!
Spiaggia di Scaglieri
Portoferraio (Biodola)
Tel. 0565 96 99 52
https://scaglieri.it/it/da-luciano
im Sommer kein Ruhetag

❺ IL CASTAGNACCIAIO €€

Seit 1885! Hier stehen die Fans täglich Schlange für die berühmte Torta di Ceci – hauchdünne, im Holzkohleofen gebackene Fladen aus Kichererbsenmehl! Dazu trinkt man Cider.
Via del Mercato Nuovo 5
Portoferraio
Mi. Ruhetag
www.ilcastagnacciaio.com

❻ LA CENTRALE GOURMET €€–€€€

Oberhalb des Fährhafens mit großer Food Hall: Fischrestaurant samt Panorama-Terrasse und Eis-Kiosk!
Viale Zambelli 3, Portoferraio
Tel. 0565 96 30 00
www.lacentralegourmet.it
tgl. 7–23 Uhr

❼ BER BENE BAR ENOTECA €–€€

Bar/Enoteca mit »kleiner Küche« (Panini, Bruschette, Carpaccio, Polenta con Ragú)
Via Dell' Amore 40
Portoferraio
Tel. 0565 1 84 00 76
http://berbene.weebly.com
Kein Ruhetag, tgl. 18.30–2.30 Uhr

❽ OSTERIA PEPENERO €€–€€€

Portoferraios numero uno dank feinster Biozutaten! Unbedingt reservieren! Marco Olmetti kocht, Antonio Mori serviert, auch lokale Spitzenweine, z. B. von Arrighi. (► S. 94)
Via Dell'Amore 48, Portoferraio
Tel. 0565 91 62 40
www.olmosteria.com
Tgl. 18–2 Uhr

❾ OSTERIA FERRAJA €€–€€€

Hier am Hafen isst man Riso nero oder Meeresfrüchte, dazu gibt es Top-Weine! Auch vegane Gerichte.
Calata Matteotti 13, Portoferraio
Tel. 0565 1 90 14 73
tgl. 12–14.30, 19–22.30 Uhr

❿ LA RADA €€–€€€

Abseits vom Trubel und doch stets voll! Dafür sorgt Maria Bardino, Sandra und Stefano Gipponi, der schöne Blick über die Bucht auf Portoferraio und die drei gesetzen Damen in der Küche. Top sind die hausgemachten Ravioli, die Gnocchi mit Weißfisch

(pesce bianco) oder Tagliolini con polpo (Tagliolini mit pikanter Tomaten-Tintenfisch-Sauce).
Lungomare San Giovanni 25
Portoferraio (San Giovanni)
Tel. 0565 91 56 52
www.ristorantelarada.it
kein Ruhetag (mittags und abends)

❶ B&B AETHALIA €€–€€€
In schöner Lage Richtung Enfola: Zimmer mit Garten, Gratis WI-FI und großem Frühstück. Mehr braucht man nicht zum Glück.
Loc. Albereto 5, Portoferraio
Tel. 329 3 33 19 96
www.aethaliabedandbreakfast.com
3 DZ, 3 Apartments

❷ HOTEL VITICCIO €€–€€€
Terrasse mit herrlichem Blick auf Capo Enfola! Exquisite toskanische Küche im Restaurant (Juni–Sept. auch mittags), das auch glutenfreie Gerichte zubereitet.
Loc. Viticcio, Portoferraio
Tel. 0565 93 90 58
www.hotelviticcio.it
32 DZ

❸ ACQUAMARINA €€–€€€
Das Partnerhotel der Villa Ombrosa (s. u.) auf der ruhigen Halbinsel Enfola bietet Gästen auch Rabatt in den Thermen San Giovanni. Direkter Strandzugang, wunderbare Aussicht!
Loc. Padulella, Portoferraio
Tel. 0565 91 40 57
www.hotel-acquamarina-elba.it
36 DZ

❹ HOTEL AIRONE €€€–€€€€
Wunderbares Familienhotel im Grünen mit Pool, Bar, Panorama von Portoferraio und gutem Restaurant »Le Antiche Saline«. Vor dem Eingang grüßt ein Napoleon-Glasmosaik von Italo Bolano!
Loc. San Giovanni, Portoferraio
Tel. 0565 92 91 11
www.hotelairone.info/de
85 Zimmer mit Gartenterrasse oder Balkon

❺ HOTEL FABRICIA €€€
Wunderbares Hotel mit sage und schreibe 4 ha Park, Garten, Pool, dazu noch Pool-Bar und American Bar. So geht Urlaub!
Loc. Magazzini, Portoferraio
Tel. 0565 93 31 81
www.hotelfabricia.com/de/
51 DZ, teils mit Terrasse

❻ VILLA OMBROSA €€–€€€
Das ganzjährig öffnende Traditionshaus aus dem 18. Jahrhundert mit herrlicher, baumbestandener Gartenterrasse bietet Zimmer mit schönem Balkon zum Meer und zum Ghiaie-Strand. Außerdem trumpft es mit einem guten Frühstücksbuffet, einem Ristorante, einer Bar und Fahrrädern.
Via Alcide de Gasperi 9
Portoferraio
Tel. 0565 91 43 63
www.villaombrosa.it, 38 DZ

❼ HOTEL HERMITAGE €€€€
Zum Genießen! Elbas Tophotel bietet zwischen Fels und Sandstrand einen 50 ha umfassenden Riesenpark mit Golfplatz (saisonal), Tennis und Meerwasser-Pools. Außerdem verwöhnt es mit gleich drei Restaurants (3-Gänge-Menü ab 50 €), Wellness und Pilates im Centro Benessere, Segel- und Jachtausflüge, Surfen und Tauchen.
Via Biodola 1
Portoferraio-Biodola
Tel. 0565 97 40
www.hotelhermitage.it
130 DZ und Suiten

❽ ALBERGO L'APE ELBANA €€–€€€
Das älteste Hotel Elbas in klassischen Toskana-Farben war zu Zeiten Napo-

leons als Auberge Bonroux berühmt. Im beliebten Restaurant mit Terrasse wird mittags und abends serviert.
Salita Cosimo de Medici 2
Portoferraio
Tel. 0565 91 42 45
www.ape-elbana.it, 24 DZ

9 B&B PORTO SOLE €€–€€€

Der Tipp! Vom Balkon aus genießt man einen herrlichen Hafenblick. Auch sonst sind die modernen Zimmer und Apartments mit Bad, freiem WLAN sowie großartigem Frühstück unschlagbar – und das gilt auch für die kompetente Wirtin Anna.
Via delle Galeazze 30
Portoferraio
Tel. 388 7 43 37 36
www.elbaportosole.com
3 DZ und Apartments (max. 8 Gäste) sowie neu das Haus Soggiorno Marconi

10 TERRA E CUORE €

Hier heißt es »Glamping« im Offizierszelt 228 m ü. d. M.! Neuerdings gibt es auch noch eine Jurte am Buraccio (siehe unten).
Via Buraccio 7, Portoferraio
Tel. 391 3 11 68 77

BAEDEKER MAGISCHE MOMENTE

EIN AUSSERGEWÖHNLICHER SCHLAFPLATZ

... in herrlichster Abgeschiedenheit! Ein einzelnes luxuriöses Zelt verlockt zum »Glamping«, glamourösem Camping zu zweit, hoch über Elbas Küste. Das bietet die Fattoria Terra e Cuore am Buraccio. Tagsüber locken fantastisches Eis aus Ziegenmilch, Ziegenkäse und Barbecues von Raffaele und Co. Die neue Jurte mögen Wanderer und MTB-Fahrer auf Elbas Höhenweg GTE (s. o.).

Beten gegen die Pest

Chiesa di San Rocco

Die dem hl. Rochus, Beschützer der Pestkranken, geweihte Kirche wurde 1584 bis 1592 erbaut, als auf den Galeeren Großherzog Ferdinands I. die Pest ausgebrochen war. Sie befindet sich außerhalb der historischen Stadtmauern nahe der Via Carducci, der Hauptgeschäftsstraße der Neustadt. 1802 ging sie in den Besitz der Misericordia-Erzbruderschaft über. In der Kirche sind zwei Ritter des Stefansordens bestattet. Auf dem **Friedhof** ruhen Pestopfer, aber auch Sträflinge. Oberhalb des Friedhofs lädt der Nationalpark Toskanischer Archipel im restaurierten **Forte Inglese** zu Ausstellungen (► S. 108).
www.misericordiaportoferraio.it/chiese

Und eine kleine Kapelle

Weitere Friedhöfe

Bis 1964 existierte ein jüdischer Friedhof am Ende des Strandes Le Ghiaie, von dem Außenmauer und Eingang erhalten sind. Die letzten 40 Gräber und Grabsteine seit 1646 wurden auf den **jüdischen Friedhof Livorno** umgebettet. Ab 1702 musste die kleine jüdische Gemeinde Portoferraios im Ghetto an der heutigen Via Elbano Gasperi leben. Bis Anfang des 20. Jh.s hieß die Straße Via degli Ebrei. Seit 2023 erinnern **Informationstafeln** am Strand Le Ghiae und de Via Elbano Gasperi an die jüdische Stadtgeschichte. An Portoferraios Stadtrand stößt man auf die Friedhöfe der **»Bianchi«** (»Weißen«) und **»Neri«** (»Schwarzen«), jener zwei Erzbruderschaften, die lange das Sozialleben bestimmten und auch für Bestattungen sorgten. Nebenan steht die kleine **Cappella dell'Annunziata,** ein sechseckiger Kuppelbau von 1581, der 1630 umgebaut wurde und 1818 den dreibogigen Gewölbegang erhielt. Sie wird auch S. Croce dell'Isola d'Elba genannt, da hier berühmte Insulaner beigesetzt sind.

Weißer Kiesstrand

Spiaggia Le Ghiaie

Der Strand Le Ghiaie unterhalb der Medici-Bastionen galt 2000 Jahre als »Geburtsort« der Stadt. Am Kiesstrand sollen die Argonauten um Jason, Medea und Orpheus gelandet sein. Diese u. a. von Diodorus Siculus, Apollonios von Rhodos und Strabon verbreitete These widerlegte 1920 der Wissenschaftler Remigio Sabbadini. Er wies nach, dass der antike Name Portus Argoos sich nicht auf die »Argo«, sondern auf Argós für den weißen Kies bezog.

Rund um Portoferraio

Strandvergnügen

Viticcio

Ab dem Strand Le Ghiaie führt die schmale Küstenstraße gen Capo Enfola vorbei an Acquaviva mit einsamem Kiesstrand zum Fischerort Viticcio. An der Bucht herrscht ruhige, fast familiäre Atmosphäre. Ein Fußpfad verbindet Viticcio mit Forno und Scaglieri.

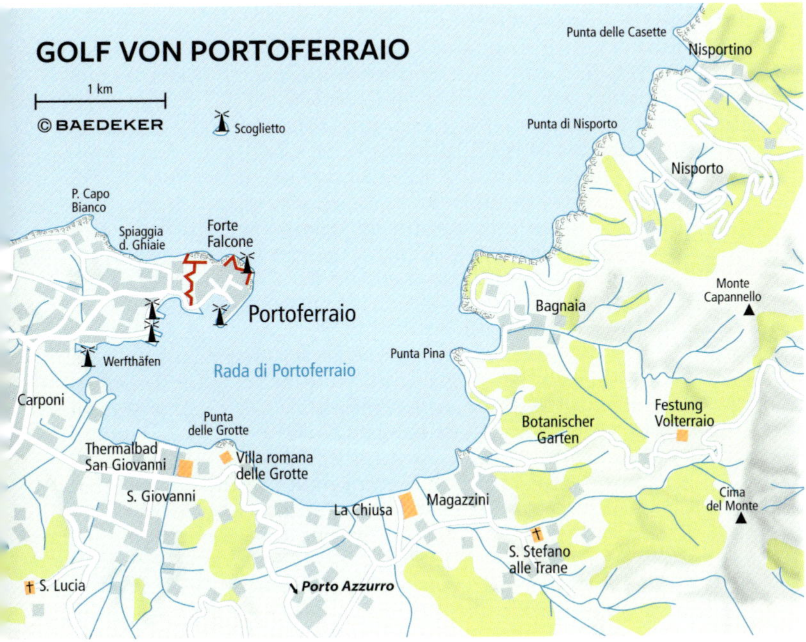

Der rote Thunfisch

Am Abzweig nach Viticcio führt die SP 27 geradeaus zum **Capo Enfola.** Man parkt am besten auf dem Isthmus vorm Kap. In Enfola (30 Einw.) fand 1810 bis 1958 die Tonnara statt, der klassische Thunfischfang. Schon in der Antike gab es im Archipel laut Strabon mindestens ein **»Thynnoskopeion«,** einen Küstenbeobachtungspunkt. Von dort meldete man den Zug des begehrten »Thunnus thynnus«, des heute bedrohten, bis 3 m langen und 500 kg schweren roten Thunfischs (»tonno rosso«). Medici-Großherzog Ferdinand I. nahm den Thunfischfang wieder auf, der über drei Jahrhunderte blühte. Im März wurden die bis zu 2 km langen Netze für die Tonnara geflickt, der Fang fand dann zwischen April und Juni statt. Die anschließende Verarbeitung erfolgte im heutigen Hauptsitz des **Nationalparks Toskanischer Archipel.** Schautafeln am Infopunkt erläutern die Geschichte der Tonnara. In den Buchten der Landenge dümpeln nun Segelboote. Der selten überfüllte **schmale Kiesstrand** lädt mit kristallklarem Wasser zum Bad, das Restaurant Emanuel verwöhnt Besucher. Exkursionen ins bis zu 25 m tiefe Tauchgebiet organisiert das renommierte Enfola Diving Center. Es gibt auch Überlegungen, hier ein Meeresmuseum zu errichten.

Infopunkt: Parco Naz. Arcipelago Toscano (▶ S. 116) | Eintritt frei

Herrliche Aussichten

Rundweg am Capo Enfola (Percorso dell'Enfola)

Rechterhand des Nationalparkhauses startet der ausgeschilderte, hin und zurück 4,4km lange **Serpentinenweg zum Monte Enfola** (125 m ü.d.M.). Als Belohung für den 2 Std. langen Rundweg 208 (278 m Höhenunterschied) winkt das herrliche Panorama über Elbas Nordküste und den Golf von Procchio, bei Kaiserwetter auch auf Capraia, Gorgona und Korsika. Kein Wunder, dass am Startpunkt 2015 ein Begeisterter in blauer Schrift Bezug auf Bonaparte nahm: »Se Napoleone avesse immaginato questa serata, non sarebbe andato via« (»Hätte Napoleon diesen Abend erlebt, wäre er nie fortgegangen«). Unterhalb des Gipfels liegen verfallene Bunker aus dem Zweiten Weltkrieg. Der Weg ist moderat, verlangt aber festes Schuhwerk.

Auf zum Limo, auf zu Wellnesswochen für sie und ihn!

Thermalbad San Giovanni

Die Thermen von San Giovanni (690 Einw.) an der Bucht von Portoferraio bieten zig Anwendungen: Antistress- wie Antismog-Kuren, Peeling mit Meeresalgen-Gelee, Anti-Cellulite-Behandlung, Schröpftherapie oder Bambusmassage. Geheimnis des Thermalbads ist der »Limo«, den man als Kosmetik natürlich auch im Thermenladen bekommt. Es handelt sich dabei um heilenden, stark eisenhaltigen Meeresfango-Schlamm, der gegen Arthrosen, Rheuma oder Akne, bei langer Anwendung auch gegen Schuppenflechte hilft. Algen und Meerespflanzen werden zum Aufguss verarbeitet und mit salz-, brom- und jodhaltigem Wasser versetzt.

Das Areal ist nur zehn Schritte vom Meer entfernt und umgeben von Eukalyptus sowie einem 15 ha großen Park. Früher gehörte es zu den **Salinen von San Rocco,** die die Medici 1555 begründeten. Auch Napoleon erwähnt sie in Briefen. 1910 schlossen die Salinen. Die Eisenhütte Portoferraio deponierte hier bis zum Ende des Zweiten Weltkriegs Schlacke, die die Uferregion mit Mineralien anreicherte. Nach dem Ende der Hochöfen geschah Ende der 1950er das Thermalwunder: Auf dem Schlamm weideten Rennpferde, deren Gelenke sich in den einstigen Salzbecken wundersam erholten. Nach und nach wurden drei Arten von **heilendem Limo** entdeckt, 1963 baute man das Kurhaus. Empfohlen werden 12 Schlammheilbäder in 12 Sitzungen.

Mo.–Fr. 9–13, 16–19, Sa. 9–14 Uhr und n. V. | https://termeisoladelba.it

Einmalige Funde

Villa Romana delle Grotte

Schon die Lage über dem Golf von Portoferraio ist herrlich! Doch die acht Grabungskampagnen von 2012 bis 2019 haben die Villa aus dem 1. Jh. v. Chr. noch mal gehörig aufgewertet. Denn dabei entdeckte man ein noch etwas älteres **Gebäude eines Bauernhofs**, um **100 v. Chr. errichtet**. Spektakulärerweise kamen im dortigen Weinkeller Amphoren und fünf riesige Dolia, fassähnliche Terracotta-Gefäße, ans Tageslicht. Der Clou: Die Scherben trugen den Namen des damaligen Winzers. Hermia verewigte sich auf »Siegeln« samt sei-

VILLA ROMANA DELLE GROTTE

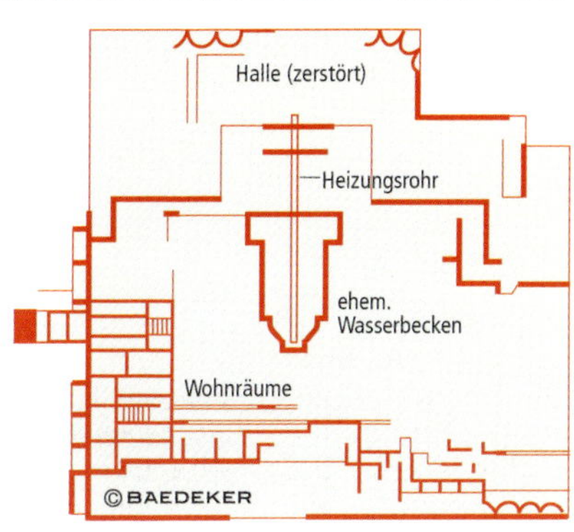

OBEN: Die Strände um Portoferraio erstrahlen alle in herrlichem Weiß. Besonders nahe und beliebt ist der Strand Le Ghiaie.

nem »Logo«, einem Delphin – und ging als Sklave des Marcus Valerius Messalla (▶ Interessante Menschen) aus der berühmten römischen Adelsdynastie der Valerier in die Geschichte ein. Im Gutshof wurden auch Äpfel zu einem antiken, durstlöschenden »Cidre« bzw. »Cider« verarbeitet, der im Hochsommer getrunken wurde. Beliebt war er auch bei den »feriae Augusti«, die seit 29 v. Chr. vom 13. bis 15. August gefeiert wurden. Daraus wurde der heutige Ferragosto (15.8.) bzw. Mariä Himmelfahrt.

Der Hof belegt, dass hier direkt nach Ende der etruskischen Eisengewinnung die Landwirtschaft begann. Sogar ein kleiner Anlegeplatz aus Granit mit Aufstieg zur Villa wurde entdeckt! Der Gutshof brannte im 1. Jh. n. Chr. ab und wurde nicht wieder aufgebaut. Das untere Grabungsareal kann nur auf Führungen von der **Villa Romana delle Grotte** aus besucht werden. Hier lebten Vater und Sohn Messalla mit Familie wohl in Saus und Braus und luden zu Festessen, Theater, Konzerten, philosophischen Disputen sowie Dichterlesungen ein. Gast war auch – kurz vor dem Exil – **Ovid** (8 n. Chr.). Die **Gebäudereste** der Villa wurden 1960 bis 1972 ausgegraben. Gut erkennbar ist noch die Mauertechnik: Die behauenen Steine wurden mit der Spitze nach unten gesetzt und bilden die Form eines Quaders. Resultat dieser Setztechnik ist ein schönes geometrisches Muster aus kleinen Steinen, die mit typischem hellen Mörtel verbunden sind. Die Luxusvilla besaß ein mit Ornamenten verziertes, beheizbares Schwimmbad, Thermen und drei riesige Gärten. Auch sonst lebten die **Messalla** beneidenswert komfortabel: Der Name »delle Grotte« rührt von den einstigen Kellergewölben, die als Speicher und für Angestellte dienten. Auch wer kein »Ruinentourist« ist, sollte sich den Panoramablick von den Bänken nicht entgehen lassen!

Vom Ende des Römischen Imperiums bis ins 7. Jh. lebten hier Mönche und Eremiten. 1799 verlegten die Franzosen eine Artilleriebatterie hierher. Das Nationalparkbüro Info Park veranstaltet Führungen zur Villa Romana delle Grotte (meist 18 Uhr, mit Aperitif 12 €) sowie zur nahen **Villa Ottone** (meist 17 Uhr, 8 €). Zudem organisiert es Führungen auf dem neuen Kulturwanderweg **Cammino della Radda** von den Terme San Giovanni zur Villa Romana (ab 15 Uhr; 4 Std.; 8€). Im Juli/August finden in der Villa Romana auch Malkurse, Yoga- und Kunst-Sessions sowie Konzerte statt.

1. April – 11. Juni und Sept. – Okt.: 10 – 12 und 16 – 18,
12. Juni – 31. Aug: 9.30 – 11.30, 18 – 20 Uhr, sonst nach tel. Vorbestellung
Eintritt: 5€ oder Cosmopoli Card | www.museiarcipelago.it

Biodola

Auf zum Strand! Ab ins Wasser!

Der feinsandige Strand von Biodola gilt als einer der schönsten der Insel. Den Namen verdankt die Bucht Elbas Dialekt und einer bemerkenswerten Pflanze: Die Kugelsimse oder Kugelbinse (Scirpoides holoschoenus) aus der Familie der Sauergrasgewächse, lateinisch Bladula, heißt

»biada«. Im Küstenort siedelte sich schon Anfang der 1950er-Jahre Elbas erstes Haus am Platz, das **Luxushotel Hermitage** (▶ S. 118) an. Mit seiner ursprünglichen »Einsiedelei« am Golfo della Biodola ist es aber vorbei: Längst haben weitere Hoteliers die Bucht entdeckt. Das Gebiet war schon in der Steinzeit besiedelt. Von der Landzunge Punta Penisola im Norden von Biodola genießt man **Sonnenuntergänge mit herrlichem Panoramablick** bis Marciana Marina.

Volterraio

Burg der Geier

Der Name »Volterraio« wird unterschiedlich erklärt. Eine Interpretation geht aufs etruskische »ful tur« zurück: »hohe Burg« oder »hoher Berg«. Eine zweite, einleuchtendere Theorie nennt als Ursprung das lateinische »vultur«, italienisch »avvoltoio«, deutsch »Geier«. Auch ein Bezug zur uralten **Etruskerstadt Volterra** auf dem toskanischen Festland ist möglich. Rom nannte jene Stadt »Volterrae«, **»die über die Lande Dahinfliegende«.** Alle Interpretationen und ein Münzfund (4. Jh. v. Chr.) vor Ort stützen die Annahme, dass hier schon in etruskischer Zeit eine Befestigung war. Möglicherweise zogen ja doch einst Geier ihre Kreise über Elbas »Geierburg«.

Vergessene Burg und heutige Bedeutung

Einzigartige Wehrburg

Anfang des 11. Jh.s errichtete man erste neuzeitliche Fortifikationen auf dem damals Monte Veltraio genannten Berg. Belege für einen Ausbau tauchen ab 1281 auf. Bis spätestens 1442 war die **Wehrburg** zur schier uneinnehmbaren Fluchtburg ausgebaut und widerstand ersten Piratenattacken. Oft flüchteten verängstigte Elbaner hierher, so 1544 und 1553, als erst **Khair ad-Din Barbarossa** und dann Dragut jeweils erfolglos wieder abzogen. Doch für den Schutz der Bevölkerung über die Jahrhunderte war die Burg zu klein. Hier liefen die »Fäden« von den auf Elba errichteten Wachttürmen zusammen. Die Wachmannschaften kommunizierten mit Feuersignalen und Kanonenschüssen, vielleicht auch Spiegeln, waren daher vor allem Späher und Spione. Die Besatzung bildeten nie mehr als 20 Soldaten.

Nachdem die **Medici** Portoferraio befestigt hatten, schwand die Bedeutung der Burg, sie

FESTUNGSRUINE VOLTERRAIO

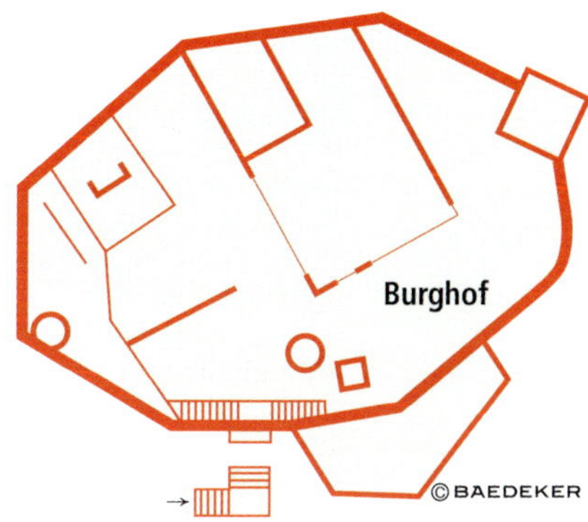

BIS ZUM HORIZONT

Weit schweift der Blick über die Bucht von Portoferraio: nach Marina di Campo, zum Monte Capanne und die östlichen eisenhaltigen Berge. Dieser Fernblick von Elbas Castello del Volterraio, dessen Grundmauern vielleicht schon Etrusker oder Römer setzten, ist einfach grandios!

wurde aufgegeben. Auch Napoleon zeigte kein Interesse am Kastell. Doch hat sich der Bau auf dem nacktem Fels behauptet. Für Elbaner ist das Kastell in seiner neuen, auch touristischen Funktion wieder bestes Zeichen für den Überlebenswillen der Insulaner. Auch im Inneren entdeckt man Einmaliges, etwa die Zisterne oder die offene Herdstelle, an der stets Lösch- und Trinkwasser bereitstand. Der mittelalterliche Burgkern mit dem **pisanischen Verteidigungsturm** stammt aus dem 13. Jh., das äußere Bollwerk wurde im 16./17. Jh. umgestaltet. Erhalten und rekonstruiert sind zinnenbekrönte Ringmauern, Wehrgänge sowie der »Maschikuli« genannte Gießerker über der einstigen Zugbrücke, von dem heißes Pech und Steine auf Angreifer stürzten. Großartig ist die zwar fast leere, doch mit Graffiti geschmückte kleine **Burgkapelle** (16. Jh.), in der sich der Analphabet, Gebäude- und Felskletterer Mago Chiò (1867-1891) mit seinem berühmten »m« verewigte.

Um und auf die Burg

Wanderungen

Die beeindruckende Festungsruine oberhalb der sich von Portoferraio via Magazzini gen Rio nell'Elba windenden Landstraße erwarb der Nationalpark samt Land ringsum 1999 für 500 000 Euro. Weitere 500 000 Euro verschlang die Restaurierung dieses für Elbas Geschichte elementar wichtigen Bauwerks. Vom Parkplatz unterhalb des Kastells wurde passend zur Kastelleröffnung am 18. Juli 2017 der **Wanderweg 55** angelegt. Er ist eingefasst, teils aber mit hohen Stufenabsätzen versehen, daher anspruchsvoll und führt durch herrliche Macchia hinauf zum Bollwerk (190 Höhenmeter; ca. 45 Min., abwärts 30 Min.). Seit 2018 ist ein zweiter, näherer und leichterer Wanderweg angelegt. Selbstverständlich sind beide Wege individuell mit gutem Schuhwerk begehbar. Die Aussicht von den aufgestellten Bänken am mittelalterlichen Kirchlein **San Leonardo** ist grandios. Es diente bis zum Bau der Burgkapelle für Messen der Kastellgarnison. Der gesamte Golf von Portoferraio breitet sich aus, der Blick auf Elbas Inselinnere und bis nach Marina di Campo ist unvergesslich. Das **InfoPark-Büro** in Portoferraio organisiert ganzjährig nach Vorbestellung **Trekking-Ausflüge** zum Castello del Volterraio, meist spätnachmittags. Treff mit dem Park-Guide ist der Parkplatz Le Casermette an der Strada per il Volterraio an der Einmündung zum Wanderweg (sentiero) 255.

Castello del Volterraio: 15. Juni – 15. Sept. Mi. – Mo. 17.30 – 20.30 Uhr, Di. geschl. | regelmäßig Führungen ab Nationalparkbüro Info Park in Portoferraio | Eintritt: 8 €, mit Führung 20 € | www.parcoarcipelago.info, www.museiarcipelago.it

RIO MARINA

Gemeinde: Rio (seit 1.1.2018) | **Höhe:** 0 – 51 m ü. d. M. | **Einwohner:** 2190 (Rio: 3350)

Der einstige Fischer- und Bergbauort besitzt mit fast schwarzen Stränden und dem im Wasser glänzenden Erz besonderen Charme. Neben der herrlich gepflegten Traditionsküche pflegt Rio Marina auch das museale Erbe, sogar mit lyrischen Opern. Die stete Aufbruchsstimmung im Ort wird an einer besonderen Skulptur augenfällig …

Unternehmungsgeist und Wagemut zeichnen das von Alberto Inglese geschaffene Marmor-Kunstwerk **»L'Etrusco«** (1998) aus, das in Rio Marinas kleinem Dorfpark steht. Es zeigt einen etruskischen Seefahrer auf seinem Schiff, das mit Elbas bedeutendsten Gütern

RIO MARINA ERLEBEN

PRO LOCO RIO

Lungomare Marconi 2 (Hauptsitz: Via Principe Amedeo 44)
Rio (Rio Marina)
Tel. 0565 96 20 04
https://prolocorio.it
Mo.-Fr. 8-19, Sa. 8-14 Uhr

TAUCHEN UND MEER

RIO DIVING CENTER

Exkursionen auf den Kabinen-Motorbooten »Menandro« und »Africhella« sowie im Schlauchboot »Titti« mit Capitano Beppe, dazu Schnorcheln und Tauchgänge.
Via Calata dei Voltoni 36
Rio (Rio Marina)
Tel. 335 5 70 99 47 (Beppe)
www.riodiving.it

DA ORESTE LA STREGA €€-€€€

Wirt Claudio Cecchini, der Vater Oreste ablöste, bereitet fantastische Fischgerichte und Gurguglione, leckere Pizzen und zum Dessert Schiaccia briaca! 50 Weine, auch offene!
Piazza Vitt. Emanuele II 6
Rio (Rio Marina)
Tel. 0565 96 23 84, kein Ruhetag
(12-14.30, 19-22.45 Uhr)

OSTERIA LA MINIERA DEL GUSTO €€-€€€

Giampiero Marazzi tischt feine elbanische Slow-Food-Küche in herzlicher Atmosphäre auf. Ein Juwel in Rio Marina!
Via Claris Appiani 7
Rio (Rio Marina)
Tel. 333 7 83 36 48
kein Ruhetag

OSTERIA VENTO IN POPPA €€-€€€

Seit 2013, und ein Klassiker! Laura Zuffi und Luigi Muti setzen im alten Bootshaus mit Terrasse rigoros auf Frische, Slow-Food-Qualität und lokale Zutaten. »Sburita di baccalà allo Strappetto«, Kabeljau nach uraltem Elba-Rezept ordern!
Calata dei Voltoni 3
Rio (Rio Marina)
Tel. 347 9 14 02 65
kein Ruhetag

APPARTAMENTI EASY TIME €-€€

Kleines, familiäres Haus mit kostenfreiem WIFI, TV und Parkplatz. Schriftsteller Mario Rossi verfasste eine spannende Geschichte, die im Hotel spielt.
Via Panoramica del Pino 8
Rio (Rio Marina)
Tel. 0565 96 25 31
www.appartamentieasytime.it/de
8 DZ und Apartments

beladen ist. »An Bord« sind Marmor, Granitplatten und Eisen verstaut. Doch etwas fehlt: Seit 2013 weiß man, dass die Etrusker mindestens seit 625 v. Chr. Wein von der Toskana übers Meer ins heutige Frankreich lieferten! Dort begann der **Weinanbau** nämlich erst

Fast schon eine Skyline. Entdecken Sie den Leuchtturm von Rio Marina?

ab 400 v. Chr. Zuvor ging man von frühen hellenischen Weinlieferungen nach Gallien aus. Elba war bei diesem frühen Seehandel sicher nicht nur Etappe. Und der Hafen von Rio Marina dürfte dabei eine bedeutende Rolle gespielt haben, da hier schon vor den Etruskern Menschen der Kupferzeit Erze förderten. Das belegt die 1966 bis 1970 erfolgte Ausgrabung der Nekropole im Ortsteil Il Piano mit ca. 80 Bestatteten.

Später, um 1900 hatte Rio Marina dann aufgrund der beengten Fläche und des Bedarfs an Wohnungen Elbas einzige »Wolkenkratzer-Skyline« mit bis zu sechsstöckigen Häusern. 2017 gab das Städtchen mit einem Referendum seine erst 1881 erreichte kommunale Unabhängigkeit auf: Seit dem 1. Januar 2018 ist es samt Cavo und vorgelagerten Inseln mit der Nachbargemeinde Rio nell'Elba zur Neugemeinde Rio fusioniert. Die Gemeindeverwaltung ist in Rio Marina, der Gemeinderat tagt im Rathaus von Rio nell'Elba.

Erze und Kristalle

Bergbau

Noch im 15. Jh. hieß der nach der Antike unbedeutende Flecken nur Piaggia di Rio, Strand von Rio. Niemand lebte hier gern, zu groß war die Korsarengefahr. Doch auch in den Bergen war man nicht sicher. Das bezeugen die Ruinen des Dorfs Grassera, das nach dem Überfall von **Khair ad-Din Barbarossa** 1534 zerstört und dann aufgegeben wurde. Nur die Landkirche San Quirico di Grassera, 3 km von Rio Marina entfernt, erinnert noch daran. Erst im 18. Jh. siedelten sich mehr Fischer, Lastenträger, Viehzüchter und Matrosen an. Als die Franzosen 1799 kamen, lebten am Hafen 800 Menschen. Dank neuer Abbautechnologien begann Rio Marinas steiler Aufstieg: Besonders ergiebig waren die Mine von Rioalbano, die Mine von Rio, die bis zum Monte Giove reichte, und die Pyrit- und Kristallmine von Ortano. Das **»Dorf im Bergwerk«** erlebte seine Blüte ab 1900 unter der Bergwerksgesellschaft ILVA, aber es kam auch zu vielen Streiks und Revolten. Die letzte Mine schloss 1981.

Heute wirkt das Dorf mit seinen von Platanen gesäumten Straßen außerhalb der Saison eher verträumt. Der **Leuchtturm** war 1914 bis 1960 in Betrieb. Heute beeindruckt Rio Marina durch intensive Pflege der historisch gewachsenen lokalen Küche (► S. 128) und vielfältige kulturelle und sportliche Aktivitäten im alten Bergbaugebiet.

Wohin in Rio Marina?

Religiöse Bauten

Santa Barbara, Waldenser-Tempel

1841 erlangte das Dorf gegen den Widerstand von Rio nell'Elba kirchliche Parochialrechte. So entstand 1843 die **katholische Kirche** der Dorfheiligen und Patronin der Bergleute Santa Barbara auf der Piazza del Municipio im Ortszentrum. Sie musste wegen statischer Probleme jedoch schon wenige Jahre später abgerissen werden. Eine gleichnamige Kirche grüßt seit 1934 am Dorfeingang: Sie wurde mit Geldern der staatlichen Minengesellschaft ILVA errichtet. 1853 ließen sich hier übrigens auch **evangelische Waldenser** nieder: 18 Frauen, 5 Männer. Die Gemeinde ist bis heute aktiv, ihr Tempio Valdese (Waldensertempel) von 1863 steht an der Piazza Mazzini.

Rios schmächtiges Bollwerk, den **Torrione del Porto** (Torre Appiani), errichteten die Appiani 1534 am Ende der Hafenmole. Dem 30 m hohen, achteckigen Turm setzte man 1882 als Zeichen neuen Bürgerstolzes ein **Uhrtürmchen** auf. Er dient nun für Ausstellungen, etwa zu römischen Handelswegen oder Fotokunst (Eintritt frei).

Zurück in die Welt der Minenarbeiter

Parco Minerario Isola d'Elba

Zentrum des Minen- und Mineralienparks ist das Museum im Palazzo del Burò. Auf 600 m² zeigt das **Museo Minerario Rio Marina** anhand von 1000 Exponaten die bedeutendste Mineraliensammlung Elbas, die Bergbaugeschichte, eine alte Eisenschmiede, eine Schutzhütte für Bergleute und einen kleinen Schacht.

Eine natürliche Fortsetzung des Museumsbesuchs stellen die Führungen zu Fuß oder in der Kleinbahn, **dem Trenino,** zu den aufgelassenen Erzgruben im Park dar. **Umweltguides** führen auf Trekkingtouren (3 Std.) zum Abbaugebiet Bacino, ins Valle di Giove (Jupitertal) und in die Abbaugebiete Falcacci und Conche. Bequemer ist die Fahrt in der Kleinbahn (80 Min.). Für beide Angebote ist Reservierung erforderlich. Großartig sind auch die **Musikveranstaltungen** im Amphitheater der Minen.

Museo: Via Magenta 26 | April/Mai, Sept./Okt. tgl. 9.30 – 12.30, 15.30 – 18.30, Juni – Aug. tgl. 9.30 – 12.30, 15.30 – 19.30 Uhr | Eintritt: 7 € | https://parcominelba.it | **Tourenvorbestellung:** Tel. 0565 96 20 88 Ticket: Trenino 15 €, Minen-Abenteuer-Tour 21 € (je inkl. Museum)

Rund um Rio Marina

Wanderung zur Turmfeste

Fortezza del Giove

Das in Ruinen liegende Fort auf einem Bergrücken über dem Meer hieß ursprünglich Fortezza del Giogo. Die Appiani ließen es 1459 zum Schutz des Kanals von Piombino errichten. Oft flüchteten Bewohner von Grassera und Rio hierher, bis die Korsaren des Dragut (Turghut Reis) 1553 alles zerstörten. Ein Schotterweg führt zur Turmfeste.

Füße ausstrecken und Sonne genießen

Badestrände

Die **Spiaggia Topinetti** und der Sand-Kies-Strand an der **Cala Seregola** nördlich Rio Marina sind die meistbesuchten Strände ringsum. Am Seregola-Strand gibt es einen Sonnenschirm- und Liegestuhlverleih, eine Strandbar und einen Parkplatz. Das alte Bergbaudorf Ortano besitzt ebenfalls einen schönen Sandstrand, der **Spiaggia d'Ortano**.

★★ RIO NELL'ELBA

Gemeinde: Rio (seit 1.1.2018) | **Höhe:** 165 m ü. d. M. | **Einwohnerzahl:** 1090 (Rio: 3350)

Im beschaulichen Bergdorf, einem der ältesten auf Elba, geht es noch freundlich und ruhig zu. Auf den Treppengassen, die von alten Torbögen überwölbt werden, genießt man die Stille. Wichtigste Attraktion ist das Nationalparkhaus, wo sich die Dorffrauen über Jahrhunderte trafen.

Das **Nationalparkhaus Casa del Parco »Franco Franchini«** im historischen Dorfzentrum, an der Via Zola, Localitá I Canali, ist in der alten Waschstelle eingerichtet. Hier werden sich Rios Frauen bis ins 20. Jh. beim Wäschewaschen mit Klatsch und Tratsch über wichtige Neuigkeiten ausgetauscht haben. Denn Rio nell'Elbas neue Waschstelle (lavatoio) von 1907 ist gleich nebenan (Piazza Zambelli). Skandale und Gründe für die Diskussionen wird es unzählige gegeben haben. Denn besonders die Frauen lebten auf Elba in einem strengen sozialen Korsett. Die Regeln dafür legten die im 16. Jh. von den Appiani entwickelten **Statuta Rivi,** die sog. Statuen von Rio nell'Elba fest. Diese Sammlung von Ge- und Verboten sowie **Strafandrohungen** ist das älteste erhaltene schriftliche Dokument in Rio nell'Elbas Gemeindearchiv – und exemplarisch für die gesamte Insel.

Idyllisches Örtchen

Geschichte

Rio entstand wohl aufgrund des Bergbachs, an dem sich später Wassermühlen drehten. Schon die Römer nannten den Ort daher »Rivus«. Als »Comune Rivi« wurde es aber erst 1260 aktenkundig. Einen ersten Mauerring bauten die Pisaner. In sicherer Höhe wähnte man sich in Rio nell'Elba gut gegen Piratenüberfälle gewappnet. Doch 1534 überfiel **Khair ad-Din** (▶ Interessante Menschen) in tiefer Nacht das Dorf und riss die Befestigungen ein. Dragut kam 1553 und 1555. Dann erneuerten die Appiani das Verteidigungswerk. Mit der Industrialisierung des Bergbaus kam Rios Niedergang. Viele wanderten aus, die Einwohnerzahl sank von 2859 (1921) auf 856 im Jahr 1991. Heute spielen wieder viele Kinder im Dorf, das sich im Centro Storico ein geschlossenes Ortsbild mit gepflegten, blumengeschmückte Gassen und lauschigen Plätzen erhalten hat. Nach dem Referendum 2017 wurde Rio nell'Elba wieder vereint mit dem seit 1881 abgetrennten Rio Marina – als Gemeinde Rio. Rio nell'Elba ist berühmt für seinen Karneval und die Bewahrung der historischen kulinarischen Traditionen.

Kultur des Eisens

Casa del Parco »Franco Franchini«

Die Metallherstellung auf Elba und die mysteriösen Schrift der Etrusker – diese Themen stehen im Fokus der neuen, interaktiven Ausstellung. Denn das **Bergarbeiterdorf Rio nell'Elba** war bereits in der Antike Zentrum des elbanischen Erzabbaus. Als die Verwaltung der Erzminen nach Rio Marina umzog, lebten in Rio nell'Elba etwa 5000 Menschen. Bergbau, Landwirtschaft und Weinbau waren weitere erfolgreiche Einnahmequellen. Perfekt sind die kostenlosen Natur- und Kulturexkursionen ins Dorf und die umliegenden Hügel.

Loc. Canali | Öffnungszeiten variieren stark, Infos unter: www.museiarcipelago.it (auf Italienisch nur »Casa del Parco di Rio«) und www.islepark.it | Eintritt frei
Führungen nur nach Voranmeldung: Tel. 0565 94 33 99

»PIRATENBRAUT« – VERSCHLEPPT UND ZWANGSVERHEIRATET

Nach Barbarossas Überfall auf Rio nell'Elba entführt, versklavt und zur Favoritin von Sinan Pascha erkoren: Die unglückliche Emilia d'Hercole, die nach ihrer Befreiung ihren Sohn dem »Piratenvater« ausliefern musste, steht stellvertretend für Elbas Frauenschicksale im 16. Jahrhundert. Denn sie war nicht die Einzige, die zwangsverheiratet wurde und ihre Heimat verlassen musste.

Eine Dorfbewohnerin aus Rio nell'Elba wurde nach dem Überfall von Khair ad-Din Barbarossa im Jahr 1534 unfreiwillig berühmt: Emilia d'Hercole wurde wie viele weitere Elbaner in die Sklaverei nach Tunis verschleppt, dort aber dann Gemahlin der rechten Hand Barbarossas, des Korsaren-Kommandanten Sinan Pascha. Der war in Süditalien auch unter dem Namen Sinan Bassá mit dem Beinamen Il Giudeo (der Jude) bekannt. Nur ein Jahr später, 1535, wurden Emilia und ihr neugeborener Sohn bei der Belagerung von Tunis durch Karl V. befreit und lebten fortan in Piombino.

Tragisch wurde es erneut 1544, als Barbarossa mit 120 Galeeren Elbas Südküste und vor allem Capoliveri verwüstete, weil die Appiani die Herausgabe dieses Knaben an ihn bzw. seinen Kapitän strikt verweigerten. Grund war die inzwischen erfolgte christliche Taufe des Jungen. Letztendlich einigte man sich doch, und der Knabe wurde zum Leidwesen der Mutter an den Vater ausgeliefert. Vater Sinan machte später in Suez und Kairo als Admiral Karriere. Sein und Emilias Sohn wurde unter dem Namen Zacachè bekannt.

Emilias Bittbriefe

Zwei weitere Dokumente dienen als Momentaufnahme von Emilia d'Hercoles Leben. Am 18. April 1556 wandte sie sich in einem Brief verzweifelt an den Fürsten von Piombino mit der Bitte um etwas Geld (4 Scudi) für ein kleines Haus für sich und ihren neuen Ehemann in Portoferraio, was bewilligt wurde. Auch an den folgenden Herrscher Cosimo I. schrieb sie einen Brief, der erneut um Mitgefühl warb: Sie bat um die Übernahme der Mietkosten eines Hauses in Portoferraio sowie um einige Fuder Holz. Diesmal wurde ihr Gesuch jedoch zurückgewiesen.

Gefürchtetes Schicksal vieler Frauen

Nach diesem Schreiben verliert sich die Spur der unfreiwilligen Favoritin des Sinan Pascha in den Fluten der Geschichte. Wie ihr Leben wohl ausgesehen haben mag? Das Archiv von Portoferraio bewahrt etliche weiterer solcher Frauenschicksale aus jener Zeit. Es scheint fast so, als hätten die »Piraten« des 16. Jh.s die Schönheit der elbanischen Frauen sehr geschätzt. Doch das Schicksal einer sogenannten Piratenbraut war nie aufregend oder romantisch, sondern wurde von allen Frauen gefürchtet. Das ist also kein Stoff, aus dem Märchen sind …

Von der Terrasse des Ristorante »Da Cipolla« an der Piazza del Popolo genießt man die wunderbare Atmosphäre von Rio nell'Elba besonders.

Wohin in Rio nell'Elba?

Unglücksschiff

Piazza Caduti delle Miniere

Die hübsche Altstadt entdeckt man am besten zu Fuß und parkt an der Piazza Caduti delle Miniere unterhalb des Dorfzugangs. Hier befindet sich seit 2007 Italo Bolanos bemerkenswertes Werk **»Affondamento dello Sgarallino«** zum tragischen Schiffsuntergang des Dampfers »Andrea Sgarallino«. (▶ Abb, S. 230) Er wurde am 22. September 1943 in Höhe der Bucht von Nisporto vom britischen U-Boot »Uproar« versenkt. Am 22. September 2003 wurde am in 66 m Tiefe liegenden Wrack eine Gedenktafel für die 330 Opfer angebracht.

Schwarze Säulen

Chiesa dei SS. Giovanni e Quirico

Zentraler Platz im Ortskern ist die **Piazza del Popolo.** Hier wurde die Chiesa dei SS. Giovanni e Quirico (11. Jh.) im 16. Jh. wie ein Bollwerk mit dem Mauerring des Dorfes verbunden, um den Einwohnern bei Gefahr **Schutz** zu bieten. Trotz Umbauten und Restaurierungen ist die mächtige Schutzmauer noch zu erkennen. Die schwarzen Säulen der Nebenaltäre stammen aus einem Steinbruch am nahen Kloster

RIO NELL'ELBA ERLEBEN

AQUASALATA €€€
Traumhafte Lage, fantastischer Meerblick, Superküche mit frischen Antipasti! Fisch dominiert, frittiert wie gegrillt ein Gedicht, z. B. Polpo alla griglia mit Zucchini! Sehr gute Weine!
Loc. Nisporto 95
Rio (Rio nell'Elba)
Tel. 0565 96 30 27

RISTORANTE/BAR DA CIPOLLA €
Davide Carletti und Gattin bewahren an der zentralen Piazza von Rio nell'Elba Klassiker der Elba-Küche, z.B. das Kabeljaugericht »Sburrita«, das warm wie kalt servierte Gemüsegericht Gurguglione oder Tonnina, den leckeren Thunfisch mit Salat. Auch auf der Karte finden sich Stoccafisso (Stockfisch), Trippa (Kuteln) oder die berühmten Totani (Mini-Tintenfische), hier »alla diavola« zubereitet.
Piazza del Popolo 1
Rio (Rio nell'Elba)
Tel. 0565 94 30 68
kein Ruhetag (tgl. 6.30 - 24 Uhr)

HOTEL & RESORT SANT'ANNA DEL VOLTERRAIO €€–€€€€
Verwöhnoase der Architekten Gabetti & Isola, 400 m zum Strandbad Lo Scoglietto in Bagnaia! Mit Park (5 ha) und Zimmern in Erd- und Grüntönen, dazu Pool, Saunen, Wellness mit chinesischer Tuina-Massage und Pilates, Tennis. Großes Frühstück, Dinner in der Dependance im Rist. »Il Giardino degli Aranci« (Orangengarten) bzw. in Bagnaia (»Il Faro«).
In der Residenza Sant'Anna del Volterraio
Loc. Bagnaia, Rio (Rio nell'Elba)
Tel. 0565 96 12 19
www.volterraio.it/de
18 DZ und Apartments (2–8 Pers.)

Santa Caterina, woher auch das Altarbild der hl. Katharina von Alexandrien (17. Jh.) stammt.

Die allererste Museumsadresse auf Elba

Museo Archeologico

... ist das komplett modernisierte »Museo Civico Archeologico del Distretto Minerario«. Diesen Status verdankt es bemerkenswerten Sonderausstellungen, z.B. in Kooperation mit den Florentiner Uffizien und dem Museo Archeologico Nazionale aus Neapel. Die Dauerausstellung beherbergt Exponate aus 3000 Jahren Kulturgeschichte. Bemerkenswert sind antike Öllämpchen und Stuckblöcke aus der **Römervilla Capo Castello** in Cavo. Die lokale Bergbaugeschichte mit Alltagsgegenständen und Werkzeugen aus jener Zeit stifteten die Dorfbewohner. Sie ist als Sammlung »I minerali della Gente di Rio« (Mineralien der Bewohner von Rio) zu bestaunen.
Via delle Cantine 10a (Ecke Via Mazzini 2) | Tel. 0565 93 92 27 | Juni - Okt. Di. - So. 10 - 12.30, 18 - 22.30 Uhr, Mo. geschl., sonst Di. - So. 10 - 12.30, 16 - 19 Uhr | www.museiarcipelago.it | Eintritt: 7 €

Rund um Rio nell'Elba

Kleine Kirche

Chiesa del Padreterno e della Santissima Trinità

Das dem Padre Eterno (ewigen Vater) und der Heiligen Dreifaltigkeit geweihte Gotteshaus (15. Jh.) im Tal am Abzweig nach Rio Marina wurde im 18. Jh. ausgebaut. Das Altarbild zeigt Gottvater und den Hl. Geist. Im Chor befindet sich ein Bildnis der **Madonna del Carmine** zusammen mit den Heiligen Paulus und Antonius.

Prozession der heiligen Katharina

Eremo di Santa Caterina

Die Einsiedelei am Hang des Monte Serra nahe Rio nell'Elba mit dem aus Bruchsteinen zusammengefügten Obelisken auf dem Vorplatz präsentiert sich im Gewand des 17. Jh.s: Hier soll die **Heilige Katharina von Alexandria,** Schutzpatronin der Philosophen und Intellektuellen, 1624 dem Hirten Domenico Schezzini erschienen sein. Sie versprach ihm eine vergrößerte und verschönerte Kirche, wenn die Gemeinde jährlich an ihrem Erscheinungstag, einem Ostermontag, eine Prozession hierher abhielte. Der Legende nach erhob sich die Kirche mit dem markanten grauen Glockenturm gen Himmel, um sodann verschönert, vergrößert und gedreht wieder sicher zu landen. Tatsächlich wurde die Kirche wohl 1634 von Menschenhand erweitert. Doch wurde die Einsiedelei fortan zum **Pilgerziel.** Archäologische Untersuchungen während der Restaurierung 1988 führten sogar auf die Spur eines frühmittelalterlichen Tempels mit Apsis, der schon damals der Kirchenmärtyrerin aus dem 4. Jh. n. Chr. geweiht war. Bis heute erinnert man in Rio nell'Elba an sie und diesen magischen Ort mit dem Ostermontagsfest **Sagra della Sportella.**

Im Garten der Schmetterlinge

Orto dei Semplici Elbano

Der Botanischen Garten neben der Einsiedelei öffnete 1997 mit dem Ziel, Elbas **Heilpflanzen** und ihre **Anwendung im Alltag** vorzustellen. Heute repräsentiert er in sechs Abschnitten die Biodiversität des toskanischen Archipels. Besonders widmet er sich den endemischen Pflanzen der Region, aber auch den Heil- und Küchenkräutern Nepitella (Kleinblättrige Bergminze) und der italienischen Strohblume (Helicrysum), auch als Currykraut bekannt. Beim Ausbau halfen Biologen der Universität Pisa, die Region Toskana und EU-Mittel. Neben der gepflegten Natur hat sich auch die Kunst etabliert. Bemerkenswert sind die Terracotta-Arbeiten von Cesario Carena, fünf »lebende Skulpturen« von 1999, und das »Eisenherbarium« (»Erbario di ferro«) der seit Jahren auf Elba lebenden Berlinerin Susanne Besch.

April Di.–Sa. 10.30–13, 15.30–18.30, Mai/Juni Di.–So. 15–19, Juli/Aug. Di.–So. 17–19.30, Sept./Okt. Di.–So. 10.30–13, 15.30–18.30 Uhr
Tel. 376 0 02 17 46 | Eintritt: 5 €, Führung nur n. V.

Bücher und Musik feiern

Festivals

2023 fand Mitte Juli zum 9. Mal das erfolgreiche **Elba Book Festival** in Rio nell'Elba statt. Es präsentiert Kleinverlage und verleiht den Übersetzerpreis Premio Lorenzo Claris Appiani. Wohl der Corona-Pandemie Tribut zollen musste das 2019 letztmals edierte **Musikfest »Intonazione«**. Die Organisatoren um den Österreicher Jörg Duit fördern auch die Restaurierung der Orgel in Rio nell'Elbas Kirche San Giacomo, 1863 geschaffen vom Florentiner Orgelbaumeister Cesare Danti.

www.elbabookfestival.com | www.intonazione.it

SAN MARTINO

Gemeinde: Portoferraio | **Höhe:** 30 m ü. d. M. | **Einwohnerzahl:** ca. 80 (Gemeinde: 11 780)

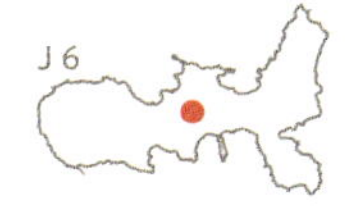

Napoleon wählte den Sitz seiner Sommerresidenz mit Bedacht: Vom schlichten Häuschen über dem Tal von San Martino blickte er bis zum Hafen von Portoferraio. Des Kaisers Elba-Residenz und die Galerie Demidoff sind ein Muss. Doch große Aufmerksamkeit besaß jahrelang auch eine Köchin …

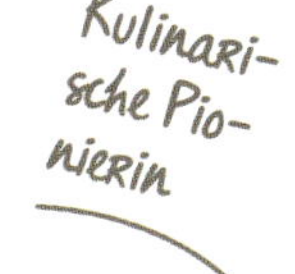

An der Piazzetta San Martino oberhalb des kostenpflichtigen Parkplatzes mit Bars und Napoleon-Souvenirläden konnte man bis zu ihrem Tod 2017 eine echte Institution antreffen: Hier bot **Nonna Adua** ihr berühmtes Kochbuch an. **»Le Ricette di Nonna Adua«**, die Rezepte von Oma Adua, sind auch auf Deutsch erschienen und enthalten 280 Elba-Rezepte von der Pionierin der lokalen Kochkunst. 1963 eröffnete Oma Adua ihr erstes Ristorante in Rio Marina: Aus der Osteria del Sasso machte sie die damals berühmte Trattoria da Hubert! Touristen kamen, um dort eine Karl-Marx-Büste zu bewunderten. 1983 zog Adua nach Portoferraio. Nun sind alle ihre Rezepte online kostenfrei verfügbar, um eine Spende wird gebeten: www.elbanet.it/massimo/cucina/tipicaelbana/

Museo Nazionale Residenze Napoleoniche »Villa di San Martino«

Via di San Martino | Di., Do., Sa., So. 9 – 13.30, Mi./Fr. 14 – 18.30 Uhr | Ticketvorbestellung unter Tel. 0565 91 46 88 | Eintritt: 6 € (1. So. im Monat frei)

Komfortables Wohndomizil

Demidoffs Landsitz

Kurz nach seiner Ankunft kaufte Napoleon einige Liegenschaften von der elbanischen Familie Manganaro, darunter ein rustikales Landhäuschen, das er mit Raffinesse und Geschmack in ein komfortables Wohndomizil umwandeln ließ. Heute führt von der Piazzetta San Martino eine Allee zum gusseisernen Tor und hinauf zum 1851 vom russischen Fürsten Anatole (Anatolio) **Demidoff** (1813–1870) erworbenen Landsitz. Der schwerreiche Magnat – er verfügte über eine jährliche Apanage von 5 Mio. Rubel aus Industrieunternehmen im Ural – ließ hier sein Anwesen im klassizistischen Stil errichten. Auch in Florenz trat Demidoff als Mäzen auf, wo er schon 1840 Matilde de Montfort, Tochter des jüngsten Napoleon-Bruders Jerome Bonaparte, geehelicht hatte. Ursprünglich sollte der Bau Demidoffs Sammlung von Napoleon-Devotionalien aufnehmen. Denn bald nach Napoleons Ableben 1821 reisten Engländer auf Grand Tour an, um Napoleons Exil auf Elba hautnah nachzuerleben. Nun erreicht das **Museo Nazionale Residenze Napoleoniche** mit der **Villa di San Martino, Galleria Demidoff** und **Villa dei Mulini** in Portoferraio zwar nicht die Besucherzahlen der Uffizien. Doch selbst im Coronajahr 2021 kamen noch knapp 57 000 Menschen – damit sind Napoleons Residenzen die bestbesuchten Museen auf Elba (jeder 1. So. im Monat Eintritt frei).

Allegorie auf die eheliche Treue

Villa San Martino

Direkt über dem Demidoff-Palast steht jene bescheidene »Villa«, die Napoleon im Juni 1814 erwarb. Den fürstlichen Landsitz umgibt ein großzügig angelegter Park mit teils exotischen Pflanzen. Von der Kasse (Biglietteria) links des Gebäudes betritt man Elbas größte Attraktion auf der rückwärtigen Seite der Residenz. Dem Vorzimmer der Generäle schließen sich die zwei **Räume des Generals und Inselgouveneurs Drouot** und des Marschalls Bertrand mit wenig Mobiliar (Mitte 19. Jh.) an. Das folgende Ratszimmer, auch **»Zimmer des Liebesknotens«** oder »Taubenzimmer« genannt, verdankt seinen Namen einem spannenden ovalen, von einer Blumengirlande umrahmten Deckengemälde, auf dem zwei davonfliegende Tauben die Enden eines verknoteten Bandes mit dem Schnabel festhalten. Dieser »Liebesknoten«, der sich immer fester zuzieht, je weiter sich die Tauben voneinander entfernen, ist eine Allegorie auf die eheliche Treue, symbolisiert aber auch Napoleons Trennung von seiner zweiten Frau, Marie-Louise von Österreich.

Exotische Atmosphäre

Wohnräume Napoleons

Napoleons drei Privatgemächer – Schlaf-, Vor- und Arbeitszimmer – sind ebenfalls schlicht möbliert. Der größte Teil der Möbel stammt aus der ersten Hälfte des 19. Jh.s. Im Gegensatz zur Strenge in den meisten

Wie residiert ein Kaiser? In Demidoffs Landsitz lebte einst Napoleon.

Villenräumen fällt die helle, freundliche Atmosphäre des Schlafzimmers auf, dessen Kassettendecke mit dem Bienenwappen und hellblauen Draperien geschmückt ist. Der größte Raum der Villa Napoleone, der **Ägyptische Saal,** vermittelt mit der ornamentalen Wandbemalung aus Säulen und Hieroglyphen exotische Atmosphäre. Die Wandgemälde des Turiner Genremalers Vincenzo Antonio Revelli zeigen Szenen aus dem Ägyptenfeldzug Napoleons. Er wollte seinen Auftraggeber an den wohl nachruhmträchtigsten Sieg erinnern! An der Decke umschließt ein großer Zodiakus (Tierkreiszeichen) einen wolkenverhangenen Himmel. In der Mitte dieses Fest- und Speisesaals ist ein achteckiges Becken für Wasserspiele in den Fußboden eingelassen.
Die Zimmer der Bediensteten, die Wirtschaftsräume und Küche im EG sind nicht zugänglich. Wohl aber darf man von der Terrasse aus bei geöffneten Fensterläden einen Blick in Napoleons Badezimmer mit Badewanne riskieren. Er konnte es vom Schlafzimmer aus direkt über eine Bodenluke erreichen – ein kurzer, doch unbequemer Weg. Das neoklassizistische Bad wird auch **Bagno di Paolina** genannt, Paolinas Bad. Als wäre das noch nicht genug, läuft es noch unter einem dritten Namen: **»Bad der Wahrheit«.** Schließlich ziert die Wand über der Marmorwanne ein Gemälde der nackten Göttin Veritas mit der In-

Napoleon hat große Spuren auf der Insel hinterlassen, so auch in seinen Residenzen. Da dürfen die passenden Souvenirs nicht fehlen!

schrift: »Qui odit veritatem odit lucem«, »Wer die Wahrheit hasst, hasst das Licht.« Auf der ausladenden Terrasse blickt man zentral auf Napoleons Wappen mit Darstellung seiner »Legionen« und weit bis nach Portoferraio.

Kleine Sammlung von Napoleons Schätzen

Galerie Demidoff

Das palastartige Gebäude der Galerie Demidoff unterhalb der Villa Napoleone wurde vom **Florentiner Architekten Niccolò Matas** für Fürst Anatolio Demidoff errichtet. Matas schuf auch die grandiose Fassade von Santa Croce in Florenz. Als glühender Verehrer Napoleons ließ er neben dem Erdwall, der die Terrasse der Villa Napoleone stützte, die Galerie mit klassizistischer Fassade und zwei Seitenflügeln errichten. An der Fassade prangt ein **Fries** im dorischen Stil, der die napoleonischen Symbole wiederholt: den kaiserlichen Adler, den Buchstaben »N« und die drei Bienen des Elba-Banners, das Napoleon entworfen hatte. Die Bienen sollen für Elbas damalige Hauptorte Portoferraio, Rio Marina und Marciana stehen. 1859 wurde die Galerie eröffnet. Neben Gemälden und Skulpturen, u.a. von Canova und Morelli, wurden vor allem **Erinnerungsstücke** aus dem Besitz Napoleons ausgestellt, die Demidoff zusammengetragen hatte. Doch nach Demidoffs Tod 1870 verkauften die Erben seine **»Napoleon-Sammlung«** samt Anwesen. Heute zeigt die Galerie nur wenige Gemälde, darunter allerdings eine sehenswerte Stadtansicht von Portoferraio (19. Jh.) und ein Porträt jenes englischen Oberst Sir Neil Campbell (1776–1827), der – wohl durch eine Liebesaffäre in Livorno abgelenkt – Napoleons Flucht von Elba durch Unachtsamkeit erst ermöglichte. Reich ist die Sammlung an Drucken und Stichen. Durch Schenkung an Italien kam die Sammlung Leo Samuele Olschki hierher. Der italienische Staat kaufte 1985 die ebenfalls hierher verlagerte Sammlung Turini-De Micheli: 230 Stiche und 12 Platten mit Motiven aus Napoleons Leben, zahlreiche Portraits von Napoleon und auch Josephine, dazu – in Vitrinen – herrliche zeitgenössische Stichen mit Anekdoten, Satiren und deftige Polemiken zu Napoleon.
Bedeutendstes Exponat ist im Eingangsbereich eine Marmorstatue: Die Nymphe **Galatea** wird Antonio Canova (1757–1822) zugeschrieben. Für diese Statue soll Napoleons Lieblingsschwester Paolina Modell gestanden haben. Eine Kopie steht im Garten der Villa dei Mulini in Portoferraio.

Rund um das Museo Nazionale Residenze Napoleoniche

Inspiriert von großen Künstlern

Open-Air-Museum Italo Bolano

Am Anfang des Tals von San Martino führt linkerhand ein Weg zum 10 000 m² großen Open-Air-Museum Italo Bolano, das 1964 ins Leben gerufen wurde. Seit 2021 bewahrt die Stiftung Fondazione Italo Bolano das Werk des großen Elbaner Künstlers (1936–2020). Im Park erwarten Sie gleich 30 seiner von Picasso, Klee und Kandinsky inspirierten Werke. Hinzu kommen eine Keramikwerkstatt und das Art Center mit Seminaren und Kursen. Weitere Werke von Bolano finden sich über ganz Elba verstreut und firmieren mit dem Herzstück des Open-Air-Museums nun als **MUDAC IB**.

Via Scotto 14, Loc. San Martino | Juni tgl. 15–20, Juli–Sept. Di.–So. 10–13, 16–20 Uhr, Mo. geschl. | Eintritt frei | www.museiarcipelago.it

 SAN PIERO IN CAMPO

Gemeinde: Campo nell'Elba | **Höhe:** 227 m ü. d. M. | **Einwohnerzahl:** 590 (Gemeinde: 4680)

Im idyllischen Bergdorf ist die Aussicht von der Anhöhe Castiglione dei Campo grandios! Topattraktion ist das Museum MUM, das sich vorwiegend den nach Elba benannten Edelgesteinen Elbait und Ilvait sowie dem Granit widmet.

Das Dörfchen auf der Anhöhe Castiglione di Campo soll schon in antiker Zeit als etruskische Siedlung existiert haben, die in direktem und wohl auch Sichtkontakt mit der Siedlung auf dem **Monte Castello** bei Procchio stand. Die Talschlucht Fonte del Prete zwischen San Piero und Sant'Ilario ist berühmt für reiche Edelsteinfunde! Wer will, kann hierher auch **auf Esels Rücken** reisen: Luca Giusti bietet Tagesausflüge inkl. Museumsbesuch an, Start ist sein Eselhof Somareria dell'Elba in Marina di Campo (▶ S. 82).

Wohin in San Piero in Campo?

Weltberühmte Edelsteine leuchten um die Wette

MUM

Hier funkelt es wie im Juwelierladen: Das glitzernde Blau, Grün, Gelb, Rosa, Rot und sogar Violett verdankt das MUM dem Elvait, der zu den Turmalin-Edelsteinen gehört. Die Edelsteine, die in und um San Piero entdeckt wurden, sind einzigartig und schmücken weltweit Museen und Privatsammlungen. Mit mattem Metallglanz hingegen besticht das seltene Mineral Ilvait, das ebenfalls aus der Gegend kommt. Seinen etwas sperrigen Namen **Museo Mineralogico e Gemmologico »Luigi Celleri«** verdankt das neu gestaltete Museum übrigens Luigi Celleri (1828–1900): Der Mann aus San Piero widemete sein Leben der Suche nach Mineralien auf Elba.

Über den Dächern von San Piero in Campo hat man einen fantastischen Ausblick.

Im Museumsgarten sind Elbas wichtigste Pflanzen zu bewundern, im **Giardino dei Semplici** auch Heilkräuter. Die **Granitgalerie** (Galleria del Granito) ist eine emotionale Hommage an Elbas traditionsreichen Granitabbau, samt der dazugehörigen Werkzeuge. Den **Buchladen** schmücken auch wertvolle Steine der Kollektion Pini.

Nach den Sälen 1 und 2 (Workshops, Sonderausstellungen) geht es im ersten Stock weiter mit Saal 3 (Multimedia). Die Säle 4 und 5 zeigen Mineralien und historische Edelsteine aus Museen in aller Welt (Vitrine I) bis zu Beispielen aus den Elba-Minen (Vitrine XII). Spannend sind Vitrine II (Elba-Sammlung des Naturkundemuseums Mailand), Vitrine III (Turmaline), Vitrine V (Schmuck), Vitrine VII mit dem berühmten Elbait und Elbait-Turmalinen und Vitrine VIII (klassischer Turmalin und die zwei berühmten **Beryll-Steine** »Castor« und »Pollux«). Die Vitrinen XI und XII präsentieren schließlich auch Ilvait.

MUM: Via Cavour 73 | März – Mitte April Di.–So. 15–19, Mitte April – Mai u. Mitte Sept – Okt. Di.–So. 11.30–13.30, 14.30–18.30, Juni – Mitte Sept. tgl. 10.30–13.30, 15.30–18.30, 20.30–22.30, zudem 8.Dez., 24. Dez., 26. Dez. – 8. Jan. 14 – 18 Uhr | Eintritt: 4,50€ www.museomum.it

Exkursionen: Mineralientour San Piero: jeden Mo. und Mi. 9 Uhr | Ticket: 12 € | Naturexkursion: jeden So. 16 Uhr | Ticket: 16 €

Ehemaliger römischer Tempel

Belvedere, Chiesa dei Santi Pietro e Paolo

Die Ruine des pisanischen Forts thront schützend über dem Belvedere genannten Kirchplatz. Die romanische Kirche **San Niccolò** ist das einzige zweischiffige Gotteshaus auf der Insel.

Pisaner bauten die auch Chiesa dei Santi Pietro e Paolo genannte **Kirche,** Elbas wohl bedeutendsten romanischen Sakralbau (spätes 12. Jh.–Anf. 13. Jh.). Die einzige zweischiffige Inselkirche mit mit zwei Apsiden entstand auf den Ruinen eines Vorgängerbaus (8. Jh.). Zudem wird die Existenz eines römischen Tempels angenommen, der dem mythischen Gott Glaucus (Glaukos), wohl einem Sohn der Okeanos-Tochter Doris aus der griechischen Mythologie, geweiht war. Er war Beschützer antiker Seefahrer. Die römische Siedlung, heute im Ortsteil Vicinato Lungo vermutet, wurde im 6. Jh. von Langobarden zerstört. An diese erinnert der Ortsteil Castaldinco.

Astronomie, Trekking und Schmausen

Vie del Granito

Lust, den Sternenhimmel über Elba zu studieren? Auf der Piazza dell'Astronomia am Sportplatz werden regelmäßig Open-air-Abende mit Teleskop veranstaltet (Programm: Tel. 348 4 56 99 99, www.piazzaledellastronomia.it). Auch Nachtexkursionen finden statt.

Treffpunkt für wichtige Gespräche: der Dorfplatz von San Piero

Ab San Piero führt der Rundwanderweg Percorso delle Vie del Granito auch zu den **Sassi Ritti**, vier Megalith-Stelen in 327 m Höhe, die in Nord-Süd-Richtung stehen und einst wohl einem Sonnenkult dienten (9 km; 3 Std.; Route: www.islepark.it ▶Vistare il parco ▶Rete sentieristica ▶ Percorsi consigliati ▶ Percorso delle vie del granito).
Die verdiente **kulinarische Pause** offeriert in San Piero die gute Osteria Cacio e Vino, Via della Porta 12.

Rund um San Piero

Turm der Königin

Torre di San Giovanni

4 km westlich von Sant'Ilario steht an der Straße nach Poggio, Localitá Mortola, die Ruine eines pisanischen Wachturms (11. Jh.), die Torre di San Giovanni. Um den Volksmund **Torre della Regina** (Turm der Königin) genannten Turm rankt sich die Legende, dass der Turm als antikes römisches Gefängnis für Exilierte und Verbannte, womöglich eine bestrafte, ins Unglück gestürzte Königin gebaut wurde. Er stand einmal in einer langen Reihe von Wachtürmen in strategisch wichtiger Position und tauschte mit dem zentralen Kastell Volterraio in Sichtkontakt Informationen aus. Ca. 500 m weiter stehen links der Straße umgeben von üppiger Vegetation die Ruinen der romanischen Pfarrkirche **Pieve San Giovanni in Campo,** deren romanischer Bau (2. Hälfte 12. Jh.) dem Turm den offiziellen Namen verlieh. Ein Blickfang ist die Fassade mit aufgesetztem Kirchturm, Ergebnis der Restaurierung von 1973. Nahebei befand sich im 7. Jh. eine gleichnamige Einsiedelei.

Schutzmauer und integrierte Kirche

Sant'Ilario in Campo

Berühmt für Turmalin und Beryll ist seit Beginn des 19. Jh.s auch Sant'Ilario in Campo. Gegründet wurde der 160-Seelen-Ort schon im 6. Jh. von **Langobarden**. Man erreicht ihn von Marciana Marina wie Marina di Campo aus. Pisa schützte ihn früher mit einer Wehranlage, die 1533 von Piraten zerstört wurde. Am Ortsrand sind Reste dieser Mauer erhalten. Im Ort wurde die romanische Dorfkirche Sant'Ilario Mitte des 18. Jh.s im Barockstil umgebaut – der Ursprungsbau war in die **Wehranlage** integriert! Zur gleichen Zeit wurde der Altar der Madonna der sieben Schmerzen errichtet, und im Jahr 1874 kam die Cappella del Cuore di Maria mit einer Holzstatue von Antonio Rossi hinzu. Die Fresken schuf **Eugenio Allori** Anfang des 20. Jh.s.

Z

ZIELE IM TOSKANISCHEN ARCHIPEL

Magisch, aufregend, einfach schön

Alle Reiseziele sind alphabetisch geordnet. Sie haben die Freiheit der Reiseplanung.

100 Prozent geschützt: Vom antiken Hafen auf Pianosa wandert der Blick auf die Insel La Scola. ►

INSELN DES TOSKANISCHEN ARCHIPELS

Anzahl: 7 Inseln, 42 Eilande und Felsformationen | **Landfläche:** ca. 295 km² (Elba 224 km²) | **Höhe:** 496 m (Giglio), 1019 m (Elba)
Einwohnerzahl: ca. 33840 (Elba 31900)

Der Legende nach verbrachte die Göttin Venus einst ihre Mußestunden hoch in den Lüften über dem Tyrrhenischen Meer und spielte gedankenverloren mit ihrer kostbaren Perlenkette. Plötzlich zerriss die Kette, und sieben kostbare Perlen fielen genau dort ins Meer, wo sich dann die Inseln Elba, Gorgona, Capraia, Pianosa, Montecristo, Giglio und Giannutri formten.

Ein ganzes Riesen-archipel

Der 1996 ins Leben gerufene **»Parco Nazionale Arcipelago Toscano«** (► S. 116) ist der größte Italiens. Mit 56766 ha Wasser- und 16856 ha Landfläche ist es auch das größte Meeresschutzgebiet Europas. Auch die Inseln stehen unter Naturschutz: Montecristo, Giannutri, Gorgona und Pianosa komplett, Capraia zu 77 Prozent, Elba zu 50 Prozent sowie Giglio zu 40 Prozent. Zentrale Aufgaben des Nationalparks sind der Erhalt der Biodiversität und die Förderung eines behutsamen, naturverträglichen, nachhaltigen Tourismus. (► S. 194)

CAPRAIA

Gemeinde: Capraia Isola Provinz: Livorno | **Fläche:** 19,33 km²
Höhe: 0–447 m | **Einwohnerzahl:** 370

Segler, Schnorchler und Taucher schwärmen vom Meer um Capraia! Die Natur im Inselinernen erschließen geführte Touren ab dem neuen Nationalparkzentrum CEA »La Salata«. Und von der Cala del Moreto bis zur Punta delle Linguelle leben im Frühling Hunderte Silbermöwenpärchen.

Insel der Ziegen

Die antiken Griechen nannten die Insel Aigylion, die Römer – sie unterhielten hier eine militärische Flottenbasis gegen Karthago – analog Capraria bzw. Caprasia, woraus sich wie bei Giglio **»Ziegeninsel«** ergibt. Eine andere Hypothese nimmt das altmediterrane Wort »Karpa« als

Felsig ist Capraia allemal.

Ursprung: Es steht für »Stein/felsig«, was auf Capraia zutrifft. Im 4. Jh. n. Chr. ließen sich Koinobiten (Zönobiten) nieder, die in Mönchsgemeinschaften auf engem Raum lebten. Ihr monastisches Gemeinschaftshaus wird am Ort der heutigen Stefanskirche (s.u.) vermutet. Die Mönche sorgten für Terrassenbau auf Capraia und bauten erstmals Wein an. 1055 überfielen Sarazenen die Insel, ehe Pisa unter den Argusaugen Genuas das Kommando übernahm. In der Seeschlacht bei der Insel Meloria im Tyrrhenischen Meer 1284 setzte sich Genua gegen Pisa durch. 1430 übernahm der Patrizier Jacopo de Mari die Insel.

Gegen die Korsarengefahr wurden der Torre del Porto (1541), der Torre dello Zenobito (1545) und der Torre delle Barbici (1699) errichtet. 1767 besetzten Truppen der neuen Republik Korsika unter **Pasquale Paoli** die Insel. 1796 landete **Admiral Horatio Nelson** kurz auf der inzwischen von Frankreich gepachteten Insel, ehe Capraia auf dem Wiener Kongress 1815 ans Königreich Sardinien fiel. Nach der Einheit Italiens war es bis 1925 Teil der Provinz Genua, bis es zu Livorno wechselte. 1873 wurde ein Drittel der Insel zur agrarischen Strafkolonie, die 1986 aufgelöst wurde. 2017 entdeckte man am Monte Castello gar steinzeitliche Funde erster menschlicher Besiedlung, die bis in 2. Jahrtausend v.Chr. zurückdatieren.

CAPRAIA
1 km
Le Formiche
Punta della Teglia
I Bricchetti
Torre della Barbici
Il Dattero
Livorno
Cala della Mortola
Monte Scopa 268
Scoglio della Capra
Punta del Vecchiaione
Punta del Cavallo
Monte Capo 159
Punta del Acquissucola
Punta delle Barbice
Porto Vecchio
Punta della Seccatoia
La Mortola
Punta di Porto Vecchio
Caseificio
Monte Castelluccio 433
I Pollai
Punta del Ferraione
Punta della Manza
Porto
Cala di S. Francesco
Monte Castello 445
Scogli del Mosé
L'Aghiale
Portoferraio
Torre
Capraia Paese
52
Torre del Bagno
Gli Scoglietti
Monte delle Penne 420
San Rocco
Seno della Peruccia
Punta della Fica
CAMPO DELL ORO
Punta del Recisello
Monte Rucitello 393
Cala dello Zurletto
Scoglio del Reciso
Cala del Reciso
Cala Nuova
Punta del Fondo
Monte Forcone 366
LE MANDRIE
Monte Campanilene 294
Cala del Fondo
Punta dei Vecchiaioli
Santo Stefano
La Peraiola o Isola dei Gabbiani
STAGNOLI IL PIANO
Monte Albero 344
Monte Pontica 426
Punta della Civitata
Cala del Vetriolo
Monte Rosso 254
Abitazione
Monte Casalino 290
Cala del Ceppo
Punta del Patello
Punta del Trattoio
Fanale 168
Fonte della Parate
Colombaia
Cala della Carbicina
410 Semaforo
Monte Arpagna
Punta del Capo
Le Cote
Punta delle Cote
Grotta della Foca
Punta La Manica 199
Cala dei Porcili
Lo Scoglione
Costa del Sondaretto
Punta Ortondomo
PIANA DELLO ZENOBITO
Punta delle Linguelle
Punta del Turco
Cala del Moreto
Scoglio del Gatto
82
Torre dello Zenobito
Cala Rossa
Punta del Zenobito
Tauchgebiet
©I.G.D.A./ BAEDEKER

Wohin in Capraia Porto und Capraia Paese?

Spektakuläre Ausflüge

Capraia Porto

Capraia befindet sich im Aufbruch: 2,4 km Asphalt sollen bis 2024 verteilt werden! Bisher verband nur eine einzige, 800 m lange Straße Capraia Porto mit dem Inseldorf Capraia Paese (Inselbus: 1 €). Am Hafen reihen sich Cafés, Läden, Restaurants, B&Bs und sogar eine Apotheke. Erste Anlaufstelle ist aber das neue Besucherzentrum des **Nationalparks »La Salata«** mit Ausstellung und Tourismusinfo.
Am Ende der Häuserzeile steht anmutig und einsam die romanische **Pieve di Santa Maria Assunta** (11. Jh.). Die Kirche ist am 15. August, Ferragosto bzw. Mariä Himmelfahrt, Startpunkt der Prozession. Papst Innozenz IV. feierte hier 1224 eine Messe. Das Baumaterial für das Gotteshaus soll teils aus den Ruinen einer römischen Villa (2. Jh. n. Chr.) am Hafen stammen. Dort fand sich auch der antike Marmor-Torso der **Venus von Capraia**, der 2021 erstmals öffentlich präsentiert wurde. Capraia Porto ist ideal für spektakuläre Ausflüge zum Beobachten von Delfinen und Walen im **»magischen Dreieck«** zum 37 km entfernten Gorgona und 33 km entfernten Elba.
Großartig ist der dank Eigeninititative und Bürgersinn entstandene **Percorso Botanico**. Er verbindet Capraia Porto mit Capraia Paese auf dem antiken Römerweg; seit 2023 gibt es noch eine zweite Wegvariante. Start ist hinter der Kirche Santa Maria Assunta. Schautafeln präsentieren 51 für Capraia typische botanische Schätze, darunter Feigen, die italienische Strohblume oder Nepitella (kleinblütige Bergminze). Hinter der Brücke wurde sogar an einen Picknickplatz gedacht (Eintritt frei; www.percorsobotanicocapraia.it).

Perfektes Gassenidyll

Capraia Paese

Das herrlich stille Capraia Paese (Capraia Dorf) entstand auf dem Hügel über dem Hafen. An den herausgeputzten Gassen stehen noch einige alte, mit Tonerde verfugte Häuser aus Felsstein, die früher Sarazenen und Piratenattacken standhalten mussten. An der zentralen **Piazza Milano** beeindrucken die hübsch dekorierte Sonnenuhr, die herrlichen Deckenfresken in der Kirche **San Nicola** von 1759 und der 1838 erbaute **Palazzone**, einst eine Zigarrenfabrik.
Das **Forte San Giorgio** bauten die Pisaner im 12. Jh. in den Fels – heute ist es in Privatbesitz und enthält 9 Luxuswohnungen. Nach Plünderung und Brandschatzung durch Turgut Reis (Dragut) erneuerte Genua das Fort ab 1540. Unter dem historischen Festsaal fand man Reste der alten Pfarrkirche Capraias, die vom 5. Jh. n. Chr. bis zur Einweihung von San Nicola im 18. Jh. genutzt wurde. Bemerkenswert sind die unterhalb der Burgmauern erhaltenen »Palmenti«: In diesen miteinander verbundenen Kelterwannen wurden einst Weintrauben gestampft!
Vom Fort führt ein Weg zur Badestelle **Scalo del Bagno,** wo Genua 1790 den Wehrturm **Torretta del Bagno** (► Abb. S. 153) errichtete.

Kirche und Konvent des hl. Antonius **(Convento di Sant'Antonio)** gehen auf den Franziskanermönch Pier Giorgio di Bastia zurück, der ab 1655 auf Capraia lebte. Baubeginn war 1661. Der Konvent diente 1873 bis 1986 als Verwaltungssitz der Strafkolonie. Der gesamte Komplex wurde aufwendig restauriert und soll ab 2024 als archäologisches Inselmuseum dienen. Die Kirche San Antonio zeigt schon jetzt Ausstellungen. Einige Schritte weiter steht der prächtig restaurierte **Torre del Porto** (Hafenturm) von 1541. Das Ex-Haus des Strafkolonie-Direktors, das **Casa del direttore,** ist nun Gemeindesitz.

Insel erkunden

Punta della Civitata (Ostküste)

Capraias Ostküste neigt sich sanft dem Meer zu. Eine Ausnahme bildet die Punta della Civitata, deren Steilwände der 294 m hohe **Monte Campanile** bildet. Unterhalb der Landzunge öffnet sich die **Cala del Ceppo.** An das einst Piana genannte, ursprüngliche Inseldorf erinnert die uralte **Chiesa di Santo Stefano Protomartire,** die auf das 4. Jh. und einen Eremiten Eudoxius zurückgehen soll (Rundkurse 2 und 3, Wanderwege 406, 405, 402). Nach Sarazenenüberfällen bauten die Pisaner sie 1055 wieder auf. Nebenan fand sich eine Zisterne.

Verwunschene Plätze

Cala della Mortola (Nordküste)

Der Inselnorden diente bis 1986 Zwecken der Strafkolonie. Oberhalb des Strands Cala della Mortola stehen Gebäude, Stallungen und ein Arresttrakt jener Zeit. Heute werden die Gebäude wieder als Bauernhöfe genutzt: Die Azienda Agricola La Pianja baut Wein an und unterhält 90 Ziegen. Die alte Käserei des Strafvollzugs wurde restauriert und dient nun wieder als Caseificio (Käserei). Rundkurs 3 (6,4 km; Wanderwege 402 und 407) erschließt das historische Areal.
Hinter der **Punta del Vecchiaione** öffnet sich die **Mortola-Grotte.** Hier blühen im Frühling die weißen Lilien des Tyrrhenischen Meeres – ein famoser Anblick! Oberhalb der **Punta della Teglia** steht die 1699 von Genua gegen die Korsaren erbaute **Torre delle Barbici** (auch Torre della Regina), einer von Capraias vier Küstentürmen. Die Wanderwege 412 und dann 408 führen hierher.

Buchtenreiche Küstenlinie

Kliffe (Westküste)

Ursprünglichste Natur bewahrt Capraias Westen. Die Kliffe werden von den steinigen Hängen des Monte Castello (447 m), Monte delle Penne (420 m), Monte Forcone (366 m), Monte Pontica (426 m), Monte Funica (366 m) und Monte Arpagna (410 m ü. d. M.) gebildet. Rundkurs 3 führt hierher, die Küste ist nicht zugänglich.

Vogelschwarm beim Sonnenbaden

Punta della Manza (Westküste)

Die Punta della Manza gleicht einem kleinen Vorgebirge. Auf der vorgelagerten Klippe sieht man häufig Krähenscharen beim Sonnenbad: Die Vögel aus der Familie der Kormorane breiten nach der Futtersuche im

OBEN: Der Torretta del Bagno schmiegt sich an die Insel an.

UNTEN: Im herrlich blauen Nass gönnt man sich gerne eine Abkühlung oder ein Sonnenbad am Ufer.

BAEDEKER ÜBERRASCHENDES

6X DURCHATMEN

Entspannen, wohlfühlen, runterkommen

1. ABENDLICHER MUSIKGENUSS

Die Tenuta Campo Lo Feno ist im Sommer ein beliebter **Kammerkonzerttreff** im äußersten Westen Elbas. Zwischen Juni und September wird unregelmäßig aufgespielt – ein zauberhafter Ort mit grandioser Gartenflora, Weinbergen und einem Blick bis Korsika. (▶ **S. 72**)

2. ENTSPANNUG UND RUHE …

… zur Mittagszeit sowie grandiose **Panoramablicke** aufs Meer bietet die Piazza del Castagneto im Bergdörfchen Poggio. (▶ **S. 85**)

3. WOHLFÜHLEN

...mit Yoga, Ayurveda, Trekking, Schnorcheln, Kajakfahren, Faulenzen und guter Küche für Frauen organisiert z. B. Naturalmente Elba (www.naturalmenteelba.it) in der Villa Costanza in **Lacona**. (▶ **S. 63**)

4. NATUR PUR OHNE HEKTIK …

… bietet die **Wanderung** zum Süßwasserteich La Stagnone auf Capraia. Blühender Oleander säumt auch den Maultierpfad zur Cala dello Zurletto. (▶ **S. 155**, www.isoladicapraia.it)

5. YOGA UND RELAXEN…

… für Geist und Seele **unter Olivenbäumen** heißt es auf der Terrasse und im Garten des Hotels Santo Stefano, das mit dem Verein Elba Yoga kooperiert. (www.elbahotelelba.com/de/yoga)

6. SEIT 1910 …

… existiert bereits der private **Giardino dell'Ottone!** 400 m Luftlinie vom Strand von Biodola entfernt, hat sich diese Oase der Ruhe und Erholung bis heute erhalten. (▶ **S. 48**)

Meer ihre Flügel aus und trocknen ihr grünlich-schwarzes Federkleid. Die **Punta del Recisello** trennt die Cala del Reciso von der Bucht Seno della Pieruccia und formt den »Reciso«, eine natürliche Bogenöffnung.

Idyllische Landschaft

La Stagnone (Laghetto), (Westküste)

Der einzige **Süßwasserteich** des gesamten Archipels ist ein beliebtes Wanderziel (Rundkurs 3, Wanderwege 402, 405). Der auch Stagnone genannte Laghetto zwischen Monte Forcone (366 m ü. d. M.) und Monte Rucitello (393 m ü. d. M.) speist sich aus Regenwasser. Das **Feuchthabitat** ist wichtig für die Zugvögel. Ringsum gedeiht schöne Garigue-Vegetation mit Macchiasträuchern. Im feuchten Gras wuchern im Frühling gelber und weißer Affodill.

Von einer roten Farblinie durchzogene Landschaft

Punta dello Zenobito (Südküste)

Die Punta della Zenobito ist nach dem nahen **Cenobium** (Kloster) jener Mönche benannt, die sich hierher im 4. Jh. zurückzogen. Auf dem Gipfel erhebt sich die **Torre dello Zenobito:** Genua errichtete sie oberhalb der Cala Rossa 1545 zur Kontrolle des Meers bis Korsika.
Geologisch ist die Punta dello Zenobito der obere Teil des Förderschlots nach dem **zweiten Vulkanausbruch** auf Capraia. Vor ca. 7,5 Mio. Jahren drückte ein Vulkanausbruch die Insel aus dem Meer. Ein zweiter, schwächerer Ausbruch ereignete sich vor ca. 5 Mio. Jahren. Die hellgrauen Farben des Vorgebirges heben sich deutlich ab vom leuchtenden Rot der Cala Rossa, also der »roten Bucht«, wo italienische Strohblumen im Sommer gelb leuchten. Die Geschichte der Vulkaninsel zeigt das Zentrum des Nationalparks in einem famosen Video.

CAPRAIA ERLEBEN

CENTRO EDUCAZIONE AMBIENTALE »LA SALATA«

Besucherzentrum des Nationalparks mit Tourismusinfo. Geführte Touren. April–Okt. tgl. 9–13, 15.30–19 Uhr.
Via Assunzione 72, Capraia Porto
www.parcoarcipelago.info
www.visitcapraia.it

TOREMAR

Toremar verbindet ganzjährig Livorno mit Capraia (One Way: 20,32 €).
Büro Livorno: Via del Molo Mediceo 12, Tel. 05865 89 61 13
Büro Capraia Porto:
Via Assunzione 18
Tel. 0586 01 43 45
www.toremar.it

TOSCANA MINI CROCIERE

Auch Toscana Mini Crociere (▶ Gorgona) bietet ab Livorno Tagesausflüge nach Capraia (Retourticket: 42 €). Ihr Partner Toscana Trekking organisiert Wandertouren, Schnorcheln und Bootsausflüge (Tel. 331 626 83 97).
www.toscanaminicrociere.it/capraia

AQUAVISION

Ab Portoferraio (Elba) bietet Aquavision vom 16.6. bis 15.9. jeden Fr. 9.30 Uhr großartige Tagesausflüge an nach Capraia mit Zwischenstopp in Marciana Marina. Ticket: 39 €! An anderen Wochentagen gibt es ein ähnliches Angebot von San Vincenzo aus.
www.aquavision.it/Isole/Isola-di-Capraia

AGENZIA DI VIAGGI PARCO

Zimmervermittlung, Wander- und Bootsausflüge
Porto: Via Assunzione 42
Paese: Via Carlo Alberto 42
Capraia Isola, Tel. 0586 90 50 71
www.isoladicapraia.it

RAIS DRAGUT II

Via Roma 12 (Fabio Guidi)
Capraia Isola, Tel. 345 4 10 42 38
www.raisdragut.it

CAPRAIA DIVING SERVICE

Via Assunzione 100
Capraia Isola (Porto)
Tel. 0586 90 51 37
www.capraiadiving.it

VITAE RISTORANTE €€€

Seit 2023 der neue Star in Capraia Paese! Inspiriert durch Insel und Inselgeschichte bereiten die zwei Jungköche phänomenale Gerichte. Großartig: Mufflon-Ragout mit Polenta!
Via Lamberto Cibo 30
Tel. 380 5 17 11 20
www.visitcapraia.it/vitae-ristorante

PESCINEL CAPRAIA €€€

Die deutschstämmige Monika Privitera und Nadia Fardella bieten frischen Fisch, roh als Capraia-Sushi, stilecht auf einem Bootsrumpf im Hafen. Es dürfen auch Austern mit Champagner sein und im Okt./Nov. Totani, Capraias Mini-Tintenfische!
Via Assunzione 5, Capraia Porto
Tel. 340 7 36 09 15
www.pescinelcapraia.it

DA BEPPONE €–€€

Angela Cafueri und Giuseppe »Beppone« Cuneo öffneten das Ristorante mit Hafenblick in den 1950er Jahren. Im zweiten Stock ist das Albergo (12 DZ.; HS DZ mit Frühstück 95 €, NS 60 €). Köchin Caterina schwört auf ihre raffinierten Fischgerichte.
Via Assunzione 68 (Hafen)
Capraia Isola, Tel. 0586 90 50 01
kein Ruhetag; Jan. u. Feb. geschl.

LA MANDOLA ECO HOSTEL €€–€€€

2023 eröffnet, ist die Haus schon die Numero Uno auf Capraia! Mit Mehrwasserpool, Hotel- und Hostel-Service und Frühstücksvariationen. Großes Angebot zu Nationalpark-Touren!
Via La Mandola, Capraia Paese
Tel. 0586 1 75 43 24
www.lamandolacapraia.com
EZ und DZ im Hotel

VALLE DI PORTOVECCHIO €–€€

Ferien auf dem Bauernhof: Zitronenmarmelade, Feigen-, Aprikosen- und Myrthenkonfitüre und Myrthenlikör, Gemüse aus dem Garten, Milch und Käse von glücklichen Kühen gibt es zum Probieren und Kaufen. Das Projekt im Bereich der einstigen Hühnerzucht der Strafkolonie startete mit den Milchkühen Bimba und Regina.
Loc. Il Pollaio, Capraia Isola
Tel. 0586 90 52 42
www.visitcapraia.it/lagriturismo-valle-di-portovecchio/

Der Torre del Porto wacht über die See und die Insel.

GIANNUTRI

Gemeinde: Giglio | **Provinz:** Grosseto | **Fläche:** 2,6 km² | **Höhe:** 0–89 m ü. d. M. | **Einwohnerzahl:** ca. 20 (Gemeinde: 1340)

Die halbmondartige Insel stimuliert seit je die Fantasie. Einheimische nennen sie auch Isola Marietta, »Marietteninsel«. Denn die letzte Einsiedlerin der Insel soll hier spuken – an den Gestaden der größten Inselattraktion. Jährlich besuchen über 13 000 Menschen Giannutri und seine berühmte Villa.

Römische Villa

Domizil aus dem Hause Guerrazzi

Es war wohl der exzentrische Gualtiero Adami (▶ Interessante Menschen), der Ende des 19. Jh.s als Erster oberhalb des antiken Hafens Cala Maestra in den Ruinen der monumentalen Villa stöberte und einiges freilegte. Der garibaldinische Hauptmann und Ministersohn aus der toskanischen Guerrazzi-Familie, Spitzname »Il Garibaldino« (Kleiner Garibaldianer), lebte 1882 bis zu seinem Tode 1922 auf Giannutri. Mit seiner Nichte und Geliebten Maria »Marietta« Moschini bewohnte er vier Räume im antiken Lager und der Zisterne der riesigen Römervilla, die einst der Patrizierfamilie **Domitii Ahenobarbi** gehörte und nun Villa Domizia heißt. Seit 2015 kann man auch Adamis Behausung bewundern: Die **Casa Adami** besucht man auf dem Percorso archeologico mit Guides des Nationalparks. Gualtiero soll im karg möblierten Schlafgemach Italiens Trikolore über dem Bett und stets eine Pistole dabei gehabt haben. Marietta überlebte ihn und starb mit nur 55 Jahren am 19. Februar 1927 auf Giannutri. Fischer von Giglio, die ab und an auf Giannutri landeten, versorgten die Einsame und wunderten sich über ihr schlichtes kastanienbrauns Gewand. Der Legende nach stößt ihr Inselgeist bis heute spitze, fast unmenschliche Schreie aus.

Nach 32 Jahren zurück: das Juwel der Villa am Meer

Highlights

Das Inselhighlight schlechthin sind die restaurierten fünf Terrassenebenen mit fünf Kerngebäuden an Strand und Vorgebirge der Cala Scaletta. Seit 2022 sind drei Räume der Villa geöffnet – und seit 2023 ist das berühmte **schwarz-weiße Mosaik** wieder zurück! Es zeigt **Theseus im Kampf mit dem Minotaurus**, seitlich reicht Ariadne ihm das Wollknäuel. 1991 demontiert und aufwendig restauriert, wird es nun in einem römischen Gebäude namens Kryptoportikus gegen den Obolus von 5 € gezeigt. Die **Villa Domizia** ist die größte der »Villae maritimae« (Villen am Meer), die die Domitii Ahenobarbi auf den Inseln des Archipels und dem toskanischen Festland anlegen ließ. Zu dem Hochadelsgeschlecht, das elf Konsuln stellte, zählten auch die Eltern von Kaiser Nero (37–68; Re-

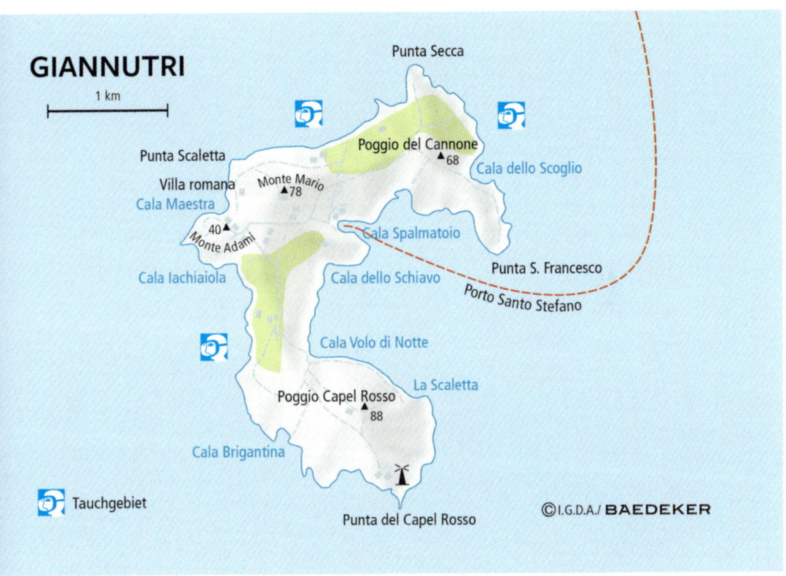

gentschaft 54–68), die die Riesenanlage errichtet haben könnten. Die antiken Griechen nannten die halbmondförmige Insel Artemisia, als Anspielung auf den Bogen der Jagdgöttin Artemis. Bei den Römern hieß sie später nach der römischen Jagdgöttin Dianium, Insel der Diana, woraus später Giannutri wurde. Neros Vater war Gnaeus Domitius Ahenobarbus († 40 n.Chr.), Großneffe des Augustus und 32 n.Chr. Konsul. Er heiratete 28 n.Chr. Agrippina die Jüngere, Tochter des Germanicus, die aus dem heutigen Köln stammte. Nach dem Tode ihres Gatten heiratete sie 49 n. Chr. Kaiser Claudius und ebnete so Neros Aufstieg.

Besuch in der Villa

Die Villa

Die Villa ist mit grandioser Panoramaterrasse, Säulenhof und Fußbodenheizung in wirklich gutem Zustand – das ist auch **Bice Vaccarino Foresto** zu danken. Die Archäologin hatte sich in Giannutri verliebt, untersuchte den Komplex ab 1930 und ließ Säulen wieder aufstellen. Die **Granitsäulen** mit korinthischen Kapitellen – drei sind aufgerichtet – stammen von Giglio, die weißen Marmorsockel aus Luni bei Carrara. Das Gebäude darunter, genannt Conventaccio (kleiner Konvent), besaß eine Terrasse und bis zu acht Zimmer für Bedienstete. Hier lebten auch Sklaven im Ergastulum (vgl. italienisch heute »ergastolo« = lebenslängliche Haft). Im dritten Hauptgebäude waren die **Thermen** mit Caldarium (warm), Tepidarium (lauwarm) und Frigidarium (kalt). Das Wasser rann aus marmornen Wandnischen, die mit Edelsteinen und Stuck verziert waren. Die Nischen schmückten wohl Statuen; Wände und Gewölbe wurden mit leuchtenden Farben ausgemalt. Zum Ufer hin erstreckte sich eine **Terrasse** über dem tunnelartigen Unterbau. Der vierte Komplex umfasste Lager und Unterkünfte. Schließlich fungierte die **Cala Maestra,** der solide gebaute antike Hafen, als »Empfangsort« zur Villa. Hier konnte der Wasserstand der fünf nivellierten Becken reguliert werden, das erlaubte das Baden. Die Villa wurde im 3. Jh. aufgegeben. Gründe waren ein Erdbeben oder eine für 416 verbürgte Mäuseplage. Danach war das 75 km von Elba entfernte Giannutri unbewohnt, bis Karl der Große 805 die Insel an Mönche übergab.

Ticket-Vorbestellung/-kauf: Info Park Portoferraio, Tel. 0565 90 82 31 bzw. Info Park Giglio Porto, Tel. 0564 80 94 00 oder beim Guide auf dem Schiff Besichtigung in Gruppen (max. 25 Pers., max. 300 Pers. pro Tag) | Eintritt: 8 € | www.parcoarcipelago.info

Wohin auf Giannutri?

Naturgeschützte Perle

Cala Spalmatoio

Auch Giannutris heutige Anlegestelle, die längliche Cala Spalmatoio, weist römische und sogar etruskische Spuren auf. Ihren Namen **»Bestreicherbucht«** verdankt sie einer Reinigungswerft, in der einst Bootsrümpfe mit Talg bestrichen wurden. Sie hat geschützte Ankerplätze und einen winzigen Badestrand. Das sog. Villagio Turistico oberhalb der Anlegestelle steht leer. Ein Treppenweg führt hinauf nach **Spalmatoio-Ischiaiola** (50 m ü.d.M.) mit der wunderbaren Piazzetta Spalmatoio, wo sich alle Insulaner treffen und wo die Bar »La Vela« öffnet (tgl. 8–24 Uhr; auch kleine Gerichte). Hier wird man den Guides in Gruppen zugeteilt für den **archäologischen** (8 €) oder den **Naturparcours** (10 €). Nur Cala Spalmatoio und Cala Maestra sind frei begehbar; den Rest der Insel dürfen Sie nur mit Guide anschauen und sollten dabei die Wege nicht verlassen: Giannutri ist inkl. eines 1 km breiten Meeresrings komplett **naturgeschützt.** In Zone 1 darf man nicht baden, tauchen, segeln oder ankern; Sportfischen ist nur Insulanern erlaubt. Nationale Aufregung verursachte 2023 die hier ankernde Mega-Yacht eines arabischen Besitzers, die sich nicht an die Gesetze hielt und selbst drastische Geldstrafen in Kauf nahm.

Einsiedler der Insel

Cala Maestra

Oberhalb der Cala Maestra steht das Anwesen der **Morbidelli.** Das Schicksal dieser Familie ist ähnlich dem der Adami. Die Morbidelli lebten von 1970 bis 2009 auf Giannutri, gingen als zweite Einsiedler in die Inselgeschichte ein. Nun öffnet an der Cala Maestra die Familie Animosque ein B&B mit Bar und Ristorante (www.animosque.com).

Durch den blühenden Duft der Macchia

Wanderung zur Punta del Capel Rosso

Sehr zu empfehlen ist die Naturexkursion (10€) mit Guide zum **Leuchtturm** an der **Punta del Capel Rosso.** Vorbei am Hubschrauberlandeplatz geht es durch wilde Macchia mit allen drei Zistrosenarten, Wacholder und dem im Frühjahr blühenden, auch als Gurkenkraut bekannten Borretsch (ital. borragine, lat. Borago officinalis) zum mit klassischen weißroten Querstreifen verzierten, unbesetzten Leuchtturmhaus. Für ein Picknick ist der Ort ideal. Hinter dem Leuchtturm bricht die ungesicherte Küste steil 40 m tief zur See ab! Der Blick auf die **vorgelagerten Klippen** mit den von der Brandung geformten Grotten, den Grottoni, ist grandios. Alfred Hitchcock könnte hier die Idee zum Film »Die Vögel« gekommen sein: Über den Besucherköpfen schwirren zig Silber- und Korallenmöwen. Tabu sollte die Zone sein, wenn die Jungen der über 2000 Brutpaare erste Flugversuche wagen.

MALERISCHE KÜSTE

An der Punta del Capel Rosso rahmen das Geschrei der Korallenmöwen und die Brandung die Stille am Leuchtturm. An den steilen Klippen lockt das unvergessliche Panorama samt tanzender Sonnenstrahlen auf dem leuchtenden, türkisfarbenen Meer. Am Wanderweg (retour 2,5 Std.) blüht die Macchia mit Zistrosen und Wacholder. Der toskanische Archipel von der allerschönsten Seite!

BAEDEKER ÜBERRASCHENDES

6x TYPISCH

Dafür fährt man auf die Inseln.

1. WEIT MEHR ALS PESCE, PIZZA UND PASTA ...

z. B. **Panzanella all'Elba,** ein aus eingeweichtem Brot, Zwiebeln Basilikum, Thunfisch, Mozarella und Tomaten bestehendes Gericht. Hier kann man sich also durch die italienische Küche probieren und einige Spezialitäten entdecken! (▶ **S. 254**)

2. MEKKA DER TAUCHER

Campese auf Giglio gilt als Dorado für **Wassersportler und Taucher.** (▶ **S. 170**)

3. BADEPARADIES

Elba ist Strandurlaub. An vielen Ecken kann man das kühle Nass genießen, z.B. in Nisporto, an der **Spiaggia Grande** in Lacona oder an Elbas längstem Sandstrand in Marina di Campo. Also: Badesachen einpacken! (▶ **S. 63, 246**)

4. FEIER DER LIEBE

Am 14. Juli wird in Capoliveri das Schicksal eines jungen Paares gefeiert – Romeo und Julia der Insel. Nach dieser **Legende dell'Innamorata** ist sogar eine Bucht benannt. (▶ **S. 264**)

5. LEUCHTEN AM MEER

Nicht nur auf Elba, sondern auch auf den Inseln des Toskanischen Archipels wachen **Leuchttürme** über die See. In manchen kann man sogar übernachten. (▶ **S. 24**)

6. NAPOLEON

Der **ehemalige Kaiser Frankreichs** ist allgegenwärtig. Er krempelte die Insel komplett um, und die Elbaner sind immer noch stolz auf seine Anwesenheit. Seine Präsenz spürt man auch heute noch. (▶ **S. 104**)

GIANNUTRI ERLEBEN

INFO PARK GIGLIO & GIANNUTRI

Via Provinciale 9 (mit Casa del Parco), Giglio Porto
Tel. 0564 80 94 00,
www.giglioinfo.it/de (▶ Entdecken ▶ Giannutri)

INSELGEBÜHR

Der Nationalpark erhebt pro Besucher 4€ Eintritt, er ist im Preis für die Linienschifffahrt/Minikreuzfahrten enthalten. Privatboote zahlen extra. Inselführungen: 8€ Villa Romana, 10€ Naturexkursion. Mai–Okt. dürfen tgl. nur 300 Pers. auf Giannutri.

MAREGIGLIO

Maregiglio organisiert Tagesausflüge nach Giannutri ab Porto Santo Stefano und teils ab Giglio Porto (Retourticket ca. 25–30 €). Minikreuzfahrten nach Giannutri/Giglio kosten zwischen 61,50 und 72 €. **Toscana Mini Crociere** bietet Minikreuzfahrten (1 Tag) nach Giannutri/Giglio ab Castiglione della Pescara und Talamone (45 €, www.toscanaminicrociere.it).
Linienschiffahrt: Piazzale Facchinetti 7/8, Tel. 0564 80 93 09
Minikreuzfahrt: Piazza del Valle 6
Tel. 320 8 21 97 77
Porto Santo Stefano
https://maregiglio.it

LE DIMORE DI MIMMINA €€€

Glückliche Einsamkeit, einsame Glückseligkeit! Die 5 Apartments der Villa mit Meerblick bieten Privatsphäre, Entspannung und Erholung.
Cala Maestra, Isola di Giannutri
Tel. 335 5 87 82 95
www.ledimoredimimmina.com

GIGLIO

Gemeinde: Giglio | **Provinz:** Grosseto Fläche: 24,01 km² | **Höhe:** 0–405 m ü. d. M. | **Einwohnerzahl:** 1340

50 km von Elba hat sich die grüne Insel mit steilen Felsküsten von der Costa-Concordia-Katstrophe erholt und ist ein Dorado für Taucher, Badeurlauber und Wanderer. Größte Attraktion ist einer der schönsten historischen Dorfkerne Italiens: Giglio Castello!

Treff in Giglios Berg- und Burgdorf Castello (ca. 530 Einw.) ist die **Piazza Gloriosa** zu Füßen der mauerumgürteten Altstadt. Hier warten Bushaltestelle, Ticket- und Zeitungsladen, Radverleih und der **Bumbabàr** mit Ristorante (Piazza Gloriosa 15, Tel. 380 9004242) – sein Team gewann 2022 mühelos den prestigeträchtigen Wettbewerb UPVIVIUM, bei dem man ein neues Inselgericht mit ausschließlich lokalen Zutaten erfinden musste. Die Besichtigung des mit noch sieben von ursprünglich zehn Türmen bestückten Mauerrings des **Borgo,** des festungsartig umgürteten Dorfkerns, lohnt sich. Der Rundgang durch das Oberdorf (100 Einw.) startet durch die Porta della Rocca.

Kleine Ziegeninsel

Insel-geschichten

Die Insel verdankt ihren Namen den Ziegen, so hieß beim antiken Griechen Aegilion. Sie hatte den Beinamen mikros (klein), um sie von Capraia zu unterscheiden, das die Griechen fälschlich als größere Insel einstuften. Die Römer nannten sie Igilium (Ziegeninsel), woraus Gilio und dann Giglio wurde. An die jahrhundertealte Geschichte von Giglios Pyritminen und ihren Opfern erinnern die Marmortafeln. Eine weitere Tafel verewigt Giglios bedeutendsten Musiker Enea Brizzi (1821–1886), den Rossini mit den Worten würdigte: »Gott wird dich am Tage des Jüngsten Gerichts rufen, um die Tromba (Trompete) zu spielen.« Zudem erinnert hier eine Marmortafel am **Torrione di Santa Anna** an den 18. November 1799. Damals verschanzten sich hier wenige Bewohner, um dem Angriff der Korsaren aus Tunis zu trotzen, die mit sieben Schiffen und 2000 Mann Besatzung am Strand von Giglio Campese gelandet waren. Nach der gloriosen Verteidigung erneuerte der beeindruckte Großherzog die Wehranlagen aus pisanischer Zeit (12./13. Jh.). Kurz vor der Piazza XVIII Novembre blickt man auf eine hübsche Piazzetta mit Zisterne, einen großen, von Weinfässern umzingelten Brunnen und wunderschöne Steinbögen. Die Zisterne war ein weiteres Geschenk des Großherzogs an Giglio Castello.

Wertvollstes Kunstwerk des Toskanischen Archipels

San Pietro Apostolo

Kostbares birgt gegenüber die Kirche San Pietro Apostolo (16. Jh.), die im 18./19. Jh. zu ihrem heutigen Aussehen fand: Die verglaste Seitenkapelle zur Rechten zeigt jenen Kirchenschatz, den **Papst Innozenz XIII.** (1655–1724; Papst ab 1721) dem Kaplan Olimpio Miliani aus seiner Privatkapelle schenkte. Das wohl von Giambologna (1529 bis 1608) aus Flandern geschaffene **Prozessionskreuz** aus Elfenbein gilt als wertvollstes Kunstwerk des Toskanischen Archipels. Miliani überließ den Schatz 1725 komplett der Peterskirche seiner Heimatinsel.
Die kostbarste Reliquie ist aber der **rechte Ellenbogenknochen** von San Mamiliano. Der Heilige, Eremit und einstige Bischof von Palermo starb 460 n. Chr. auf Montecristo. Untergebracht ist die Reliquie in einem aufrecht stehenden silbernen Arm mit Hand. Sie wird jährlich zum Patronatsfest (15. September) gezeigt und wurde auch am 18. November 1799 als Schutzmaßnahme um den inneren Mauerring von Giglio Castello getragen. Daran erinnert ein schlichter, verglaster Holzkasten links von der Seitenkapelle: Er enthält zwei Säbel und eine Piratenpistole mit Intarsien, die die Korsaren aus Tunis am 18. November 1799 am Strand von Campese zurückließen. In einem weiteren Glaskasten erinnern Votivgaben

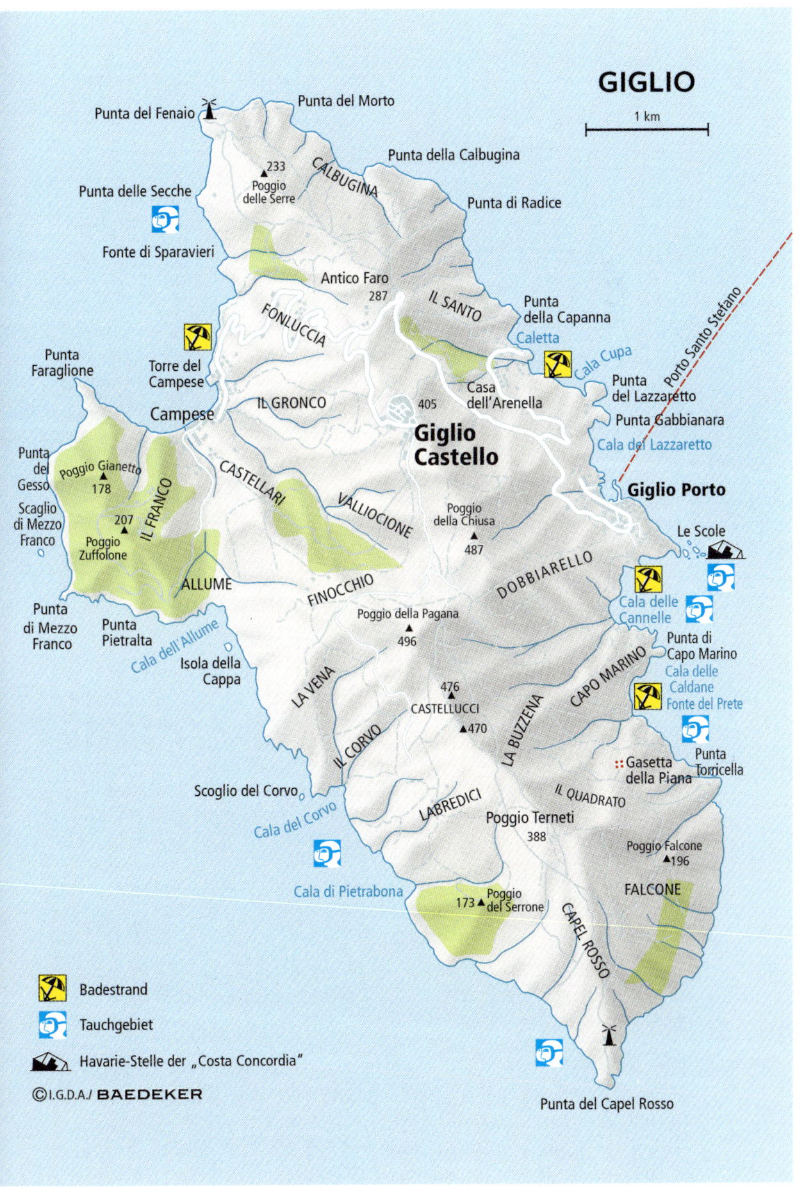
GIGLIO
1 km
Punta del Fenaio
Punta del Morto
Punta della Calbugina
233
Poggio delle Serre
CALBUGINA
Punta di Radice
Punta delle Secche
Fonte di Sparavieri
Antico Faro
287
IL SANTO
Punta della Capanna
Caletta
Cala Cupa
FONLUCCIA
Punta Faraglione
Torre del Campese
Campese
IL GRONCO
405
Casa dell'Arenella
Punta del Lazzaretto
Porto Santo Stefano
Punta Gabbianara
Giglio Castello
Cala del Lazzaretto
Punta del Gesso
Poggio Gianetto
178
IL FRANCO
CASTELLARI
Giglio Porto
Scaglio di Mezzo Franco
207
Poggio Zuffolone
VALLIOCIONE
Poggio della Chiusa
487
Le Scole
ALLUME
FINOCCHIO
DOBBIARELLO
Cala delle Cannelle
Punta di Mezzo Franco
Punta Pietralta
Cala dell'Allume
Isola della Cappa
Poggio della Pagana
496
Punta di Capo Marino
Cala delle Caldane
Fonte del Prete
CAPO MARINO
LA VENA
476
CASTELLUCCI
470
LA BUZZENA
IL CORVO
Gasetta della Piana
Punta Torricella
Scoglio del Corvo
Cala del Corvo
LABREDICI
IL QUADRATO
Poggio Terneti
388
Poggio Falcone
196
Cala di Pietrabona
173
Poggio del Serrone
CAPEL ROSSO
FALCONE
Badestrand
Tauchgebiet
Havarie-Stelle der „Costa Concordia"
©I.G.D.A./ BAEDEKER
Punta del Capel Rosso

GIGLIO ERLEBEN

INFO PARK/CASA DEL PARCO

mit Ausstellung, Eintritt frei
Via Provinciale 9, Giglio Porto
Tel. 0564 80 94 00
März–Okt. tgl. 9–13, 14–18, Nov.–Feb. Mo., Mi., Sa. 9–13 Uhr
www.giglioinfo.it

Ab Porto Santo Stefano mit Toremar oder Maregiglio (Retourticket 28,50 bis 31€, inkl. 3€ Inselgebühr). Von Elba im Sommer mit Aquavision jeden Mi. ab Porto Azzurro (ab 9.30, an 11.30; retour 16.30 Uhr, Ticket: 39€). Ab Castiglione della Pescara Minikreuzfahrten mit Toscana Mini Crociere.

FORNO DI CRISTINA

Süßes seit 1959, auch Panficato Gigliese! Auch in Giglio Porto an der Piazza G. Rum.
Strada Provinciale 66
Giglio Campese
Tel. 366 4 99 40 41

GREPPE DEL GIGLIO

Weißer Doc Ansonica Costa dell'Argentario, dazu Rot- und Weißwein, Grappa, Honig, Wildkirschen-, Feigen- und Aprikosen-Konfitüren sowie aromatische Kräuter.
Vial della Costa 3, Giglio Castello
Tel. 0564 80 60 17
www.greppedelgiglio.com

FAHRRADVERLEIH

ECOBIKE RENT

Laura und Francesco verleihen von April bis Okt. E-Bikes.
Via Provinciale 50, Giglio Porto
Tel. 377 4 52 57 08 (Laura)
www.ecobikegiglio.it

IL PORTICO SNACK BAR

Radverleih/E-Bike-Ladestation von Ecobike Rent. Zahlen beim Barkeeper.
Piazza Gloriosa 21, Giglio Castello
Tel. 0564 80 63 50

FÜHRUNGEN

MARINA ALDI / ISOLA DEL GIGLIO ESCURSIONI / INFO POINT

Marina Aldi führt auf Giglio und Giannutri und bietet Führungen sowie Wanderausflüge an, etwa zum Leuchtturm Punta Capel Rosso. Mit Dauerausstellung »I tesori dell'Isola« (Mineraliensammlung).
Via Roma 35, Giglio Castello
Tel. 328 0 24 49 96
Tel. 377 1 84 26 28
variable Öffnungszeiten

CAMPESE DIVING CENTER

Schnorchel- und Tauchgänge zu Zackenbarschen, Barrakudas und seltenen Molamola (Mondfischen): Reiner Reiner Krumbach führt von März bis November in die Unterwasserwelt ein. Angeboten werden in Zusammenarbeit mit dem Institut für Meeresbiologie (IfMB) auch meeresbiologische Exkursionen.
Via di Mezzo Franco 14
Giglio Campese, info@cdc-giglio.de (Kontakt nur per E-Mail),
www.cdc-giglio.de, www.ifmb.com
In Deutschland: +49 0151 61 45 58 80

DA MARIA €€–€€€

Hier zählen weiße Tischtücher, familiäre Atmosphäre und preisgekrönte Fischgerichte.

Via della Casamatta 12
Giglio Castello
Tel. 0564 80 60 62, kein Ruhetag

DA SANTI €€–€€€
Alles, was Fisch is(s)t! Santi Capitani ist Giglios heimlicher Kochkönig und Slow-Food-Fan. Gattin Silvana berät mit Verve und serviert. Hit ist die futuristische Architektur der herrlichen Panoramaterrasse. Ordern Sie die Vorspeisenplatte »Mare e Monti«, Palamita (Bonito) oder Capone (Knurrhahn)!
Via S. Maria 3, Giglio Castello
Tel. 327 79 99 82
kein Ruhetag, tgl. 19–22, Sa./So. auch 12.30–14 Uhr)

IL GREMBO €€–€€€
Francesco Stagno und Mutter Angela Cavero eröffneten 2016 dies sofort preis- und sterngekrönte, romantische Ristorante in einer Cantina (12. Jh.). Rigoros wunderbare Inselküche.
Via Verdi 7, Giglio Castello
Tel. 370 1 23 16 40
Kein Ruhetag

LA VECCHIA PERGOLA €€–€€€
Numero uno am Hafen! Traditions-Trattoria mit exzellenten Fischgerichten und Albergo La Pergola (€€).
Via Thaon de Revel 30, Giglio Porto
Tel. 0564 80 90 80, Mi. Ruhetag

LEUCHTTURM (FARO) PUNTA CAPEL ROSSO €€€€
Einmal im Leuchtturm nächtigen, einmal sich Wohlfühlen wie im auch hier gedrehten Film »Die Große Schönheit« (»La Grande Bellezza«), Oskargewinner 2014!
Punta del Capel Rosso
Isola del Giglio
Buchung: veronicamura@ymail.com, lesperidi@libero.it
www.faropuntadelcapelrosso.it

TORRE DEL CAMPESE €€€€
Hochexklusiv! Übernachten im berühmten Turm, in der ehem. Kapelle, im Hafenhäuschen und im Cottage, mit herrlichem Garten und großer Terrasse
Giglio Campese
Tel. 338 6 17 30 63
www.torredelcampese.it
4 Apartments

PARDINI'S HERMITAGE €€€–€€€€
»Sonne und Meer in Frieden und Freiheit!« Das weiße Haus am Meer wurde 1953 als Sommerzuflucht der Familie Pardini errichtet. Vater Fredianos Plädoyer gilt für alle. Zum Refugium mit Katzen und Hund Lou tuckert ein Boot ab Giglio Porto (20 Min.). 19.30 Uhr Aperitif auf der Terrasse, 20.30 Uhr schlägt der Dinner-Gong.
Cala degli Alberi, Giglio Porto
Tel. 0564 80 90 34
www.hermit.it
13 DZ; nur Ende Mai bis Ende Sept., Buchung mind. 3 Nächte

SARACENO €€€–€€€€
Ruhe mit Historie! Das Hotel auf Rudimenten der antiken Domizi Enobarbi-Residenz zeigt im Eingangsbereich Reste der Bodenmosaiken der Villa. Mit gutem Restaurant und schönem Meerblick
Via del Saraceno 69
Giglio Porto
Tel. 0564 80 90 06
www.saracenohotel.it
48 Zi. mit Bad, dazu Apartments
im Winter geschl.

CAMPESE €€€–€€€€
Bestes Hotel in Campese! Das älteste Hotel der Insel mit Privatstrand, Bar und Restaurant
Via della Torre 18
Giglio Campese
Tel. 0564 80 40 03
www.hotelcampese.com

89 Superior DZ mit Terrasse und Meerblick, 39 DZ; 2 Apartments in Giglio Porto

L'ARENELLA €€€–€€€€
Exzellentes, prämiertes Hotel 300 m vom Arenella-Sandstrand mit herrlichem Blick auf Insel und Meer; Restaurant und Bar mit Terrasse! Die farbliche Gestaltung der Zimmer übernahm Künstlerin Laura Fiume.
Via Arenella 5, Giglio Porto
Tel. 0564 80 93 40
www.hotelarenella.com, 32 DZ

LEUCHTTURM (FARO) PUNTA FENAIO €€€
Die Fahrt zu den Top-Zimmern »Pegaso di Ponente« (Pegasus, Westen), »Ercole a Levante« (Herkules, Osten), »Polaris a Tramontana« (Polaris, Norden), »Scudo dell'Ostro« (Schild, Süden), »Andromeda di Maestrale« (Andromeda, Nordwest), »Delfino a Libeccio« (Delphin, Südwest), »Serpente a Scirocco« (Schlange, Südost) und »Orsa Maggiore di Grecale« (Großer Bär, Nordost) übernimmt der Hotel-Jeep ab Località Scopeto oder n. V. ab Giglio Porto.
Punta del Fenaio, Isola del Giglio
Tel. 0564 1 83 09 01
www.farodipuntafenaio.it

AIRONE €–€€
Gutes B&B mit herrlichem Blick auf Campese; sehr gutes Frühstücksbuffet
Via Santa Maria 12, Giglio Castello
Tel. 348 3 53 80 85
www.giglioinfo.it
11 DZ (mit Dusche)
3 Apartments

(Madonna und Segelschiff) an die Katastrophe der **Costa Concordia.** Auf der Rocca Aldobrandesca, steht das ab dem 11. Jh. erbaute, kürzlich restaurierte **Kastell**, das nun besucht werden kann und für Ausstellungen, Kongresse und Buchvorstellungen dient. Wunderbar ist der Blick von der Terrasse.
Im Mittelalter war Giglio im Besitz diverser Adelsfamilien, u.a. der Aldobrandeschi. Am 3. Mai 1241 behielt jedoch die Flotte von Stauferkaiser Friedrich II. in der Seeschlacht zwischen Giglio und Montecristo die Oberhand über Genua: 22 Schiffe wurden gekapert, 3 versenkt. Zahlreiche kirchliche Würdenträger wurden auf der Seereise zum Konzil nach Rom gefangen genommen. Nur 7 Genueser Schiffe entkamen.
Ab 1264 dominierte Pisa, ehe Florenz und die Medici ab 1406 das Kommando übernahmen. 1544 verwüstete **Khair ad-Din** (▶ Interessante Menschen) die Insel und führte 700 überlebende Gigliesen in die Sklaverei. Neusiedler aus dem Raum Siena entwickelten die Inselspezialität, das süße »Feigenbrot« Panficato Gigliese.

Kleine, enge Gässchen

Stadtbild

Herrliche Fotomotive bieten die engen Gassen in Giglio Castello, die einst nur Platz für Lasttiere mit Brennholz oder Weinfässern boten. Viele Häuser sind mit Arkaden und Mauerbögen verbunden, die der Verteidigung dienten. Die steinernen, zu oberen Stockwerken füh-

Und noch ein Erinnerungsfoto: Gemütlich schippert man an Giglio vorbei.

renden Außentreppen, sog. »balzuoli«, kamen erst später nach Ende der Piratengefahr auf.

Wohin auf Giglio?

Am Hafen flanieren

Giglio Porto

Giglios Haupthafen (ca. 590 Einw.) ist nach Abtransport des Kreuzfahrtschiffs **Costa Concordia** 2014 wieder so beschaulich wie bei seiner Gründung 1799. Am Fähranleger von Giglio Porto locken Läden, Cafés, Restaurants und Eissalons in und vor der schmucken Häuserzeile (18./19. Jh.). Die stets belebte Piazza Dogana gilt als »Salon der Insel«. Am Kai schaukeln Fischerboote und Jachten. Ortswahrzeichen ist neben der Fassade der Dorfkirche Santi Lorenzo e Mamiliano der Sarazenenturm Torre del Saraceno, auch Torre del Porto (Hafenturm) genannt. Großherzog Ferdinand I. ließ ihn 1596 zur Verteidigung auf römischen Ruinen errichten. Der Turm dient Ausstellungs- und Kulturzwecken.
Enge Gassen führen zur **Caletta del Saraceno,** wo man im Meer Mauerreste einer antiken Fischzucht entdeckt. Roms Adelsfamilie Domitii Ahenobarbi ließ hier Muränen züchten, um die Gourmetspeisekarte in ihrer prächtigen Villa (1./2. Jh.) zu bereichern. Die

Überreste der besagten Villa liegen teils unter dem Meeresspiegel, teils im Eingangsbereich des Hotels Saraceno, das auf Villenrudimenten erbaut wurde. Das 2022 als **Casa del Parco** eröffnete **Info Park-Büro** präsentiert in einer Multimedia-Ausstellung den Schutz der Meeressäugetiere und das lokale Wanderwegenetz (Eintritt frei). Hier können Sie Exkursionen buchen, auch für Giannutri.

Hier grünt und blüht es!

Halbinsel Lazzaretto

Auf der Halbinsel Lazzaretto wurde ein schöner Aleppokiefernwald angepflanzt. Den Namen erhielt die Insel vom Wachtturm **Torre del Lazzaretto** (15. Jh.). Unter Cosimo I. de' Medici zum Lazarett umgebaut, dient er nun touristischen Zwecken. Auf den Felsen am Wasser trotzen Mittagsblumen wacker dem heftigen Wind und dem stark salzhaltigen Boden. Im Spätfrühling entfalten sie ihre rote und fuchsienfarbene Blütenpracht. Über die Hängen oberhalb von Lazzaretto, rund um Giglio Porto und an der Straße nach Giglio Castello zieht sich der dicht wachsende Strauch-Beifuß, die Artemisia arborescens.

Schweres Schiffsunglück

Le Scole

Südlich Giglio Porto ragen 10 bis 280 m vor der Küste die drei bizarr erodierten Granitfelsen Le Scole aus dem Meer. 2012 kollidierte hier die Costa Concordia mit den Felsen, die sie links auf 70 m Länge aufschlitzten. Viele der 4229 Insassen verdanken ihre Rettung der spontanen Hilfe der einheimischen Bevölkerung. Am Molo di Levante (Molo Rosso) von Giglio Porto erinnert nun eine **Gedenktafel** an die 32 Opfer. Der Kapitän wurde zu 16 Jahren Gefängnis verurteilt, die Verschrottung der Costa Concordia in Genua 2017 abgeschlossen.

Mit Wein in die Flucht geschlagen

Giglio Campese

Das malerische, frühere Dorf der Fischer und Minenarbeiter (ca. 170 Einw.) ist nun ein gut ausgebauter Badeort und ein Magnet der internationalen Tauchergemeinde. Zahlreiche Tauchschulen bieten ihren Service an. Das Nordende der Bucht von Campese wird von einer kleinen Felseninsel begrenzt. Davor steht das Dorfwahrzeichen, die **Torre del Campese.** Der als Urlaubsdomizil zu mietende Turm entstand erstmals unter Cosimo I. im 16. Jh., um 1700 wurde er unter Cosimo III. neu errichtet und sollte den kleinen Anlegeplatz sichern. Doch die Besatzung konnte weder den Einfall der Korsaren unter **Khair ad-Din Barbarossa** 1544 noch den letzten großen Überfall am 18. November 1799 verhindern. Dafür half Giglios Wein: Den Korsaren fielen nach der Landung Campeses Weinvorräte in die Hände. Flugs machten sie sich ans Leeren der Fässer – und es war um sie geschehen! Die 17 Prozent Alkohol taten ihre Wirkung, volltrunken taumelten sie nach einigen Kanonenschüssen von der Burg in Castello zurück auf ihre Schiffe. Danach suchte kein Pirat mehr den Toskanischen Archipel heim. Dafür reiste ein überaus skurriler Schriftsteller, Ethnologe, Philanthrop und Abenteurer an: **Enrico Alberto d'Albertis** (1846–1932). Der Gründer des ersten italienischen Yacht-Clubs (1879) hatte auf seiner Yacht »Corsaro« zwei Weltreisen auf den Spuren des Kolumbus unternommen und hinterließ weltweit 103 geographische wie navigatorische Orientierungshilfen: Meridiane! Einen solchen Meridian ließ er auch auf einer Marmorplatte an der Hauswand direkt gegenüber dem Campese-Turm anbringen, wo D'Albertis regelmäßig sein Refugium suchte. Auch die in Marmor eingravierte lateinische Poesie rechts des Zugangs zum Turm stammt von ihm. In Genua wurde sein Castello d'Albertis zum Museo delle Culture del Mondo (Museum der Kulturen der Welt).

Unter den Klippen

Sandstrand

Das Südwestende des herrlichen Sandstrands wird von den Klippen des Vorgebirges Il Franco beherrscht. Hier befand sich einst das inzwischen mit Ferienwohnungen und Apartments überbaute Areal der Erzmine Campese. An der äußersten Spitze erhebt sich der eindrucksvolle **Faraglione.** Bisweilen zeichnen sich am Horizont die Konturen der Insel Montecristo ab. Legendär hört man hier nach Sonnenuntergang Stimmen – Rufe jener unglücklichen Genueser Matrosen, die in der **Seeschlacht** vom 3. Mai 1241 gegen den siegreichen Stauferkaiser Friedrich II. ihr Leben verloren.

Über den Maultierpfad

Punta del Fenaio

Die Nordspitze der Insel, die Punta del Fenaio, formen Ausläufer des mit Kiefern aufgeforsteten, 233 m hohen **Poggio delle Serre.** Hier wachsen auch die über zwei Meter hohen Zistrosen mit ihrer

ABENDLICHE WANDERUNG

Auf verschlungenen Pfaden geht es zum Faro Punta di Capel Rosso (Giglio), dem südlichen Ende der kleinen Insel. Dort thront der Leuchtturm und überwacht die See, aus deren Tiefe sich Wale erheben und Delfine flugs herausspringen. Vielleicht entdeckt man auf dem Weg auch einen der Falken, die hier noch ansässig sind.

(▶ Führungen, S. 166 Marina Aldi)

COSTA CONCORDIA

BAEDEKER WISSEN

War die Havarie des Kreuzfahrtschiffs schon spektakulär genug, wird sie noch von der Bergungsaktion übertroffen: Der zwischen Felsen eingeklemmte Kreuzfahrtriese musste befreit und um insgesamt 65 Grad gedreht werden. An der im Mai 2012 begonenen größten Schiffsbergung aller Zeiten waren 500 Arbeiter beteiligt, die Kosten werden auf 1,5 Mrd. Euro beziffert.

▶ Die Unglücksroute

Die »Costa Concordia« verlässt am 13. Januar 2012 um 19:00 Uhr den Hafen von Civitavecchia für eine achttägige Kreuzfahrt durch das Mittelmeer. Knapp drei Stunden später kollidiert sie mit einem Felsen vor der Küste der Insel Giglio.

▶ Die »Costa Concordia« in Zahlen

Baujahr	2006
Passagiere	3730
Besatzung	1100
Länge	250 m
Breite	35,5 m

▶ Ausstattung des Luxusliner

- Casino, Salon
- Restaurants (5), Bars (13), Cafés, Clubs
- Theater
- Kabinen (1520)
- Maschinenraum

▶ Bergung

20 Monate nach der Havarie beginnt die Aufrichtung des Kreuzfahrtschiffs.

1 Für besseren Auftrieb wird das Leck abgedichtet. Sechs stählerne Plattformen werden im Meeresboden verankert, die das 114 500 t schwere Schiff später auffangen.

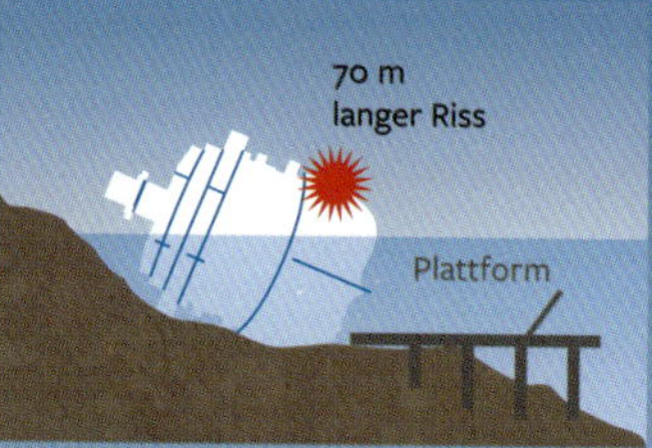

2 Mit Schwimmkränen, hydraulischen Seilwinden und Tanks auf der Backbordseite, in die Wasser als Gegengewicht gepumpt wird, wird das Schiff am 16. und 17. Sept. 2013 innerhalb von 19 Stunden aufgerichtet.

So kam es zum Unglück

Die »Costa Concordia« passierte zu dicht die Ostküste von Giglio, angeblich weil der Kapitän einen auf der Insel lebenden Kollegen grüßen wollte. Zum Unglückszeitpunkt waren 4229 Menschen an Bord. Der Kapitän wurde zu 16 Jahren Haft verurteilt.

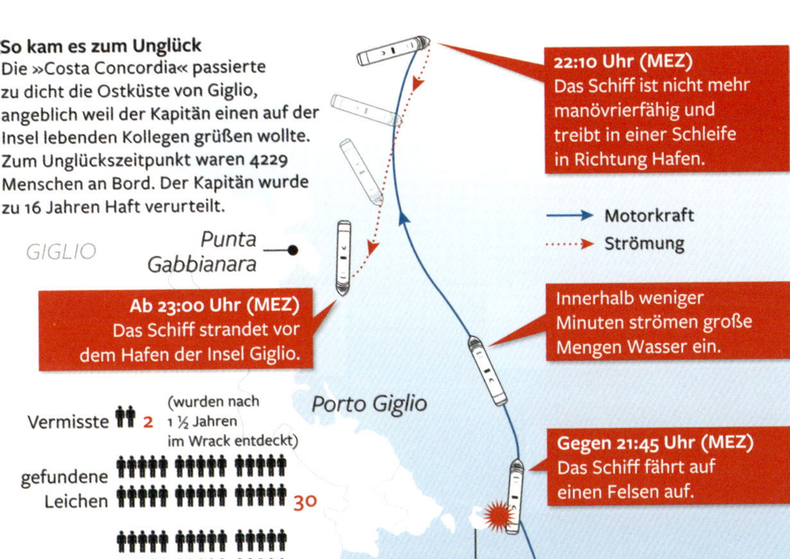

- Whirlpools (5), Swimmingpools (4), Wellness (1900 m²), Fitness (beispielsweise Jogging-Parcours im Freien)
- Shop
- Bibliothek
- Kirche

3 Auf der Steuerbordseite des Schiffs werden danach ebenfalls rund 30 m hohe Tanks angebracht. Das Wasser wird aus dem Schiff und den Tanks abgepumpt.

4 Die leeren Tanks verleihen dem Schiff den nötigen Auftrieb, damit es schwimmt. 2014 wird das Wrack nach Genua geschleppt, 2017 endgültig verschrottet.

im Frühling rosafarbenen Blütenpracht. Den Poggio delle Serre und die Punta del Fenaio mit der neuen Luxusresidenz im Leuchtturm Punta Fenaio erreicht man auf einem Pfad, der am Antico Faro, Giglios ältestem Leuchtturm, vorbeiführt. Giglio besitzt 29 bis 3,7 km lange Wander- und Mountainbike-Wege. Weg 1, der alte Maultierpfad von Giglio Porto nach Giglio Castello (1,4 km), bietet grandiose Aussichten. Ab Castello führt der Maultierpfad weiter bis Campese (Weg 12; 1,8 km).

Führungen: von Marina Aldi | »Sonnenuntergangstour« Juni-Okt. jeden Fr., 3 Std. vor Sonnenuntergang, Start: ab Piazza Gloriosa, Giglio Castello Tel. 377 1 84 26 28

GORGONA

Gemeinde: Livorno | **Provinz:** Livorno | **Fläche:** 2,23 km² | **Höhe:** 0–255 m. ü. d. M. | **Einwohnerzahl:** 67 (plus ca. 80 Strafgefangene und 50 Beamte des Wachpersonals)

Hier wartet Europas letzte Inselstrafkolonie mit einem phänomenalen Weinwunder auf: dem edlen Weißwein »Gorgona« sowie dem »Gorgona Rosso«! Über 3000 Touristen kommen jedes Jahr auf die nördlichste und kleinste Insel des Archipels.

»Wein mit dem Geschmack der Freiheit«

37 km von Livorno und 72 km von Elba entfernt, stellen die Marchesi de'Frescobaldi seit 2012 Wein her. Als eines der berühmtesten toskanischen Adelsgeschlechter können sie sich mit bis zu 700 Jahre alten, renommierten Weingütern schmücken. Ihr Projekt »Frescobaldi per Gorgona« ist allerdings eher sozial als ökonomisch begründet; die Anbaufläche auf dem Weinberg beträgt gerade mal zwei Hektar. Entscheidend ist die Arbeit der Strafgefangenen, die sich hier auf ihre Freilassung vorbereiten. Von Frescobaldis Agronomen und Önologen werden sie in Kooperation mit der Gefängnisverwaltung in Bioweinbau und biologischer Landwirtschaft unterrichtet, um nach ihrer Entlassung eine Berufsperspektive zu haben. Nach Gorgona gelangt man übrigens nur am Ende seiner Gefängniszeit, und nur mit Bewerbung bei bester Führung. Wenn Sie das »Nimmerland« in den Fluten des Mittelmeers besuchen, müssen Sie also kein mulmiges Gefühl haben. Im Gegenteil: Freundliche Gastlichkeit wird groß geschrieben bei der zweifellos ungewöhnlichen, nur mit Guide erlaubten Wandertour auf der Insel.

Die aufwendige Produktion und die gute Qualität des Weins haben allerdings ihren Preis: Etwa 90 € kostet die 0,75-l-Flasche des weißen »Gorgona«! 2013 verewigte sich einer von vielen Unterstützern, der

toskanische Startenor Andrea Bocelli, auf dem Etikett mit diesem Ratschlag:

»

Über Wein zu sprechen, ist – wie bei der Musik – immer riskant. Es ist besser abzuwarten, sich überraschen zu lassen und zu lernen angesichts einer solchen Schönheit und des Festes für die Sinne ... Ein sinnlicher Rausch, aber auf geistiger Ebene. Wie die Musik.

«

Andrea Bocelli

1869 wurde die Insel als Ableger der Anstalt in Pianosa Strafkolonie. Sie wurde rund um die Gefängnisverwaltung der **Villa Margherita** etabliert, in deren Mauern sich auch Steine der nahen antiken **Villa Romana** im Ortsteil Limiti wiederfinden. Die Villa Romana (spätes 1. Jh. v. Chr./Anf. 1. Jh. n. Chr.) wurde erst 1993 entdeckt, hatte mindestens fünf Räume und auf einer Fläche von 8 × 8 × 10 m **drei Schwarzweiß-Mosaike**, die nun zu bewundern sind. 2022 wurden Artefakte aus der Villa Romana, darunter Amphoren, erstmals in der Villa Margherita ausgestellt.

Zwar erhielt Gorgona um 1980 einen Hochsicherheitsbereich, doch ist es heute längst **kein »Alcatraz«** mehr. Das Gefängnis ist Modell

GORGONA ERLEBEN

INFOPARK (TOURISMUSBÜRO DES NATIONALPARKS)

Viale Elba 2, Portoferraio (Elba)
Tel. 0565 90 82 31
www.parcoarcipelago.info

UFFICIO TURISTICO LIVORNO

Piazza del Municipio 8/10
Livorno, Tel. 0586 89 42 36
https://livornoexperience.com
www.visit-livorno.it

TOSCANA MINI CROCIERE MIT TOSCANA TREKKING

Von **Juni bis September** geht es Sa., So. und Mo. mit der MS »La Superba« von Livorno, Molo Mediceo los. Abgelegt wird pünktlich um 8.15 Uhr (Boarding ab 7.45 Uhr), Ankunft in Gorgona ist um 8.30 Uhr. Zurück geht es ab Gorgona 18.15, Ankunft in Livorno ist um 19.30 Uhr. **April und Mai** fährt man nur Sa. und Mo. um 8.45 Uhr von Livorno ab, zurück von Gorgona aus geht's um 17 Uhr. **Oktober bis März** ist das Schiff Sa. und Mo. ab Livorno unterwegs um 8.45 Uhr, von Gorgona legt es dann um 15 Uhr ab. Ticket: 45 €.
Viale del Tirreno 373, Tirrenia
Tel. 347 7 92 24 53
www.toscanaminicrociere.it
https://toscanatrekking.it/itinerary/isola-di-gorgona
Buchung auch über:
www.parcoarcipelago.info

des offenen Strafvollzugs. Die Gefängnistüren stehen tagsüber offen, die Insassen arbeiten als Freigänger in Landwirtschaft und Weinbau. Die Flucht gelang noch keinem, doch für die Strafgefangenen herrscht, anders als für die Besucher, striktes Badeverbot im Meer!

Verteidigungstürme prägen das Inselbild mit

Inseldorf

Im Inseldorf leben nur 7 der 67 offiziellen Bewohner ständig. Alle anderen sind meist nur in den Ferien vor Ort. Hinzu kommen die Gefängnismitarbeiter. Oberhalb der Hafenanlegestelle fällt gleich der restaurierte **Torre Nuova** in leuchtendem Rot auf. Cosimo III. hatte ihn bis 1704 als Verteidigungsturm errichten lassen. An der Westküste wacht der Wehrturm **Torre Vecchia** aus pisanischer Zeit (13. Jh.). Bedeutendstes Baudenkmal ist die im 15. Jh. zerstörte, 1723 wieder aufgebaute Kirche des hl. Gorgonius, die **Chiesa di San Gorgonio** mit Sonnenuhr und separatem Glockentürmchen.
Gorgona war schon im Neolithikum und dann von Etruskern und Römern besiedelt und als Urgo, Gorgon oder Orgón bekannt. Einen Bezug zur griechischen Mythologie oder zum Gorgonenhaupt gibt es aber nicht. Ab 416 kamen erste Eremiten, 591 gründete der Mönch Orosius ein Kloster und brachte die Reliquien des hl. Gorgonius mit, die nach 1375 Italiens Nationalheilige Katharina von Siena besuchte. Dante erwähnt Gorgona in der **»Göttlichen Komödie«** (Inferno, 33.

Bekannt ist Gorgona für exzellenten Wein – Teil des Rehabilitationsprogramms.

Gesang). Ab 1374 kamen die Kartäuser, doch Piratenüberfälle zerstörten das Inselleben. Wiederholt scheiterten Ansiedlungsversuche, so 1777, als man die Insel enttäuscht an den Großherzog zurückgab. Die dann für die Landwirtschaft hergeholten 200 Neusiedler entdeckten aber den Fischfang, bauten Lagerräume und wurden für ihren Stockfisch und die mit Salz konservierten Sardellen berühmt.

Auf die Gefängnisinsel

Besuch

Besuche auf Gorgona unterliegen strenger Aufsicht, doch der Nationalpark, die Kommune Livorno und die Gefängnisverwaltung haben eine Vereinbarung geschlossen, die Interessierten den Inselbesuch ermöglicht. Dafür wurden organisierte Tagestouren des Nationalparks eingerichtet, die die Fährgesellschaft Toscana Mini Crociere ab Livorno mit den Guides von Toscana Trekking durchführt. Gorgona besuchen dürfen an max. 3 Tagen pro Woche max. 75 Menschen täglich (3 Gruppen à max. 25 Pers.). Dazu sind wichtige Regeln zu beachten: Die obligatorische Buchung muss **mindestens 15 Tage im Voraus** erfolgen. Folgendes ist einzureichen, gern online über www.parcoarcipelago.info: Name, ggf. Geburtsname, Vorname, Wohnanschrift, Ort und Datum der Geburt, Steuernummer (codice fiscale), Pass- bzw. Ausweisnummer.

Info Park, die Fährgesellschaft und Toscana Trekking antworten per E-Mail auch auf Fragen und nennen die Bankverbindung. Beim Einstieg auf das Motorschiff »La Superba« und auf der Tour stets zu bereithalten: den gültigen Pass bzw. Personalausweis und die bei der Vorbestellung ausgestellten Tickets/Dokumente! Auch festes Schuhwerk ist obligatorisch, am besten Turn- oder Trekkingschuhe. Hut, Sonnenschutz und Verpflegung sollten ebenfalls dabei sein.

Wohin auf Gorgona?

Bewegen auf der Insel

Inseltour

Auch auf der Insel sind Regeln zu beachten. So ist den Anordnungen des Gefängnispersonals und der Polizia Penitenziaria stets Folge zu leisten. Man muss stets in der jeweiligen Gruppe und beim Guide bleiben. Waffen, auch Messer, sind untersagt, ebenso Mobiltelefone, Fotoapparate und Haustiere. Gorgona ist zu 100 Prozent naturgeschützt, ebenso das Meer ringsum auf 1 km Breite, das nur im Notfall befahren werden darf. Ein schmaler Korridor führt zum Hafen Cala dello Scalo (Gorgona Scalo). Erfreulich: Besucher dürfen auf Gorgona nun im Meer baden!

Eine typische **Insel-Tagestour** startet auf der Belvedere-Terrasse der Gefängnisverwaltung, der Villa Margherita. Vom Hafen hierher sind es vorbei am Sport- und Kinderspielplatz (!) 500 m. Zuerst werden die Formalitäten zu Pass und Co. erledigt. Dazu kann auch die Abgabe von Fotoapparaten und Mobiltelefonen zählen. Die Guides helfen! Dann trifft man sich sich auf einen Espresso in der Bar der Gefängnismitarbeiter (Mensa dei Agenti), um die Teilnehmer in zwei bzw. drei Gruppen aufzuteilen. Die brechen dann auf dem gleichen Rundkurs in vorgegebenem Abstand zur Besichtigung auf. Die Wanderung (6 km; 3 Std.; 250 Höhenmeter) ist leicht: Zuerst erkundet man den Inselnorden und -westen. Mittags trifft man sich zum Picknick im Schatten. Nachmittags geht es weiter zur Torre Vecchia und zurück zum kleinen Hafen.

Paradies der Mittelmeermacchia

Flora und Fauna

Das hügelige Inselinnere dominieren die Höhen Punta Zirri (213 m ü. d. M.), Punta della Tacca (170 m ü. d. M.) und Punta Maestra (162 m ü. d. M.). Auf der Punta Gorgona (255 m ü. d. M.) steht seit 1913 die nun automatisch funktionierende meteorologische Station. Gorgona ist ein Paradies der Mittelmeermacchia mit vergleichsweise **reicher Vegetation.** Gorgonas Lavendel, eine kleine Blume mit **violettfarbenen Blüten,** gedeiht nur in Küstennähe. In der größten Inselbucht Cala Maestra, an Costa dei Cantoni und Costa dei Gabbiani suchen im Frühjahr Hunderte kreischende **Silbermöwenpärchen** Nistplätze. Auch Seeschwalben, Wanderfalken und Bussarde fühlen sich auf der Insel wohl. 2012 entdeckte man im Gefängnisgarten sogar eine neue Olivenart! Vom Olivenbaum **»Bianca di Gorgona«** (Weiße von Gorgona) existieren weltweit nur 20 Exemplare.

★★ PIANOSA

Gemeinde: Campo nell'Elba | **Provinz:** Livorno | **Fläche:** 10,25 km²
Höhe: 0–29 m ü. d. M. | **Einwohnerzahl:** ca. 10 (Gemeinde: 4680)

Von der »Teufelsinsel« mit Hochsicherheitsgefängnis zum Juwel des Toskanischen Archipels – eine grandiose Erfolgsstory! Heute begeistert Pianosa als ökologisches Refugium und mit herausragenden Kulturschätzen. Dank Giulia Manca locken sogar Übernachtungen auf der »Isola del Silenzio«, der Insel der Stille. Erste Anlaufstelle ist das Haus des Agronomen mit neuem Ökomuseum.

Juwel der Inseln

Bis 2022 führte der erste Weg von Pianosas Fähranleger zum 200 m entfernten Flachbau des Nationalparks (Casa del Parco) mit dem **Info Park-Büro**. Dann öffnete gegenüber die **Casa dell'Agronomo**, die für 2,2 Mio. € perfekt restauriert wurde. Seither übernimmt dieses »Haus des Agronomen« die Info-Aufgaben mit. Hier bucht man nun Inseltouren oder besucht das neue multimediale Ökomuseum zur Inselgeschichte, Natur und Biodiversität auf Pianosa. Das Haus errichtete **Leopoldo Ponticelli**, damals Direktor der Strafkolonie, bis 1875 im eklektizistischen Stil. Und hier logierte der bedeutendste Agronom der Insel, **Giuseppe Cusmano**, der auf Pianosa sogar Schaumwein produzieren ließ. Zuletzt widmete man sich den »geflügelten Navigatoren« des Archipels, zu denen auch die »Big Five« zählen: Gelbschnabel-Sturmtaucher, von Feb. bis Okt. anzutreffen, Korallenmöwe, von März/April bis Juli vor Ort, Mittelmeermöwe, ganzjährig zu bewundern, Krähenscharbe, ganzjährig, oder Basstölpel, nur im Winter zu sehen. Auch Pianosas Orchideenpracht und der Reichtum der Inselmacchia sind Thema. Und natürlich erfährt man hier alles über die Besucherregeln auf Pianosa, die in der Inselvergangenheit wurzeln.

Strafkolonie und gescheiterte Kornkammer

Wandel der Insel

Ab 1856 war Pianosa Gefangeneninsel, ab 1858 sogar Italiens **erste landwirtschaftliche Inselstrafkolonie**, die sich autark versorgen sollte. Das gelang jedoch immer nur teilweise, denn ökonomisch war das Streben nach Selbstversorgung nie. Schon Napoleons Plan von 1814 war nicht aufgegangen: Er wollte die Insel mit 40 Familien, 2 Zugochsen, 2 Milchkühen, 10 Schafen, 6 Säcken Saatgut und 5 Jahren Steuerfreiheit zur »Kornkammer« seines neuen Mini-Imperiums machen. Bis heute heißt es auf Elba sprichwörtlich »Mi costa più dell'orzo di Pianosa«, »Das kostet mich mehr als die Gerste von Pianosa«.
Erst in den 1960er-Jahren erhielt Pianosa fließendes Wasser. Ab 1979 und bis zur Schließung 1998 besaß es einen Hochsicherheitstrakt in der Sektion Agrippa. Als der **Nationalpark** 2012 die lange gesperrte Insel übernahm, wurde das Juwel des Toskanischen Archipels behut-

sam für die Außenwelt geöffnet. Die maximale Besucherzahl wurde nun von 250 auf **330 Besucher pro Tag** heraufgesetzt. Grundsätzlich gilt: Kein Besucher darf sich ohne Park-Guide jenseits der Außenmauer des Gefängnisareals, der Muro Dalla Chiesa, aufhalten. Die geführten Wanderungen oder Mountainbike-Touren finden nur auf freigegebenen Wegen statt. Erlaubt: Man darf an der Cala Giovanna baden, das bewohnte Dorf besichtigen und die verfallene römische Villa des unglücklichen Agrippa Postumus besuchen. Jedweden Abfall müssen Sie aber von der Insel wieder mit aufs Schiff nehmen!

Casa dell'Agronomo/Eco Museo/Info Park: Via Regina Margherita, Pianosa, Mitte März–Okt. tgl. 11–16.30 Uhr | Eintritt (mit Führung): 10€ | www.parcoarcipelago.info, www.islepark.it

Weitere Museen, die Sie mit Führung besichtigen können: Katakomben im Inseldorf und Museo delle Scienze Geologiche e Archeologiche | Eintritt: je 5 € bzw. in Führung integriert

Führungen: Inseldorf, Katakomben und Museo delle Scienze (2 Std.; 15€) | Inseldorf und Katakomben (1 Std. 45 Min.; 10 €)

Aktivitäten: Insel-Trekking im Südosten von Pianosa (2 Std.; 10€), MTB-Tour in den »verbotenen« Insel-Norden (11 km; 2 Std. 30 Min.; 15€), Rundtour in der Pferdekutsche (1 Std.; 20 €), Bus-Tour in den »verbotenen« Insel-Norden (1 Std. 15 Min.; 20 €), Schnorcheln (90 Min.; 15 €), Seekajak-Tour (2 Std. 30 Min.; 25 €), MTB-Trekking »Von West nach Ost« (nur zu best. Anlässen; 4 Std., 15 €)

Inselgebühr: Besucher ab 12 Jahren zahlen einen Obulus zzgl. zum Fährpreis: Juli/Aug. 8€, sonst 6€

Wohin auf Pianosa?

La Scola (Priesterhut)

Bizarrer Felsen

Noch vor der Landung präsentiert die Insel ein erstes **Wahrzeichen.** 32 m hoch ragt der streng geschützte Felsen La Scola eine halbe Seemeile vor dem heutigen Hafen aus dem Meer. Archäologen fanden auf dem von Gelbschnabel-Sturmtaucherns umkreisten Felsen (150 m Umfang) sogar menschliche **Spuren aus dem Neolithikum.** Rio de Janeiro hat den Zuckerhut – Pianosa besitzt La Scola, im Volksmund der »Priesterhut« (ital. »cappello del Prete«).

Forte Teglia

Fort »Vorgebirge«

Das heutige Fort auf Pianosas »Vorgebirge« geht auf Napoleon zurück, der Befestigungen verlangte. Den weiteren Ausbau besorgte das Großherzogtum Toskana. Im Inneren der Anlage lag zu Zeiten der Strafkolonie die **Offiziersmesse,** wo man sich – wie später auch das im Dorf lebende Gefängnispersonal – zu Bällen auf der Terrasse über der Piazzetta traf. Die Madonnenstatue brachte **Mutter Theresa** beim Inselbesuch 1986 mit.

Im Forte Teglia wurde einst getanzt und gefeiert.

Wie eine Zeitkapsel

... konserviert die Geisterstadt den Zustand bis 1882, als auf Pianosa über 2000 Menschen lebten und Gefängnisdirektor Ponticelli auch Schule, Post- und Telegrafenamt und Ticketbüro der Toremar bauen ließ. Bedeutend ist linkerhand der Casa dell'Agronomo das einstige **Haus des Gefängnisdirektors**, heute das Hotel Milena. Die bemerkenswerten Fresken im Salon im 1. Stock schuf ein künstlerisch hochbegabter »detenuto« (Strafgefangener) für Direktor Ponticelli. In einem Zimmer geschah 1974 gar ein Mord! Da es auf Pianosa spuken soll, führt Besitzerin Giulia Manca ihre Gäste abends auch auf Geistertouren oder zeigt ihnen den Sternenhimmel über Pianosa. Im südlichen Dorfbereich landeten 1553 an der Cala dei Turchi wohl Draguts und Kara Mustafas Piraten.

Beeindruckend ist der antike römische Hafen, der **Porto Romano** an der Darsena d'Augusto, der teils unter Wasser liegt. Hier, wo einst auch Kaiser Augustus anlandete, wurden Hunderte Amphoren ver-

schiedenster Bauart und meist spanischer Herkunft entdeckt – sie legen nahe, dass Pianosa ein wichtiger Umschlagplatz an den Wasserhandelswegen der Antike war. Rings um Pianosas alten Gefängnishafen, den Porticciolo, wurden palastähnliche Gebäude und der Hafentorbogen restauriert, durch den einst die Strafgefangenen schritten. Kurios: Auf seiner Straßenseite wurde ein Zebrastreifen angelegt, an dem die Pianosa bewachenden Carabinieri der Guardia Forestale in ihrem grünen Polizei-Pkw regelmäßig vorschriftsmäßig stoppen. Do-

minant ist der **Palazzo della Specola.** Ingenieur Ponticelli ließ ihn im 19. Jh. im eklektischen Stil mit neogotischen Appliaktionen erbauen, die an Pisas Einfluss im 12./13. Jh. erinnern.
Sehenswert ist der **alte Dorffriedhof** mit Kapelle, Leichenhaus und Gräbern, den man über einen Trampelpfad erreicht. In einigen sind auch Strafvollzugsbedienstete bestattet, die sich im 19. Jh. wohl mit TBC infizierten und an der Krankheit starben. Denn bis 1965 wurden tuberkulosekranke Strafgefangene nach Pianosa gebracht.
Gegen Ende von Roms Herrschaft ließen sich auf dem Eiland Christen nieder. Im 4. und 5. Jh. legten sie die **frühchristlichen Katakomben** an, die größten nördlich von Rom. In der zweistöckigen Anlage lag einst eine in den Stein gehauene Kapelle, Johannes dem Täufer geweiht. Auch Ritzzeichnungen von zwei kleineren Kreuzen, eines in lateinischer, eines in griechischer Form, und weitere christliche Symbole wurden entdeckt. Im 110 m langen Trakt waren Nischen für ca. 700 Bestattete angebracht. Hüter der Katakomben war lange Carlo Barrellini, neben Giulia Manca der zweite Zivilbewohner von Pianosa und als »Carlo delle Catacombe« (Katakomben-Karl) berühmt. Nun haben seine Aufgabe Nationalpark-Guides übernommen.

»Pianosa, wie es einmal war«

»Pianosa com'era«

Großartig ist die neugestaltete, kostenfrei zugängliche **Fotoausstellung** im restaurierten Postgebäude an der Via Regina Margherita. Hunderte eindrucksvollen Bilder illustrieren Pianosas Inselgeschichte in dem Bau, der auch **Museo di storia pianosina** (Museum der Geschichte Pianosas) genannt wird. Zu den Zeitzeugen auf Zelluloid zählen auch Bilder vom Zweiten Weltkrieg, als 20 deutsche Wehrmachtsoldaten im Inseldorf stationiert waren und 1943 sogar einen notgelandeten US-amerikanischen Piloten festnahmen. Bemerkenswert sind die Fotos zur Strafkolonie, wo während des Faschismus von 1931 bis 1935 auch **Sandro Pertini** einsaß – Partisan und 1978 bis 1985 Italiens Präsident. Auch weitere prominente Insassen der Mafia, der Roten Brigaden und aus dem kriminellen Milieu werden gezeigt.

Postumus: Leben und Ableben

Bagni di Agrippa

Das Ende des Badestrands Cala Giovanna, der als »Karibik des Toskanischen Archipels« gerühmt wird, markiert der Obelisk am Beginn des Grabungsareals. Hier liegt die einst prachtvolle **Villa des Agrippa Postumus.** Die heute Bagni di Agrippa genannte Anlage war Schauplatz eines **mörderischen Politkrimis:** Sie diente als Exilort für Marcus Vipsanius Agrippa Postumus (12 v. Chr.–14. n. Chr.), den jüngsten Sohn des berühmten Feldherrn und Politikers Marcus Vipsanius Agrippa und der Augustus-Tochter Iulia.
Mit Tiberius war er von Augustus 4 n. Chr. adoptiert worden, galt als aussichtsreicher Thronfolger mit dem Titel Agrippa Iulius Caesar. Doch 6 n. Chr. fiel er wegen ausschweifendem Lebenswandel und offiziell

auch Gewalttätigkeit in Ungnade, wurde erst nach Sorrent und 7 n. Chr. hierher verbannt. Nach dem Tode von Augustus ging es dann hoch her: Postumus versuchte, mithilfe des Sklaven Clemens nach Germanien zu fliehen, wohl ins heutige Köln. Dort lebte seine Schwester Agrippina die Ältere, Mutter des späteren Kaisers Caligula, mit ihrem Gatten Germanicus, dessen Legionen gegen Rom opponierten. Doch ein gedungener Meuchelmörder, ein Zenturio, war schneller. Er tötete Agrippa Postumus auf Pianosa, vermutlich auf Geheiß aus dem Umfeld des Tiberius. Tacitus bezeichnete die Tat als »erstes Verbrechen der neuen Regierung«. Andere antike Stimmen rechnen die Tat dem sterbenden Augustus zu. Dagegen spricht, dass Augustus seinen Adoptivsohn einige Monate vor seinem Tod auf Pianosa besucht haben soll, wobei sich beide wohl aussöhnten. Sklave Clemens gab sich dann als Agrippa Postumus aus, hatte eine große Anhängerschar. Auch er wurde auf Veranlassung des beunruhigten Tiberius 16 n. Chr. getötet.
Dass der 19-jährige Luxusliebhaber Agrippa Postumus auf Pianosa ein **»goldenes Exil«** vorfand, bezeugen Grabungsfunde: 1875/1876 grub Gaetano Chierici sorgfältig die antiken Reminiszenzen der am Meer vermuteten Villa aus dem 1. Jh. v. Chr. aus. Doch er entdeckte »nur« luxuriöseste Relikte zum Palast. Sie lagen am Strand und sind nun als »Bäder (Bagni) des Agrippa« bekannt: Sein privates, 100 Menschen fassendes **Amphitheater,** davor das Peristyl und eine Exedra mit fantastischem Meerblick. Die Räume waren mit Marmor ausgelegt, verziert mit Stuck, Statuen, Mosaiken. Hinzu kamen die Thermen mit Sauna und Pool sowie das Triclinium, wo man sich zu Dinner und Empfängen traf. Auch im Meer davor wurden Archäologen fündig: Hier fand sich der berühmte kreisrunde **»Fischteich«** von 20 m Durchmesser mit raffinierten Zu- und Abwässerkanälen und separaten Bassins. Die eigentliche Villa, mithin eine riesige, eines Kaisers würdige Gesamtanlage, stand erst im Inselinneren, jenseits der Gefängnisaußenmauern im Hochsicherheitsbereich, der nach dortigen Funden den Namen Agrippa erhielt. Der heute gegen die Sonne geschützte Komplex bestand nur bis ins 1. Jh. n. Chr.

Gotteshaus mit Gefängnis

Dom

Zum Kirchhof der geschlossenen, mit Fresken geschmückten Kirche **San Gaudenzio** geht es nur mit Guide durch den Durchgang neben der Bar da Brunello. Rechts des Kircheingangs erinnert eine Marmortafel an Pianosas prominentesten Gefangenen **Sandro Pertini** (1896–1990). Die 1538 von Papst Paul III. an einen Giorgio Ugolini aus Florenz übereignete Kirche mit dem überraschenden Schriftzug »DOM« an der Fassade ist älter und wurde schon 1138 erwähnt. Vom stillen Hof geht es durch das rote Backsteintor (ca. 1860) geradeaus zur Strafkolonie, rechterhand indes zum nun restaurierten Eingang des einstigen Verwaltungsgebäudes mit dem neuen Wissenschaftsmuseum (nur mit Guide).

PIANOSA ERLEBEN

INFOPARK (TOURISMUSBÜRO DES NATIONALPARKS)

Via Regina Margherita, Pianosa
Tel. 0565 90 82 31
www.parcoarcipelago.info

AQUAVISION

Tickets nur vor Ort, nicht an Bord!
April - Okt. tgl. 10 Uhr ab Marina di Campo, an Pianosa 10.45 Uhr; retour ab Pianosa 17, an Marina di Campo 17.45 Uhr; Retourticket 39 € (plus Inselgebühr)
3. Juni - 10. Sept. Sa./So. ab Piombino mit Stopp in Marina di Campo, an Pianosa 10.45 Uhr; ab Pianosa 17, an Piombino 19.30 Uhr; Retourticket: 49€ (plus Inselgeb.)

BIGLIETTERIA (TICKETBÜRO)

Piazza dei Granatieri 203
Marina di Campo (tgl. 8 - 20 Uhr)
Tel. 0565 97 60 22
Tel. 328 7 09 54 70
www.aquavision.it

TOREMAR

... verkehrt meist Di. ab Piombino über Rio Marina (Elba) nach Pianosa.
Ab Piombino 8.20, ab Rio Marina 9.20, an Pianosa 11.10 Uhr
ab Pianosa 14.10, an Rio Marina 16, an Piombino 17.10 Uhr
Ticketbüro: Calata dei Voltoni 20
Rio Marina, Tel. 0565 96 20 73
www.toremar.it

BAR/RISTORANTE »DA BRUNELLO« €€-€€€

Im Restaurant von Giulia Manca arbeiten wie im Hotel Milena mehrere Strafgefangene (Freigänger). Es gibt ein großes Angebot an Eis und eine gute Speisekarte. Polpo (Tintenfisch) probieren! Ab hier starten häufig geführte Exkursionen in den Ex-Gefängnisbereich. Nur 50 m sind's zum Strand an der Cala Giovanna.
Via Peppino e Felicia Impastato
Isola di Pianosa
Tel. 337 1 53 35 47
Im Sommer tgl. 9 - 22.30 Uhr

HOTEL MILENA €€€

Direktorin Giulia Manca ist die neue »Principessa di Pianosa« und bietet im einstigen Haus des Gefängnisdirektors linkerhand der Casa dell'Agronomo die einzige Inselübernachtung. Die Zimmer mit Vollpension hat sie mit geschmackvoll arrangiertem Strandgut dekoriert. Ein Hingucker sind die historischen Fresken im ersten Stock (▶ S. 183).
Viale Regina Margherita
Isola di Pianosa
Tel. 345 985 38 62 (Giulia Manca)
www.facebook.com/hotelpianosa.it

19 Mio. Jahre Inselgeschichte

... präsentiert das Wissenschaftsmuseum anhand von Gesteinsformationen, dem spektakulären Geweih eines ausgestorbenen Riesenhirschs sowie Funden aus Neolithikum bis Römerzeit. Neben Amphoren aus den **Bagni di Agrippa** beeindruckt das auf Pianosa entdeckte Skelett eines antiken Römers samt Obolus an den Fährmann Charon.

Museo delle Scienze geologiche e archeologiche

Hinter Mauern

Muro Dalla Chiesa

Der Carabinieri-General **Carlo Alberto Dalla Chiesa** (1920–1982) erlangte 1974 landesweit Aufmerksamkeit mit der Verhaftung der führenden Vertreter der Roten Brigaden: Alberto Franceschini l. und Renato Curcio. Letzterer saß 24 seiner 28 Jahre Haft teils auf Pianosa und Gorgona ab und kam 1998 frei. Dalla Chiesa machte in der Zeit Karriere: Ab 1977 verantwortete er die Sicherheit in allen Staatsgefängnissen und baute mehrere **italienische Gefängnisinseln** mit Hochsicherheitstrakten aus. Pianosa erhielt den Trakt Agrippa, dazu die ca. 8 m hohe, mit Wachttürmen schier unüberwindbare Außenmauer. Das kilometerlange Ungetüm trennt das Inseldorf zwischen Cala Giovanna und Cala San Giovanni von der Strafkolonie und trägt den Namen des Generals, der 1982 von der Mafia samt frisch angetrauter Ehefrau ermordet wurde: Muro Dalla Chiesa. 1984 wurde sein Leben als »Die 100 Tage von Palermo« verfilmt.

Ausflüge ins Hinterland

★★ Bustour, MTB-Tour, Trekking

Die wichtigsten Sehenswürdigkeiten im Bereich der Ex-Strafkolonie erlebt man während der Bustour und noch besser auf der Mountainbike-Runde, die zur Nordspitze der Insel führt. Sehenswert mit dem Bus sind die herrliche Bucht der **Cala dei Turchi** sowie die einstigen Sektionen der Strafkolonie: Hühnerzucht, Gemüse, Obst. In den Stallungen stehen sogar noch die Namen der einzelnen Kühe an den Gitterpferchen! Beeindruckend ist der Blick auf den Ex-Hochsicherheitstrakt »Agrippa«, großartig der kreisrunde **Turm von Babel (Torre di Babele)**, der Ende des 19. Jh.s in übereinander gestapelten Schichten erbaut wurde. Eine Steintreppe führt auf seine Kuppe. Der Bau diente wohl der Wasserversorgung.

Nur noch zur Settimana della Terra Ende August und während der Wanderfestivals (Mai, Okt.) werden die langen Trekking-Exkursionen zur Nordspitze Pianosas angeboten. Da empfiehlt sich die **MTB-Tour**! Erst führt der Wanderweg auf der Naturexkursion an die Nordspitze Pianosas, zur Punta del Marchese. In Höhe der Bagni di Agrippa endet die Dalla-Chiesa-Mauer – es geht über freies Feld und durch blühende Macchia. Pianosa ist europäisches Refugium für den mediterranen Wacholder, der hier in hohen Büschen 50 Jahre alt wird. Alle drei Zistrosenarten, zahllose Orchideenarten, wilder Rosmarin und Wildblumen lockern die Landschaft auf. Endemisch ist der Strandflieder **»Limonio di Pianosa«**.

An der Punta del Grottone steht am **verwaisten Wachtturm** ein Denkmal zu Ehren des Polizeibeamten Gino Gasbarro (1971–1992), der jung im Dienst verstarb. Seit 2001 nistet hier eine Kolonie nur im Mittelmeer lebender **Korallenmöwen,** verewigt im Logo des Nationalparks. Es gibt nur noch 15000 Paare. Beeindruckend ist der Blick

Der Eingang zum alten Hafen: Einst kamen hier die Gefangenen an.

über die farbenfroh schillernde See zur Felsscholle La Scarpa, der ihrer Silhouette wegen so genannten »Schuhinsel«.

Hafen der Vergangenheit

Il Marchese

Markantes Gebäude im Norden ist der ab 1880 auf rechtwinkligem Grundriss mit hohen Mauern errichtete Gebäudekomplex Il Marchese. Er diente ab 1884 bis 1965 als erste **Gefängnis-Quarantänestation** für an TBC erkranke Gefängnisinsassen aus ganz Italien. Hinter dem Gebäude erstreckt sich der schöne Sandstrand **Porto Romano.** Hier entdeckten Archäologen einen zweiten antiken römischen Hafen (Pianosa 2) und 2000 Jahre alte Olivenamphoren römisch-spanischer Herkunft. Zudem betreiben hier Biologen der Uni Pisa ihre Forschungsstation für Zugvögel.

Zurück zum Urzustand

Belvedere, Leuchtturm

Der Rückweg führt durch das Pinienwäldchen am Belvedere mit herrlichem Inselrundblick auch auf den 19 m hohen, 42 m über dem Meer aufragenden Inselleuchtturm. Auf Pianosa kämpft der Park noch gegen Ratten, Kaninchen sowie verwilderte Katzen und Hunde. Doch es wurden auch **Karett-Schildkröten** ausgesetzt, heimisch sind auch 800 fasanenartige Rothühner und der Turmfalke.

Berühmte Pfauenzucht

Zweite römische Villa?

Es gibt Hinweise auf eine zweite römische Villa im Bereich Cala Giovanna/Pontile, die **Marcus Terentius Varro** (114 v. Chr.–27 v. Chr.) gab. Der Polyhistor und Quintilian zufolge der »gelehrteste aller Römer« verfasste mit 80 Jahren für seine Frau Fundania sein Spätwerk über die Landwirtschaft: Rerum rusticarum libri tres. Darin berichtet er über Marcus Pupius Piso Frugi Calpurnianus (114 v. Chr.–47 v. Chr.?). Der war 61 v. Chr. Roms Konsul, besaß auf Pianosa eine Villa und genoss im Imperium Berühmtheit – für seine Pfauenzucht.

★ MONTECRISTO

Gemeinde: Portoferraio | **Provinz:** Livorno | **Fläche:** 10,39 km²
Höhe: 0–645 m. ü. d. M. | **Einwohnerzahl:** 2

Seit der französische Schriftsteller Alexandre Dumas 1846 den Weltbestseller »Der Graf von Monte Christo« veröffentlichte, umweht die massive Granitinsel 63 km vom italienischen Festland und 39 km südlich von Elba der Hauch des Mysteriösen.

MONTECRISTO ERLEBEN

INFOPARK (TOURISMUSBÜRO DES NATIONALPARKS)

Viale Elba 2
Portoferraio (Elba)
Tel. 0565 90 82 31
Buchung: www.parcoarcipelago.info/montecristo/
Ticket: 130 € p.P. (Stand: 2023)

BESUCHSERLAUBNIS FÜR PRIVATBOOTE

CORPO FORESTALE DELLO STATO

Ufficio Territoriale Carabinieri per la Biodiversità di Follonica GR
Via Bicocchi 2, Follonica
Tel. 0566 4 06 11
043591.001@carabinieri.it

Dafür sorgte auch der sagenumwobene **Schatz von Montecristo**, den der hl. Mamilian († 460 n. Chr.), Mönch und Einsiedler auf Montecristo, vergraben haben soll. Tatsächlich wurde der Schatz in Form von 498 antiken Goldmünzen 2004 gefunden: unter dem Altar der uralten Kirche San Mamiliano in Sovana auf dem toskanischen Festland. Doch der echte Schatz von Montecristo ist die Insel selbst. Seit 1988 unter besonders strengen **europäischen Naturschutz** gestellt, dürfen jährlich nur 1725 Menschen älter als 12 Jahre (!) die Insel besuchen. Zieht man die reservierten Plätze für Archipel-Bewohner und Studenten ab, bleiben 1350 Plätze für die Allgemeinheit.

Nur 23 Tagesexkursionen mit max. 75 Teilnehmern

... gab es 2023: 21 Stück von Piombino mit Stopp in Porto Azzurro (Elba), 2 von Porto Santo Stefano mit Stopp in Giglio Porto. Exkursionen finden März bis Mitte April und Mitte Mai bis Oktober statt – die Brutzeit der Wasservögel hat Vorrang. Die gesamte Insel und das Seegebiet rundherum sind geschützt. Auf Montecristo darf man nur in Begleitung der Nationalpark-Guides auf einer der drei festgelegten Routen unterwegs sein. Vorgeschrieben sind Trekking-Schuhe und mindestens 1,5 l Trinkwasser pro Person. Sinnvoll sind ein Rucksack inkl. Lunch-Paket, Sonnen-/Regenschutz, Kamera/Feldstecher.

Abfahrtszeiten des Schiffs »Gigierre«: www.aquavision.it

Exkursionen, Bild ► S. 198

Wie kommt man auf die Insel?

Seit 2022 sind Buchung und Bezahlung der Exkursionen leichter: Sie erfolgen über die Website des InfoPark-Büros (s. o.; Buchung = »Prenotazione«; Bezahlung = »Pagamento«). **Ende Januar** werden die Termine auf der Webseite bekannt gegeben. Man muss sich sputen! Doch es lohnt auch, sich per Mail (info@parcoarcipelago.info) auf die Warteliste setzen zu lassen. Gut **übernachtet** man in Piombino im Hotel Est (www.hotelestpiombino.com).

Nur Online-Buchung

6X ERSTAUNLICHES

Hätten Sie das gewusst?

1. »ÖTZI«

Die berühmte Kupferaxt des mumifizierte Eismanns aus dem Ötztal stammt aus der Toskana, die als Europas Wiege der Metallgewinnung gilt. Die Axt stammt wohl aus den **Colline Metallifere**, vielleicht sogar von Elba.

2. OFELIA BALENI

wurde in Cavo geboren und ist als Halbwaise eines armen Minenarbeiters aufgewachsen. Eine Zeitungsannonce führten sie zum abgedankten englischen König Edward VIII. und Gattin Wally Simpson. So wurde sie **Hausdame** der Herzogin von Windsor. (▶ **S. 61**)

3. CARLO BARRELINI ...

ist nicht nur offiziell einziger Bewohner der Insel **Pianosa,** der über Siebzigjährige scheint auch nicht zu altern! Carlo ist so fit, dass Pianosa schon das Attribut »Insel der ewigen Jugend« erhielt. (▶ **S. 183**)

4. DER »SCHATZ VON MONTECHRISTO«

... aus dem Weltbestseller »Der Graf von Montechristo« von Alexandre Dumas ist echt! Angeblich verbuddelte ihn der hl. Mamilian im Inselkloster **Montecristo.** 2004 fand man ihn auf dem Festland: 498 Goldmünzen aus der Zeit des Mamilian. (▶ **S. 189**)

5. »LA VANTINA«, AMELIA VANTINI

aus **Capoliveri,** soll jenes Mädchen gewesen sein, das Napoleon den Kopf verdrehte und verhinderte, dass das Dorf dem Erdboden gleichgemacht wurde. Beim Antrittsbesuch Napoleons sollen sich die Dörfler nicht gastfreundlich verhalten haben. Beim Zweitbesuch kam Napoleon mit Truppen. Da trat der Legende nach **Amelia** vor und bezirzte den Exilanten nachhaltig. (▶ **S. 55**)

6. VIELE ELBANER ...

... behaupten scherzhaft, von Napoleon abzustammen. Einige bezeichnen sich deshalb als **»Napoleonkind«.**

Drei Rundwege stehen zur Auswahl

Geführte Touren

Am sinnvollsten ist Rundweg A über Cala Maestra, Belvedere, Museo Naturalistico und Villa Reale (2 km; 230 Höhenmeter; 2 Std.). Der schwere Weg B über Cala Maestra, Monastero, Grotta del Santo und Villa Reale lockt Sportive (3,6 km; 460 Höhenmeter; 3,5 Std.). Weg C über Cala Maestra, Villa Reale und Museo Naturalistico schafft jeder (1 km; ca. 2 Std.). Startpunkt ist das Fischerhäuschen am Strand des Inselhafens Cala Maestra, wo die Guides Gruppen für die Touren zusammenstellen. Baden ist auf Montecristo streng untersagt! Die berühmte **Montecristo-Ziege** entdeckt man auf Felsklippen.

Inselgeschichte im Fischerhäuschen

Casotto dei Pescatori

Die Insel war schon im 5./4. Jahrtausend v. Chr. besiedelt. Ihren heutigen Namen bekam sie erst von Mönchen, die aus der höchsten Erhebung, dem Monte Giove und heutigen Monte della Fortezza, den Monte di Cristo (Christusberg) machten. Ansonsten erzählt das Häuschen von zwei deutschen Einsiedlern aus dem 19. Jh., von einem Brigadisten, der Königskindern hier das Schwimmen beibrachte, und vom kurzlebigen Montecristo Sporting Club für Gutbetuchte.

Botanischer Garten und Naturkundemuseum

Villa Reale

1852 erwarb der **Schotte George Watson Taylor** die Insel für 50000 Lire – hauptsächlich, um den Titel »Graf von Montecristo« zu erhalten. Er ließ die **Villa Reale** (nur von außen zu besichtigen) samt prächtiger Terrassen und exotischer Pflanzen bauen, wurde aber schon bald von national gesinnten Italienern attackiert. So verkaufte er 1869 für 100000 Lire alles an den Staat. 1874 bis 1884 war die Insel Ableger der Strafkolonie Pianosa, dann pachtete sie der Florentiner Carlo Ginori Lisci, der hier exklusive Jagdgesellschaften abhielt. 1899 trat er die Insel an Italiens zukünftigen **König Vittorio Emanuele III.** ab. Oberhalb der Villa öffnet das restaurierte **Museo Naturalistico** mit multimedialer Ausstellung zu Flora und Fauna der Insel. Großartig ist rechterhand der kleine Botanische Garten mit monumentalem Taubenhaus. Hier sendete und empfing Italiens König regelmäßig Nachrichten dank der Brieftauben – die E-Mails des frühen 20. Jh.s!

Heilige Stätte der Insel

Monastero, Grotta del Santo

320 m ü. d. M. erhebt sich das Kloster aus dem 5. Jh., das 727 von Sarazenen und endgültig 1553 vom Piraten Dragut zerstört wurde. Ein Pfad führt zur Grotta del Santo, eine der bedeutendsten Kultstätten des Toskanischen Archipels. Vor der schlichten heiligen Stätte stößt man auf Fußabdrücke, die zur Grotte führen. Entgegen dem Volksglauben handelt es sich dabei nicht um ein Wunder, sondern um Steinhauerarbeiten einstiger Einsiedler. Sie hatten die Fußspuren in die abschüssigen, glatten Granitflächen gemeißelt, um besseren Tritt auf den Inselsteilhängen zu haben.

H

HINTER-GRUND

Direkt, erstaunlich, fundiert

Unsere Hintergrundinformationen beantworten (fast) alle Ihre Fragen zu Elba.

Die Skulptur »L'Etrusco metallurgico « von Alberto Inglesi in Rio Marina erinnert an die Seefahrten der Etrusker und ihre kostbare, schwere Ladung. ►

DIE INSELN UND IHRE MENSCHEN

Der Toskanische Archipel wurde vor allem durch das Elba-Exil von Kaiser Napoleon I. berühmt. Schon vor Bonaparte hatten sich die Franzosen um eine ökonomische Neuordnung der Insel bemüht. Mit dem Kaiser kamen neuer Elan und ein Hauch von großer, weiter Welt dazu. Heute schätzen Badeurlauber und Naturliebhaber Elba und den Archipel, der zur größten marinen Schutzzone dieser Art in Europa avanciert ist.

Inseln im Wandel

Mit Gründung des **Nationalparks Toskanischer Archipel** im Jahr 1996 hat sich die Perspektive auf die Inseln gewandelt. Denn seine Landfläche, Inseln, Eilande, Felsschollen und Sonstiges, macht nur den geringeren Teil, exakt 17 887 ha seiner Gesamtfläche aus. Hinzu kommen 56 766 ha glasklares, blaues Meer – das **größte Meeresschutzgebiet Europas.** Folgerichtig ergaben sich in den letzten drei Dekaden auch im Inseltourismus erhebliche Veränderungen – zum Wohl und Nutzen seiner Gäste. Heute reisen Besucher längst nicht mehr nur zum Badeurlaub an. So schätzen Wanderer die Erholung auf gut ausgebauten, markierten Höhenwegen, erfreuen sich am herben Duft der mediterranen Macchia und am fantastischen Gebirgs- wie Meerespanorama. Dabei entdeckt man Möwenkolonien, begeistert sich an den durch die Wellenkämme ziehenden Delfinschulen und bewundert die im Archipel wieder heimischen Falken. **Naturausflüge** zu Lande wie zu Wasser sind das große Thema, **Nachhaltigkeit** und **ökologische Verträglichkeit** die großen Schlagworte, ohne dass dabei kulturelle Sehenswürdigkeiten oder die ständig verbesserte, immer ökologischere touristische Infrastruktur zu kurz kommen.

Schutz des Archipels

Erfolgsergebnisse

Nach über einem Vierteljahrhundert erfolgreicher Arbeit lässt sich feststellen, dass das Hauptverdienst der Arbeit des Nationalparks darin besteht, diese Perlenkette wieder zusammengefügt zu haben. Denn nun wird die so attraktive Inselwelt endlich wieder als Ganzes betrachtet, der **Riesenarchipel bildet wieder eine Einheit.** Nicht genug damit: Der Nationalpark ist auch Teil des größeren **Santuario dei Cetacei** (Sanktuarium der Meeressäugetiere), das sich von der französischen Provence-Küste über Ligurien bis zum Nationalpark und vor die Küsten Korsikas erstreckt. Hier wird versucht, das Habitat von gleich zwölf maritimen Säugetierarten und mindestens 8500 marinen Lebewesen, 4 bis 8 Prozent des Weltbestandes, zu erhalten.

Die von Granitfelsen eingefasste Bucht von Sant' Andrea ist wegen ihres klaren Wassers und Fischreichtums beliebt zum Tauchen und Schnorkeln.

Doch schon die Arbeit im Nationalpark selbst ist eine Sisyphusaufgabe, die den Einsatz rund um die Uhr erfordert. Der **Schutz von Flora und Fauna** verlangt die Eindämmung zahlreicher, die Umwelt verschmutzender Quellen. Dies können gravierende wie etwa toxische Hinterlassenschaften von Schiffen oder die Folgen eines überbordenden Massentourismus sein, aber auch nur vermeintlich »kleine« wie die akustische Belastung der Meeressäuger durch Motorenlärm. Hinzu kommt der »Kampf« an Land. Dabei geht es nicht nur um den Artenschutz. Auch der Wandel der teils historisch bedingten Strukturen muss vermittelt werden. So gelingt es mit vereinter Kraft dank engagierten Kommunen und Italiens Justizbehörden, die schwierige Hinterlassenschaft der Inselstrafkolonien aus dem 19. Jh. nach und nach zu Juwelen des Nationalparks zu wandeln. Das geschieht bereits auf Pianosa, erfolgreich auch auf Capraia und seit 2015 auf der lange »verbotenen« Insel Gorgona, die sich stetig mehr öffnet.

Erlebnis Naturschönheit

Unbestrittenes Herzstück und Kernzone des Parks ist die besonders intensiv geschützte Insel **Montecristo.** Aber auch Giannutri zählt nun zu den großen Gewinnern der erfolgreichen Programme der letzten Jahre. Nicht zuletzt der Tourismus profitiert vom Schutz wie vom behutsamen Aufbau einer neuen, verträglichen wie nachhaltigen Infrastruktur. Dies betrifft nicht nur Elbas Berge oder die 137 Strände auf der Hauptinsel. Mittlerweile werden im Archipel 426 km

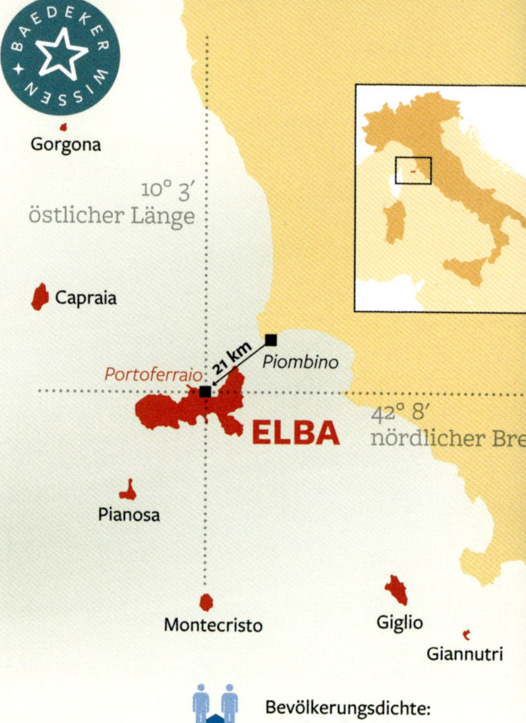

Lage:
Mittelmeer vor der toskanischen Küste

Der Archipel besteht aus **7 Hauptinseln** sowie 42 kleineren Inseln und Felsschollen im Meer.

Fläche:
Gesamte Landfläche des Archipels: **295 km²**
Elba ist mit **223,5 km²** drittgrößte Insel Italiens

Einwohner:
33 840 (Archipel)
31 900 (Elba)
11 780 (Inselhauptstadt Portoferraio)

Bevölkerungsdichte:
115 Einw./km² (Archipel)
143 Einw./km² (Elba)

▶ Verwaltung

Region
Die Inseln des Toskanischen Archipels sind Teil der Region Toskana.
Provinz Livorno:
Elba mit Montecristo (zur Kommune Portoferraio) und Pianosa (zur Kommune Campo nell`Elba), Capraia, Gorgona
Provinz Grossetto:
Giglio mit Giannutri

▶ Nationalpark

Der Nationalpark Toskanischer Archipel ist mit einer Fläche von 746,63 km² der größte marine Nationalpark Europas (567,7 km² Meeres- und 178,8 km² Landfläche). Die Inseln Giannutri, Gorgona, Montecristo und Pianosa stehen komplett unter Naturschutz, Capraia zu 77 %, Elba zu 50 %, Giglio zu 40 %.

▶ Gemeinden (Commune)

Sprache

Italienisch

Religion

Fast 100 % römisch-katholisch, einige wenige Protestanten und Waldenser

Wirtschaft

Wichtigster Wirtschaftszweig: Tourismus
Weiterhin: Landwirtschaft, Fischerei, Uhrenindustrie

Arbeitslosenquote:
5,0 % (2023)
Jugendarbeitslosigkeit:
ca. 21 % (2023),
italienweit **23,7** %

Marinas
Portoferraio
Porto Azzurro
Marina di Campo
Marciana Marina

Klimastation Portoferraio

Durchschnittstemperaturen

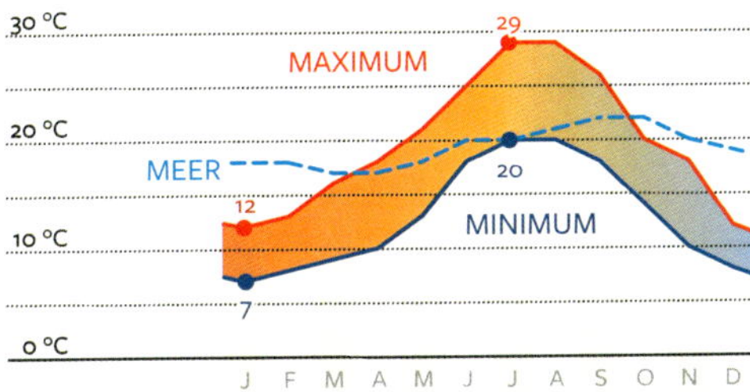

Niederschlag

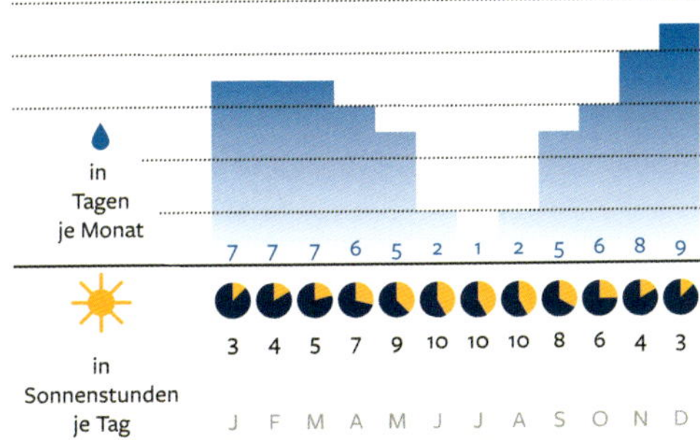

Vier Mittelmeerinseln im Vergleich

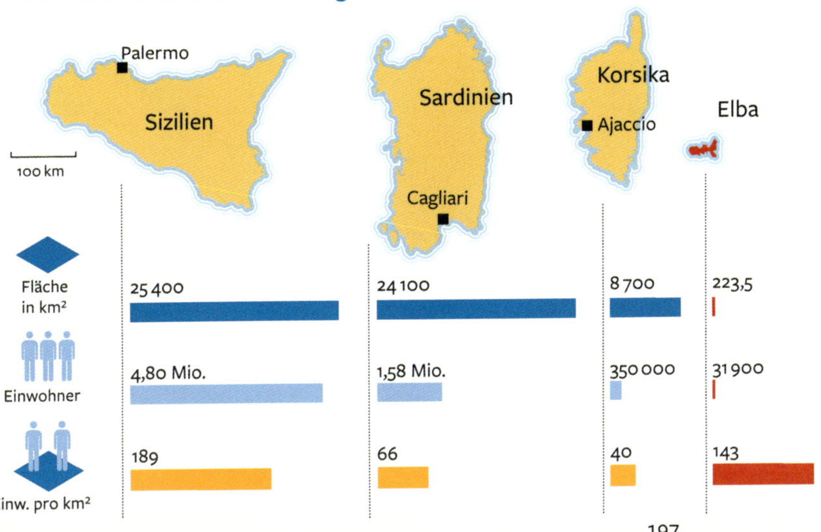

Wander-, Mountainbike- und Reitwege gehegt und gepflegt, die das **Erlebnis der Naturschönheiten** des Archipels aus nächster Nähe ermöglichen. Und die Besucher nehmen es an. Besonders erfolgreich sind die **Wanderfestivals** des Parks im Mai und Oktober. Und wer einmal eine informative Führung mit einem der ca. 80 exzellenten, gut ausgebildeten und jährlich überprüften Nationalparkguides mitgemacht hat, wird sich ohne Umschweife auch am Schutz etwa der 54 Orchideenarten, von denen zehn endemisch sind und nur im Archipel gedeihen, oder der allein auf Elba 56 Schmetterlingsarten unmittelbar beteiligen.

Kampf gegen Eindringlinge

Zentrale Aufgabe der Nationalparkverwaltung ist der **Erhalt der Biodiversität.** Dabei geht es entscheidend darum, heimische, vor allem endemische Flora und Fauna vor ortsfremden Eindringlingen zu schützen, die die über Jahrtausende gewachsenen Habitate bedrohen und zerstören. Allen voran gilt der Kampf der gemeinen Hausratte. Der vermutlich über Schiffe eingeführte Übeltäter vermehrt sich rasant und bedroht vor allem Nistvögel. Erste Erfolge sind bereits zu verzeichnen: So ist Giannutri komplett **rattenfrei.** Auch ausgewilderte Hunde und Hauskatzen stellen ein Problem dar und sollen zumindest aus den Kernzonen des Parks verschwinden. Wenig bekannt ist, dass auch Wildschwein und Mufflon ursprünglich nicht im Archipel heimisch waren. So beschloss der Nationalpark 2016 die völlige Verbannung des **Mufflons.** 1976 hat-

Die ehemalige Gefängnisinsel Montecristo wurde der Natur überlassen – mit Erfolg! Hier wachsen etwa 400 Pflanzenarten.

te Elbas Gemeinde Marciana drei Mufflons gekauft und auf Elbas Monte Perone ausgesetzt, um den Wildreichtum zu fördern. Doch nun sind sie wie die **Wildschweine,** die die gesamte Flora bedrohen, eine Last. Natürlich gehört auch der Schutz der endemischen Pflanzen an die erste Stelle. Auch hier stellt sich der Erfolg langsam ein.
Hohe Priorität genießt bei der Nationalparkverwaltung auch der **Kampf gegen Meeresverschmutzer,** die Reduzierung der Beifangmengen in der kommerziellen Fischerei und die Erhöhung des Fischbestands im Archipel. Ein unfreiwilliger Erfolg: Weniger Schiffsverkehr während der Corona-Pandemie führte zur Erholung der Bestände. Auf Capraia ist sogar die **Mönchsrobbe** zurück! Und jeder Urlauber kann sein Scherflein dazu beitragen, dieses Naturjuwel im Mittelmeer zu erhalten.
Parco Nazionale Arcipelago Toscano: c/o Besucherbüro InfoPark Viale Elba 2, Portoferraio | Tel. 0565 90 82 31 | www.islepark.it, www.parcoarcipelago.info
Besucherzentren: Marciana, Rio nell`Elba und Lacona auf Elba sowie auf Capraia, Giglio und Pianosa

Möwe

Nicht ohne Grund zeigt das Logo des Parks einen Schwarm **Korallenmöwen**. Auf Giannutri nisten noch ca. 2000 Brutpaare dieser im Italienischen Gabbiano corso genannten, bedrohten Art, von der nur noch 15000 Exemplare existieren (▶ Abb. S. 23). Nun entpuppt sich ein Futterkonkurrent als ernsthafte Bedrohung: Die Mittelmeermöwe vermehrt sich prächtig und bedroht auch andere maritime Vögel sowie viele Zugvogelarten.

Flora

Pflanzenparadies

Elba wie Giglio liegen nahe am Festland und besitzen eine ähnliche Vegetation. Die Flora von Capraia und Montecristo ist enger mit Korsika und Sardinien verbunden. Die meiste Flora besteht aus **immergrüne Pflanzen** mit Wachstum im Herbst und Winter und Blüte im Frühling. Anfang des 20. Jh.s untersuchte der Botaniker Stefano Sommier die Flora des Archipels: Elba beherbergt über 1000 Pflanzenarten, Giglio ca. 700, Capraia über 650, Montecristo knapp 400, Pianosa 500, Giannutri über 300 und Gorgona etwa 450.

Wald

Die einst mächtigen **Steineichenwälder** wurden stark dezimiert, wichen Weiden und Feldern und dienten für Boots- und Hausbau. Die Etrusker und Römer nutzten das Holz für ihre Schmelzöfen. Unter den dichten Baumkronen der Steineichen wuchern im Unterholz Erika, der Philariastrauch, Kreuzdorn und Mastixsträucher. Die **Kastanienwälder** am Monte Capanne wurden im Altertum angepflanzt. Im nahen Nivera-Tal stehen jahrhundertealte Eiben.

BLUMEN UND KRÄUTER AUF ELBA

BAEDEKER WISSEN

Elbas Pflanzenwelt ist das Ergebnis des trocken-mediterranen Klimas, der Insellage und der heute nicht mehr existenten Landbrücke zur italienischen Halbinsel. Charakteristisch ist die Macchia, die vor allem im Frühjahr einen betörenden Duft verströmt.

▶ **Macchia**
Diese typisch mediterrane Vegetationsform besteht aus 1–4 m hohen Bäumen und Sträuchern und wächst so verschlungen, dass sie oft kaum zu durchdringen ist.

Waldgebiete

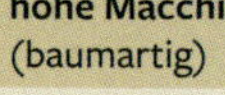

hohe Macchia (baumartig)

niedrige Macchia (Strauchbewuchs)

Baumheide
Die immergrüne Baumheide, ein buschig verzweigter Strauch oder kleiner Baum, wächst bis zu 6 m hoch. Aus ihrem Holz (Bruyère) werden Tabakspfeifen gemacht.

Mastixstrauch
Die immergrüne »Wilde Pistazie« bildet den Übergang zur Macchia. Aus der Rinde wird Mastix (getrockneter Harz) gewonnen.

Zistrose
In der niedrigen Maccia vorkommender, stark verzweigter und buschiger Strauch mit klebrigen, aromatischen Blättern und weißen bzw. rosa Blüten

Ginsterarten
Die giftigen Schmetterlingsblüter mit ihren rutenförmigen Zweigen, z. T. stacheligen, harten Dornen und gelben Blüten wachsen auf nährstoffarmen Böden.

Wolfsmilch
Das giftige, milchsaftführende Nesselgewächs ist heute in der Floristik und Dekoration zu finden. Früher wurde es gegen Hauterkrankungen und als Abführmittel eingesetzt.

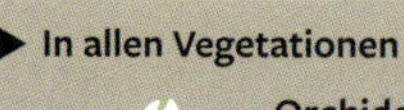

▶ **In allen Vegetationen**

Orchideen
Sie kommen auf allen Inseln des Archipels in vielen Arten vor. Eine besonders schöne ist die Ophrys exaltata montis leonis.

Weitere Kräuter:
Myrte, Heide, Oleander, Thymian, Rosmarin

Parco Nazionale Arcipelago Toscano
Durch den Nationalpark Toskanischer Archipel ist die reiche Pflanzenwelt Elbas geschützt. 55% der Fläche der Hauptinsel stehen unter Naturschutz.

www.islepark.it

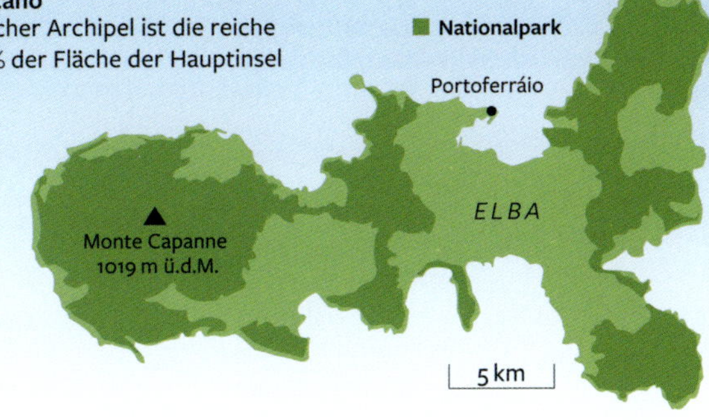

Garigue (lichter, niedriger Bewuchs im Süden der Insel)

Lavendel
Die 1 m hohe Duftpflanze mit ihren stark verästelten Zweigen wächst auf trockenen, felsigen Hängen.

Salbei
Die ein- bis zweijährige, aromatisch duftende Pflanze findet vielfältige Verwendung als Küchen- und Heilsalbei.

Rosmarin
Die Zier- und Gewürzpflanze wächst auf kalkhaltigen, trockenen Böden und enthält 2,5% ätherische Öle.

Weitere Kräuter:
Minze, Oregano, Thymian

Felsriffe (hoher Salzgehalt, schwierige Vegetationsbedingungen)

Meerfenchel
Die Blätter der 10 – 50 cm hohen Küstenpflanze dienen als Gewürz oder werden in Essig eingelegt und zum Sauergemüse gemacht.

Aschgraue Levkoje
Das Kreuzblüten-gewächs ist eine begehrte Schnittblume, die auch als Heilpflanze genutzt wird.

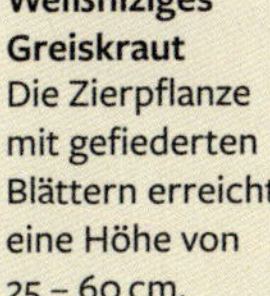

Weißfilziges Greiskraut
Die Zierpflanze mit gefiederten Blättern erreicht eine Höhe von 25 – 60 cm.

Weitere Kräuter:
Strohblumen, Mittagsblume

endemische Pflanzen (nur im Toskanischen Archipel vorkommend)

Viola corsica ilvensis
Diese Unterart der Veilchen wächst auf den nördlichen Hängen des Monte Capanne.

Flockenblume
Die Kornblumenart »Centaurea gymnocarpa« gibt es nur auf Elba und in der Toskana.

Leinkraut
Von der Insel Capraia hat sich »Linaria capraria«, ein zartes lilafarbenes Leinkraut, auf allen toskanischen Inseln verbreitet.

Macchia und Garigue

Die **mediterrane** Macchia, ein immergrüner »Buschwald«, verströmt im Frühjahr ihren intensiven, betörenden Duft. Um wenig Feuchtigkeit zu verlieren, haben viele Pflanzen auf diesem kargen Boden harte und ledrige Blätter. Bei Hitze setzen sie ätherische Öle frei. Verstärkt wird der Macchia-Duft durch unzählige Kräuter. Zum »Macchiawald« zählen auch Erika und Erdbeerbaum, der bis zu 4 m hoch wächst. In der »Niedrig-Macchia« wächst z. B. die Zistrose mit ihren klebrigen und aromatischen Blättern und wunderschönen weißen oder rosa Blüten, dazu verschiedene Ginster mit stacheligen Dornen, oder Wolfsmilch, das milchsaftführende Nesselgewächs. Wo Erosion oder der Mensch die Macchia bedroht, entsteht die **Garigue,** niedriger, lichter Bewuchs mit Macchiasträuchern. Typisch sind auch Rosmarin, Minze, Oregano, Salbei, Thymian oder Lavendel und kleinwüchsige Wacholderarten. Nach Regeneration entstehen **intakte Naturgärten** mit heterogener Flora, auch mit Steineiche, Myrte, Strohblume und Erdbeerbaum. Im Frühjahr stehen diese in voller Blüte, man bewundert lila Disteln, gelb- und orangefarbene Chrysanthemen, gelbe, köstlich süß duftende Jonquillen, rote Mohnblumen, weiße Margeriten oder blauen Borretsch. Zahlreiche Orchideenarten sind im Archipel heimisch. Die **Orchis insularis** gilt sogar als endemisch.

An der Küste

Felsenriffe sind die ökologisch komplexesten Areale – und oft unwirtlich. Am Felsen haftet wenig fruchtbarer Boden mit Salzrückständen. Dennoch siedeln hier widerstandsfähige **Pionierpflanzen.** Dicht am Wasser gedeiht der Meeresfenchel, weiter oberhalb Strohblumen, Aschenkraut und Levkojen. Man trifft sogar auf Zwergpalmen. Auch die **Mittagsblume,** eine Kriechpflanze mit saftigen Blättern und auffallend großen gelben oder roten Blüten, ist verbreitet. Sie stammt aus Südafrika, hat sich aber seit langem festgesetzt. Ehemaliges Weideland ist oft versteppt und mit weichen Blattkissen der Waldzwenke, mit Gräsern oder Asphodillsteppen bedeckt, die im Frühjahr ausgiebig blühen.

Am Hafen von Capraia wächst am neuen Botanischen Rundweg **Percorso Botanico** die schönste Oleanderart (Nerium oleander) des Archipels. Die großen, üppig wuchernden Pflanzen sind im Hochsommer voller duftender rosafarbener Blüten.

Einflüsse von den Nachbarinseln

In Felsspalten der Nordspitze Capraias wächst die Lilie aus dem Balkan mit großen schneeweißen Blumenkronen, die im Mai blühen. Zu den **eingeführten Pflanzen** zählen auch die Kiefern: Gemeine Kiefer, Strandkiefer und Aleppokiefer verhindern das Nachwachsen der natürlichen Vegetation, was sich negativ auf Tierbiotope auswirkt. Der große, widerstandsfähige Ailanthus- oder Götterbaum aus der Levante richtet auf Montecristo Schaden an. Ähnlich robust verhalten sich Gewöhnliche Robinie (Falsche Akazie) und Eukalyptusbaum. Gar aus Ostasien stammt der betörend duftende Chinesische Klebsamen.

Die berühmte Montecristo-Ziege mit gebogenen Hörnern

Fauna

Tierwelt

Historische Wechselfälle trugen zur Verbreitung ursprünglich nicht heimischer Spezies bei. So gelangte die berühmte **Montecristo-Ziege** schon in frühgeschichtlicher Zeit wie die **Aspisviper** nach Montecristo. Die flinke Ziege mit den säbelförmigen Hörnern war einst ein Haustier, das verwilderte und sich perfekt an die schwindelerregenden Steilfelsen von Montecristo anpasste. Die Aspisviper führen manche Wissenschaftler auf die Karthager zurück. Die schleuderten bei Seeschlachten Körbe voller Giftschlangen auf die in Panik geratenen Gegner. **Hasen** und die von der Parkverwaltung bekämpfte schwarze Ratte und Wanderratte kamen später. Den **Marder** auf Elba und Pianosa brachten wohl die Römer mit. Das **Rothuhn,** das im 20. Jh. auf Montecristo angesiedelt wurde, gelangte der Sage nach durch die Spanier nach Elba.

Vögel

Zweifellos sind Vögel die auffälligste Erscheinung im Archipel. Aus den Höhlen jahrhundertealter Bäume erklingt in Frühlingsnächten der Klageruf der scheuen **Zwergohreule,** die in Elbas Dialekt daher »chiù« heißt. Oft in verfallenen Häusern nistet die nachtaktive Schleiereule. Tags dominiert auf den Inseln eine bunte, schwatzhafte Vogelwelt. Hauptakteure sind die **Meeresvögel,** allen voran die Silbermöwen mit Nistplätzen auf allen Inseln. Seltener ist die auch korsische Möwe genannte, vom Aussterben bedrohte Korallenmöwe, im

Emblem des Nationalparks, die an intakte Meeresbiotope gebunden ist und sensibel auf Umwelteinflüsse reagiert. Auch die **Krähenscharbe,** eine empfindliche Kormoranart, zählt zu den durch Umweltschäden bedrohten Vögeln. Mäusebussard, Wander- und Turmfalke leben wie der große Kolkrabe ganzjährig auf den Inseln. Der Archipel ist wichtiges Refugium für **Zugvögel** auf ihrem Weg von Nordeuropa in südliche Winterquartiere und zurück. Im Frühjahr suchen fast alle **Sperlingsvögel** die toskanischen Inseln zum Ausruhen auf, nachdem sie nonstop Sahara und Mittelmeer überquert haben. Schaurig schöne Gesänge veranstalten Sturmtaucher zur Brutzeit. Nachts stimmen sie mehrstimmige Konzerte an.

Reptilien

Der kleine Blattfinger lebt nur auf den Toskanischen Inseln, Korsika und Sardinien sowie an der toskanischen Küste. Dieser kleine schwarze Mauergecko ist hell gefleckt und äußerst schwer zu erkennen, wenn er sich in der Morgensonne auf Fels wärmt. Heimisch sind auch der Warzengecko und einige Eidechsenarten. Die schöne **Smaragdeidechse** wird bis 25 cm lang. Mit Ausnahme der **Aspisviper** (Elba, Montecristo) gibt es auf dem Archipel keine Giftschlangen. Häufiger sieht man die dunkel gefärbte Zornnatter. Sie flieht bei Gefahr ins Unterholz oder lauert auf Steineichen und Erdbeerbäumen Beute auf.

Meer- und Unterwasserwelt

Offenes Meer

Fischer dürfen bis eine Seemeile vor der Küste keine Netze auswerfen, die Fischtrawler-Industrie hat im Nationalpark keine Chance. So bleibt auch zukünftig die Meeres- wie Unterwasserwelt des Archipels die große Attraktion, deren **Schätze** ausgewählte Veranstalter auch Urlaubern erschließen. Natürlich ist das offene Meer mit dunklen Tiefen und großen Raubfischen, die nah an der Wasseroberfläche nach Heringen und Sardinen jagen, ein Erlebnis. So ist die große Bernsteinmakrele ein hartnäckiger Jäger der Meeräsche. Dazu gesellen sich Thunfisch, Hai und der behäbige **Mondfisch.** Er wird bis zu drei Meter lang und kann über eine Tonne wiegen. Selten sieht man die Meeresschildkröte bzw. **Karettschildkröte,** die früher ihre Eier an den Stränden der toskanischen Küste und wohl auch auf Elbas Dünenstränden deponierte. Absolute Stars sind die Meeressäuger, die die Gewässer des Nationalparks Toskanischer Archipel regelmäßig frequentieren. Im Frühjahr und Sommer, zur Zeit der großen Heringsschwärme, sind zahlreiche **Delfine** und Tümmler zu beobachten. Mit Glück werden **Pottwal** oder Finnwal gesichtet. Das beste Gebiet liegt zwischen Elba, Capraia und Gorgona.

In der Tiefe

Unter dem Wasserstand bei Ebbe beginnt üppigstes Meeresleben. In einer Tiefe von bis zu 20 Metern, wo die Lichtintensität noch relativ hoch ist, leben unzählige Algen und Pflanzen sowie Fische und

Tiere jeder Couleur – ein Dorado für Schnorchler und Taucher. Es erstrecken sich **weite Seegraswiesen** aus Posidonia, einer bandförmigen Wasserpflanze, die in der Strömung hin und her wogt, besonders üppig um Pianosa. In Felsnischen, Untiefen und Seegraswiesen existiert vielfältigster Fischreichtum: Schwärme kleiner Brachsenmakrelen, dazu »Großmäuler«, aggressive Revierfische mit einem blauen Fleck auf dem Bauch; die Meerjunker, verschiedenste »Drosselfische«, die Pfauenfische, die es an Lebendigkeit und **Farbenpracht** mit bunten Tropenfischen aufnehmen, schließlich große Raubfische wie Muräne, Meeraal oder der stachelige Drachenfisch, der in tieferen Regionen seinem roten Artgenossen Platz macht. Fischer bevorzugen die auch Dorade genannte Geiß- und Goldbrasse (ital. orata) sowie die Streifenbarbe (triglia).

Am Strand

Wohin das Meer nur bei Flut gelangt, leben Algen und Weichtiere wie Napf- und Sandschnecken, die sich hermetisch verschließen und so Austrocknung verhindern. In Wasserbecken, Aushöhlungen und Senkungen leben Krustentiere, Insektenlarven und Schleimfische, die Veränderungen von Salzgehalt und Temperatur wie Attacken natürlicher Feinde überstehen. In den von Biologen **»innere Zwischenküste«** genannten Gebieten, wohin Wasser regelmäßig im Rhythmus der Gezeiten strömt, entfaltet sich maritimes Leben erstaunlich üppig, mit regelrechten Korallenmoosteppichen an grauen Felsen sowie einer dünnen, roten Algenart mit wunderschönen Farbabstufungen. Hier leben auch Seetomaten genannte rote Weichtiere, die mit ihren ausgestülpten Fangarmen Beute aufnehmen.

Die Insulaner

Bewohner

Elbas Einwohner sind ursprünglich **Toskaner,** viele sprechen noch toskanischen bzw. Elba-Dialekt. Auf Capraia blieb ein eigenständiger **Dialekt** mit Einsprengseln aus Genua und Korsika erhalten. Der Archipel war stets Einwandererziel. Sardische Bergleute, süditalienische Fischer und Familien einstiger Besatzungsmächte blieben ebenso wie seit den 1970er-Jahren Deutsche oder Schweizer. Neu sind die **Extracomunitari,** Migranten aus außereuropäischen Staaten. Sie sind auf Elba gut integriert. Ohne sie würden Tourismus, Weinanbau und Landwirtschaft kaum funktionieren. In Capoliveri (Elba) schätzt man sie auch, weil so die Grundschule erhalten bleibt und das Kino sonntags gut gefüllt ist. Nur ca. 34 000 Menschen leben im Toskanischen Archipel, davon etwa 32 000 auf Elba. Zum Inselleben gehört daher mancherorts auch die **Einsamkeit.** So leben auf Montecristo nur zwei Beamte der Forstverwaltung, die sich alle 15 Tage abwechseln. Auch Pianosa ist in den Abend- und Nachtstunden ein fast verlassener magischer Ort.

INSELTOPOGRAFIE

Elba ist mit 223,5 km² Fläche die größte Insel des Toskanischen Archipels. Das Inselinnere präsentiert sich abwechslungsreich, auf engstem Raum finden sich Hügel, Berge und Tiefebenen. Die Küste ist stark zerklüftet und weist viele Buchten und Einschnitte auf.

① Inselwesten

Den westlichen Teil der Insel bestimmt der 1019 m hohe Monte Capanne. Er ist der höchste Inselberg und vor rund sieben Mio. Jahren durch unterirdische Magmabewegungen entstanden. Die Berghänge bilden große schroffe Flächen, die im Norden bis auf eine Höhe von ungefähr 800 Metern mit dichtem Wald bewachsen sind. Die Kastanienwälder wurden bereits im Altertum dort angepflanzt. Mit Ausnahme kleiner Weinhänge zeigt sich die Südseite eher kahl und sonnenverbrannt. Der helle Granit des ausgedehnten Bergmassivs wurde schon von den Römern genutzt. Die Säulen des Pantheons in Rom und das Grabmal Theoderichs in Ravenna bestehen aus dem Granit des Monte Capanne.

1

4

② Inselmitte

Zwei nordsüdlich verlaufende Landengen – zwischen Procchio und Marina di Campo sowie zwischen der Bucht von Portoferraio und der von Lacona – begrenzen die Inselmitte. Sie ist überwiegend flach, aber durchsetzt mit den typischen, durch Erosion entstandenen Erhebungen, die mit wild wachsenden Macchiapflanzen überzogen sind. Vor allem im Frühjahr duften sie herrlich eigenwillig-herb. Ein großer Teil Mittelelbas wird heute noch landwirtschaftlich genutzt. Angebaut werden hauptsächlich Obst, Gemüse und Oliven.

❸ Inselosten
Der Inselosten ist von den Bergen Monte Calamita und Monte Serra gekennzeichnet. Von großer wirtschaftlicher Bedeutung waren die Eisenerz- und Mineralvorkommen des Ostens. Diese ertragreichen Flöze wurden in der Gegend um Rio Marina und den Monte Calamita abgebaut.

❹ Küste
Die Küstenlinie ist 147 km lang. Die buchtenreiche Küstenlandschaft Elbas bietet traumhafte Badeplätze; ganz im Westen der Insel verläuft durch spektakuläre Felseneinschnitte die Küstenstraße.

❺ Inselhauptstadt
Portoferraio, der größte Ort Elbas und des gesamten Toskanischen Archipels, liegt an der Nordküste der Insel auf einer felsigen Landzunge an einem Naturhafen, den schon die Etrusker zu schätzen wussten und den der britische Admiral Horatio Nelson 1796 als den »wohl besten Hafen der Welt« bezeichnete.

❻ Laghetto di Terra Nera
Die Süßwasserlagune ist in einer aufgelassenen Pyritgrube entstanden. Der schwefelhaltige Grund des Sees hat das Wasser grüngelb verfärbt.

Vor allem der Badetourismus steht immer noch hoch im Kurs auf Elba wie hier am Strand von Fetovaia.

Wirtschaft

Tourismus

Das **Wirtschaftsleben** des Archipels ist stark auf den Tourismus ausgerichtet und konzentriert sich vorwiegend auf Elba, Giglio und Capraia, eingeschränkt auch auf Pianosa, Giannutri, Gorgona und Montecristo. Von Mai bis September 2022 zählte Portoferraios Hafen rekordverdächtige 2,2 Mio. An- und Abfahrtsgäste, 100000 mehr als vor der Corona-Pandemie. Viele Arbeitsplätze im Archipel finden sich daher wenig überraschend in der Tourismuswirtschaft. Weitere Arbeitsplätze im Transportwesen (Fähren, Ausflugsschiffe, Auto-/Radvermietung, Taxen) oder im Kleingewerbe und Handel profitieren direkt vom Tourismus. Auch die nationale und internationale **Prominenz** hat den Archipel entdeckt. So erholte sich Sebastian Vettel im Nobelhotel Hermitage am Strand von Biodola, Steffi Graf und Andre Agassi schlenderten durch Marina di Campo und »Indiana Jones« Harrison Ford dockte in Porto Azzurro an.

Vom Salz zum Limo

Ein besonderer Nischenmarkt ist der **Kur- und Wellnesstourismus** auf Elba. Im 17. und 18. Jh. wurde am Strand von San Giovanni Salz aus Meerwasser gewonnen. Nach zwei Monaten Trocknung an der Sonne gelangte es ins Salzmagazin von Portoferraio. Die Saline wurde Anfang des 20. Jh.s unrentabel und von der Eisenhüttenindustrie verdrängt. Rückstände der Hochöfen wurden hier gelagert und vermischten sich

so mit den Salzablagerungen. Im Laufe der Zeit entstand so ein gesundheitsfördernder Meerschlamm (Fango), der **Limo**, der reich an Jod, organischen Pflanzen und Algen ist. Seine Heilwirkung wurde 1957 entdeckt, als hier die Wunden zur Erholung weidender Rennpferde rasch heilten. Die Anwendung des Limos auch in Kombination mit der Thalassotherapie zeigt bei Rheuma, Stoffwechsel-, Atemwegs- und Hautkrankheiten Erfolge. Die **Terme di San Giovanni** bietet Kuren, entspannende Wellness-Angebote und auch Kosmetika auf Limo-Basis an.
https://termeisoladelba.it

Landwirtschaft

Erneuter Aufschwung

Nach wie vor ist jeder zehnte Insulaner in der Landwirtschaft tätig. Tendenz steigend! Denn im Landwirtschaftssektor tut sich viel. Nummer eins ist der Weinbau dank enormer Steigerung der Qualität! Dies führte 2010 zur Verleihung der höchsten Qualitätsauszeichnung DOCG. Auch der von Napoleon forcierte **Olivenanbau** blüht wieder auf, vor allem Bio-Kosmetika aus Oliven sind gefragt. Eine Renaissance erlebt auch der **Obstanbau.** Kleinbetriebe sorgen zudem für dessen Verarbeitung zu Honig, Marmeladen und Konfitüren. Auch die **Esskastanie** wird rund um Poggio wieder zur Veredelung von Lebensmitteln genutzt. Zu Mehl verarbeitet, wandert sie in heiß begehrte, sehr nahrhafte Pasta-Sorten. Erstaunlich ist die Wiederbelebung der Viehwirtschaft. Nun grasen kleinere **Schaf- und Ziegenherden** auf Elbas Hügeln – und liefern die Milch für herausragenden **Käse.** Da liegt es im Trend, dass sich viele Elbaner nostalgisch an ihre traditionellen Fortbewegungsmittel erinnern: Man hält wieder Esel und Pferde!

Weinbau

Elbas Weinbau basiert auf Kleingütern, die auf wenigen Hektaren herausragende Tropfen herstellen. Das größte Weingut liefert 110 000 Flaschen pro Jahr. Dabei spielen das gemäßigte Klima, das mineralreiche Terroir, der Rückgriff auf Traditionsreben und antike Keltermethoden eine große Rolle. Auf Elba und Giglio reift Wein sogar wieder in Amphoren. Bekannte Weingüter auf Elba sind Acquabona, Acquacalda, Arrighi, La Chiusa, Le Ripalte, Le Sughere, Le Terre del Granito, Montefabbrello oder Sapereta. Ein Elba-Klassiker ist der süße Dessertwein **Aleatico Passito** (Herstellerliste: www.aleaticoelba.it).
Auch der **Ansonico** (bzw. Ansonaco) von Elba und Giglio hat weltweit Liebhaber. Hinzu kommen die Rebsorten Biancone di Portoferraio, Canaiolo nero, Sangiovese, Trebbiano toscano und Vermentino.

Fischerei

Der Umfang der Fischerei im Toskanischen Archipel hat auch aufgrund eingeschränkter Fanggründe und rigoros per Funk und Computer **überwachter Umweltauflagen** stark nachgelassen. Der in

ELBAS BODENSCHÄTZE

Die Insel Elba gehört zu den ältesten Bergbaugebieten der Welt. Bereits im 8. Jh. v. Chr. wurde hier Eisenerz abgebaut. Elbas Granit wurde u.a. im Pantheon und im Kolosseum in Rom verbaut. Bis heute ist Elba mit seinen über 200 verschiedenen Mineralien ein Eldorado für Sammler aus aller Welt.

▶ Mineralien auf Elba

Ostseite der Insel

Hämatit

Limonit

Ilvait

Magnetit

Westseite der Insel

Orthoklas

Beryllium

Turmalin

Quarz

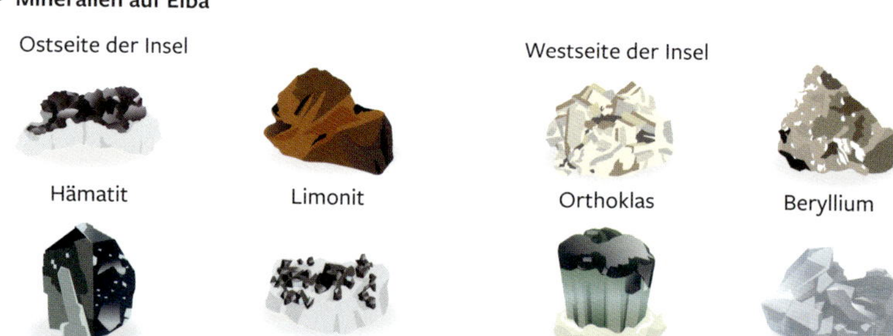

▶ Die Entstehung von Gesteinen
Eine Abfolge der Entstehung unterschiedlichster Mineralien

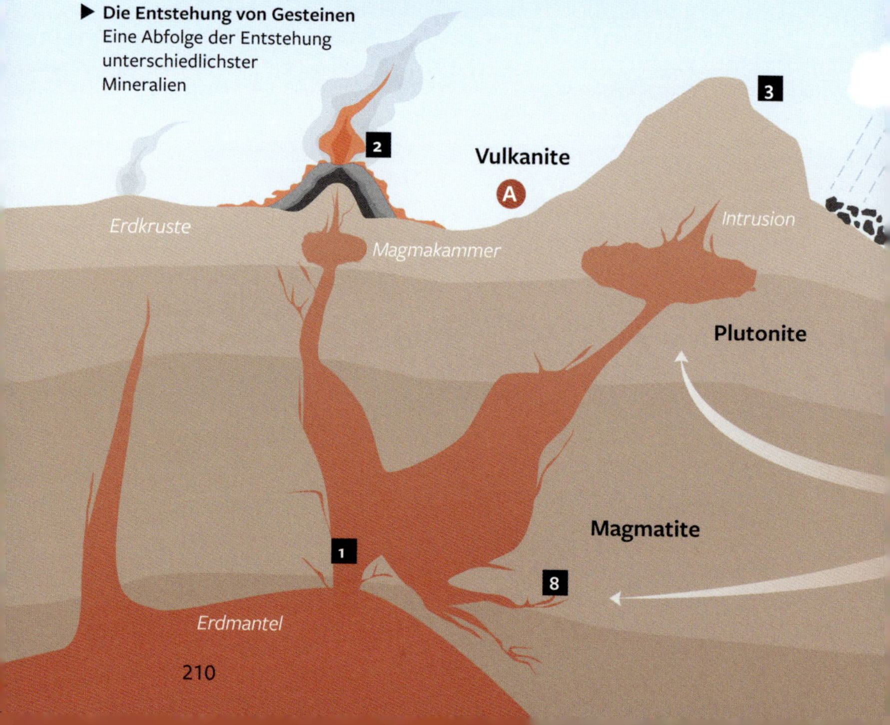

2
3
Vulkanite
A
Erdkruste
Magmakammer
Intrusion
Plutonite
Magmatite
1
8
Erdmantel

Geologische Übersicht

- Granitporphyr, Aplit, Turmalin
- Granit und Granodiorit des Monte Capanne
- Flysch, Kalke, Mergel, Basalt
- Calamitaschiefer, Phyllite, Vulkanite, Laven, Tuffe
- Diabase, Gabbro, Serpentinite
- Calpionellenkalk, Radiolarite
- Rauwacke
- HISTORISCHES BERGWERK

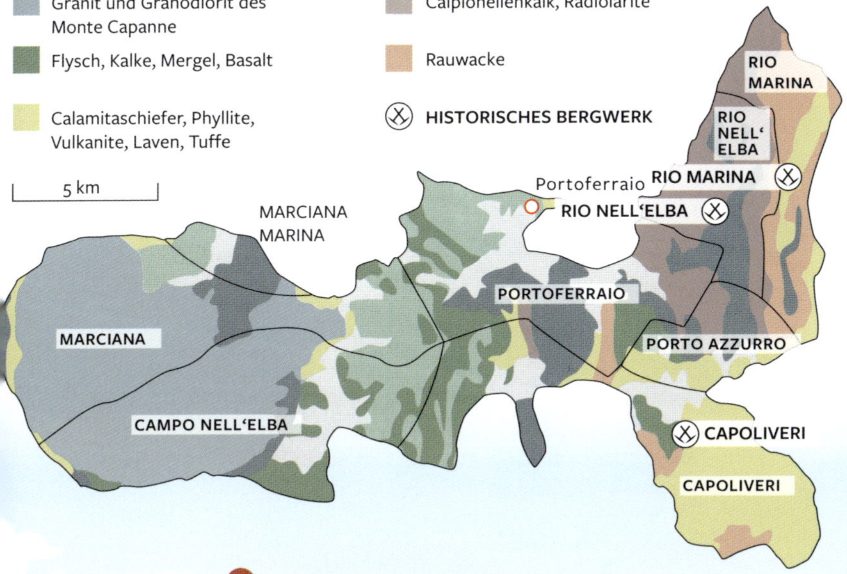

5 km

RIO MARINA
RIO NELL' ELBA
Portoferraio
RIO MARINA
RIO NELL'ELBA
MARCIANA MARINA
PORTOFERRAIO
MARCIANA
PORTO AZZURRO
CAMPO NELL'ELBA
CAPOLIVERI
CAPOLIVERI

A **Magmatische Entstehung**
In abkühlender Gesteinsschmelze durch Auskristallisierung

B **Sedimentäre Entstehung**
Am Meeresboden und in Flussmündungen durch Ablagerung mineralischer und biologischer Stoffe

C **Metamorphe Entstehung**
Umwandlung von Gestein unter hohem Druck und hoher Temperatur

4
5
B
Sedimente
6
7
C
Metamorphite

1. Aufsteigendes Magma
2. Vulkanische Eruption
3. Gebirgsbildung, Hebung
4. Verwitterung, Abtragung
5. Ablagerung, Sedimentation
6. Verfestigung, Absenkung
7. Metamorphose
8. Anatexis (Aufschmelzung der Gesteine)

BAEDEKER WISSEN

GINO GENIALE – DIE GESCHICHTE DER EISENGEWINNUNG AUF ELBA

Elba und Gino Brambilla – ein Glücksfall muss die Insel mit dem Künstler, Glasbläser und Kaufmann aus der Nähe von Mailand zusammengeführt haben. Denn dem unermüdlichen Interesse des Hobby-Archäologen ist es zu verdanken, dass der Geschichte des Bergbaus wichtige Geheimnisse entrissen werden konnten.

In den 1960er-Jahren entdeckte Brambilla (1928–2019) ein **antikes römisches Schiffswrack,** ein weiteres sollte später vor Marciana Marina folgen. Doch Brambilla, gern gesehener Gast auf unzähligen Archäologie-Symposien, interessierte sich vor allem für die Geschichte der Eisenherstellung. In den Bann zogen ihn die ältesten Fundorte zwischen Rio Marina und Cavo, wo Relikte erster Verhüttungsversuche der **Etrusker** gefunden worden waren. Seit dem 8. Jh. v. Chr. widmeten sich die Südtoskaner dem Eisenabbau auf Elba, vollzogen aber einen Großteil der Verhüttung auf dem Festland. Das Denkmal »L'Etrusco« in Rio Marina, (▶ Abb. S. 193) 1998 von Alberto Inglese geschaffen, erinnert an die **bewegten Seefahrten** der Männer der ersten Hochkultur Westeuropas und ihre kostbare, schwere Ladung aus Granit, Marmor und Eisen. Weitere Brennofenfundamente traten bei Grabungen in Populonia und Follonica zu Tage, Brambillas Leidenschaft fürs flüssige Erz nahm entscheidend Fahrt auf.

Brambilla-Arbeit

Über Jahre werkelte und probierte er in seiner Werkstatt in Magazzini am Nachbau der ersten und ältesten etruskischen **Schmelzöfen** und war erfolgreich. Der österreichische Professor Gerhard Sperl erkannte die große wissenschaftliche Bedeutung der Brambilla-Arbeit und machte ihn in Fachkreisen bekannt. Bis heute sind seine etruskischen Schmelzöfen erhalten, die neben dem Ethnografischen Museum Casalino del Castagno in Poggio (2023 geschl.) stehen: etwa 1,5 bis 2 m hoch, mit zylindrischen Kammern, Kamin oder Rauchabzug und Zufuhrmöglichkeit für Holzkohle. Der Ort ist gut gewählt, denn das waldreiche Poggio ist eines der historischen Zentren für das jahrhundertelang ausgeübte Köhlerhandwerk auf Elba, das auch der Herstellung von Grillkohle diente. Deren Einsatz hatte schon Plinius in der Antike beschrieben. Nach einem Gläschen Spritz an einem Tisch vor der Bar La Dolce Vita lohnt ein näherer Blick.

Antike Methoden

Auf Elba kam und kommt für das Erreichen von Schmelztemperaturen um die 1300 °C nur die so genannte Carbone da Fabbri infrage, die **»Schmiedekohle«**. Am besten geeignet waren Erika-Holz und Erdbeerbaum (Corbezzolo). Trotz solcher Naturkenntnisse waren die Etrusker in ihren heißen Bemühungen nicht gerade hoch erfolgreich, wie Brambilla rasch festgestellt hatte. Sie verhütteten vorzugsweise Hämatit – und verloren beim Schmelzprozess in ihren einfach konstruierten Öfen bis zu 40 % des Eisengehalts im Erzgestein. Profiteure dieser schlichten antiken Verfahrenstechniken waren daher auch jene **Eisengießer,** die Anfang des 20. Jh.s die riesigen Schlackenhalden von Populonia durchwühlten, erneut verhütteten und auf diese Art bequem reiche Erträge machten.

Reines Eisen

Nach der Gewinnung des flüssigen Eisens, für die abwechselnd je vier Mann über 10 bis 12 Std. notwendig waren, entstand der **»Blumo«.** Dieser Flachstahl bzw. dieses Flacheisen war immerhin zu 90 % rein, enthielt aber nur 0,06 % Karbon. Erst das Teilen des Flachstahls und bis zu achtmal wiederholtes Erhitzen des Eisens auf 1300 °C erbrachte die gewünschte – und später bei militärischen Gegnern gefürchtete – Härte des Eisens. Jede Neuerhitzung erhöhte die Reinheit des Eisens, aber auch den Karbongehalt um je noch mal 0,06 %.

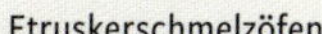

Etruskerschmelzöfen

Stand heute

Bergbau und Eisengewinnung wurden auf Elba bis ins 16. Jh. so betrieben. Erst dann trat **Cosimo I.** auf den Plan, der neue **Verhüttungsmethoden** aus Deutschland einführte. Angetan hatte es ihm Georgius Agricola (1494–1555), Professor in Leipzig und Vater der Mineralogie. Mit dessen neuen Erkenntnissen aus dem 1566 erschienenen Hauptwerk De re metallica libri XII wurde Elbas Eisenverhüttung umgehend revolutioniert. Anfang des 20. Jh.s erreichte die Produktion der ILVA in den Hochöfen von Portoferraio ihren Höchststand von 200 000 Tonnen pro Jahr. Doch die beiden Weltkriege führten zum Erlöschen der Schmelzglut; nach 1945 wurde alles nach Piombino verlagert. Das Stahlwerk ist nun im Besitz des Multis **JSW Steel Italy.** Piombino sollte wegen hohem Energiebedarf ab 2023 auch ein heftig umstrittenes schwimmendes Flüssiggas-Terminal erhalten.
Elbas letzte Erzmine schloss 1982 auf Calamita. Große Empörung war nicht mehr zu befürchten. Täglich stiegen dort nur noch 15 Bergmänner ein, um bis zu 45 m unter dem Meeresspiegel nach Hämatit zu schürfen. Was bleibt, ist Elbas in zahlreichen Museen dokumentierte Bergbaugeschichte.

der Antike von der Patrizierfamilie Domitii Ahenobarbi begonnene, systematisch betriebene Thunfischfang endete schon 1958 mit Schließung der Tonnara auf Elbas Halbinsel Enfola. Heute ist sie Sitz der Nationalparkverwaltung. Auf Elba leben noch 72 Fischer vom Fischfang, meist in den Häfen Portoferraio, Marina di Campo und Porto Azzurro. Ein Zentrum ist die Fischerkooperative von Marina di Campo (12 Boote), die besten tagesfrischen Fisch auch frittiert oder als fertigen Oktopus-Salat anbietet (ACLI Pesca, Laden: Via per Portoferraio 412, Marina di Campo, www.aclipesca-elba.it; tgl. 10–14, 18.30–21 Uhr). April und Mai sind die beste Zeit für Fisch. In Küstennähe findet man Brassen (»scardone«), Muränen (»murene«) und Wrackbarsche (»cernie«), weiter draußen Zahnbrassen (»dentici«). Diese und weitere Fischarten bilden mit Zutaten auch die traditionelle Fischsuppe »Caccuccio«.

Mineralien und Schmuck

Der Bergbau ist seit 1982 bedeutungslos, doch die auf Elba vorhandenen 150 unterschiedlichen Mineralien ziehen weiter in den Bann. **Eisenerze** wie Roteisenstein (Eisenoxyd) oder **Magnetit,** das eisenhaltigste Mineral mit natürlichem Magnetismus, kann man z.B. auf ausgezeichneten Führungen über Elbas Halbinsel Calamita entdecken. Original elbanisch ist das 1803 nahe Rio Marina entdeckte **Ilvait**, das nach dem lateinischen Namen der Insel (Ilva) benannt ist. Zunächst wurde es Jenit genannt, um Napoleons Sieg gegen Preußen in der

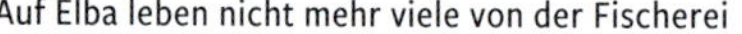
Auf Elba leben nicht mehr viele von der Fischerei

Schlacht bei Jena und Auerstedt (14. Okt. 1806) zu ehren. 1811 beschrieb Naturforscher Henrich Steffens (1773–1845) es detaillierter und taufte es nach dem Fundort Elba. **Pyrit** (»Katzengold«) findet man bei Porto Azzurro, Rio Marina und in Giglio Campese. **Kupfer** wurde auf Calamita abgebaut. Hinzu kommen Elbas Granit und im Tiefengestein schlummernde kostbare **Kristalle:** wunderbar farbenreiche Turmaline wie der **Elbait**, der zur Turmalin-Gruppe zählt, seit der Antike bekannt und nach Elba benannt ist; außerdem Beryll, Orthoklas und Granat, dazu leuchtende Quarze und Quarzite mit feinkörnig kristalliner Struktur. Im Sediment lagern grüne und rote Quarzkristalle, z. B. oxydiertes Silizium und Jaspis. Die schönsten Kristalle sind im Inneren sog. Pegmatiten, Magmabrocken. Sie alle werden von Elbas Goldschmieden zu edlem Schmuck verarbeitet und in Kunsthandwerksläden und Galerien angeboten.

GESCHICHTE

Elba bot stets sichere Landeplätze – den Phokäern folgten Griechen, Etrusker, Ligurer, Römer und Langobarden, im Mittelalter Pisaner, Genuesen, Sarazenen und die Großherzöge der Toskana, ehe auch Spanier, Engländer und Franzosen ihre Spuren hinterließen.

Vor- und Frühgeschichte

Paläolithikum

Noch zur letzten Eiszeit war Elba als Teil einer Landbrücke zwischen dem Festland und Korsika für Menschen wie Säugetiere mühelos erreichbar. Giglio und Giannutri waren schon Inseln. Älteste Humanoidenfunde datieren ins Moustérien (48 000 bzw. 38 000 v. Chr.), auf Elba jagten **Neandertaler,** wo man ihnen 40 Fundorte zuschreibt. Der Anstieg des Meeresspiegels am Ende der letzten Eiszeit trennte Montecristo, Capraia, Gorgona, Pianosa und Elba vom Festland. Der erste **Homo Sapiens** kam im Megalithikum (4. Jt. v. Chr.–2200 v. Chr.). Zeugnis legen die **Sassi Ritti** (vier Menhire) bei San Piero in Campo und die Nekropole (Kreisgräber; Menhir) auf den Piane alla Sughera oberhalb Secceto ab.

Neolithikum

Gefäße aus brauner Tonerde, Äxte und Kupfermesser aus der Jungsteinzeit (2000–1300 v. Chr.) belegen den Bergbaubeginn auf Elba. Kupfer, Zink und Blei wurden bis in die Alpen gehandelt. Belege liefern die **Grotta di San Giuseppe** (Rio Marina) mit 50 Skeletten der **Rinaldone-Kultur,** Schlacke- und Ofenreste um Pomonte und Colle Reciso

EPOCHEN

VOR- UND FRÜHGESCHICHTE

um 13 000 v. Chr.	Der ansteigende Meeresspiegel trennt Montecristo, Capraia, Gorgona, Pianosa und Elba vom Festland.
2000–1300 v. Chr.	Jungsteinzeitliche Siedlungen; Beginn des Bergbaus
9./8. Jh. v. Chr.	Erstes bekanntes Inselvolk waren die von den Latinern so genannten »Ilvates«, die wohl aus Ligurien stammten.
700 v. Chr.	Etrusker aus Populonia nutzen auf Elba erstmals die Eisenvorkommen.
474 v. Chr.	Die Seeschlacht von Cumae beendet die Hegemonie der Etrusker im Tyrrhenischen Meer. Der Toskanische Archipel wird geplündert, Elba danach befestigt.

RÖMISCHE ANTIKE

246 v. Chr.	Die Römer erobern Elba.
67 v. Chr.	Gnaeus Pompeius verjagt Piraten aus dem Tyrrhenischen Meer, wo sie drei Jahrhunderte gewütet haben.
1. Jh. v. /2. Jh. n. Chr.	Patrizierfamilien bauen prunkvolle Villen.
5. Jh. n. Chr.	Roms Niedergang beendet den relativen Wohlstand der Elbaner.
8/9. Jh.	Sarazenenüberfälle, die Pisas Flotte 874 n.Chr. beendet
12./13. Jh.	Kriege zwischen den Republiken Pisa und Genua
1348	Nur 2000 Insulaner überleben die Pest.

MITTELALTER

14. Jh.	Herrschaft der Appiani
16. Jh.	Herrschaft der Medici

NEUZEIT

17. Jh.	Herrschaft der Spanier, Intermezzo der Franzosen
18. Jh.	Elba ist dreigeteilt und ständig gefährdet.
1796–1799	Die Briten intervenieren auf Elba.
1802	Im Frieden von Amiens fallen Elba und weitere Inseln des Archipels an Frankreich.
1814	Sturz Napoleons; im Vertrag von Fontainebleau wird Elba sein Exilort.
26. 2. 1815	Napoleon flieht aufs Festland.
19. Jh.	Elbas Anschluss an Italien markiert den Beginn der Industrialisierung.

BIS ZUR GEGENWART

1920/21	Auf Elba kommt es zu Streiks und sozialen Auseinandersetzungen.
16.6.1944	Operation Brassard; die Alliierten landen in Marina di Campo und beenden die neunmonatige deutsche Besatzung.

1950er-/60er-Jahre	Planvoller Aufbau des Tourismus auf Elba
1982	Auf Elba schließt die letzte Eisenerzmine.
1998	Die sieben Inseln werden in den Nationalpark Toskanisches Archipel integriert.
2012	Vor Giglio läuft das Kreuzfahrtschiff Costa Concordia auf ein Riff. 32 Menschen sterben.
2018	Aus Rio Marina und Rio nell'Elba wird Rio. Elba besteht nun aus 7 Gemeinden.
2020–2023	Elba hat die Corona-Pandemie glänzend überstanden und beeindruckt mit neuen Besucherrekorden.

nahe Lacona und der künstliche Brunnen auf Pianosa. Bronzezeitfunde gab es am Monte Capanne und am Monte Giove bei Marciana.

Ilvates, Urbewohner

Die ältesten namentlich bekannten Inselbewohner wurden von den Latinern **Ilvates,** die Insel Ilva genannt. Schüsseln, Scherben und Webrahmen der in Höhlen und Laubhütten Wohnenden, wohl Ligurern, zeugen von Vieh- und Landwirtschaft wie Textilkunst, die mit der **Villanova-Kultur** (9./8. Jh. v. Chr.) einher gingen, die die Etrusker ablösten.

Die Etrusker

Etrusker aus **Populonia** bauten ab 700 v. Chr. erstmals Eisenerz ab, das sie dann in Populonia verhütteten. Etruskergräber belegen ihre intensive Tätigkeit, Schiffswracks um Elba und Pisa den regen Handel.

»Die Rußige« und der »Funke«

Elba weckte als Erzlieferant rasch das Interesse bei Phöniziern und Griechen, bei denen die Insel **»Aithalé«/»Aethalia«** (»die Rußige«) hieß. Die Römer nannten sie später **»Favilla«** (»Funke«). Beides geht wohl auf Tag und Nacht lodernde Feuer der Meiler zurück. Holzkohle lieferte die nötige Temperatur zur Erzschmelze.

Die Griechen

Im Jahr 474 v. Chr. unterlagen die Etrusker in der **Seeschlacht von Cumae** (griech. Kyme; im Golf von Neapel) der Kriegsflotte von **Hieron I.,** Tyrann von Syrakus und Gela auf Sizilien. Noch 453 v. Chr. wurde Elba danach von Griechen geplündert und gebrandschatzt. Die Etrusker schützten sich mit einem Netz wehrhafter Fortifikationen (in Poggio, Monte Castello bei Procchio, San Felo, Grassera) und bewohnten Festungen (Castiglione di San Martino in Portoferraio; Castiglione di Campo bei Marina di Campo; Monte Fabbrello).

Römische Antike

Eroberung Elbas durch die Römer

Rom eroberte Elba 246 v. Chr. und schuf neue Zentren für die Eisenschmelze; u. a. die **Kolonien** Fabricia (»Ort der Schmiede«; heute Portoferraio), und Caput Liberum (»Freiheitsberg«; »Berg der Freien«; heute Capoliveri) und nannten die Insel »Ilva« (Eisen).

Kampf gegen Piraten

Die drei Jahrhunderte im Archipel wütenden Seeräuber verjagte 67 v. Chr. **Gnaeus Pompeius Magnus,** der dann mit Cäsar und Crassus das erste Triumvirat bildete.

Pax Romana

Mit dem Augusteischen Frieden endete auch die etruskisch-römische Epoche des Erzabbaus auf Elba. Minen in Spanien und Noricum (heute Österreich) waren ergiebiger. Von Elbas Häfen wurde nun Keramik, Wein und der begehrte Granit vom Monte Capanne ins westliche Mittelmeer verschifft. Auf Elba sind drei prunkvolle Patriziervillen erhalten: Die Villa delle Grotte (bis 100 n. Chr. bewohnt), wo **Ovid** weilte, die Villa della Linguella (50–250 n. Chr.) und die Villa di Capo Castello in Cavo (bis ca. 150 n. Chr.). Die Römer waren auf Capraia und Gorgona präsent. Reiches Römererbe bergen Giglio, Pianosa und Giannutri, das damals Dianium hieß und Eigentum der Adelsfamilie Domitii Ahenobarbi war. Agrippina die Jüngere (15/16 n.Chr.– 59 n.Chr.) war seit 28 n.Chr. mit Gnaeus Domitius Ahenobarbus (20/15 v.Chr – 40 n.Chr.) verheiratet, dem sie 37 n. Chr. den späteren **Kaiser Nero** gebar. Die Familie begründete den planvollen Fischfang im Toskanischen Archipel.

Niedergang des Römischen Reiches

Der fruchtbare Archipel reüssierte als Lieferant hochwertiger Lebensmittel, was zig entdeckte Wein- und Olivenölamphoren belegen. Doch Roms Niedergang ab dem 5. Jh. zerstörte auch das Handelsnetz und so Elbas **relativen Wohlstand.**

Gefängnisinseln

Die Römer errichteten auf Pianosa eine erste Strafkolonie, die Christen ab Ende des 4. Jh.s als Rückzugsort nutzten. Ihre in Tuffstein gegrabenen **Katakomben,** die größten nördlich von Rom, erinnern daran. Im 7. Jh. schickte **Papst Gregor** die ersten Verbannten nach Gorgona, das noch heute eine Strafanstalt besitzt. Die Einsamkeit der Inseln zog auch Eremiten an, u. a. den Bischof von Palermo, **San Mamiliano,** der 455 auf Montecristo landete und dort 460 n. Chr. starb.

Langobarden

Im Jahr 569 zerstörten Langobarden Populonia bei Piombino. Die Einwohner und ihr Bischof San Cerbone fanden **Zuflucht auf Elba,** wo Cerbone 573 starb. 610 eroberten die Langobarden auch Elba. Ortsnamen wie »Gualdo« (»Wald«) verweisen auf sie. 774 wurde das Langobardenreich fränkisch, 787 fiel Elba als Schenkung an den Papst.

Sarazenenstreifzüge

Im 9. Jh. tauchten erste arabische Schiffe auf »Konvertierungsmissionen« im Archipel auf. Dem religiösen Auftrag setzten die Seerepubliken Genua und Pisa ihre Macht entgegen. Die **pisanische Kriegsflotte** vertrieb die Sarazenen 874, nachdem sie Elba schwer verwüstet hatten. So gab der Papst das Eiland Palmaiola zum Dank an Pisa, wo ein erster Wachtturm errichtet wurde. Doch 1003 und 1016 plünderte der **Pirat Musetto** (Mujāhid al-'Āmirī; 960–1044) erneut Elba und Pisas Umland, ehe er besiegt und Pisa Herrin auf Elba wurde.

Das hätte Papst Gregor nicht gedacht: Auf Gorgona befindet sich heute noch Europas letzte Strafkolonie. Besonders bekannt ist die Insel aber durch ihren Wein.

Die Herrschaft der Pisaner im 11./12. Jh.

Pisa befestigte Elbas Küstenorte gegen die Sarazenen. Bezahlt wurden die Forts mit Einnahmen aus dem Erzabbau, ca. 50 000 Goldflorin im Jahr. So entstanden die **Festungen** von Volterraio, Luceri, Marciana, San Giovanni in Campo, die Torre Vecchia (Gorgona), Burg und Turm San Giorgio (Capraia) und die Feste »Castello« (Giglio).
Elbas strategische Lage rief die **Seerepublik Genua** auf den Plan. In der Nacht des 23. Juli 1162 landete ihre Flotte beim Capo S. Andrea. Der blutige Kampf endete allerdings nicht zugunsten der Angreifer. 1241 besiegten die Flotte Kaiser Friedrichs II. vor Giglio guelfische Genuesen. Die kirchlichen Würdenträger an Bord sollten beim Konzil in Rom den Papst bei der Entmachtung des Staufers unterstützen, was der Kaiser so verhinderte.

Seeschlacht von Meloria

Genua zerstörte 1284 Pisas Kriegsflotte vor Livorno nahe der Insel Meloria und riss die Vorherrschaft an sich. Doch der Sieg des genuesischen Kommandanten Oberto Doria war nicht endgültig. Marciana Marina wurde Schauplatz von Sieg und Niederlage: 1291 behielt Genuas Niccolò Boccanegra die Oberhand, 1292 war der Pisaner Guido da Montefeltro siegreich. Danach schloss man Frieden: Pisa zahlte 50 000 Florin an Genua.

Pest 1348

Nach Piraten, Sarazenen und Kriegen zwischen Pisa und Genua kam das größte Unheil: 1348 raffte die Pest über ein Drittel der Bevölkerung Europas dahin. Auf Elba überlebten nur ca. 2000 der 6000 Insulaner.

Mittelalter

Die Appiani

Jacopo Appiani aus Piombino ermordete 1392 Pisas Stadtherrn Pietro Gambacorti und übernahm Elba, Pianosa und sogar Montecristo, das zuvor im Besitz der Mönche von San Mamiliano war. Capraia und Gorgona blieben unter Pisas Herrschaft. Gerardo, Sohn von Jacopo Appiani, behielt die drei Inseln, verkaufte aber den pisanischen Staat für 200 000 Florin an die Mailänder Visconti. In Marciana steht die **Residenz der Appiani** (Privatbesitz).
1442 flüchteten Einwohner aus Portoferraio rechtzeitig vor Korsaren aus Tunis in die Festung Volterraio. Zwar landeten danach Neapolitaner und Genuesen auf Elba, doch die Appiani behaupteten sich bis zum Ende des 16. Jahrhunderts.

Überfälle Barbarossas

1544 fiel auch noch **Khair ad-Din** (Chaireddin), genannt Barbarossa, Kommandant der Flotte Suleimans II., in Elba ein. Ferraia (Portoferraio) wurde zerstört, die Festung Volterraio hielt stand. Das Dorf Grassera bei Rio nell'Elba verschwand.

Die Medici – Anlage der Stadt Cosmopoli

Der Architekt Giovanni Battista Bellucci, Sohn des gefürchteten »Haudraufs« und Feldherrn Giovanni dalle Bande Nere und Nachfahre der Mailänder Sforza, plante 1548 für Cosimo I. de' Medici den Bau der Stadt Cosmopoli (»Stadt des Cosimo«), nun Portoferraio. Die wuchtigen, wohl bis 1557 fertiggestellten **Befestigungen prägen bis heute die Inselhauptstadt. Cosimo I.** hatte 1546 erfolgreich bei Spaniens Herrscher Karl V. interveniert. Der überging seinen Vasallen aus Piombino und sprach Cosimo I. Portoferraio, Pianosa und Populonia zu. Cosimo I. verzichtete im Gegenzug auf die Rückzahlung eines Mitgiftkredits (200 000 Gold-Scudi) an Karl V. und verpflichtete sich zu militärischer Verteidigung. 1557 setzte Spaniens neuer König Philipp II. den Sohn Jacopos V., Jacopo VI., im Vertrag von London wieder als Regenten über Elba und Piombino ein. Cosmopoli, das bereits Ende des 16. Jh.s nur noch Portoferraio hieß, blieb bei Cosimo I.

Überfälle Draguts

Dragut (Turghud Ali, Turghut Reis), aus dem türkischen Bodrum (1485–1565), befehligte ab 1544 die osmanische Flotte. Als Admiral attackierte er erfolgreich seine christlichen Kontrahenten. Von Juni bis August 1553 griff er Cosmopoli an, scheiterte jedoch. Hingegen wurden Capoliveri und Rio nell'Elba verwüstet, die Einwohner verschleppt. Im August nahm Dragut Marciana ein. 1555 griff er – erneut mit Unterstützung der Franzosen – Portoferraio an, wurde aber zurückgeschlagen. 1553 wurde **Pianosa** verheert, das dann bis zur Gründung der **ersten italienischen Strafkolonie der Neuzeit** 1858 nahezu unbewohnt blieb.

Ordensritter von Santo Stefano

1561 gründete Cosimo den Orden der Ritter von Santo Stefano mit Sitz in Portoferraio. Doch dieser wählte **Pisa** als Hauptresidenz. Vor dem dortigen Palazzo della Carovana, seit 1810 per Dekret Napoleons Sitz der Eliteschule Scuola Normale Superiore, steht die Statue Cosimos, dem Papst Pius V. den erblichen Großherzogstitel verlieh. Die toskanische Dynastie war geboren. Livorno besaß fortan einen **Sklavenmarkt.**

Wechselnde Inselherrscher

In politisch ruhiger Zeit baute **Francesco I.** de' Medici Elbas Erwerbszweige aus. Zu Eisen-, Kupfer- und Granitabbau kamen Fischfang und Schiffsbau. Die Eisenminen in Rio nell'Elba durfte er auf 90 Jahre für den Jahreszins von 13 000 Dukaten ausbeuten. Gorgona, Giglio und Giannutri gelangten in Medici-Besitz. Philipp III. von Spanien limitierte den Expansionsdrang des Großherzogs. Er besetzte 1596 Porto Longone, heute **Porto Azzurro,** und zog die Minenrechte an sich. Als Jacopo VII. Appiano 1603 starb, hatte Elba Gewalt und Chaos hinter sich.

Neuzeit

Herrschaft der Spanier

1603 landeten 700 spanische Infanteriesoldaten in Porto Longone (Porto Azzurro), der Bau der Festung San Giacomo begann. Frankreichs **Kardinal Mazarin** griff 1646 Porto Longone an und nahm das gerade vollendete Bollwerk nach 37 Tagen Belagerung ein. 1650 beendete eine spanisch-italienische Armada unter **Don Juan d'Austria** diese französische Interimsherrschaft. 1657 scheiterte eine französische Invasion in der Bucht von Portoferraio. Korsaren verwüsteten Elbas Südküste, ehe Großherzog Cosimo III. sie 1675 vor der Insel Palmaiola vernichtete. Ab 1678 entstand die zweite Festung von Porto Longone. Benannt wurde sie nach dem Gouverneur Don Ferdinando Joaquim Focardo de Roquentes y Zuñiga, doch das war den Elbanern (verständlicherweise) zu lang. Sie entschieden sich für **Forte Focardo**. Kartäusermönche errichteten 1705 auf Gorgona ein Kloster.

Genuesisches Capraia im 18. Jh.

Capraia gehörte wie Korsika zur Republik Genua. Korsika erhob sich 1754 gegen Genua und besetzte 1767 Capraia. Die meisten Bewohner Capraias schlossen sich den Korsen an, während sich einige Getreue um **Bernardo Ottone** in der Festung San Giorgio verbarrikadierten und 105 Tage Widerstand leisteten. 1768 fielen Korsika und Capraia an Frankreich, doch 1787 war Capraia wieder in der Hand Genuas.

Geteiltes Elba Ende des 18. Jh.s hatte sich auf Elba (damals ca. 12 000 Einw.) ein bemerkenswerter Status quo herauskristallisiert. 1708 wurde die Insel zum Spielball im **Spanischen Erbfolgekrieg.** Habsburg attackierte Spaniens Besitz in Italien, österreichische Truppen besetzten Capoliveri. Die geplante Eroberung von Porto Longone scheiterte. 1709 wütete ein Schneesturm 13 Tage auf Elba, dem Hunger und Not folgten.

Am 9. September 1731 trafen in Portoferraio verbündete Heere Spaniens und des Großherzogtums Toskana ein. 1735 fielen Longone, Giglio, Giannutri und Porto S. Stefano an Spanien. Das toskanische Großherzogtum – mit Portoferraio – kam zu Lothringen. Elba war nun durch **Dreiteilung** politisch instabil: Porto Longone mit dem Bergwerksareal Rio nell'Elba gehörte Ferdinand IV., dem spanischen Bourbonenkönig von Neapel. Das strategisch wichtige Portoferraio gehörte samt einer Zwei-Meilen-Sicherheitszone dem toskanischen Großherzog Ferdinand III. Elbas Westen regierte die Familie Boncompagni Ludovisi, Nachkommen der Appiani und abhängige Lehnsherren des Königs von Spanien. Trotz Zöllen auch auf Brot zwischen den Einflussgebieten wurden jährlich 60 000 Fässer Wein erzeugt. Portoferraios Salinen produzierten im Jahr 25 000 Säcke Salz (ca. 2000 Tonnen).

Briten auf Elba Ab 1786 warfen die Briten ein Auge auf Elba als Marinebasis und wollten Portoferraio kaufen. 1794 landeten 3000 Royalisten auf der Flucht vor der Französischen Revolution unter dem Kommando des **englischen Admirals Hotham** in Portoferraio. 1796 eroberte Napoleon

Die Flagge mit drei Bienen ließ Napoleon auf seinem Weg zur Insel anfertigen.

den Hafen Livorno. Daraufhin übergab der österreichische Statthalter, Baron Knesewitsch, Portoferraio an die Engländer. Nur neun Monate später einigte man sich auf den Rückzug beider Kontingente.

Kampf um Longone

1799 griffen Franzosen das royalistisch bourbonisch regierte Porto Longone an, das die Kapitulation verweigerte. Die strikt königstreue Bevölkerung setzte gar den bourbonischen Statthalter ab, befreite ca. 400 Insassen aus dem Gefängnis und vertrieb mit ihnen Napoleons Franzosen nach Portoferraio. Verirrte Truppenteile wurden in **Capoliveri** niedergemacht, es folgte eine fürchterliche Strafexpedition gegen das Dorf. Schließlich kapitulierten die Franzosen und verließen Elba am 19. Juli 1799. Am 28. Juli soll es Massaker von siegreichen Elbanern an mit Franzosen verbündeten Insulanern gegeben haben.

Die Franzosen und der Frieden von Amiens

Die Insel regierten wieder Lothringer (Portoferraio) und Bourbonen (Porto Longone), die sich gegen Napoleons Truppen verbündeten. Doch Portoferraio kapitulierte nach einem Jahr Belagerung. Im Frieden von Amiens 1802 fiel der gesamte Archipel an Frankreich. Elba wurde in sechs Gemeinden gegliedert, die je eine Grundschule mit **Pflichtfach Französisch** erhielten. Die Wirtschaft erlebte einen Aufschwung dank Wein, Salz und Fisch. 1805 suchten schwere Seestürme Elba heim, die Pulverkammer im Forte Longone (Porto Azzurro) explodierte.

Napoleon Bonaparte

Napoleon Bonaparte krönte sich 1804 zum Kaiser der Franzosen. Eine Volksabstimmung im selben Jahr auf Elba bekräftigte die französische Herrschaft (4487 Ja- bei 100 Nein-Stimmen). 1805 schenkte Napoleon seiner Schwester **Elisa Bonaparte Baciocchi** das Fürstentum Piombino, deren Besitz sich um das Großherzogtum Toskana und die Toskanischen Inseln vergrößerte. Nach Napoleons Sturz 1814 bestieg Bourbonenkönig Ludwig XVIII. den französischen Thron. Der besiegte Kaiser erhielt im Vertrag von Fontainebleau Elba als Exilort. Am 3. Mai 1814 landete Napoleon um 18.30 Uhr im Hafen von Portoferraio. Am Folgetag verließ er um 15.30 Uhr die englische Fregatte »Undaunted«. Mit Ankunft des Exkaisers erfuhr Elbas **wirtschaftliches und kulturelles Leben** einen **gewaltigen Aufschwung.** Schon auf der Überfahrt hatte Napoleon Elbas neue Fahne entworfen und sie auf dem Schiff fertigen lassen. Die weiße Fahne mit rotem Diagonalstreifen zeigt drei goldene Bienen. Erstmals ließ sie Napoleon am 4. Mai 1814 hissen. Möglich, dass Bonaparte von der Bevölkerung »Bienenfleiß« erwartete. Wahrscheinlich dienten die Fahne der polnischen Kavallerie und das Medici-Wappen als Vorbilder. Die drei Bienen stehen auch für die drei Hauptorte Marciana, Portoferraio und Porto Longone (Porto Azzurro).
Napoleon teilte Elba in zehn Gemeinden auf, reaktivierte Handel, Handwerk und Bergbau, verbesserte das Wegenetz. Dies geschah

trotz der ausbleibenden Appanage von 2 000 000 Francs, die ihm der Vertrag von Fontainebleau zugesichert hatte. Doch Napoleon bediente sich am Vermögen von Elbas Minen – trotz heftiger Gegenwehr des Minendirektors **André Pons de l'Herault** (1772–1858), der schließlich nachgab. Capoliveris rebellische Bevölkerung wurde in die Schranken gewiesen. Doch Napoleons Herrschaft auf Elba war kurz. Am Abend des 26. Februar 1815 floh er aufs französische Festland, gewann in der folgenden **»Herrschaft der Hundert Tage«** die Macht zurück und erlebte dann sein Waterloo. Obschon Napoleon seinen Inselbesitz der Bevölkerung übertragen hatte, wurde **seine bewegliche Habe** abtransportiert. Capraia wurde vom Königreich Sardinien annektiert.

Elba bis zum Anschluss an Italien im 19. Jh.

Der Toskanische Archipel ging auf dem Wiener Kongress 1815 wieder ans **Großherzogtum Toskana.** Elbas französisches Verwaltungssystem wurde gegen den Wunsch der Insulaner toskanisch, es existierten nur noch vier Kommunen. Großherzog Leopold II. monopolisierte die Minen und erteilte Privatbetreibern Konzessionen. Am ersten Versuch zur italienischen Einigung 1848 nahmen viele Elbaner teil, erste politische Gefangene landeten im Gefängnis von Portoferraio. Ab 1851 regierte das öffentlich-private Konsortium der Regia cointeressata den Erzabbau, neue Minen öffneten in Capoliveri, Calamita

Nicht mal ein Jahr hielt Napoleon es in seinem Exil auf Elba aus – und doch findet man seine Spuren überall.

und Terranera. Den Abbau verbesserte der deutsche Ingenieur **Theodor Haupt.** 1858 öffnete die erste Strafkolonie auf Pianosa, 1860 schlossen sich die Inseln dem neuen Königreich Italien an.

Industrialisierung

Portoferraios Salinen boomten, Straßen und Schulen wurden gebaut. 1873 ankerte der erste Postdampfer im Hafen von Portoferraio, der dann zweimal wöchentlich zwischen Elba und Piombino pendelte. Er leitete das Ende der glorreichen Segelschifffahrt auf Elba ein, die Werften mussten schließen.
Zwischen 1890 und 1893 zerstörte die Reblaus Elbas Weinstöcke, schon seit 1860 erlebte Elbas **Bergbau** (▶ Baedeker Wissen, S. 212) regelmäßig **schwere Krisen.** 1882 ertönten **erste Proteste** der Minenarbeiter, Streiks brachen aus. 1886 feuerte die Polizei in Capoliveri in die Menge (2 Tote). Ende des 19. Jh.s wurden erste Regularien für die Minenarbeiter fixiert. Dennoch wanderten viele Insulaner nach Übersee aus. Italiens Regierung versuchte die Emigration durch Hilfen für den Erzabbau zu stoppen. Ubaldo Tonietti und Pilade del Buono kauften 1899 die Eisenhüttengesellschaft »Elba«, erwarben das Salinengebiet San Rocco und errichteten Hochöfen, in denen die **Erze auf Elba** geschmolzen wurden. Doch 1907 explodierte ein Hochofen (3 Tote). Streiks folgten, der längste dauerte 1911 vier Monate.

Bis zur Gegenwart

Der Archipel bis 1945

Im **Ersten Weltkrieg** tauchte am 23. Mai 1916 ein österreichisches U-Boot im Hafen von Portoferraio auf und feuerte, um die Flucht österreichischer Gefangener aus der Villa dei Mulini zu ermöglichen. Es misslang. 1920 und 1921 eskalierte die soziale Frage: Als die Hochöfen schließen sollten, kam es zu Streiks und Schüssen. Gleichzeitig kämpften Anarchisten und Sozialisten gegen Mussolinis aufkommenden Faschismus. Der Kampf ging verloren. Viele wanderten ins Gefängnis. Auch Italiens späterer Präsident **Sandro Pertini** saß vom 13. November 1931 bis zum 6. September 1935 auf Pianosa ein. Im **Zweiten Weltkrieg** bombardierte die deutsche Luftwaffe nach dem Waffenstillstand der Regierung Badoglio am 16. September 1943 Portoferraio und die Hochöfen (116 Tote). Sie hatte Tage zuvor mit Flugblättern zur Kapitulation aufgefordert. Am 15. September verhandelten Offiziere mit weißer Flagge mit dem italienischen Kommandanten über die Aufgabe. Am 17. September besetzten deutsche Fallschirmjäger Elba. Fünf Tage später versenkte ein englisches U-Boot den Dampfer Sgarallino, es gab über 300 Tote. Es folgten über 20 Luftangriffe der Alliierten auf Elba. Die deutsche Okkupation endete mit der Operation Brassard: Am 15. Juni 1944 landeten die Alliierten in Marina di Campo und eroberten Elba in drei Tagen.

Nachkriegszeit

Nach dem Zweiten Weltkrieg wurden die zerstörten Hochöfen nicht wieder aufgebaut. Bis 1950 verloren 2000 Menschen ihre Arbeit. Die 1950er- und 1960er-Jahren standen im Zeichen von Italiens Regierung veranlassten, planvollem Ausbaus Elbas für den Tourismus. Ein **kleines Wirtschaftswunder** brachte Arbeit und Wohlstand. Elbas letzte Mine schloss 1982. 1998 wurde der Nationalpark Toskanischer Archipel gegründet. Nach Montecristo und Capraia wurden alle Inseln des Archipels zu großen Teilen unter **Naturschutz** gestellt.

Elba im 21. Jahrhundert

Das 21. Jh. zeichnet sich durch den Beginn des »sanften Tourismus« und die Bewahrung der ökologischen Vielfalt des Archipels aus. 2004 nahm die UNESCO Elbas Erzminen in die Liste der bedeutsamsten geologischen Stätten der Welt auf. 2011 bedrohte eine **Rattenplage** auf Montecristo den ohnehin fragilen Bestand der Seevögel. Das Problem wurde erfolgreich mit Gift-Pellets aus der Luft angegangen.

Am 13. Januar 2012 produzierte der Archipel weltweit Schlagzeilen, als vor Giglio das **Kreuzfahrtschiff Costa Concordia** (▶ Baedeker Wissen, S. 172) mit 4229 Menschen an Bord auf einen Felsen lief. 32 Menschen starben. Am 16. September 2013 begannen die Bergungsarbeiten: Das Schiff wurde mit spektakulären Mitteln aufgerichtet. 2014 wurde der Koloss in den Hafen von Genua gebracht. Die Verschrottung endete im Juni 2017. Seit dem 1. Januar 2018 sind Rio Marina und Rio nell'Elba zur **Gemeinde Rio** fusioniert. Die Verwaltung ist in Rio Marina, Ratssitzungen finden im Rathaus von Rio nell'Elba statt. Elba besteht nun aus 7 Kommunen.

Überraschend überstanden Elba und der Toskanische Archipel die **Corona-Pandemie** gut. Grund war der Boom italienischer Urlauber. Schon 2022 überflügelte Elba die Besucherzahlen des Rekordjahrs 2019, Capoliveri stieg mit über 1 Mio. Übernachtungen zum drittgrößten Badeort der Toskana auf.

KUNST UND KULTUR

Die Etrusker verarbeiteten kunstvoll Metall, die Römer bauten prunkvolle Villen, die Pisaner und die Medici Festungen und Kirchen, und Napoleon brachte den Klassizismus auf die Insel.

Vor- und Frühgeschichte

Steinzeit

Älteste Siedlungsspuren im Toskanischen Archipel datieren in die **Altsteinzeit** (50 000 bis 15 000 v. Chr.). Vorgeschichtliche Siedlungen auf Giglio, Giannutri und Elba bargen steinerne Speerspitzen,

Kratzer und Stichel sowie Werkzeuge aus Knochen. 2017 wurden am Monte Castello auf Capraia **Funde aus dem 2./1. Jt. v. Chr.** gemacht. Am Monte Cocchero (Elba) wurde eine ca. 3000 Jahre alte Kultstätte entdeckt. Neolithisches war auch in der Grotta di San Giuseppe (Rio nell'Elba) zu finden. Die eigentliche Besiedlung des Archipels begann mit der **Metallzeit** Anfang des 2. Jt.s v. Chr., als sich Gruppen auf Pianosa und Elba niederließen und der Kupferabbau begann. Aus dieser Zeit stammen Grabstätten in Grotten, u. a. bei Poggio Gianfilippo (Pianosa).

Antike

Etrusker

Im 8. Jh. v. Chr. gelangten die Etrusker nach Elba – sie hatten auf dem Festland Italiens eine erste **städtische Hochkultur** begründet. Ihr Interesse galt Elbas Eisenerz, das sie für Waffen, Kult- und Alltagsobjekte benötigten und handelten. Eisenerze wurden zwischen Rio Marina und der Halbinsel Calamita im Tagebau gewonnen. Verhüttet wurden die Erze zunächst auf Elba, nach Abholzung der Inselwälder aber auf dem Festland in Populonia (nördlich Piombino). Reste etruskischer **Schmelzöfen** sind bei San Martino, am Monte Castello bei Procchio und bei Campo nell'Elba erhalten. Etruskisch sind auch die Nekropole auf dem Monte Castello und Tempelreste an den Hängen des Monte Serra, der wohl Göttin Tinia geweiht war. Etruskische Kunst ist wohl auch die **berühmte Bronzearbeit** von 550 v. Chr., die 1764 in der Bucht von Portoferraio gefunden wurde (nun Nationalmuseum Neapel).

Griechen und Römer

Im 6. und 5. Jh. v. Chr. besetzten die **Griechen** die Toskanischen Inseln. Mit der Unterwerfung der Etruskerstadt Veji 396 v. Chr. begann Roms Siegeszug. Die Toskanischen Inseln dienten als Flottenstützpunkte im Tyrrhenischen Meer.
Auf dem »Felsen der Paolina« im Golf von Procchio (Elba) fand man Reste eines römischen Handelsplatzes (1. Jh. n. Chr.). Nahebei wurde in Campo all'Aia ein gesunkenes römisches Schiff jener Zeit entdeckt, beladen mit Bleiplatten, Öllampen und einem Parfümverschluss aus Elfenbein mit Dionysos und Pan. Zahlreiche weitere **Wracks aus der Römerzeit** wurden entdeckt, so bei S. Andrea eines mit versiegelten Weinamphoren. Den Torso einer marmornen Venusstatue (1. Jh. n. Chr.) fand man am Hafen von Capraia.
Ruinen prunkvoller **römischer Villen** sind auf Elba, Gorgona, an der Punta Scaletta auf Giannutri und an der Cala San Giovanni auf Pianosa erhalten. An den Mauerresten der **Villa romana delle Grotte** bei Portoferraio ist prächtiges »opus reticulatum« zu sehen. Die Mauertechnik bildet ein Netzmuster aus quadratischen Steinen. Erhalten sind auch Lagerräume, ein Monumentalbrunnen und die zum Meer

hin abschüssige Terrasse mit wunderschönen Mosaiken. Ausgrabungen bis 2021 förderten unterhalb der Villa weitere spektakuläre Anlagen eines antiken Weinguts zutage. Der edle Granit von Elba diente schon in der Antike für großartige Bauten, darunter Roms Pantheon oder das Mausoleum des Theoderich in Ravenna.

Einsiedeleien

Im Mittelalter dienten die Inseln Eremiten und Mönchen als Aufenthaltsort zur inneren Sammlung und zum Gebet. Auf Giannutri und Montecristo sind Überreste alter Einsiedeleien und Klöster zahlreich vorhanden.

Pisanische Festungen

Zur Abwehr von Piraten entstanden vom 11. bis 13. Jh. die **wichtigsten Militärbauten** der Inseln, vor allem alles überragende Festungen und Beobachtungstürme. Im 11. Jh. baute Pisa die uneinnehmbare Burg von Volterraio, den »Sarazenenturm« in Marciana Marina, den Beobachtungsturm in Marina di Campo und den Wachturm San Giovanni nahe Sant'Ilario. Ins 13. Jh. fallen der Bau der Torre Vecchia auf Gorgona sowie der Burg auf Giglio. Die Pisaner öffneten auch die antiken römischen Steinbrüche bei Seccheto (Elba) und nutzten den wertvollen Granit für die Säulen des Doms von Pisa.

Romanische Kirchen

Die frommen Pisaner hinterließen auf Elba auch Sakralbauten wie die vollständig erhaltene romanische Pfarrkirche **Santo Stefano alle Trane** nahe Magazzini, die schmale Einzelbogenfenster und grob gearbeitete Mauerkragen besitzt. Die einschiffige Kirche steht auf rechteckigem Grundriss mit zwei abschließenden halbkreisförmigen Apsiden. Am Ende des Weges zur Kirche befanden sich früher zehn mit Kapitellen bestückte Säulen.

Die Kirche **San Lorenzo** nahe Poggio ist ebenfalls gut erhalten, während von San Michele in Capoliveri nur Teile des rau bearbeiteten Mauerwerks (sog. Bossenwerk) aus quadratischen Steinen blieb. Interessante Pfarrkirchen des Spätmittelalters sind auch die Chiesa San Giovanni bei Sant'Ilario mit schönen Wänden aus romanischem Bossenwerk und die zweischiffige Kirche San Nicolò in San Piero in Campo mit Säulen, Kapitellen und wertvollen Fresken (2. Hälfte 15. Jh.), die wohl ein katalanischer oder portugiesischer Künstler schuf.

Mittelalter

Bauten der Familie Appiani

Ab 1399 gehörten Elba, Pianosa und Montecristo den Appiani. Die Stadtherren von Piombino bauten die **pisanische Festung** von Marciana aus und errichteten die kleine Festung auf Montecristo. Im 14. Jh. bauten Genuesen auf Capraia die ihrem Schutzpatron gewidmete Festung San Giorgio.

Neuzeit

Renaissance, Zeit der Medici

Cosimo I. de' Medici erbaute ab 1548 das Forte Stella in Portoferraio; es folgten das Forte Falcone und die Torre della Linguella. Aus dieser Zeit stammen auch die Kirche San Cerbone am Monte Capanne, die **Wallfahrtskirche Madonna del Monte** sowie die Kirchen Misericordia und Santissimo Sacramento in Portoferraio, die ein wunderschönes Deckengemälde von Mariä Himmelfahrt des Florentiner Malers Giovanni Camillo Sagrestani zeigt. Der Bau der Torre del Porto auf Giglio wurde im Jahr 1596 von Großherzog Ferdinand I., dem Sohn von Cosimo I., veranlasst.

Spanische Militärarchitektur und Klassizismus

Ab Mitte des 16. Jh.s ist der spanische Einfluss zu erkennen. Die Festung von Porto Longone (Porto Azzurro) entstand ab 1603 dank des 5. Grafen von Benavente (Zamora). Die Festungen San Giacomo und Focardo zwischen Capoliveri und Porto Azzurro sind spanisch, auch die Porta a Mare in Portoferraio und die im 17. Jh. erbaute Wallfahrtskirche **Madonna di Monserrato.** Sie wurde dem Kloster Montserrat nahe Barcelona nachempfunden. Um 1780 weilte der Londoner Maler **John Robert Cozens** auf Elba und schuf Panoramabilder von Porto Azzurro. Auch **Napoleons Exil** brachte eine neue Architektur. Die Villa dei Mulini, der Landsitz in San Martino und Teile der Residenzstadt Portoferraio wurden klassizistisch errichtet oder verändert. Napoleon ließ aus Frankreich Dekorateure, Maler und Möbeltischler kommen, deren Arbeiten nachgeahmt wurden.

Moderne

Art Nouveau

Im späten 19. Jh. waren die **Macchiaioli** (Fleckenmaler) auf Elba, allen voran **Telemaco Signorini** (1835–1901), der viele Sujets auf Leinwand festhielt. Um 1900 erreichten auch Art Nouveau und Eklektizismus die Insel. So besorgte der Maler **Giuseppe Mazzei** die Dekorationen in der den Gefallenen des Ersten Weltkriegs gewidmeten, 2017 renovierten Kapelle der Kirche Santissimo Sacramento in Portoferraio. Von 1903 bis 1905 weilte der Architekt **Adolfo Coppedè** auf Elba. Für den Eigner der Erzgesellschaft »Elba«, Pilade del Buono, baute er nahe Napoleons Residenz »San Martino« das herrschaftliche Gut San Martino. Am Gutshaus fallen am Gesims rautenförmige Horizontalen aus Ziegeln auf. Auch am Haus Via Guerrazzi Ecke Via Mazzini in Portoferraio war Coppedè tätig. Es besitzt eine Loggia und Ornamente, die auch aus dem 16. Jh. stammen könnten. Am bedeutendsten sind die von Coppedè geschaffenen monumentalen Grabmäler, so die Kapelle der Familie Tonietti in Cavo und die Grabkapelle der Familie Del Buono auf dem Monumentalfriedhof in Portoferraio, die er schon 1900/1901 schuf.

Gegenwart

Zeitgenössische Kunst

Wichtig für Elba war der aus Fiume stammende, auf Elba verstorbene Maler und Ökologe **Lucio Susmel** (1914–2006). 1950 versammelte sich in Procchio eine Künstlergruppe um den Bildhauer Renzo Baraldi und den Maler Silvano Bozzolini, die als **»Dünenmaler« (Pittori delle dune)** bekannt wurde. Später stießen die Maler Felice Carena und Giorgio de Chirico hinzu. Die Wände ihres Treffpunkts Ristorante »Da Renzo« malten sie mit Landschaften, Stilleben, Karikaturen und marinen Motiven aus. Heute öffnet hier in der Via delle Ginestre 51 die Eisdiele »Il gelato degli artisti« (Eis der Künstler).
Auch zeitweilig Dünenmaler war der auf Elba am stärksten präsente **Italo Bolano** (1936–2020), dessen Open-Air-Museum viel Aufmerksamkeit erzielt (www.italobolano.com). Der Künstler beeindruckte mit Keramikarbeiten, Grafiken und Malereien und schuf einen beachtlichen Napoleon-Zyklus zum Leben des »Kaisers von Elba«. Mit über 50 Werken ist er dank des 1970 gestarteten Projekts Elba Isola del Mondo (»Elba – Insel der Welt«) in allen Kommunen vertreten. Dieses Gesamtwerk firmiert nun als **MUDAC IB**. Seine Keramik »Donne Isole« (80 × 240 cm) ist am Lungomare von Procchio, die zwei Keramiken »Il Giorno, la Notte« (80 × 240 cm) stehen in Marciana Marina auf der Piazza Bonanno. Nur temporär sind die Glaskonstruktion »Sestanto e Barca del Sole« und die Keramik »Navigazione« (180 × 500 cm) in Portoferraio. Beeindruckend ist seine Keramik

»Affondamento dello Sgarallino« von Elbas Künstler Italo Bolano.

»Affondimento dello Sgarallino« zum Untergang des Dampfers 1943 (120 × 240 cm) auf Rio nell'Elbas Piazza Caduti delle Miniere und die Keramik »Vita del mare« in Porto Azzurro am Hafen. Rätsel lösen bis heute in Capoliveri die Keramiken »Capoliveri, meine Liebe« (200 × 120 cm) und »Millennium« aus. Großartig ist dort seine Glasarbeit **»Sole e Luna«** auf der Piazzetta Belvedere. Zu sehen sind dort auch das Gemälde »Al Maestro Giuseppe Pietri« (200 × 400 cm) im Palazzo Comunale von Marina di Campo und die Keramik »Composizione per il maestro Giuseppe Pietri« (100 × 750 cm) an der Außenfassade der Sala dei Congressi im Ortsteil La Pila von Marina di Campo. Das Diözesanmuseum für sakrale Kunst in der Kirche San Gaetano in Marina di Campo bewahrt 16 Gemälde Bolanos zum Leben Jesu Christi auf. Aktueller Star auf Elba ist der Bildhauer **Luca Polesi** aus San Piero in Campo, dessen Kunst sich aus Abfall entwickelt.

INTERESSANTE MENSCHEN

Robinson mit großer Liebe: Gualtiero Adami

Offizier und Einsiedler (1837–1922)

Der garibaldinische Offizier Conte Gualtiero Adami, Sohn eines Ministers der toskanischen Guerazzi-Regierung, sorgte für eine besondere **Robinsonade:** mit Bruder Osvaldo pachtete er 1882 die **Insel Giannutri.** Gemeinsam entdeckten sie die Überreste der römischen Villa in der Bucht Cala Maestra. Während ihn Bruder und Mitarbeiter verließen, lebte Adami auch aus gesundheitlichen Gründen – er litt an einer Lungenkrankheit – bis zum Lebensende 40 Jahre in der umgebauten Zisterne neben der antiken Villenanlage mit seiner jungen Nichte, der Florentinerin Maria (»Marietta«) Moschini, mit der ihn ein inniges Liebesverhältnis verband. Einzige Außenkontakte waren der Leuchtturmwärter und das monatlich eintreffende Versorgungsboot. Adami verstarb am 14. Dezember 1922 mit 85 Jahren und wurde auf Giglio begraben. Marietta – stets in Kastanienbraun und Jute gekleidet – wollen Fischer noch Jahre später versteckt zwischen den Ruinen umherirrend erspäht haben. Doch ihre Spur verliert sich keineswegs im Dunkel der Geschichte. Auch treibt sie nicht als moderner Poltergeist auf der Insel ihr Unwesen. Marietta verstarb laut offizieller Todesurkunde der Gemeinde Giglio nur 55-jährig am 19. Februar 1927 auf Giannutri. Sie wurde im Sarg – eingehüllt in die italienische Trikolore – nach Giglio überführt und dort bestattet.

Salondame ohne Dünkel: Vittoria Altoviti Avila Toscanelli

Mutter und Förderin der Wissenschaft (1837–1896)

Die Marchesa aus uraltem Florentiner Hochadel unterhielt in ihrer um 1860 erbauten **Villa Ottone** auf Elba einen der berühmtesten Salons im Italien des 19. Jahrhunderts. Die Adels- und Bankiersfamilie **Altoviti,** antiken römischen oder langobardischen Ursprungs, war über Jahrhunderte einflussreich. Als Gegner der Medici ging Antonio Altoviti ins Exil nach Rom und heiratete dort die Nichte von Papst Innozenz VIII.: Dianora Altoviti hatte so immensen Einfluss auf ihren Onkel, dass sie **»Päpstin«, »La Papessa«,** genannt wurde. Beider Sohn Bindo Altoviti war Mäzen und Förder von Raffael (der Bindo portraitierte), Benvenuto Cellini, Giorgio Vasari und ein Freund Michelangelos. So entstand der römische Familienzweig **Altoviti Avila,** dem Vittoria 1850 durch Heirat in Pisas Adelsfamilie Toscanelli einen dritten illustren Namen hinzufügte. Nach Elba zog sie 1875, weil Sohn Bistino an Tuberkulose litt. Hier sollte er die Krankheit kurieren. Vittoria tat alles, um ihren Sohn zu retten. Ab 1880 ließ sie sogar Wissenschaftler kommen, die Elbas Pflanzenwelt und erstmals auch die maritime Flora auf ihren pharmakologischen Nutzen untersuchten. Zurecht gilt sie heute als **Mitbegründerin der Algologie.** Den Elbanern gegenüber verhielt sich die berühmte »Dame von Rang« eher unprätentiös offen und bodenständig, unterstützte viele und schickte junge illiterate Hausburschen zur Ausbildung nach Florenz. Ihren gefeierten Salon frequentierten Größen wie Giuseppe Giusti, Edmondo de Amicis, Renato Fucini, der Maler Antonio Ciseri und die Köpfe der Macchiaioli-Bewegung: Telemaco Signorini und Eugenio Cecconi. Zur Heilung ihres Sohnes setzte sie vorwiegend auf die balsamische Wirkung des Eukalyptus. Doch Bistino starb 1882 nur 25-jährig: Ganz Elba soll getrauert haben. Vittoria blieb noch bis 1889.

Lebenslustig bis ans Ende: Paolina Borghese

Napoleons Lieblingsschwester (1780–1825) (► S. 10)

Maria Paola Bonaparte, sechstes der acht überlebenden Kinder von »Madame Mère«, der späteren Kaisermutter Maria Letizia Ramolino (1750–1836), war Napoleons Lieblingsschwester und folgte ihm als einzige der Geschwister ins Exil auf Elba. Die seit 1803 in zweiter Ehe mit dem Fürsten Camillo Borghese Verheiratete kümmerte sich mutig um den abgesetzten Kaiser und bildete den Mittelpunkt der elbanischen Gesellschaft. Als Napoleon knapp bei Kasse war – die für ihn vereinbarte Elba-Jahresrente von 2,5 Mio. Francs wurde nie ausgezahlt – half sie ihm aus der Misere und verkaufte ihren Schmuck. Die schöne Paolina war bekannt für ihre Verschwendungssucht, mit der sie ihre ungeliebte Schwägerin Kaiserin

Jósephine auszustechen suchte, und für zahllose Affären. Ihr turbulent ausschweifendes Liebesleben dürfte das ihres Gatten, der in Florenz mit seiner Geliebten weilte, oder das Napoleons noch übertrumpft haben. Sie galt als unkonventionell und ließ sich 1807 für Canovas Marmorskulptur **»Venus Victrix«** (»Siegreiche Venus«; Galleria Borghese, Rom) sogar nackt portraitieren. Ein Skandal! Berühmt wurde sie durch ihren Ball am Vorabend der Flucht Napoleons von Elba, der das Vorhaben erheblich erleichterte. Sie verstarb mit 44 Jahren in Florenz – an Leberkrebs. Laut ihrem letzten Willen wurde sie in der Cappella Borghese in Santa Maria Maggiore in Rom beigesetzt.

Fasziniert vom Mysterium Meer: Raffaello (Raffaele) Brignetti

Schriftsteller (1921–1978)

Der auf Giglio geborene Autor wuchs auf Elba auf, da sein Vater kurz nach Raffaellos Geburt Leuchtturmwärter am Forte Focardo bei Capoliveri wurde. Nach dem Studium in Rom arbeitete Brignetti als Journalist und Schriftsteller. Für den Erzählband »Il Gabbiano Azzurro« (»Die blaue Möwe«) erhielt er 1967 den wichtigen Literaturpreis **Premio Viareggio** und 1971 mit dem Roman »La spiaggia d'oro« (»Der Goldstrand«) – ein Mann und ein Kind unternehmen eine Segeltour mit Überraschungen – den bedeutenden **Premio Strega.** Leitmotiv seiner Werke ist die Allmacht des Meeres. Deutlich wird dies beispielsweise in der Erzählung »Bericht vom Meer«, einer Liebesgeschichte zwischen einer schönen Gefangenen und dem Gefängnisarzt, der ihr zur Flucht übers Wasser verhilft. Ein schwerer Autounfall veranlasste Brignetti zur Rückkehr nach Elba, wo er bis 1978 in Marciana Marina lebte. Heute ist nach ihm Elbas jährlicher Literaturpreis, der **Premio Letterario isola d'Elba – Raffaele Brignetti,** benannt (www.premioletterarioelba.it). Seine Werke liegen leider nicht auf Deutsch vor.

Gefürchtet wie verehrt: Oreste Del Buono

Literaturkritiker, Schriftsteller, Journalist (1923–2003)

Der in Poggio nahe Marciana auf Elba geborene Schriftsteller und Journalist verbrachte wie auch Brignetti ab 1943 anderthalb Jahre in deutscher Gefangenschaft. Nach dem Zweiten Weltkrieg profilierte er sich als Übersetzer französischer Literatur (Flaubert, Proust, Bataille, Gide), war Mitglied der ital. Literatenvereinigung »gruppo 63« (Gruppe 63) und Leiter wichtiger italienischer Verlage (Rizzoli, Bompiani, Garzanti). Mit **Umberto Eco** gab er eine wegweisende Untersuchung zu »James Bond« (s. u.) heraus. Es folgten Schriften zu Billy Wilder und Federico Fellini. Mit Carmelo Bene realisierte er für

Stolz zeigte Oreste del Buono seine neuesten Entwürfe.

das RAI Radio »unmögliche Interviews« (»Le interviste impossibili«), etwa mit Dostojewski oder Majakowski. Gefürchtet waren seine Literaturkritiken, die unter dem Akronym **OdB** erschienen. Bewundert und verehrt wurde del Buono als Chefredakteur der wichtigsten italienischen, nach der Peanuts-Figur Linus van Pelt benannten Comic-Zeitschrift **Linus** (1972–1981). Mit den Beilagen **Alterlinus** und **alteralter** etablierte er das Genre in Italien. Del Buono verstarb in Rom. Seit 2015 ehrt in Mailand mit dem **Giardino Oreste del Buono** am Comic-Museum **WOW – Spazio Fumetto.**

Der Fall James Bond. 007 – ein Phänomen unserer Zeit: dtv, Band 360, München, 1966 | www.museowow.it/wow/it/

Volksheld hinter Gittern: Carmine Crocco

Brigant, Revolutionär (1830–1905)

Auf den Kopf des auch **Donatello** bzw. **Donatelli** genannten Generals der Briganten war zeitweilig ein Vermögen ausgesetzt: sage und schreibe 20000 Lire! Als **Generalissimo** und »Napoleon der Briganten« führte Crocco zeitweilig 2000 Mann gegen die Bourbonen-Truppen Süditaliens an. Unter seinen »Outlaw-Offizieren« befanden sich Berühmtheiten wie z. B. Ninco Nanco. 1864 wurde er im Kirchenstaat verhaftet und 1872 in Potenza für 67 Morde, 7 Mordversuche, 4 Attentate auf die öffentliche Ordnung, 5 Rebellionen, 20 Diebstähle und

15 Hausbrandschatzungen im Wert von 1,2 Mio. Lire angeklagt sowie zum Tode verurteilt. Nach Protesten wurde das Urteil 1874 in lebenslange Haft und Zwangsarbeit umgewandelt. Crocco landete nach Umwegen auf der Gefängnisinsel Santo Stefano und 1902 schließlich im **Bagno (Gefängnis) von Portoferraio.** Der als stets ruhig und überlegt beschriebene Crocco wurde hier von Professoren und Studenten der Universität Siena besucht und befragt. Die veröffentlichten Interviews lösten eine jahrelange Debatte um die **soziale Frage in Italiens Mezzogiorno** aus und ließen den Aufstand der Briganten in neuem Licht erscheinen. Seit den 1980er-Jahren ist Crocco Thema in Theater, Film und Literatur. **2005** ehrte Portoferraio ihn zu seinem 100. Todestag mit einem viel beachteten Theaterfest.
Direkter Nachfahre des legendären Briganten väterlicherseits ist der Schauspieler und Regisseur **Michele Placido** (geb. 1946). Er wurde als Commissario Corrado Cattani in den ersten vier Staffeln der TV-Serie »La Piovra« (Der Krake) berühmt. In Deutschland lief die Serie (48 Folgen) als »Allein gegen die Mafia«.

Anarchist und Jurist: Pietro Gori

Sozialrevolutionär (1865–1911)

Der Anarchist und Rechtsanwalt aus Messina mit toskanischen Eltern (Großvater Pietro war Offizier Napoleons, Vater Francesco Kapitän der Artillerie) verstarb in **Portoferraio.** Schon vor seiner Jura-Promotion (1889) war der Student der Universität Pisa als angeblicher Unruhestifter rund um die Feiern zum 1. Mai 1886 verhaftet worden, bei denen es um die Einführung des Acht-Stunden-Arbeitstages ging. In Mailand übersetzte Gori, der auch unter dem Anagramm »Rigo« schrieb, 1891 das Manifest vom Marx und Engels in Italienische. Es folgten zwei Exile: 1896 wurde ihm die Rückkehr nach Italien mit Vorgabe der Residenzpflicht auf Elba gestattet. Auch das zweite Exil endete 1902 auf Elba. Nach ausgiebigen Reisen nach Palästina und Ägypten blieb er in Portoferraio, das seinen Hauptplatz am Rathaus nach ihm benannte. Gori war Autor zahlreicher Schriften und erfolgreicher Strafverteidiger, verfasste aber auch berühmte Anarchistenlieder. Er ist in **Rosignano Marittimo** südlich Livorno beerdigt, wo ihn eine Statue ehrt.

Pirat und Nationalheld: Khair ad-Din (Chaireddin) Pascha, genannt Barbarossa

»Doppelter« Korsar, Großadmiral, Herrscher von Algier (um 1478–1546)

Hizir, später Khair ad-Din, wurde als Sohn eines albanischen, griechischen oder türkischen Vaters auf Lesbos geboren. Seinen legendär gefürchteten Ruf des »Rotbart« verdankt er einer Verballhornung und seinem älteren Bruder Arudsch (türkisch Oruç; 1473/74–1518). Dieser war von 1504 bis zu seinem Tod im Kampf gegen die Spanier

ebenfalls ein berüchtigter Pirat im westlichen Mittelmeer. Er trug seit einem Gefecht 1512 eine Silberprothese, was ihm den Spitznamen »Silberarm« und den Ehrentitel **Baba Oruç** (»Vater Arudsch«) eintrug. Daraus wurde über das Französische »Baba Rousse« – **Barbarossa**. Bruder Hizir übernahm diesen Titel, wurde selbst 1518 Bey von Algier, und beide sorgten so für vier Jahrzehnte Dauerpräsenz des Schreckensnamens. **Aber rote Bärte trugen beide nie!**
Dank erfolgreicher Raubzüge und Kaperfahrten wurde Hizir, längst einer der Reichsten im Mittelmeerraum und später als »Khair ad-Din« (»Wohl der Religion«) geehrt, 1533 **Kaptan-í Derya,** Oberbefehlshaber und Großadmiral der osmanischen Flotte. 1534 machte der Freibeuter mit 84 Schiffen die Westküste Italiens unsicher, versklavte und trieb Beute ein. 1535 kam es mit Karl V. zum **Kampf um Tunis**, den der spanische König dank einer Meuterei von 12 000 christlichen Sklaven gewann. Nach Flottenneubau und Wiederaufrüstung 1536 folgte der Gegenschlag Khair ad-Dins: Alliiert mit Frankreich besiegte die osmanische Flotte 1538 die Heilige Liga unter dem Kommando des Genuesen Andrea Doria in der **Seeschlacht von Preveza.** 1543 erstürmte er Nizza und fügte spanischen Häfen schwere Schäden zu. 1544 überfiel er **Elba**. Hochgeachtet starb der **»Herr der Meere«**, so seine Grabinschrift, am 4. Juli 1546 in seinem Palast in Istanbul. In der Türkei ist er bis heute ein **Nationalheld.**

Weltstar der Taucherszene: Jacques Mayol

Apnoetaucher, Yogalehrer
(1927 – 2001)

Der polyglotte Franzose wurde in Schanghai geboren und fand in späteren Lebensjahren als **»Delfinmann«** (»Dolphin man«) weltweite Berühmtheit. Ab 1966 lieferte er sich als Apnoe-Taucher über zwei Dekaden ein international verfolgtes Duell mit dem italienischen Tauchrekordler **Enzo Maiorca. Vor Elba gelang ihm 1973 sein erster Weltrekord** im Freitauchen ohne Atemgerät (85 m tief). Seither wurde Elba seine Heimat, er lebte mit seiner Familie in einer Villa im **Ortsteil Calone bei Capoliveri.** 1976 war er der erste Mensch, dem ein Tauchgang ohne Atemgerät bis in 100 m Tiefe gelang. Ein Dutzend weiterer, meist experimenteller und wissenschaftlich motivierter Tauchversuche folgten. 1983 erreichte der 56-Jährige mit 105 m seinen letzten Weltrekord. Sein Geheimnis: Nicht Physis, sondern Konzentration entscheidet!
Der Guru der Freitaucher war auch Yoga-Lehrer – und konnte in extremer Tiefe seinen Puls auf 26 Schläge pro Minute reduzieren. Der französische Star-Regisseur und Ex-Tauchlehrer **Luc Besson** setzte ihm und Enzo Maiorca 1988 mit **»Im Rausch der Tiefe«** ein enthusiastisch gefeiertes cineastisches Denkmal. 1989 stellte seine Schülerin **Angela Bandini** vor Elba den Frauenweltrekord auf und erreichte 95 m Tiefe, einen Tag später düpierte sie alle legendären Heroen mit

historischem Weltrekord (107 m). Im Jahr 2001 suchte Mayol in Capoliveri den Freitod. Ursache des Suizids: langanhaltende schwere Depressionen nach der Ermordung seiner Frau Gerda 1975. Vor Capoliveri wurde zu seinem Gedenken nahe den Gemini-Inseln (Isole Gemini) in 16 m Tiefe ein Unterwasserdenkmal errichtet.
1999 tauchte ein Freund nach Mayols Technik 150 m tief: Umberto Pelizzari (geb. 1965), Professor an der Scuola Superiore Normale in Pisa. Heutige Weltrekorde variieren je nach Disziplin und Verband. Der Wiener Herbert Nitsch (geb. 1970) erreichte 2007 unglaubliche 214 m, musste dann aber 2012 unter dramatischsten Umständen bei einem Tauchgang gerettet werden. Den Frauenrekord hält Tanya Streeter (geb. 1973; USA) seit 2002 mit 160 m.

Machiavellist und Festungsbauer: Cosimo I. de' Medici

Großherzog der Toskana (1519–1574)

Der erste Großherzog der Toskana kam 1537 mit nur 17 Jahren nach der Ermordung seines Vorgängers Alessandro de' Medici eher zufällig zur absolutistischen Macht. Der Sohn des Condottiere Giovanni dalle Bande Nere stammte nur aus Verwandtschaft zweiten Grades, nutzte aber die Gunst der Stunde. 1539 heiratete er Eleonora di Toledo (1522–1562). In seinem Auftrag entstanden die Verwaltungsgebäude der Uffizien in Florenz, toskanische Festungen wurden ausgebaut. In **Livornos neuem Freihafen** wurden alle Beutegüter, die christliche Korsaren in den Barbareskenstaaten machten, kostenfrei bis zu zwölf Monate eingelagert und dann oft über Land in die Bestimmungsländer geliefert. Nach schweren Zerstörungen Portoferraios durch Khair ad-Din Barbarossa (1544) entzog Karl V. 1547 der in Piombino residierenden Adelsfamilie Appiani die Elba-Herrschaft. Ab 1548 ließ Cosimo I. den wichtigen Militärstützpunkt befestigen und nannte ihn **Cosmopoli, »Stadt des Cosimo«.** Hier hatte der von Cosimo 1561 gegründete militärische **Seeorden der Cavalieri (Ritter) von Santo Stefano** seinen Sitz. 1558 wurden die Inseln Giglio und Giannutri dem Großherzogtum angegliedert. 1571 nahm seine Flotte an der **Seeschlacht von Lepanto** teil. Seine Frau und zwei Söhne starben an Malaria, er selbst erlag einem Schlaganfall am 21. April 1574 in der Villa di Castello bei Florenz.

General und Gönner: Marcus Valerius Messalla Corvinus

Konsul, Redner, Mäzen (64 v. bis 8 n.Chr.)

Mit dem römischen Konsul aus dem uralten **Geschlecht der Valerier** (gens Valeria) hatte auch Elba einen prominenten Einwohner des römischen Hochadels aus augusteischer Zeit. Grabungen unterhalb der **Villa romana delle Grotte** bei Portoferraio brachten bis 2015 den Nachweis, dass dieser Politiker, General, Redner im Range Ciceros sowie Kunst- und Literaturmäzen hier mit Gattin Aurelia Cotta wohl **Bau- und Hausherr** war. In der das Ende der römischen Republik markierenden Seeschlacht bei Actium (31 v. Chr.) kommandierte Messalla einen Flottenverband gegen Kleopatra VII. und Marcus Antonius, den er als Konsul 31 v. Chr. abgelöst hatte. Sein jüngster Sohn Marcus Aurelius Cotta Maximus Messalinus, vom Onkel mütterlicherseits adoptiert, Senator und Freund der Kaiser Augustus und Tiberius, übernahm die Villa und empfing hier 8 n.Chr. Hausfreund **Ovid** (43 v. Chr.–17 n. Chr.), worüber der Dichter berichtete. Im Jahr 20 war Messalinus Konsul gemeinsam mit Cousin Marcus Valerius Messalla Barbatus, der Vater jener **Valeria Messalina** war, die als dritte Gattin von Kaiser Claudius und Mutter des Britannicus in die Geschichte einging und wegen ihrer skandalösen Ausschweifungen im 19 Jh. zur größten Nymphomanin der Antike aufstieg. Mit Elba-Hausherr Messalla Corvinus wurde auch sein **Sklave Hermia** posthum berühmt, dessen Name sich auf vielen Amphoren findet. Er gilt nun als erster großer Winzer des Toskanischen Archipels.

Tief gefallen: Napoleon I.

Kaiser der Franzosen (1769–1821)

Der spätere französische General und Kaiser erblickte am 15. August 1769 **in Ajaccio auf Korsika** als Spross einer Landadelsfamilie mit dem Namen Napoleone (korsisch Nabulione) Buonaparte das Licht der Welt. Er machte rasch Karriere in der französischen Revolutionsarmee und war schon mit 24 Jahren Brigadegeneral. Nur wenig später wurde er Oberbefehlshaber des Italien-Feldzugs und befehligte die Expedition nach Ägypten. Nach Robespierres Schreckensregiment riss er in Paris die Macht an sich und ließ sich 1802 – gestützt auf eine allgemeine Volksabstimmung – zum Ersten Konsul auf Lebenszeit ernennen. Am 2. Dezember 1804 krönte er sich selbst zum Kaiser der Franzosen. Er siegte gegen Österreich und Preußen, besetzte Portugal und Spanien und versuchte England durch den als Kontinentalsperre bekannt gewordenen Wirtschaftskrieg in die Knie zu zwingen. Da sich das Zarenreich der von ihm ausgerufenen Kontinentalsperre entzog, bot sich Napoleon der Vorwand zum Marsch auf Moskau. Der Russlandfeldzug 1812 endete im Desaster (ca. 600 000 Tote). Es folgten die Völkerschlacht bei Leipzig 1813 und die Besetzung von Paris durch die Allierten. Napoleon musste 1814 abdanken und ging ins **Exil auf die Insel Elba** (▶ Baedeker Wissen, S. 104) wo er trotz seines kurzen Aufenthalts einiges bewegte. Für bessere Hygiene (und bis heute Spott) sorgte sein Erlass, dass nicht mehr als fünf Menschen ein Bett teilen sollten. Nach seiner Flucht 1815 endeten die berühmten »Hundert Tage« in der Schlacht von **Waterloo** mit der Verbannung auf die Insel

Als Napoleon nach Elba kam, waren diese glorreichen Zeiten lang vorbei

St. Helena im Südatlantik. Napoleon privat schätzte das Theater und die Damenwelt, der er auch auf Elba den Hof machte. Er kleidete sich praktisch, trug nie Schmuck und litt an seinem Haarausfall. Er hasste Etikette, trank kaum Wein, rauchte nicht (nahm aber Schnupftabak) und war kein Gourmet: Seine Mahlzeiten dauerten auch in Gesellschaft nie länger als 10 Minuten. Er schätzte gekochtes Huhn und gegrillten Hammel – und litt schon auf Elba an Gastritis, die sich zum Geschwür und dann **Magenkrebs** auswuchs. Der – und nicht Arsen – führte zu seinem Tod.

Streiter für den »demokratischen Katholizismus«: Bartolomeo Sorge

Jesuitenpater, Sozialpolitiker (1929–2020)

Der in Rio Marina geborene Theologe und Politologe war ein Exponent der **katholischen Soziallehre** und des **»cattolizismo democratico«** (demokratischer Katholizismus). Nach der Priesterweihe 1958 arbeitete er in der Gesellschaft Jesu, danach für Papst Paul VI. Bis 1985 war er Chefredakteur von »Civiltá Cattolica«. 1986 bis 1996 markieren die wichtige Lebensperiode, als er im Institut »Pedro Arrupe« bei Palermo aktiv den Antimafia-Kampf des Bürgermeisters Leoluca Orlando unterstützte. Sorge lebte seit 1997 in Mailand und seit 2016 in einer Jesuitenresidenz in Gallarate in der Lombardei. Dort setzte »das Geschenk Gottes«, so eine Verehrerin, seine Aktivitäten auch auf Social Media-Kanälen fort. Er starb am 2. November 2020 in Gallarate.

»Maestro« der Triller: Uto Ughi

Violinist, Paganini-Virtuose, Dirigent (geb. 1944)

Italiens Stargeiger mit dem Künstlernamen Uto Ughi erblickte als Bruto Diodato Emilio Ughi in Busto Arsizio in der Provinz Varese in der Nordwest-Lombardei das Licht der Welt. Seine Eltern, Rechtsanwalt Bruno Ughi und Gattin Maria Miana, ermöglichten ihm ab dem sechsten Lebensjahr eine ausgezeichnete musikalische Ausbildung. Mit sieben Jahren debütierte er am Teatro Lirico in Mailand. Publikum und Kritik erkannten sofort sein außergewöhnliches Talent. Bereits mit 12 Jahren galt seine Technik und Ausdruckskraft als ausgereift. Als herausragender Exponent der italienischen Geigenschule verfeinerte er sein Können in Genf, Siena und in Paris bei George Enescu, dem Lehrer des berühmtesten Geigers des 20. Jh.s: Yehudi Menuhin. Sein erster **internationaler Erfolg** kam 1967 mit einem Beethoven-Konzert für Violine und Orchester unter Sergiu Celibidache im Hof des Palazzo Ducale in Venedig. Seine Karriere als Solo-Violinist führte rund um den Globus. Besonders seine Einspielungen von Werken des »Teufelsgeigers« Niccolò Paganini (1782–1840) brachten im stehende Ovationen ein und 1997 durch Italiens Staatspräsidenten die höchste Kunstehrung als **»Cavaliere di Gran Croce«.** Weitere Preise folgten, 2015 erhielt Uto Ughi auch den Premio America der Fondazione (Stiftung) Italia – USA. Ughi lebt seit einem Vierteljahrhundert auf der Insel Giglio, deren Ehrenbürger er ist. Er liebt das Meer und den Charakter der Insulaner, deren uneigennützige Hilfsbereitschaft er nach der Costa Concordia-Katastrophe uneingeschränkt bewunderte. 2013 präsentierte Ughi seine Biographie »Quel Diavolo di un Trillo – note della mia vita« (Welch ein Teufel von Triller – Noten/Notizen meines Lebens). Großartig ist die CD **»Il Trillo del diavolo«** (Der Teufelstriller) mit seinen virtuosesten Aufnahmen. 2020 erkor ihn Italiens Außenministerium während der Covid-19-Pandemie neben Andrea Bocelli und weiteren zum Hoffnung gebenden Kulturbotschafter Italiens in aller Welt.

Der Erfinder des Reiseführers: Karl Baedeker

1801–1859
Verleger

Als Buchhändler kam Karl Baedeker viel herum, und überall ärgerte er sich über die »Lohnbedienten«, die die Neuankömmlinge gegen Trinkgeld in den erstbesten Gasthof schleppten. Nur: Wie sollte man sonst wissen, wo man übernachten könnte und was es anzuschauen gäbe? In seiner Buchhandlung hatte er zwar Fahrpläne, Reiseberichte und gelehrte Abhandlungen über Kunstsammlungen. Aber wollte man das mit sich herumschleppen? Wie wäre es denn, wenn man all das zusammenfasste?
Gedacht, getan: Zwar hatte er sein erstes Reisebuch, die 1832 erschienene »Rheinreise«, noch nicht einmal selbst geschrieben. Aber er entwickelte es von Auflage zu Auflage weiter. Mit der Einteilung in »Allgemein Wissenswertes«, »Praktisches« und »Beschreibung der Merk-(Sehens-)würdigkeiten« fand er die klassische Gliederung des Reiseführers, die bis heute ihre Gültigkeit hat. Bald waren immer mehr Menschen unterwegs mit seinen **»Handbüchlein für Reisende, die sich selbst leicht und schnell zurechtfinden wollen«**. Die Reisenden hatten sich befreit, und sie verdanken es bis heute Karl Baedeker. Elba beschreibt er erstmals im 1866 erschienenen Band »Baedeker's Mittel-Italien und Rom«.

»
In der neueren Zeit ist Elba viel genannt
als Aufenthalt des entthronten Napoleon.
«

Baedeker's Mittel-Italien und Rom, 1. Auflage 1866

E
ERLEBEN & GENIESSEN

Überraschend, stimulierend, bereichernd

Mit unseren Ideen erleben und genießen Sie Elba.

Mountainbike, Segelboot oder lieber ein gemütlicher Tag am Strand? Auf Elba haben Sie die Wahl. ►

BEWEGEN UND ENTSPANNEN

Der Toskanische Archipel bietet zahlreiche Angebote auch zur sportlichen Erholung. Dank der Kombination aus Meer, Küste und Gebirge ist vom angenehmen Faulenzen beim Sonnenbad am Strand bis zum kräftezehrenden, die Elemente verbindenden Triathlon, von der klassischen, alle Sinne aktivierenden Naturwanderung bis hin zu spektakulären Trendsportarten wie Mountainbike-Fahren oder Seekajak-Touren alles möglich. Ein besonderer Reiz der Insel bleiben aber allem voran die Strände.

Badevergnügen

Urlaub am Meer

Mit Stränden auf Elba, Giglio, Capraia und nun auch Pianosa und Giannutri, garantiert der Toskanische Archipel jedem Gast Badespaß und Wassersport pur. Die Sand-, Kies- oder doch mindestens Felsstrände auf Elba und Giglio stehen ganz oben auf der Beliebtheitsskala. Viele verfügen über eine gut ausgebaute Infrastruktur, bieten (kostenpflichtige) Liegen, Sonnenschirme und breit gefächerte Freizeitangebote: Beach Volleyball und Badminton, Surfen, Kiten oder Schnorcheln sind angesagt. Der beliebteste »Strandsport« ist und bleibt aber das süße »Nichtstun«, das legendäre »Dolce far niente«, nur unterbrochen vom kühlenden Bad in den Fluten des Tyrrhenischen Meers.

Badestrände und Strandbäder in Fülle

Zählt man die kleinen Badestellen in einsamen Buchten zu den 72 Sand- und Kiesstränden Elbas, steigt die Zahl auf 165. Sie sind hier gelistet und lokalisiert: **www.infoelba.net/insel-elba/straende/.** Auf der Website gibt es auch Hinweise in deutscher Sprache zu Zufahrts- und Parkmöglichkeiten sowie zur Infrastruktur vor Ort, etwa Sonnenschirm-, Tretboot- oder Windsurfverleih, Tauchbasen, Bars und Restaurants. An den **Punti Blu** können Sie Sonnenschirme und Liegestühle ausleihen. Einzelne Strände auf Elba sind auch für **Nudisten** erlaubt (spiagge nudiste). Seit 2016 hat Capoliveri den Kiesstrand **Spiaggia dell'Acquarilli** komplett für kostümfreie Badevergnügen freigegeben. Ein weiterer ist der ab dem Lido di Capoliveri gut erreichbare Strand Spiaggia di Felciaio. Auch der Abschnitt zwischen Capoliveris 180m langem Sandstrand Zuccale (Parken 1,50 €/Std.) und dem 130 m langen Sandstrand Barabarca (Parkplatz links Richtung Barabarca kostenfrei) ist für FKKler gedacht. In Lacona ist der 80m lange Strand Capo Canata über den Campingplatz Stella Mare zugänglich. Weitere FKK-Strände sind der Granitstrand Scogliera de Le Piscine zwischen Fetovaia und Seccheto und nach Fetovaia der schwarze Kiesstrand Spiaggia Le Tombe.

AUSGEWÄHLTE BADESTRÄNDE AUF ELBA, GIGLIO UND PIANOSA

AUF ELBA

PORTOFERRAIO

Sand: Forno, Biodola, Scaglieri, Porticciolo
Kies: Acquaviva, Capo Bianco, Enfola, Le Ghiaie, Le Viste, Magazzini, Padulella, Sansone, Schiopparello, Viticcio
Sand und Kies: Bagnaia, Ottone
Strandbäder: Bagni Elba (Le Ghiaie), Hermitage (Biodola), Fabricia (Schiopparello), Prunini Beach (Seccione), Villa Ottone (Ottone)

MARCIANA

Sand: La Paolina, Procchio, Spartaia, S. Andrea, Cotoncello
Kies: Patresi, Pomonte, Chiessi
Strandbäder: Bagni Paola (Campo all'Aia), Centro Balneare La Perla (Campo all'Aia), Hotel Desirée (Spartaia), Hotel Valle Verde (Spartaia), Hotel del Golfo (Procchio), Il Delfino (Procchio), La Perla del Golfo (Procchio)

MARCIANA MARINA

Sand: Redinoce
Kies: La Fenicia, La Crocetta
Strandbäder: Capo Nord (Fenicia), Redinoce Beach (Redinoce)

PORTO AZZURRO

Sand: Barbarossa, Cala Grande, La Rossa, Naregno
Sand und Kies: Reale
Sand und Felsen: La Pianotta
Strandbad: Elba in Love (Naregno)

RIO MARINA

Sand/Kies: Cavo, Topinetti, Ortano
Kies: Capo Castello
Strandbad: Bagno Mokambo (Cavo)

RIO NELL'ELBA

Sand: Nisporto
Sand und Kies: Bagnaia, Nisportino

CAPOLIVERI

Sand: Barabarca, Felciaio, Innamorata, Lacona, Laconella, Lido, Morcone, Pareti, Zuccale
Sand und Kies: Madonna delle Grazie, Margidore, Norsi, Remaiolo, Malpasso
Strandbäder: Albatros & Drago (Morcone), Antares (Lido), Bagni Orano (Lacona), Margidore Yacht Club (Margidore), Sun Beach (Lacona)

CAMPO NELL'ELBA

Sand: Cavoli, Fetovaia, Marina di Campo, Seccheto
Sand und Kies: Fonza, Galenzana,
Kies: Colombaia, Il Giardino
Strandbad: Bagno Bahia (Cavoli), Batignani (Cavoli), Barbatoja (Fetovaia), Bagni Pineta (Marina di Campo), Il Capriccio (Marina di Campo), Tropical (Marina di Campo)

AUF GIGLIO

Auf Giglio ist die Küste großteils felsig. Doch die Felsen werden immer wieder von kleinen, malerischen Buchten unterbrochen. Am beliebtesten ist der grobkörnig rötliche Sandstrand von Giglio Campese. Drei weitere Strände locken an die Ostküste: Goldgelb ist der Sandstrand des Schnorchlerparadieses Arenella, fein und weiß der Sandstrand Spiaggia delle Canelle, goldgelb und grobkörniger der kleine Sandstrand Spiaggia delle Caldane.

AUF PIANOSA

Nahe der Fähranlegestelle von Pianosa erstreckt sich der herrliche, frei zugängliche Sandstrand an der Cala Giovanna bis zu den antiken Bagni di Agrippa. Badevergnügen pur – in der »Karibik des Toskanischen Archipels«.

1 Spiaggia di Nisporto
2 Spiaggia Ottone
3 Spiaggia Schiopparello
4 Spiaggia delle Ghiaie
5 Spiaggia di Seccione
6 La Biodola
7 Procchio
8 Marciana Marina
9 Fetovaia
10 Seccheto
11 Cavoli
12 Punta Bardella
13 Marina di Campo
14 Ghiaieto
15 Spiaggia Grande
16 Spiaggia Margidore
17 Spiaggia di Norsi
18 Spiaggia del Lido
19 Spiaggia di Zuccale
20 Spiaggia di Barabarca
21 Spiaggia della Madonna
22 Morcone
23 Pareti
24 Cala dell'Innamorata
25 Spiaggia di Remaiolo
26 Spiaggia dello Stagnone
27 Spiaggia del Malpasso
28 Ferrato
29 Spiaggia di Naregno
30 Spiaggia di Mola
31 Spiaggia di Barbarossa
32 Spiaggia Reale
33 Spiaggia d'Ortano
34 Rio Marina
35 Cavo

Sportmöglichkeiten

Auf dem Wasser

Segeltörns und **Kajakausflüge** boomen besonders auf Elba. Eine Topadresse auch für Anfänger ist der Segel Club Elba. Die Segelschule bietet deutschsprachige Segelkurse für Eltern mit Kindern. Die Kurszeiten mit ausgebildeten Segellehrern liegen dann parallel. Weitere Segelschulen bieten deutschsprachigen Unterricht an. Sportlich weniger Ambitionierte können natürlich auch herrliche **Bootsausflüge** aufs Meer mit Delfin- oder Walbeobachtung und Sonnenbad an Deck genießen.

Angeln

Sportangler müssen die **Naturschutzregeln und Restriktionen** beachten: Sie benötigen besonders für die Gewässer um Capraia, Gorgona und Giannutri eine **spezielle Angelerlaubnis.** Diese erteilt die Nationalparkverwaltung des Toskanischen Archipels.
Infos unter: www.islepark.it, www.parcoarcipelago.info

Tauchen

Elba, Capraia und **Giglio** sind Mekkas für Taucher, Pianosa ist es für Schnorchler. Kurse und Exkursionen finden auch deutschsprachig statt. Elba ist zudem für Tauchunfälle gut gerüstet. Rund um die Insel verteilt sind 35 Defibrillatoren (AED) verfügbar. Im Falle der Fälle wählt man den medizinischen Notruf: Tel. 118. Zu den **wichtigsten Tauchrevieren** auf Elba zählen der Scoglietto di Portoferraio, das Revier Careno vor Sant'Andrea und der Tauchgrund vor Fetovaia.

Radfahren/ Mountainbiken

Radfahren ist auch auf den Toskanischen Inseln Volkssport Nummer eins. An jedem Sommertag schwärmen Amateure auf ihren Rennrädern zu langen **Küsten- und Bergtouren** auf Elba aus. Untrainierte Urlauber sollten aber vorsichtig sein. Nicht jeder ist ein Pedalheld, Elbas Steigungen verlangen einiges. Doch Elba hat längst die Lösung gefunden und bietet die Miete von Elektro-Fahrrädern (E-Bikes) an (▶ Praktische Informationen, S. 301). Besonders Ambitionierte trainieren für das **Triathlon-Ereignis Elbaman,** das jährlich Ende September stattfindet. Wer nicht die volle To(rt)ur (3,8 km Meeresschwimmen, 180 km Radfahren, 42,2 km Laufen) absolvieren möchte, wählt den Kurs des Elbaman 73 (Halbe Strecken). Informationen gibt es unter: www.elbaman.it.
Extrem angesagt und keineswegs überanstrengend ist auf Elba das **Angebot für Mountainbiker.** Mountainbikes werden in allen größeren Orten verliehen. Als leicht bis mittelschwer gelten auch die permanent gepflegten Strecken im **Capoliveri Bike Park** auf der Halbinsel Calamita. Mit herrlichem Panorama wurde die nun über 100 km Strecke auf zehn Routen ausgeweitetet (www.capoliveri bikepark.it). Karten für den Bikepark gibt es kostenlos als App (www.avenzamaps.com/maps/598632) sowie gedruckt bei Rent Elba Bike gegenüber dem Rathaus von Capoliveri, Piazza del tore 1 (www.rentelbabike.it). MTB-Exkursionen veranstaltet auch der Verein Elba Gravity Park rund um Rio nell'Elba (Kontakt: Dario Scattu, Tel. 320 26 49 39)

Mountainbiketouren

Die **einfache MTB-Hauptroute** führt ab Piazza del Cavatore 19 km um den Monte Calamita und ist mit 350 Höhenmetern gut zu schaffen. Die einzigartige Flora lädt oft zu schönen Stopps ein. Mittelschwer sind die Strecke Miniere (24 km, 550 Höhenmeter) und der Ostkurs Ripa Est (16 km, 540 Höhenmeter). Höchst anspruchsvoll: der **MTB-Weltmeisterschafts-Rundkurs** von 1994 (11 km, 300 Höhenmeter) und der Legends Cup (80 km; 3000 Höhenmeter).
Schwer sind die **fünf Enduro-Strecken**, nur für Experten die Route um den Monte Capanne (34,7 km, 4 Std.), die MTB-Tour um Elba (144 km, 2594 Höhenmeter), die MTB-Fahrt auf der G.T.E. (77 km, 4116 Höhenmeter) und die Gesamttour auf den vier Trails im Elba Gravity Park (83 km, 2987 Höhenmeter). Grundsätzlich: nie allein fahren, ein Handy sowie genug Proviant und Wasser dabeihaben.

Elba Marathon Fest etabliert in der internationalen Läufergemeinde ist der Elba Marathon, der jährlich Anfang Mai stattfindet (www.maratonadellisola delba.it). Wer will, kann auch den Halb-Marathon oder 10 km Nordic Walking wählen. Das Marathon-Dorf befindet sich in Marina di Campo, die Teilnahmegebühr beträgt 10 bis 63 €. Frühbucher sparen!

Reiten **Elba zu Pferd** gilt als ganz besonderes Urlaubserlebnis; einige Wander- und Mountainbike-Wege dürfen auch Reiter nutzen. Großartig sind etwa die Reitexkursionen der Tenuta Le Ripalte auf der Halbinsel Calamita. Elba bietet zudem gute Reitsportzentren mit zuverlässigen Pferden, Reitunterricht und ausgebildeten Guides. Reiter können auch auf die **Pferdetrekkingangebote** der Vereinigung Via Equestre Toscana zurückgreifen (www.viaequestretoscana.it; Stützpunkt auf Elba: Località Capo Bianco, Porto Azzurro, Tel. 348 7 80 31 40).

Wandern/ Trekking Großartig ist Elbas neuer Küsten-Rundwanderweg **Via dell'Essenza**, der Essenzen-Weg (127 km). Zwölf nach Monaten gegliederte Abschnitte stellen unterschiedliche Pflanzen vor: Lavendel, Rosmarin, Wacholder, Ginster, Zistrosen, Erdbeerbäume, Helichrysium (gelbe ital. Strohblume), Tamarisken, Steineichen, Myrte, Lentisken und Erika. Der Nationalpark empfiehlt sieben Etappen (66,5 km Länge). Der Rosmarinweg (Etappe 4) von Cavoli nach Fonza an der Südküste ist der beliebteste. Im Westen Elbas verlaufen die Abschnitte »Erika« von Sant'Andrea nach Mortigliano und »Lavendel« von Mortigliano nach Cavoli teils über Asphalt. Info: www.islepark.it (▶Visitare ▶Rete sentieristica).

Top-Themenwege sind auch der anspruchsvolle, 20 km lange **Orchideen-Wanderweg** in ▶Capoliveri, der wunderbarer Schmetterlingswanderweg im **Santuario delle Farfalle** (▶S. 89) und der 700 m lange Waldlehrpfad für Sehbehinderte am Monte Perone (Percorso per Ipovedenti bzw. percorso disabili Visivi). Reizvoll sind der 500 m lange Dünenweg in Lacona und der Rundweg am Kap der Halbinsel Enfola (2,5 km; 2,5 Std.). Auf Capraia **sollte man besser mit Guides** des Nationalparks **wandern**, auf Pianosa und Giannutri ist das sogar Pflicht.

Der Nationalpark bietet regelmäßig **Halb- und Ganztagestouren** an, auch in entlegene Inselwinkel. Startpunkt, Länge, Dauer, Schwierigkeitsgrad, Verpflegungsmöglichkeiten und Attraktionen sind ausgewiesen. Termine stehen im auch deutschsprachigen Jahreskalender »Vivere il parco« (»Den Park leben/erleben«) des Nationalparks, den es nur gedruckt gibt. Das PDF lässt sich mitunter per Mail anfordern (info@parcoarcipelago.info). Buchungen nimmt das Büro Info-Park in ▶Portoferraio an.

Ideal sind die **Walking Festivals** (Wanderfeste) im Mai und Oktober mit Guides, Naturwissenschaftlern und Experten, die die grandiose Natur auf den Inseln Elba, Giglio, Giannutri und Capraia erläutern.

Wer zum Kastell Volterraio wandert, wird mit herrlichen Ausblicken belohnt.

Der italienische Alpenverein Club Alpino Italiano CAI (www.cai.it) organisiert **Wander- und Freeclimbing-Exkursionen.** Der sehr beliebte Elba-Höhenweg G.T.E. (Grande Traversata Elba) erfordert auch wegen möglicher rasch umschlagender Wetterverhältnisse eine gute Ausrüstung und viel Erfahrung. Der Zwei-Varianten-Weg (55,6 bzw. 47,2 km) wird als Viertagespaket angeboten. Information/Karten, nur italienisch (oder durch Browser übersetzt): www.islepark.it (▶ Visitare ▶ Rete sentieristica ▶ Percorsi consigliati).

Weiterführende Informationen

Der Nationalpark hält online und in Broschüren Tipps für Wander-, Mountainbike- und Reittouren auch auf Deutsch bereit. Hilfreich sind die kostenlosen digitalen Wanderkarten des Nationalparks. Es gibt sie für West- und Ost-Elba, Capoliveri Bike Park, Giglio und die anderen fünf Inseln. Download: www.avenzamaps.com/maps/598632
Die 29 Wanderwege auf Giglio sind ebenfalls online und als App sowie als deutschsprachige Broschüre verfügbar (»Insel Giglio – Kleines Handbuch der Wanderwege«). Auf Giglio und Giannutri führen Guides des Nationalparks, auf Giglio auch Marina Aldi, z. B. ab ihrem Privatmuseum in Giglio Castello (▶ S. 166).

SPORTANGEBOTE

AEROBIC, WASSERGYMNASTIK, WELLNESS

HOTEL LA PERLA DEL GOLFO

Im Sporting Club des Hotels locken Schwimmbad, Sonnenterrasse, Sport- und Spielplatz. Das Angebot ist groß und reicht von Aerobic- und Wassergymnastik-Kursen über Pool, Whirlpool und Wellness-Bereich bis hin zu Tennis, Boccia, Angeln, Tauchen, Reiten, Tischtennis, E-Bike-Verleih und einem Kinderspielplatz.
Via della Cicala 1
Marciana (Procchio)
Tel. 0565 90 77 33
www.laperladelgolfo.it/de

KLETTERN

ELBA FREECLIMBING CLUB

Hier werden Kletterkurse angeboten.
Via Montecristo 16, Portoferraio
Tel. 0565 91 71 40
climbing.renato@tiscali.it

GOLF

ELBA GOLF CLUB

9-Loch-Anlage (5144 m lang; Par 68)! Die Zweitage-Green Fee (36 Löcher) beträgt 85 €.
Loc. Acquabona, Portoferraio
Tel. 0565 94 00 66
www.elbagolfacquabona.it
Ganzjährig geöffnet

GOLF HERMITAGE

Die 9-Loch-Anlage (1275 m lang) ist ideal für Neulinge! Die Green Fee liegt bei 30 €, für Gäste des Hotels Ermitage nur 20 €.
Loc Biodola 1
Portoferraio (Biodola)
Tel. 0565 97 40
www.golfhermitage.it
Nur April–Okt.

JETSKI

RENT BOATS BAGNAIA

▶ Bagnaia, S. 49

KAJAK

ECONAUTA

▶ Marina di Campo, S. 82

IL VIOTTOLO

▶ Marina di Campo, S. 82

LA PLAYA DEL CARMA

Privates Strandbad von Gian Paolo und Giovanni Pellegrini mit Kanu- und Bootsverleih.
Via della Torre
Giglio Campese
Tel. 339 4 23 76 14
www.playadelcarma.it

MOUNTAINBIKE

ELBA MOUNTAIN BIKE

Leichte MTB-Ausflüge in den kühlen Sommerabendstunden ab Portoferraio mit Guide Gianpiero Mocali.
Loc. Albereto
Portoferraio
Tel. 328 7 24 22 89

HOTEL DEI CORALLI

Das Hotel Dei Coralli vermietet Mountainbikes, E-Bikes und Motorroller. Fahrten in den Ort sind für Gäste kostenlos.
Viale degli Etruschi 567
Marina di Campo
Tel. 05 65 97 63 36
http://hoteldeicoralli.it/de

RENT ELBA BIKE

Mountainbike- und Elektro-Mountainbike-Verleih im Bike Point Capoliveri; geführte Exkursionen, Kartenmaterial

Piazza del Cavatore 1
Capoliveri
Tel. 392 9 60 61 14
www.rentelbabike.it

REITEN

TENUTA DELLE RIPALTE
Ausritte ab 1 Std., dazu Halbtages- bis Sechstagestouren; auch Ponyreiten
Loc. Ripe Alte 2, Capoliveri
Tel. 0565 94 24 08 (April–Sept.),
Tel. 346 262 37 13
www.tenutadelleripalte.it

CENTRO IPPICO ELBANO
Ausgangsbasis des Ippovia Arcipelago Toscano (Reitweg Toskanischer Archipel)
Loc. Monte Orello
Portoferraio
Tel. 347 0 06 46 50 oder
347 6 39 57 04

CENTRO IPPICO L. E. FARMS
Eugenio de Fiores bietet saisonal Westernreiten, Reitexkursionen und Schulungen an.
Loc. Literno, Campo nell'Elba
Tel. 339 3 14 71 79 oder
0565 97 90 90

SEGELN

CIRCOLO NAUTICO CAVO
Bis zu 120 Segelbootplätze; Kooperation mit der Segelschule Utopia (www.utopiascuolavela.eu) und dem Tauchclub Eco Diving Cavo (https://ecodiving.it), zudem Sportfischen.
Lungomare Michelangelo 24/26
Rio (Cavo)
Tel. 0565 93 10 23
www.circolonauticocavo.it

CENTRO VELICO NAREGNO
Segel, Windsurf- und Katamaran-Segelkurse.
Spiaggia di Naregno, Capoliveri
Tel. 338 9 24 02 01
www.centroveliconaregno.it

CLUB DEL MARE
Mitglied der italienischen Segel- und Kanu-Föderation; Segelschule
Lungomare Mibelli 131
Marina di Campo
Tel. 0565 97 69 42
www.clubdelmare.it

SEGEL CLUB ELBA
Zur Segelausbildung kommen Ausflüge und Regatten. Tauchen auf der schwimmenden Tauchbasis »Unica Diving«.
In München: Tel. 089 38 03 48 45
oder 0160 91 48 30 20
Loc. Magazzini 12, Portoferraio
Tel. 0565 93 32 88
https://elbasegeln.de

ELBA WATERSPORTS
Kinder- und Erwachsenenkurse (Surfen, Segeln, Katamaran) mit Andrea und Alberto Carugi am Strand von Procchio.
Spiaggia di Procchio
Marciana (Procchio)
Tel. 366 2 09 89 08
www.elbawatersports.it/de

SURFEN
Überall auf Elba werden Surfbretter verliehen.

ALOHA CENTER
Mimmo und Matteo verleihen Motor- und Schlauchboote sowie Surfbretter.
Lido di Capoliveri, Capoliveri
Tel. 347 4 96 92 19
www.alohacenter.it

FREE TIME SURFSCHULE
Saisonale Windsurf-Schule; Verleih von Kanus, Schlauch- und Tretbooten.
Loc. Margidore (Golfo Stella)
Capoliveri
Tel. 328 9 52 07 43

ZEPHYR WIND SURF
Seit 1982 mit Stefano Ferraris. Schnupper-, Grund- und Fortgeschrittenenkurse!

Località La Foce
Marina di Campo
Tel. 338 9 04 83 48
www.zephyr-w.com/de

TAUCHEN

Der Schutz des marinen Nationalparks Toskanischer Archipel hat Vorrang, die Tauchgründe sind eingeschränkt, Restriktionen wurden für umweltbewusste Anbieter gelockert.

TEAM MAYOL

Das Team um Jean-Jacques Mayol bietet April bis Okt. Halbtages-, Tages- und Viertageskurse zur Kunst des Apnoe-Tauchens (Freitauchens) mit Yoga, Philosophie und Atemübungen. Übernachten kann man in Jacques Mayols Villa Glaucos (4 DZ), einem »Living« Museum für den berühmten Vater.
Villa Glaucos, Il Calone
Capoliveri
Tel. 338 5 28 00 50
www.teammayol.com

CAMPESE DIVING CENTER

Top auf Giglio! Rainer Krumbach betreut auch Wissenschaftler und Gäste des Instituts für Marine-Biologie in Campese. April bis Nov. geöffnet.
Kontakt in Deutschland:
Tel. 0173 7 43 39 29
Via de Mezzo Franco 14
Giglio Campese
www.cdc-giglio.de

CENTRO SUB CORSARO

Flaschentauchen seit 1970. Zwei Boote. Nur April–Okt.
Loc. Pareti
Capoliveri
Tel. 0565 93 50 66
www.laresidenzanelparco.com/it/diving.asp

DIVING IN ELBA

Die Tauchschule mit drei Standorten (Portoferraio, Biodola, Procchio) bietet 31 Tauchplätze rund um Elba, fünf vor Pianosa und vier vor Capraia.
Tel. 347 3 71 57 88 (Riccardo)
www.divinginelba.com/de

DIVING SERVICE CENTER

Fabio Agostinelli, Andrea Daviddi und Daniele Fontana offerieren Tauchausflüge zu 40 Plätzen um Elba und Pianosa. Übernachtung im Hotel da Fine (www.hoteldafine.it).
Via Vallebuia 4 (Hotel Da Fine)
Campo nell'Elba (Seccheto)
Tel. 347 0 12 66 69 (Fabio)
www.secchetodivingcenter.com

ENFOLA DIVING CENTER

Alessandro Corcella und Andrea Napolitano sind PADI-Instruktoren und Tauchmeister.
Loc. Enfola
Portoferraio
Tel. 348 7 92 56 53 (Giacomo)
www.enfoladivingcenter.it

MARELINO SUB

Kleine Tauchbasis; Tauchgänge mit deutschsprachiger Begleitung.
Spiaggia Madonna delle Grazie
Capoliveri
Tel. (Schweiz) +41 79 4 41 82 74
www.marelinosub.com

OMNISUB TAUCHZENTRUM

Mirjana und Markus Schempp, Basti, Nico und Manuel laden in 25–40 Min. entfernte Tauchgründe. Und Sie können Bioseminaren von Diplom-Biologin Johanna beiwohnen (69 €)!
Loc. Barbarossa 23
Porto Azzurro, Tel. 335 5 73 55 36
https://omnisub.com

PORTO AZZURRO DIVING CENTER

Tages- und Nachttauchexkursionen.
Banchina IV Novembre 19
Porto Azzurro
Tel. 335 7 05 06 60
www.centrisub.it/it/struttura/porto-azzurro-diving-center

SPIRO SUB DIVING CENTER
Katja und Volker (»Volki«) Kammerer, Monja und Victor sind das erfahrene Schulteam.
Via Della Foce 27
Marina di Campo
Tel. 338 2 68 93 79
www.spirosub.isoladelba.it

TENNIS
Tennisplätze der großen Hotels stehen oft auch Nichthotelgästen offen.

TENNIS CLUB ISOLA D' ELBA
Loc. San Giovanni
Portoferraio
Tel. 0565 91 53 66
www.elbatennis.it

WANDERN/TREKKING
Guides und Programme des Nationalparks finden Sie weiter unten im Kasten und auf www.islepark.it.

AGENZIA VIAGGI PARCO
Marida Antonella und Giovanni organisieren Wanderausflüge auf Capraia.
Via Assunzione 42 (Hafen)
Capraia Isola
Tel. 320 7 61 60 66
www.isoladicapraia.it

MARINA ALDI
► Giglio, S. 166

GUIDES DES NATIONALPARKS TOSKANISCHER ARCHIPEL
Geführte Wanderungen/Exkursionen auf allen sieben Inseln.
InfoPark:
Calata Italia 4
Portoferraio
Tel. 0565 90 82 31
www.parcoarcipelago.info

COOPERATIVA PELAGOS
Die Meeresbiologen der Kooperative haben spannende Trekkingtouren im Programm, außerdem Mountainbike- und Kajakausflüge sowie Segeltörns.
Via per Portoferraio 2090 G
Campo nell'Elba
Tel. 347 6 00 48 35
www.pelagos.it

ESSEN UND TRINKEN

Herzhaft, pikant und von Meer und Bergen geprägt – die Küche des Archipels erweist sich mit all ihren regionalen Besonderheiten und lokalen Raffinessen, aber auch mit ihren eher schlichten Ursprüngen als würdige Vertreterin der weltweit gerühmten toskanischen Küche (cucina toscana).

Speisen

Vielfältige Wurzeln

Naturgemäß spielte das nahe toskanische Festland seit je eine besondere, wenn auch nicht herausragende Bedeutung. Denn zur Küche der Hafenstadt Livorno und Deftigem aus der Maremma hat sich über die Jahrhunderte eine eigenständige Inselküche entwickelt. Am traditionellsten kocht man bis heute im Osten Elbas, in Capoliveri,

TYPISCHE GERICHTE

Das Tyrrhenische Meer, aber auch Elbas Bergwelt liefern die Zutaten für eine ebenso deftige wie pikante Küche, die traditionell aus einfachen Zutaten besteht und sich längst auch zu Gourmethöhenflügen aufgeschwungen hat.

Cacciucco: Livornesen und Elbaner streiten sich seit je um das wahre Rezept für die weltberühmte Fischsuppe. Ihren Namen verdankt sie dem türkischen küçük, das für »kleinteilig« bzw. »kleine Fischstückchen in Suppe« steht. So ist das Gericht bekanntestes kulinarisches Überbleibsel der Korsarenzeit. Das Original verlangt bis zu 16 Fisch- und Meerestierarten, meist gelangen sieben in den Topf. Die 16 Arten: Tintenfisch (seppia), Krake (polpo), grauer Glatthai (palombo), Meeraal (grongo), Muräne (murena), roter Knurrhahn (cappone bzw. gallinella), großer roter Drachenkopf (scorfano), Grundel (ghiozzo), Schleimfisch (bavosa), Sägebarsch (bocaccia) Fangschreckenkrebs (cicala), Bastardmakrele (sugarello), europäischer Aal (anguilla), Zahnbrasse (dentice) und Wolfsbarsch (branzino). Dazu kommen Krustentiere (crostacei,) wie Langusten und Muscheln. Die Zubereitung dauert sechs Stunden., daher muss man oft vorbestellen. Reine Elba-Tradition sind die verwendeten Macchiakräuter. Auch Olivenöl, Salz, Pfeffer und Wein gehören dazu. Unverzichtbar ist eingeweichtes Weißbrot.

Palamita con piselli: Palamita gilt als Ersatz des bedrohten Tonno rosso (Thunfisch) und ist in nördlichen Breiten als Bonito bekannt. Palamita-Steaks werden mit saisonalen Beilagen serviert, in Capoliveri und auf Giglio aber mit gedünsteten frischen Erbsen (piselli).

Pane del Marinaio: Mehl, kandierte Orangenwürfel, Pinienkerne, Honig, Zitronat, Sultaninen, Butter, Margarine, Zucker, Salz, Ei, Hefe, Milch, Limonen-Aroma oder Zitronensaft machen das »Starkbrot« zur Kraftnahrung. Erstmals sollen Korsaren das »Seemannsbrot« auf Elba eingeführt haben. Andere favorisieren Rio Marina als Ursprungsort.

Panficato Gigliese: (▶ Bild links) Die süße Giglio-Versuchung dulden Puristen nur zur Weihnachtszeit. Das »Feigenbrot« nach dem Vorbild des Panforte aus Siena erlebte seine Geburtsstunde 1544 in Giglio Castello. Nach Plünderung und Deportation der Insulaner brachte Cosimo I. Neusiedler aus dem Raum Siena her, die ihr geliebtes Panforte mit Zutaten von Giglio veränderten. Es enthält Feigen, Wal- und Haselnüsse, Mandeln, gekochte Früchte, Pinienkerne, Marmelade, Schokolade, Salz, kandierte Orangenwürfel, Wein, Zimt, Honig, Muskatnuss und Pfeffer.

Panzanella all'Elbana: (▶ Bild oben) Ins kalt auf eingeweichtem Brot (»pan molle«) servierte Gericht gehören rote Zwiebeln, Basilikum, Öl, Essig, Salz, Thunfisch, Mozzarella und Tomaten.

Pesce spada: Ein Muss ist das Schwertfisch-Steak, gegrillt oder in pikanter Kapern-Oliven-Sauce.

Schiaccia Briaca: (▶ Bild rechts) Die mit einem Schuss Wein geadelte Spezialität ist eine Kreation der Spanier und wurde ursprünglich für Tauffeiern gebacken. Die Zutaten: Mehl, Zucker, getrocknete Weintrauben, Trockenobst, Nüsse, Mandeln, Pinienkerne, Olivenöl, Aleatico oder Moscato, Hefe, ein, zwei Gläschen Alchemes-Likör (25 % Alkohol; enthält Zucker, Zimt, Gewürznelken, Kardamom, Vanille, Rosenwasser und den Farbstoff Kermes).

CACCIUCCO SCHMAUSEN AM MEER ...

... ist ein Fest für alle Sinne! Die toskanische Fischsuppe ist auf Elba sehr populär – und wird variantenreich zubereitet. Ihre Zubereitung dauert mit fangfrischem Fisch gut sechs Stunden. Daher ist oft Vorbestellung (ein Tag vorher) nötig; auch in Portoferraio im rustikalen, günstigen Ristorante »Le Sirene«, wo man auf der Terrasse am Strand Le Ghiaie unterm Sternenhimmel speist. (▶ S. 117)

Rio nell'Elba und Rio Marina. Dort schlug auch die Geburtsstunde des einfachsten Gerichts der Elba-Küche: Die traditionelle **Panzanella all'Elbana** ist ein schlichter, herzhaft leckerer Brotsalat mit Gemüse und Fisch, den vor allem Fischer, Matrosen und Bergleute aßen. Er war einst als **Caponnata** sowie als **Capon di galera** bekannt und tägliche, oft einzige Kost der Galeerenruderer. Natürlich wurde der Haltbarkeit wegen nicht Brot, sondern Zwieback serviert, der zuvor im Meerwasser eingeweicht wurde. Dazu gab es konservierten Fisch. Der Bedarf an dieser Grundnahrung führte zur Gründung der Biscotteria in Portoferraio, heute das Rathaus der Hafenstadt.
Großartige Inselspezialitäten sind auch die berühmte Fischsuppe **Cacciucco,** das Feigenbrot **Panficato Gigliese,** das von Sienesen auf Giglio eingeführt wurde, und natürlich Elbas »betrunkener Kuchen«, die **Schiaccia Briaca.** Eine fantastische Wiederbelebung alter Rezepte und Traditionen bewirkt die Bäckerei Elba Magna am Lido di Capoliveri und im Laden in Capoliveri (Via Mellini 4). Dort entstehen auch wieder das Panficato dell'Elba, Elbas authentisches Feigenbrot, sowie die schlichte **Schiaccia del Minatore,** das tägliche »Brot« von Elbas Minenarbeitern in den 1920er Jahren. Auch die früher nur zu Festen servierte **Imbollita di Fichi,** ein mächtiger Feigenkeks, und das **Panficato al cioccolato** (Schoko-Feigenbrot) werden nach Familienrezepten der »nonne« (Großmütter) wieder hergestellt.

Historische Spezialitäten

Traditionell sind auch die **Sburrita** – ein Kabeljau-Gericht, das mit Brotscheiben und an Feiertagen zusätzlich mit Tomaten serviert wird – sowie **Gurguglione,** ein Gemüse-Ratatouille mit Paprika, Auberginen und Zucchini. Zweiteres gibt es kalt oder warm und es taucht jahreszeitlich begrenzt auf den Speisekarten auf. Die Zutaten zur Sburrita werden aber in Elbas **Feinkostläden** im Glas angeboten. Beide Gerichte sind spanischen oder nordafrikanischen Ursprungs und stammen aus Porto Azzurro, dem früheren spanischen Porto

Longone. Auch die Schiaccia Briaca soll hier ihre Wurzeln haben, wird aber am traditionellsten in Rio und Capoliveri hergestellt.
Um Erhalt, Pflege und Verkauf solcher Leckereien machen sich z.B. Davide Carletti und seine Gattin verdient im Ristorante **»Da Cipolla«** an der Piazza del Popolo 1 in Rio nell'Elba. Hier erhält man auch die **Tonnina**, Thunfisch mit Salat – das Traditionsgericht der Bergarbeiter aus Rio nell'Elba. Je nach Saison stehen zudem die berühmten **Totani**, Mini-Tintenfische aus Capraia, auf der Speisekarte. Exzellente Traditionsgerichte mit Pfiff bietet auch die **Osteria Clandestina** von Massimo Poli und Marina Rovano in Porto Azzurro (Via D'Alarcon 8/10). Top ist zudem die in Marciana Marina servierte **»Persata«** – eine Suppe mit Knoblauch, Öl und frischem Majoran (im Inseldialekt »persa«). Auf Elba hat auch die **Focacce-Herstellung** lange Tradition. In Portoferraio wird in der Pizzeria Il Castagnacciaio an der Via del Mercato Vecchio 5 schon seit 1885 die berühmte **Torta di ceci** im Holzkohleofen gebacken: hauchdünne Fladen aus Kichererbsenmehl.

Paolinas Appetit

Seit je und gewiss seit **Paolina Bonaparte** sind Obst und vor allem **Feigen** wichtig, die Napoleons Schwester frisch wie getrocknet über alles liebte. Napoleon dagegen war eher Kostverächter, empfand Essen als Zeitverschwendung, genoss aber einfache Gerichte, die er bei Elbas Fischern fand. Er kannte diese Speisen aus seiner korsischen Kindheit. Seine »Küchenbrigade« ließ manches Rezept auf Elba zurück.
Paolinas Geschmack sicher treffen würde Paola Francesca Bertani aus Portoferraios bester Pasticceria **»Magie Dolce e Salato«** (Via Rodolfo Manganaro 116). Für ihre Pralinen heimste sie 2019 gar einen Weltmeistertitel ein, zig Auszeichnungen folgten.

Süße Mandeln

Noch 1878 wurden auf Elba 7000 **Mandelbäume** gezählt, deren Früchte in zahllosen Rezepten Eingang fanden – insbesondere in den Süßspeisen, den vielen Torten, Kuchen und Gebäcken, wie den »Corolli«, die aus Weißmehl, Butter, Eiern, Milch und Hefe gemacht werden. Bis heute werden sie mit einem eigenen Fest gefeiert.

Wintergerichte

Wie in der Toskana spielte der **Cavolo nero** (Schwarz- bzw. Palmkohl) speziell in Portoferraio in den Wintermonaten stets eine große Rolle. Ebenfalls im Winter kamen über Genua und Livorno eingeführter **Stockfisch** (stoccafisso), etwa **mit Kichererbsen** (ceci) oder **Kartoffeln** (patate) hinzu. Spezialitäten auf Capraia waren und sind neben den kleinen Tintenfischen (totani) vor allem in Salz eingelegte Sardellen, ideal haltbar für Seefahrt und karge Jahreszeiten.

Aus Meer und Wald

Alles überragend sind natürlich die Meeresfrüchte und Frischfischgerichte, und hierbei ganz besonders **Caccuccio** (► S. 254). Heute ist sie Elbas Top-Delikatesse – zusammen mit **Polpo,** frisch gefangen zubereitetem Tintenfisch.

Elbas Süden und vor allem Capoliveri war stets dank besserer Böden mit mehr Land- und Viehwirtschaft ausgestattet. Daher kamen einst die besten Käse, allen voran Ricotta, aus dieser Region. Heute wird Elbas Ricotta z. B. wieder in Lacona hergestellt – natürlich als Biokäse.
Die Bergwelt liefert wunderbar aromatische Kräuter, dazu Bohnen, Auberginen und Zucchini. Eine exquisite Besonderheit sind Gerichte, die auf **Esskastanien,** Kastanienmehl sowie Pilzen basieren und besonders in den waldreichen Bergdörfern Marciana und Poggio geschätzt werden. Eine Bereicherung sind Ziege und Wildschwein. Die Insel Capraia punktet mit Ricotta, Ziegenkäse, Kräuterlikören und -keksen, Mufflonsalami und Wein. Giglio orientiert sich seit dem kompletten »Austausch« der Bevölkerung im 16. Jh., der durch Piraten ausgelöst wurde, stark an Sienas Küche. Das bekannte Panficato Gigliese ähnelt trotz anderer Farbe dem Panforte Sienas.
Tipps für kulinarische Höhepunkte auf Elba: www.vetrina.toscana.it

Gastronomiebesuch

Restaurants und Trattorien Während man in schlichten Trattorien einfach so Platz nimmt, wird man in Restaurants häufig vom Kellner an einen Tisch gebeten. Zum normalen Preis für die Gerichte muss am Ende der Schlemmerei, wenn nicht gesondert ausgewiesen, stets ein Prozentsatz für die Bedienung (servizio) sowie für Brot und Gedeck (pane e coperto) hinzu addiert werden. Restaurants öffnen in der Regel mittags (12.–14.30 Uhr) und abends (ab 19–22 Uhr, im Sommer auch länger).
In Hotels und Restaurants ist die Bedienung im Preis inbegriffen, es wird indes ein **Trinkgeld** (mancia) von ca. 5 bis 10 % erwartet. In Bars ist das Trinkgeldgeben allerdings unüblich geworden. In Cafés sollte man hingegen etwa 10 bis 15 % geben, da die Bedienung nicht inklusive ist. Jede gastronomische Einrichtung muss dem Gast eine Rechnung (conto) oder gleich eine steuerlich abzugsfähige Rechnung (ricevuta fiscale) aushändigen. Diese ist auf Verlangen der italienischen Steuerfahndung im Umkreis des jeweiligen Lokals auch vorzuweisen, andernfalls drohen Bußgelder.

Getränke

Wein Elbas Wein erlebt wie das Olivenöl eine wahre Renaissance. Ein Grund war 2010 die Aufwertung des süßen Elba-Dessertweins **Aleatico Passito** zum Prädikatswein DOCG (Denominazione di Origine Controllata e Garantita). Unter den nunmehr ca. 200 Weinen sind die meisten als DOC geschützt. Aleatico, Ansonica, Moscato: Elbas famose, auf 350 ha Weinbergen angebauten Weine entdeckt man am besten beim Besuch eines Weinguts samt Verkostung.

Großartige Güter sind etwa Sapereta, Montefabbrello, Piano B, die Tenuta delle Ripalte, Aquabona oder die Tenuta La Chiusa.
Herausragend ist Antonio Arrighi, der nahe Porto Azzurro **Wine Trekking** anbietet: spätnachmittägliche Weinbergwanderungen mit anschließender Verkostung. Seine Weine entstehen nach antiker Tradition in Terracotta-Amphoren. Mit der ersten Edition des **Meerweins (Vino Marino) »Nesos«** gelang ihm 2019 eine Weltsensation, die ihn 2022 unter die besten 100 Winzer Italiens katapultierte. Die antike Rezeptur von der griechischen Insel Chios, nach der Weintrauben für einige Zeit im Meer »baden«, ehe sie zu Wein verarbeitet werden, besorgte Italiens Weinguru Prof. Attilio Scienza (Uni Mailand). Schon zuvor entwickelte Arrighi den exzellenten **Amphoren-Weißwein »Hermia«**, benannt nach jenem Sklaven Hermia, der im 1. Jh. n. Chr. als Keltermeister der Villa Romana delle Grotte (Portoferraio) wirkte.
Auf der Gefängnisinsel Gorgona produzieren die weltbekannten Weingüter der **Marchesi Frescobaldi** mit Strafgefangenen eine erstrangige Besonderheit: den edlen Weißwein »Gorgona«. Solidaritätspreis: 90 € pro 0,75-l-Flasche!

Bier

Zu den Klassikern gehören Biere der Brauerei **Birra dell'Elba** in Portoferraio (www.birradellelba.it), darunter das »G.T.E.«, das Elbas Höhenweg gewidmet ist, und das »Biretta« (»Bierchen«). Marcia-

Und abends probiert man sich am Hafen genüsslich durch Elbas Weinauswahl ...

Noch sind Plätze frei in diesem Restaurant in Capoliveri.

na ist für sein **Kastanienbier** berühmt. Neu sind mit Meerwasser gebraute Biere wie das **»Salina«** bei Tonnina (Corso Mazzini 15, Portoferraio) und das **»Karpa«** auf Capraia. Renner ist indes das sardische Bier Ichnusa (filtriert und unfiltriert).

Alkoholfreie Getränke

Elbas einzige Mineralwasserquelle ist der **Fonte Napoleone**, von deren Heilkräften schon Napoleon Bonaparte überzeugt war. Dazu kommen **leckere Säfte** sowie schmackhafte, auch außergewöhnliche Eissorten wie **Feigen-Joghurt-Eis** oder halbgefrorene Spezialitäten wie die Granite: Als klassisch und durstlöschend gilt die **Granita di limone,** zerstampfte Eisbröckchen aus frisch gepresstem Zitronensaft. In Mode sind die mittlerweile fast überall eröffnete **Joghurterien,** in denen köstlich-frischer Joghurt angeboten wird. En vogue ist man indes mit einem erfrischenden **Caffé Shakerato** (»geschüttelter« Kaffee), für den meist Eiswürfel, Espresso und Zucker im Cocktail-Shaker schaumig geschüttelt werden. Erfunden wurde das angesagte Kaltgetränk im weltberühmten Caffé Gilli an der Florentiner Piazza della Repubblica, das 1733 gegründet wurde und für seine Süß- und Backwaren bekannt ist.

FEIERN

Ein Elba-Urlaub ohne Teilnahme an einem Fest scheint angesichts des dicht gedrängten, breit aufgestellten Veranstaltungsprogramms nahezu ausgeschlossen. Aber auch die anderen Inseln des Archipels bieten teils jahrhundertealte Attraktionen!

Feiertage

Bis heute dominiert der religiöse Kalender das Feiertagsjahr, besonders zu Weihnachten, in der Karwoche und zu Ostern. Auch Italiens Nationalheilige Franz von Assisi und Katharina von Siena werden geehrt. Bedeutend sind die jährlich in jedem Dorf stattfindenden Patronatsfeste zu Ehren der Ortsheiligen. Solche Patronatsheiligenfeste finden z. B. in Marina di Campo (San Gaetano, 7. Aug.), Marciana Marina (Santa Chiara, 12. Aug.) oder Rio Marina (San Rocco, 16. Aug.) statt. Portoferraio feiert die **Festa di San Cristino** für den seit 1764 offiziellen Ortsheiligen mit frühabendlicher Prozession am 29. April. Die von Papst Alexander VII. geschenkten Heiligenreliquien landeten am 29. April 1661 auf Elba.
Im Herbst locken die **Erntefeste** (sagre) mit Wein, Olivenöl oder Kastanien und kulinarischen Leckereien. Attraktiv sind Ende Oktober die **Castagnata,** Poggios Kastanienfest mit Honig, Kuchen, Polenta und Marmeladen auf der Piazza del Castagneto und die **Festa dell'Uva,** Capoliveris dreitägiges Traubenfest Anfang Oktober.

Festivals

Jährliche Top-Attraktion sind die **Musikfestivals**: Klassik und Jazz. Napoleons Exil wird jährlich im Mai gedacht, 2021 ehrte man auch sein Todesjahr intensiv. Seit 2023 findet von Mai bis Oktober die **Napoleon Experience** mit zahlreichen Festen und Events statt, vor allem in Portoferraio und Procchio (https://visitelba.info). Sämtliche Veranstaltungen im Jahreslauf listet www.elbaeventi.it.

Sport-Events

Das italienische Segelschulschiff, der Dreimaster »Amerigo Vespucci«, legt in Portoferraio an, um bei **Segelwettbewerben** die Leitung zu übernehmen: Am letzten Sa. und So. im September treten nationale und internationale Schiffe von der Punta Ala bis Rio Marina und von Rio Marina bis Portoferraio gegeneinander an. Seit 2023 befindet sich das Schulschiff indes auf seiner zweiten Weltumrundung, die bis 2025 andauert.
Große Publikumsresonanz erzeugt Anfang Mai der **Elba Marathon** (www.maratonadellisoladelba.it). Sinn macht der **Elbaman,** das Triathlon-Pendant zum Iron Man auf Hawaii: Wo, wenn nicht auf der »Eiseninsel«, sollten Ende September die besten Eisenmänner und -frauen ermittelt werden? (► S. 247) Mountainbiker treten jährlich Anfang Mai zum **Legend Cup** in Capoliveri an (www.capoliverilegendcup.it/programma.asp).

VERANSTALTUNGSKALENDER

GESETZLICHE FEIERTAGE

1. Januar: Neujahr (Capodanno)
6. Januar: Hl. Drei Könige (Epifania)
Ostersonntag, Ostermontag (Pasqua, Lunedi dell' Angelo)
25. April: Befreiung vom Nazifaschismus (Liberazione del nazifascismo)
1. Mai: Tag der Arbeit (Festa del Lavoro)
2. Juni: Republikgründung (Festa della Repubblica)
15. August: Mariä Himmelfahrt (Assunzione di Maria bzw. Ferragosto)
1. November: Allerheiligen (Ognissanti)
8. Dezember: Mariä Empfängnis (Immacolata Concezione)
25./26. Dezember: Weihnachten (Natale)

FEB./MÄRZ

CARNEVALE

Jedes Jahr zum Karneval avanciert Porto Azzurro zur heimlichen Hauptstadt des Toskanischen Archipels! Der traditionsreichste Karneval findet indes in Rio nell'Elba statt.

PALIO DEI VICINATI

Der Palio – der traditionelle Wettstreit zwischen Stadtvierteln – ist in Marciana ein buntes Fest in Mittelalterkostümen.

MÄRZ/APRIL

SAGRA DELLA SPORTELLA

Das Ostermontagsfest in Rio nell'Elba erinnert auch mit Fruchtbarkeitssymbolik repräsentierendem Gebäck an

Noch sind die Plätze leer: Das »Teatro dei Vigilanti« wird seit 2022 für 1,5 Mio. € restauriert.

die hl. Katharina von Alexandrien und die ihr geweihte Einsiedelei.

MAI

WALKING FESTIVAL

Zum Walking Festival im Mai finden Dutzende geführte Touren auf Elba, Capraia, Giannutri und Giglio statt – organisiert vom Nationalpark Toskanischer Archipel mit ausgewiesenen Fachleuten und Guides.
Programm/Buchung:
Tel. 0565 908231
www.parcoarcipelago.info/walking-festival-del-camminare

SBARCO DI NAPOLEONE, MAGGIO NAPOLEONICO

In Portoferraio steht alles im Zeichen der Ankunft Napoleons auf Elba am 4.5.1814. Der »Sbarco« wird samt Segelschiff, Darstellern und Komparsen am 4. Mai um 17 Uhr nachgestellt. Am 5. Mai geht es zur Seelenmesse in die Chiesa della Misericordia: Napoleon starb am 5. Mai 1821 auf St. Helena.
Es folgen bis Ende Mai Theateraufführungen und Konzerte zum großen Korsen und und gar nicht so kleinen Ex-Kaiser auf Elba.

MERCATO EUROPEO

Streetfood, Kunsthandwerk, Haushaltswaren und Musik: Dieser Open-air-Markt mit Händlern aus ganz Europa findet meist Ende Mai oder Anfang Juni statt. Drei Tage lang, 9 bis 23 Uhr an Portoferraios Viale Manzoni, der Piazzale Stella Marina und der Via Vitt. Emanuele.

TEATRO IN CARCERE

Eine traditionsreiche Besonderheit ist das jährliche Theaterfest mit Häftlingen im Gefängnis Porto Azzurro, das zuletzt 2022 stattfand. Zudem gab es einen Theater-Workshop auf der Gefängnisinsel Gorgona (www.teatrocarcere.it).

JUNI/JULI

FESTA DELLA LEGENDA DELL'INNAMORATA

▶ Baedeker Wissen, S. 264

SCOOTER RALLY TOSCANO

Anfang Juni düsen sie an: Capoliveri hält jährlich eines der größten Vespa- und Lambretta-Treffen Italiens ab.
www.vespaclubcapoliveri.it

SAGRA DEL POLPO E DEL STOCCAFISSO

Wiederbelebtes Traditionsfest: Zum Schmaus von Oktopus und Stockfisch trifft man sich Ende Juli auf der Piazza Mazzini in Marciana Marina.

PREMIO LETTERARIO ELBA

Die Preisvergabe, mitunter an den Namen des Schriftstellers Raffaello Brignetti angelehnt, findet seit 1962 statt. Zu den Preisträgern zählten Heinrich Böll, Alexander Kluge, Eugenio Montale und Muriel Spark. Die Entscheidung findet im Juli statt, die Verleihung Anfang September.
www.premioletterarioelba.it

CAPRAIA E ARCIPELAGO SAIL RALLY

Sonne, Segelregatten und super Stimmung: Das ist vier Tage im Juni das Motto auf den historischen Segelbooten und im Hafen von Capraia.

ELBA FILM FESTIVAL

Cineasten aufgepasst: Das viertägige Open-air-Film-Festival in Maricana Marina musste 2023 zwar pausieren, findet 2024 aber wieder statt.
https://filmfreeway.com/ElbaFilmFestival

AUGUST

FESTA DELL' ASSUNTA (CAPRAIA)

Alle vier Ortsteile Capraias (Pigghiolo, Porto, Saracino, Mandola) messen

ELBAS ROMEO UND JULIA

BAEDEKER ✦ WISSEN

Die Liebe in Zeiten der Korsaren: Dies thematisiert die Festa della Leggenda dell'Innamorata! Jährlich am 14. Juli steht Capoliveri Kopf und lädt seit über drei Jahrhunderten zum Fest der unerfüllten Liebe jenes Paares, dessen Schicksal Elbas Romeo-und-Julia-Mythos begründete.

1534 begab es sich, dass zwei Jugendliche des Dorfes, **Lorenzo und Maria,** Wohlgefallen aneinander fanden. Ihre Liebe war schwierig, weil Lorenzos Familie reich, Marias hingegen deutlich ärmer war. Sie fand dennoch ihren Weg, als sich ihre Augen zum ersten Mal am heute »Innamorata« genannten Strand bei Pareti an der Calamita-Westküste trafen. Dieser Ort wurde ihr Geheimtreff, auch an jenem verwünschten Nachmittag des 14. Juli 1534, als Lorenzo früher am Strand eintraf, und Maria vom höher liegenden Strandweg mit ansehen musste, wie ihr Geliebter von Korsaren in einer Schaluppe verschleppt wurde. Lorenzo kämpfte zwar wie ein Löwe, doch es nutzte nichts – er war gefangen. Maria rannte hinunter zum Strand, während sich das Korsarenschiff von der Küste entfernte. Gerade noch sah sie, wie ein lebloser menschlicher Körper über Bord ging und im Meer trieb. Sie erkannte in ihm ihren geliebten Lorenzo. Maria brach das Herz, und sie suchte – letztes Zeichen ihrer wahren **Liebe** – verzweifelt den **Tod** in den Wellen. Zurück blieb nur ein vom Wind an einen Felsen gewehtes Kleidungsutensil. Dieser Felsen hieß fortan **»La Ciarpa«** (Der Schal).

Die sagenumwobene Bucht Innamorata

Belebte Legende

Im 17. Jh. hatte ein Spanier, der sich auf der Halbinsel Calamita an der »Cala de lo fero«, nahe den Minen und dem **Innamorata-Strand** niedergelassen hatte, eine Erscheinung. Exakt an einem 14. Juli erschien ihm die verblichene Maria als Schatten über dem Meer – den Rest erzählten ihm die alten Fischerlegenden. Zu Ehren dieser zwei Unglücklichen veranstaltete der Adlige Domingo Cardenas, der selbst von väterlicher Dominanz geplagt wurde und ins Exil nach Elba geflüchtet war, ein großes Fest. Seither wiederholt sich das **dramatische Spektakel** alljährlich. Seit 1985 nimmt sich in Capoliveri ein Comitato Rievocazione Storica (Komitee zur historischen Wiederbelebung) des Festes an.

Der krönende Abschluss des Fests der Liebenden

Der Festablauf

An jedem 14. Juli wird nun Lorenzos **Liebesschwur** erneuert. 1000 Lichter werden ab 20.30 Uhr entzündet, kurz nach 21 Uhr ertönen Capoliveris Glocken, um 21.30 Uhr beginnt der Umzug ab Capoliveris »Piazzerella«. Mindestens 80 festlich in historische Trachten gekleidete Komparsen ziehen im **Fackelzug** durch Capoliveri bis zur Piazza Cavatore am Rathaus und weiter zum Innamorata-Strand, wo 100 weitere Akteure warten.

Schlag 22.45 Uhr verlässt die Darstellerin der Maria den Felsen La Ciarpa, zurück bleibt ihr Schal. Es schlägt die große Stunde der »Disfida della Ciarpa«, des **Wettkampfs um den Schal:** Ruderboote der vier Ortsteile Capoliveris, jeweils angeführt von einem Capo Rione (Ortsteilvorsteher), der stets ein alter Fischer sein muss, wetteifern um den zurückgelassenen Schal. Der Sieger des Wettkampfs übergibt den Schal an den alten Fischer seines Viertels, der ihn dem Darsteller des Don Cardenas überreicht. Don Domingo wiederum hat dann die Ehre, diesen Schal einem (von der Siegercrew ausgewählten) Mädchen umzulegen, das den Zug begleitet hat. Sie wird die Rolle der Maria im nächsten Jahr spielen, den Schal daher aufbewahren und – hoffentlich – ihre große Liebe finden.

Punkt 23 Uhr wird der Schalfels mit dem Schriftzug »Innamorata« illuminiert: höchste Zeit, die »richtige« Party zu starten. Sie wird – bei viel Musik und bester Unterhaltung bis zum Morgen andauern, mindestens!

Information: www.capoliverionline.it/it/la-leggenda-dell-innamorata.asp

sich schon im Mai beim Palio dei Rioni. Am 15. August folgt die Festa dell'Assunta (Mariä Himmelfahrt) mit Meeresprozession und Feuerwerk.

FESTA DI SAN LORENZO (GIGLIO)

Zum jährlichen Hauptfest lässt sich Giglio Porto nicht lumpen und trumpft mit einer Prozession (s. u.) und einem Ruderrennen, dem Palio Marinaro. Zu ihm steigen je fünf starke Männer aus den drei Ortsteilen am 10. August in die Boote – und der Wettkampf beginnt! 2023 erhitzte die turbulente Ruderregatta schon zum 55. Mal die Gemüter der Zuschauer.

MADONNA DEL MONTE

Am 15. August findet von Marciana zur Kirche Madonna del Monte die große Wallfahrt statt. Am 18. August geht es weiter mit dem Palio di San Agabito in historischen Kostümen.

SEPTEMBER

ELBA ISOLA MUSICALE D'EUROPA

Ohren auf: 15 Tage lang können Sie spektakulären Klassik- und Jazzkonzerte lauschen auf Plätzen und in Kirchen rund um Elba.
www.elba-music.it/en

PALIO DEI SOMARI (GIGLIO)

Spektakuläres Volksfest am 15. Sept.: Giglio Castello veranstaltet zu Ehren von San Mamiliano eine Prozession sowie ein lustiges Eselsrennen durch die Altstadtgassen veranstaltet, untermalt mit Musik und Feuerwerk.

RALLYE ELBA STORICO E ELBA GRAFFITI

Die Auto-Rallye in historischen Fahrzeugen um die Locman Trophy und die Rallye Graffiti (beide Ende September) sind Elba-Klassiker!
www.rallyelbastorico.it
www.rallygraffiti.com

OKT.

SAGRA DEL TOTANO (CAPRAIA)

Wichtigstes Inselereignis ist eindeutig das Tintenfischfest Ende Oktober mit Exkursionen, Umzug und kulinarischem Genüssen in den Restaurants.
www.sagradeltotano.it

WALKING FESTIVAL

Zweiter, herbstlicher Teil des Wanderfestivals des Nationalparks Toskanischer Archipel.

NOV.

FESTA DELLA TOSCANA

Der jährliche regionale Feiertag am 30. November erinnert an die Abschaffung von Folter und Todesstrafe im Großherzogtum Toskana 1786 – weit vor dem restlichen Italien, das erst 1889 folgte.

SHOPPEN

Vor allem Elba bietet zahlreiche hervorragende Möglichkeiten zum Einkaufsbummel, der in Bezug auf Mode, kulinarische Spezialitäten oder Schmuck kaum Wünsche offen lässt. Doch auch Streifzüge ins Hinterland lohnen, wo so manche kulinarische oder kunsthandwerkliche Entdeckung wartet. Wohl dem also, der am Ende der Reise noch genügend Platz im Koffer hat.

WOCHENMÄRKTE AUF ELBA

Mo.: RIO MARINA
Di.: Marciana Marina u. Rio nell'Elba
Mi.: Cavo, Marina di Campo
Do.: Capoliveri, Procchio und Lacona (nur abends im Sommer)
Fr.: Portoferraio
Sa.: Porto Azzurro
So.: Bagnaia, Lacona (nur im Sommer)

Einkaufen auf Elba

Ort und Zeit

Portoferraio, Marciana Marina, Porto Azzurro und Marina di Campo bieten viel Gelegenheit zu ausgedehnten Einkaufstouren. In allen vier Hauptorten machen Fußgängerzonen das Flanieren entlang der Ladenzeilen zum entspannten Vergnügen. Klassische Öffnungszeiten der **Läden** sind Mo.–Sa. 8.30–12 und 15.30/16–19.30 Uhr. Doch im Hochsommer öffnen sie auch durchgehend, abends oft viel länger und sonntags. In Marciana Marina, Capoliveri, Portoferraio, Marina di Campo, Cavo und Porto Azzurro gibt es sommertags in den Zentren auch Abendmärkte (20–24 Uhr) mit souvenirträchtigem Kunsthandwerk, Keramik, Schmuck, Aquarellen, Muscheln oder Mineralien.
Stets lohnen **Elbas Wochenmärkte** (jeweils 8–13 Uhr), auf denen frisches Obst und Gemüse, inseltypische Kräuter, aber auch günstige Mode und so manche Trouvaille zu entdecken sind. Nur auf Wochenmärkten zu haben sind etwa die frischen Biolebensmittel von Elbas derzeit bestem Biohof, Davide Fabbris **I Giardini di Poseidone** (Die Gärten des Poseidon, www.igiardinidiposeidone.com) aus Porto Azzurro. Tipps, Ratschläge und nette Plaudereien bieten die Händler auf dem **Mercato Agroalimentare Tradizionale** in Procchio.

Edelsteine, Schmuck, Taschen

Schmuck aus heimischen Mineralien oder Halbedel- und Edelsteinen bieten verschiedene Händler an, z.B. **Giannini Minerali** (Viale Italia 2, Porto Azzurro sowie Piazza Cavour 7, Marina di Campo) oder Leila Cattaneo im Laden **Cose Belle** (Piazza Marinai d'Italia 2, Portoferraio; www.cosebelle2000.it). Großartig sind Marina di Ciceris Kunstwerke in der **Galleria Vulca** (Via Roma 51, Capoliveri).
Einen Boom haben Accessoires und vor allem Designer-Taschen im Post-Pop-Stil von **Dampaí** (www.dampai.it) ausgelöst. Simona Giovanetti, Andrea Lunghi und Team fertigen sie in Kooperation mit Strafgefangenen des Gefängnisses in Porto Azzurro und verkaufen sie weltweit. Dampaí-Läden finden Sie in Portoferraio (Calata Mazzini 16), Porto Azzurro (Via D'Alacorn 4) und Capoliveri (Piazza Garibaldi 13).

Parfüms, Kosmetik

Die Legende besagt, dass **Paolina Bonaparte** erstmals durch den unwiderstehlichen Duft der Macchia auf die Idee kam, auf Elba Par-

Perlen und Edelsteine: Elba ist ein wahrer Schmuckkasten. (► S. 57)

fums herzustellen. Doch unter Umständen begann alles schon lange vor diesem Einfall mit dem Fund einer raffinierten Elfenbein-Statuette aus dem späten 2. Jh. n. Chr. Sie wurde im Wrack eines antiken römischen Seglers geborgen, das man bei Campo all'Aia (Procchio) entdeckt hatte, und zeigt Pan und Dionysos. Vor allem aber diente sie einst als Verschluss eines Gefäßes für duftenden Balsam. Anschauen kann man sie heute im MUAMAR, dem Städtischen Archäologischen Museum in ► Marciana.

Im Jahr 2000 gründeten Chiara Murzi und Bruder Fabio sowie Marco Turoni in Marciana Marina ihre Parfüm-Manufaktur **Acqua dell'Elba**. Seither fangen sie die Düfte und die Natur auf Elba und im Nationalpark Toskanischer Archipel auf einzigartige Weise ein, mit Exzellenz und Kreativität (www.acquadellelba.com). Paolina hätte es gefallen! Die Produkte werden in 19 Läden auf Elba sowie 580 italienischen Parfümerien vertrieben. Das Laboratorio artigianale, die Werkstatt an der Via Aldo Moro 69 in Marciana Marina, können Sie nach Vorbestellung **besichtigen**. Wer will, kann sogar ein eigenes Parfüm herstellen! Die Teilnahmegebühr beträgt inkl. Parfüm 84 €.

In der **klassischen Produktlinie** für Damen und Herren sind neben Parfüm auch Seife, Creme, Duschgel, Erfrischungstücher und ein Deodorant vertreten. Renner ist das Parfüm **»Blu«.** Hinzu kommen die Produktlinie **Arcipelago** sowie Kosmetiktaschen unter dem Label **Viaggio.** Sogar ein Kinderparfüm ist im Handel. Die Linie **Ambiente** greift Paolina Bonapartes Vision der Macchiadüfte auf.

Elbanische Spitzenerzeugnisse

Eine internationale Top-Firma auf Elba ist der **Uhrenhersteller Locman** mit Hauptsitz in Marina di Campo und Läden in Portoferraio und Porto Azzurro, dazu in Florenz, Mailand, auf Antigua und sogar in Tokio (https://locman.it, www.locmanuhren.de)! Qualitativ hochwertige **Schlauchboote** fertigt **G.E.B. Nautica,** ebenfalls in Marina di Campo (www.gebnautica.it).
Eine sehr schöne und noch dazu dekorative Erinnerung sind auch **kunsthandwerkliche Objekte** wie Keramiken (Vasen, Lampen) und Modeartikel, allen voran natürlich Italiens hochwertige Lederware, wie etwa **Ledertaschen, Schuhe oder Gürtel,** beispielsweise zu finden bei **Zoccoli di Fantasia** an der Piazza Tesei 35 in Marina di Campo, www.zoccolifantasia.it, Tel. 0565 97 72 82 (Schuhe).

Olivenöl

Nicht erst seit Einführung der (nicht gerade fluffig benannten) Marke **Olio extravergine di Oliva dell'Elba IGP Toscana** schreitet Elbas Olivenöl-Produktion mit Riesenschritten voran. Das Öl besitzt eine recht **pikante Note** und eignet sich ideal für Bruscetta, Salate und jede Art von Fleischgerichten auch in der Pfanne. Das Pflanzen von Olivenbäumen ordnete übrigens Napoleon Bonaparte an. Man findet sie bis heute an Ackerrainen und Feldwegen. Elbas prominente Olivenöl-Hersteller sind z. B. die Az. Ag. Sapereta, die Az. Ag. Montefabrello und die Az. Ag. Antonio Arrighi.

Wein

Seit 2010 sind die **Aleatico-Weine** als DOCG geschützt (Aleatico-Weingüter: www.aleaticoelba.it). Herausragend unter ihnen ist z.B. der trockene Aleatico der Tenuta Acquabona (www.acquabonaelba.it), der ein Jahr im Barrique-Eichenfass reift. Wunderbar ist aber auch der Aleatico der Tenuta delle Ripalte auf der Halbinsel Calamita, wo zudem herrlicher Rosato (Rosé) hergestellt wird. Und in einer eigenen Liga spielen alle Amphorenweine von Arrighi in Porto Azzurro (▶ S. 94). Top sind auch die Güter Le Sughere del Montefico (Rio Marina, www.lesughere.it), Sapereta (Porto Azzurro; www.sapereta.it/de) sowie Montefabbrello (www.aziendaagricolamontefabbrello.it) und neu seit 2019 Piano B (www.agricolapianob.it).
Lehrreich und unterhaltsam sind Gutsbesichtigungen mit Verkostung wie im historischen Weingut **La Chiusa** (www.tenutalachiusa.com). Weinproben auf den Gütern umfassen auch hochwertigen Vermentin, den roten Elba Rosso DOC oder den famosen Elba Bianco DOC, der auch gut zu Stockfisch passt.
Unbedingt hervorzuheben sind die Inselweine von Giglio! Großartig sind die Tropfen der **Az. Agr. Altura,** Loc. Mulinaccio, Giglio Castello, Tel. 0564 80 60 41, www.alturavigneto.it). Hier erklingen übrigens an Sommerabenden auch Open-Air-Konzerte hoch über dem Meer. Auf Capraia locken die Weine von La Piana (www.lapianacapraia.it). Und für die Top-Qualität des Weißweins **»Gorgona«** steht der Weltruf von Frescobaldi (www.frescobaldi.com).

BAEDEKER WISSEN

ALLES LOKAL: MERCATO AGROALIMENTARE TRADIZIONALE

Wer echte Elba-Produkte in exzellenter Bioqualität sucht, darf sich den Nachfolgermarkt des berühmten »Mercato della Terra e del Mare« nicht entgehen lassen! Nachdem der Slow-Food-Klassiker eingestellt wurde, ist nun der 2023 gegründete »Neue« die kulinarische Schatzkiste Elbas.

Jeden **Samstag** und im Sommer auch jeden Dienstag läuft einem hier das Wasser im Mund zusammen. Denn dann treffen sich am Park von Procchio Elbas Produzenten von exzellentem Olivenöl, goldenem Honig, knackigem Gemüse, frischem Fisch und duftendem Backwerk aus diversen Pasticcerien. Die neu gepflasterte Fläche ist teils Parkplatz, teils Ladestation für E-Autos und Selbsthilfestation für Fahrradreparaturen. Vor allem warten hier aber an Markttagen jede Menge Produkte – viele in **höchster Bioqualität.** Da locken tiefrote Tomaten und duftende Inselkräuter, fangfrische Meeresfrüchte und herrlich cremiger Frischkäse vom Biolandhof. Kein Wunder, immerhin steht der Mercato in der Tradition des Slow-Food-Klassikers, des »Marktes der Erde und des Meeres«!

Slow Food ist in Italien und auf Elba übrigens kein bisschen snobistisch oder elitär: Dafür sorgte schon früh der lokale Präsident der Vereinigung. Der quirlige **Carlo Eugeni** initiierte das erste Marktprojekt und leistete damals Auf-

Seit 2016 gibt es sogar das Fleisch vom Chianina-Rind als Bio-Produkt.

bauarbeit in Sachen »entschleunigter« Esskultur. Die zwei Grundsätze: Produkte reisen im Idealfall »0 km«, werden also lokal angebaut und direkt vermarktet. Und es geht von der Farm auf den Tisch über einen kontrollierten Vertriebsweg.

Auf ein Neues!

Das Prinzip feierte große Erfolge, auch auf Messen wie der Slow Fish. Doch dann kam Corona. 2022 stellten Slow Food Elba und Capraia den Markt ein – angeblich wegen mangelndem Interesse der Produzenten. Das aber wollten Elbas Hersteller nicht auf sich sitzen lassen und gründeten flugs diesen neuen »Markt traditioneller landwirtschaftlicher Lebensmittel«, der nun zusätzlich zum regulären Wochenmarkt in Procchio stattfindet. Einige Elba-Klassiker sind auch dabei, etwa die Torta dell'Imperatore (Kaisertorte), auch **Torta Napoleonica** genannt, eine überaus gehaltvolle Variante der legendären Schiacca Briaca, oder die süße **Torta di Paolina**, zur 200-Jahr-Feier von Napoleons Exil entwickelt und gern mit einem Gläschen Aleatico serviert. Wichtig sind natürlich vor allem die landwirtschaftlichen Erzeugnisse, etwa die veganen Bio-Produkte von Daniele Fabbris Biohof »I Giardino di Poseidone« (»Die Gärten des Poseidon«) aus Porto Azzurro. Fabbris Botschaft an die Verbraucher lautet: »Vivere senza supermercato«, »Leben ohne Supermarkt«! Doch **nicht nur Essen** gibt es hier. Beim Stöbern an den Ständen entdecken Sie auch Schafswollprodukte, Stickereien und Kunsthandwerk.

Inselspezialitäten

Natürlich ist die »betrunkene Torte« Schiaccia Briaca ein Renner auf dem Markt. Eine der besten Pasticcerien auf Elba, Muti & Lupi aus Rio Marina (Via Palestro 14), backt zudem das frische **Pane del marinaio,** das Seemanns- oder Matrosenbrot aus Ost-Elba. Top ist auch die Pasticceria Elba Magna aus Capoliveri. Ebenso auf den Markt gehört der **Castagnaccio** (Kastanienmehl-Kuchen) aus Poggio. Sie sehen: Ein Ausflug hierher lohnt immer! Man erhält einen hervorragenden Überblick über Elbas beste Angebote und findet jederzeit Muße für ein nettes Schwätzchen mit den Standbetreibern.

Markttage: April – Nov. Sa. 8 – 13 Uhr, Juni – Sept. auch Di. 8 – 13 Uhr

Diverses Hübsch verpackte, qualitativ hochwertige Mitbringsel sind auch **Honig, Marmeladen und Konfitüren,** Produkte aus Kastanienmehl wie Nudeln oder Kuchen. Leckere Süßspeisen, wie Panficato, Schiaccia briaca oder der Corollo (Kranzkuchen) sind schöne Präsente. Eine Delikatesse ist in Glaskonserven eingelegter Fisch (Sburrita, Palamita), dazu locken Grappa oder Kräuterliköre von Capraia, Limoncello und Arancello, Biere wie das »Biretta« (Bierchen) von Piano B und Birra dell'Elba oder die **»Carote briache«,** »betrunkene Karotten« mit Wein, Olivenöl, Peperoncini und Kräutern von **Elba di Gusto** (www.elbadigusto.it).

ÜBERNACHTEN

Günstige Privatunterkunft oder komfortable Landvilla? Glampingzelt in einsamer Bergwelt oder luxuriöses Strandhotel? Elba und Giglio lassen Ihnen die Qual der Wahl! Auf Capraia gibt es langsam mehr Übernachtungsmöglichkeiten, auf Giannutri sind sie begrenzt, auf Gorgona und Montecristo gibt es keine. Pianosas einziges Hotel Milena lockt auf die »Geisterinsel«.

Durch den Eingang des Hotel »Cernia Isola Botanica« in Sant' Andrea geht es zum kleinen, aber feinen botanischen Garten (► S. 73).

Preisniveau, Hotelrabatte, Inselsteuer

Wie in der gesamten Toskana liegt das Preisniveau der Hotels gerade im Hochsommer und auf Elba recht hoch. Am besten **rechtzeitig buchen,** um das Zimmer im Lieblingshotel zu sichern und vielleicht einen Frühbucherrabatt zu nutzen.
Günstiger sieht es im Frühling und Herbst aus. Viele Hotels orienterien sich mit ihren Preisen in Vor- und Nachsaison deutlich an den Reisezeiten. Gleichzeitig bieten viele die teilweise oder komplette **Übernahme der Fährkosten** Piombino – Elba und/oder weitere Ermäßigungen an (▶ Praktische Informationen).
Elba und der Toskanische Archipel erheben keine Übernachtungssteuer. Dafür zahlt man einmalig einen »Anlandebeitrag« (»contributo di sbarco«) von 2,50 bis 5 € pro Person, wenn man mit der Fähre anreist. Allerdings fällt der kaum auf: Er ist im Fährpreis inbegriffen!

Hotels und Herbergen

Allgemeine Informationen

Die Associazione Albergatori Isola d'Elba liefert Infos über **Hotels,** Apartmentanlagen, Campingplätze und Urlaubsdörfer auf Elba (www.elbapromotion.it/de). Für Giglio und Giannutri übernimmt diesen Service der Info Point des Nationalparks in Giglio Porto zusammen mit Pro Loco Giglio (www.giglio.info). Auf Capraia informieren der Info Point im Besucherzentrum »La Salata« in Capraia Porto sowie die neue Webseite www.visitcapraia.it. Auf Pianosa wendet man sich direkt ans Hotel Milena (Tel. +39 345 9 85 38 62).
Alberghi (Herbergen) und Hotels sind klassifiziert durch einen bis 5 Sterne (stelle). Das preislich oberste Segment stellen Hotels mit 4 und 5 Sternen dar. Auf Elba gibt es derzeit nur zwei 5-Sterne-Hotels: Hermitage (www.hotelhermitage.it) und Villa Ottone (https://villa ottone.com). Diese und weitere Betriebe offerieren meist auch tagesaktuelle Tarife auf ihren Websites. Zudem lohnt der Preisvergleich mit deutschsprachigen Hotelreservierungsseiten, beispielsweise bei HRS (www.hrs.de), die oft Sondertarife bieten und die Buchung erleichtern. Auch Reiseveranstalter bieten im Rahmen ihrer Pauschal- oder Modulangebote günstige Hotelpreise im Paket.
Auf Elba öffnen viele Strandhotels erst ab Mai und schließen nach der Kernsaison im September. Nur wenige Hotels sind ganzjährig offen. Da lohnt der Blick auf die guten **Apartmentangebote, Ferienhäuser, Ferienwohnungen und Zimmervermietungen**.
Manche Hotels auf Elba bieten in der Hauptsaison nur Halb- (mezza pensione) oder Vollpension (pensione completa). Zu Feiertagen und Wochenenden mit Brückentagen sollten Sie frühzeitig reservieren. Wer mit Haustieren reisen will, sollte das vorab klären.

Bike-Hotels

Viele Hotels wenden sich mit **speziellem Service an Radler bzw. speziell an Mountainbiker**, z.B. Grandhotels wie das Hermitage,

4-Sterne-Häuser wie das Familienhotel Airone in Portoferraio-San Giovanni oder 3-Sterne-Häuser wie das Belmare in Porto Azzurro, das Meridiana in Marina di Campo oder das großartige Belmare in Patresi. Bike-Hotels auf www.infoelba.net.

Öko-freundliche Hotels Mindestens 22 Hotels auf Elba bekennen sich zu Werten des **nachhaltigen Tourismus** und erfüllen eine Reihe von Konditionen. Dazu zählen oft Frühstück mit Bioprodukten, das Angebot gluten- wie genfreier Lebensmittel, kostenlose Fahrradangebote für die Gäste oder die Nutzung biologischer Reinigungsmittel. 2023 waren sieben Einrichtugnen sogar offiziell als »nachhaltig« klassifiziert, darunter das Öko-Hostel La Mandola und die Zimmervermietung Il Gamberino auf Capraia, vier Hotels in Portoferraio sowie das Hotel Corallo in Pomonte (www.elbacorallo.it).

WICHTIGE ADRESSEN

AGRITURISMO

AGRITURISMO.IT
www.agriturismo.it/de/bauernhof/elba_inseln

ELBA AGRITURISMO
c/o Info ElbaViale Teseo Tesei 12
57037 Portoferraio
Tel. 0565 91 88 64
www.elba-agriturismo.com

FERIENWOHNUNGEN

ATRAVEO
Peter-Müller-Str. 10
D-40468 Düsseldorf
Für Reisende:
Tel. +49 (0)30 22 02 73 39
www.atraveo.de/italien

FEWO-DIREKT
www.fewo-direkt.de

INTER CHALET
Heinrich-von-Stephan-Str. 25
D-79100 Freiburg/Breisgau
Tel. 0761 21 00 77
www.interchalet.de

TRAUM-FERIENWOHNUNGEN
An der Reeperbahn 6
D-28217 Bremen
Tel. 0421 14 62 97 77
www.traum-ferienwohnungen.de

CAMPING

CAMPING.INFO
Oranienburger Str. 27
10117 Berlin
www.camping.info

HOTELS

ASSOCIAZIONE ALBERGATORI ISOLA D'ELBA
Piazza Virgilio 35
57037 Portoferraio
Tel. 0565 91 55 55
www.elbapromotion.it/de

Agriturismo

Ferien auf dem Land

Gerade **Wein- und Olivenölgüter** nehmen gern Gäste auf und bieten wie der Agriturismo **Due Palme** (www.agriturismoduepalme.it) günstige Zimmer und Apartments. Sehr zu empfehlen sind auch die Weingüter **Sapereta** mit eigenen Wohnungen (www.sapereta.it/de/apartments-2/) und **Montefabbrello** (www.aziendaagricolamontefabbrello.it). Beide haben auch exzellente Restaurants.

B&B und Camping

Auf dem Campingplatz

Camping und Caravaning haben auf Elba eine **lange Tradition.** Etwa 25 Plätze mit gutem Niveau stehen zur Auswahl. Viele sind Nachhaltigkeit und **Umweltschutz verpflichtet** und haben WLAN. Wildes Campen oder Zelten ist im gesamten Archipel untersagt. Elbas schönste Campingplätze sammelt www.infoelba.net. Sehr zu empfehlen: der etwas andere Campingplatz **Orti di Mare** mit Bio-Landgut und Bistro in Lacona (www.ortidimare.it/de/). Voll im Trend liegt auch **Glamping,** (▶ S. 119) Camping im luxuriösen Safarizelt: z. B. in der **Tenuta delle Ripalte** auf Calamita oder bei der **Az. Agr. Terra & Cuore** auf dem Buraccio bei Porto Azzurro. Günstig sind stets auch B&Bs auf www.bed-and-breakfast.it oder www.infoelba.net.

Ein Hotel mit Strandzugang hat eindeutig Vorteile

P

PRAKTISCHE INFOS

Wichtig, hilfreich präzise

Unsere Praktischen Infos helfen in allen Situationen auf Elba weiter.

Zwar tickt hier die Uhr am Glockenturm in Chiessi, aber auf Elba kann man sich eine Auszeit gönnen. ►

KURZ & BÜNDIG

ELEKTRIZITÄT
220 Volt/50 Hz. Es ist ein Adapter (ital. adattatore) nötig. Europanorm-Gerätestecker sind nur mit dünnen Kontaktstiften verwendbar.

GELD

WÄHRUNG
Italien ist Teil der Eurozone; Wechselkurs für den Schweizer Franken (Stand 2023):
1 € = 0,96 SFr; 1 SFr = 1,04 €

BANKEN & GELDAUTOMATEN
Schalterstunden sind in der Regel Mo.–Fr. 8.30–13 Uhr; nachmittags variieren die Öffnungszeiten (ca. 14.30–15.30 Uhr). Am Geldautomat (bancomat) kann täglich rund um die Uhr mit Kredit- oder Bankkarte abgehoben werden.

BARGELDLOSES ZAHLEN
Die meisten internationalen Kreditkarten werden von Banken, Hotels, Restaurants, Autovermietern und vielen Geschäften akzeptiert. In manchen Restaurants ist auch die Zahlung per Smartphone möglich.

QUITTUNGEN
Einen erhaltenen Kassenbeleg aus Geschäften oder Restaurants sollte man aufheben. Bei Kontrollen droht sonst ein Bußgeld.

SPERRNOTRUF
Unter folgender Nummer können Sie schnell und unkompliziert Bank- und Kreditkarten, Handys und Krankenkassenkarten sperren lassen.
Tel. 116 116 (aus dem Ausland mit Vorwahl +49)
www.sperr-notruf.de

NOTRUFE

ALLGEMEINER NOTRUF
Tel. 112 (landesweit)

POLIZEI
Tel. 113 (landesweit)

FEUERWEHR
Tel. 115 (landesweit)

NOTARZT
Tel. 118 (landesweit)

PANNENHILFE DES ACI
Tel. 80 31 16
Tel. 800 11 68 00
(von ausländ. Mobiltelefonen)

ADAC-NOTRUFZENTRALE MÜNCHEN
Tel. +49 89 22 22 22

ACE-NOTRUFZENTRALE STUTTGART
Tel. +49 711 5 30 34 35 36

DRF LUFTRETTUNG FILDERSTADT
Tel. +49 711 700 70

DRK-FLUGDIENST
Tel. +49 211 91 74 99 39

WAS KOSTET WIE VIEL?
Drei-Gänge-Menü: 30–50 €
Einfache Mahlzeit: 15–20 €
Espresso: 1–1,70 €
1 l Super-Benzin: ab 1,85 €
Preise für Übernachten: S. 4

ZEIT
In Italien gilt die Mitteleuropäische Zeit (MEZ), von Ende März bis Ende Oktober die Sommerzeit (MESZ = MEZ + 1 Stunde).

ANREISE · REISEPLANUNG

Mit der Bahn

Sehr gute Bahnverbindungen bestehen nach Florenz (z. B. von München in ca. 8,5 Std., Pisa (9,5 Std.) und Livorno (10 Std.). Ab Florenz und Pisa pendeln Direktzüge nach Piombino. Umsteigebahnhof ist Campiglia Marittima an der Hauptstrecke Genua – Livorno – Rom. Für Giglio fährt man bis zum Bahnhof Orbetello Scalo und weiter per Bus nach Porto S. Stefano.

Mit dem Bus

Flixbus (www.flixbus.de) bietet die Fahrt nach Florenz an (8 Std.). Haltestelle ist die Station Firenze-Villa Costanza; von dort führen Straßenbahn, Busse und Taxis ins Zentrum. Von der Piazza Montelungo in Florenz fährt die Linie M5 Marebus von Tiemme über San Vincenzo bis Piombino Porto (2 Std. 40 Min.; www.tiemmespa.it/i-nostri-servizi/lineemare/piombino-firenze/).

Mit dem Auto

Schweizer und österreichische Autobahnen sind mautpflichtig. Die erforderliche Vignette für Österreich erhält man an den Grenzübergängen, telefonisch oder online (www.asfinag.at). In der Schweiz ist die Jahresvignette vonnöten, die man bei Automobilclubs, an der Grenze, an grenznahen Tankstellen und online erhält (https://tolltickets.com/products/switzerland). Eine Sondermaut wird am Großen Sankt Bernhard Tunnel und Munt La Schera fällig. Die Gebühr (pedaggio) für Italiens Autobahnen (autostrade) bezahlt man bar, mit Kreditkarte (weiße Spur) oder **VIAcard** (blaue Spur). Diese Prepaid-Karte ist in Italien und bei Automobilclubs erhältlich. Für Vielfahrer eignet sich der **Telepass** (gelbe Spur), den auch europäische Halter erwerben können.
Information: www.autostrade.it/it/pedaggio
Buchung: https://tolltickets.com/products/italy

Mit dem Flugzeug

Direktflüge mit Elbas Flughafen **La Pila** (2 km von Marina di Campo) bietet **Silver Air** ganzjährig von den Flughäfen Pisa und Florenz an. Von Mailand-Linate fliegt man Ostern, am 1. Mai und Juni bis September, im Sommer auch von Bologna und Lugano. **Swiss Flight Services (SFS)** will die Verbindung von Bern nach Elba wieder aufnehmen. **Volea** bietet Nonstop-Charterflüge ab München nach Elba. Noch vor **Florenz** (Aeroporto Firenze-Peretola) ist der **Aeroporto Pisa** wichtigster Flughafen für Elba. Es bestehen Direktflüge von Berlin, Köln-Bonn, Frankfurt/Main und Memmingen. Reisende nach Piombino fahren von der Bahnstation Pisa-Aeroporto zum Bahnhof Pisa Centrale. Dort nimmt man den Zug nach Piombino Marittima.

Gut vernetzt: Auch Giglio besitzt eine gute Anbindung an das Festland.

Mit der Fähre

An Feiertagen, Wochenenden mit Brückentagen und im Hochsommer sollten Sie Fährtickets frühzeitig buchen. Tickets erhält man auch vor Ort. Wochentags und in der Nebensaison sind sie deutlich billiger. Ab **Livorno** fährt **Toremar** nach Capraia (Hochsaison tgl.) und in Kooperation mit **Toscana Mini Crociere** nach Gorgona (zweimal wöchentlich, www.toscanaminicrociere.it/gorgona-2/).

Ab **Piombino** betreiben **Moby Lines** und **Toremar** gemeinsam den Linienverkehr in Elbas Inselhauptstadt Portoferraio und bedienen täglich auch Cavo und Rio Marina. Toremar fährt dienstags ab Piombino und zudem ab Rio Marina direkt nach Pianosa. Mit Tragflügelbooten (aliscafi) geht es schneller nach Cavo. Auch **Blue Navy** pendelt täglich zwischen Piombino und Portoferraio.

Ab dem **Porto Santo Stefano**, kurz PSS, bedient **Maregiglio** Giannutri und Giglio, **Toremar** nur Giglio. Maregiglio offeriert zudem Mini-Kreuzfahrten (mini crociere) zwischen Porto Santo Stefano, Giglio und Giannutri und organisierte Exkursionen nach Montecristo.

Auch **Aquavision** fährt im Sommer Sa. und So. auf der Strecke Piombino - Marina di Campo (Elba). Juli bis September verbindet sie mittwochs auch **San Vincenzo** auf dem Festland mit Porto Azzurro (Elba). Jeden Mo. im August bietet Aquavision die **komplette Elba-Umrundung** ab San Vincenzo mit Stopps in Porto Azzurro, Marciana Marina und Portoferraio an. Im Sommer kommen zahlreiche Verbän-

dere Verbindungen hinzu, z. B. nach Capraia oder von Marina di Campo (Elba) nach **Pianosa**. Großartig ist die Direktverbindung von Porto Azzurro (Elba) zur **Insel Giglio** (14. Juni bis 13. September jeweils Mi.).
Grandios sind auch die **Meeresausflüge**: Der Kristallboden des Boots **Nautilus** lässt dabei Blicke in die Unterwasserwelt zu (im Sommer tgl. 15.30 Uhr ab Marciana Marina, in der Hochsaison auch tgl. 10.30 Uhr ab Portoferraio). Aquavision übernimmt außerdem die Ausflugstouren des Nationalparks nach **Montecristo** (ab Piombino mit Zustieg in Porto Azzurro oder ab Porto Santo Stefano mit Zustieg in Giglio Porto).

NÜTZLICHE ADRESSEN

BAHN

DEUTSCHE BAHN
Tel. 030 29 70 (zentrale Servicenummer, auch Fahrplanauskunft)
www.bahn.de
https://reiseauskunft.bahn.de

TRENITALIA
Tel. +39 06 68 47 54 75 (aus dem Ausland)
Tel. 89 20 21 (nur national)
www.trenitalia.com

ÖSTERREICHISCHE BUNDESBAHN
www.oebb.at

SCHWEIZERISCHE BUNDESBAHNEN
www.sbb.ch

FLUGGESELLSCHAFTEN

LUFTHANSA
www.lufthansa.com

RYANAIR
www.ryanair.com

SILVER AIR
www.flightsandtravels.ch

SWISS FLIGHT SERVICES (SFS)
www.sfsaviation.ch

VOLEA
https://volea.rezdy.com

FLUGHÄFEN

AEROPORTO ELBA
Via Aeroporto 208, Loc. La Pila
Marina di Campo
Tel. 0565 97 60 11
www.elbaisland-airport.it

AEROPORTO AMERIGO VESPUCCI (FLORENZ)
Tel. 055 3 06 18 30
www.aeroporto.firenze.it

AEROPORTO GALILEO GALILEI (PISA)
Tel. 050 84 93 00
www.pisa-airport.com

REEDEREIEN

AQUAVISION
Piazza dei Granatieri 203
Marina di Campo
Tel. 328 7 09 54 70
www.aquavision.it

BLU NAVY
Tel. 0565 26 97 10 (Call Center)
Tickets: Calata Italia 8, Portoferraio
Stazione Marittima P. Premuda 8, Piombino
Piazzale Allende 11, Piombino
https://blunavytraghetti.com/de/

MAREGIGLIO
Tickets: Piazz. Facchinetti 7, Porto Santo Stefano
Piazza Del Valle 6, Porto S.Stefano (nur Mini-Kreuzfahrten)
Via Umberto I 22, Giglio Porto
Tel. 0564 80 93 09
https://maregiglio.it

MOBY LINES/TOREMAR
Tickets:
Calata Italia 36, Portoferraio
Tel. 0565 91 41 33 bzw.
Tel. 0565 91 80 80,
Stazione Marittima,
Piazzale Premuda 8, Piombino,
Tel. 0565 22 12 12,
Tel. 0565 27 60 77 bzw.
Tel. 0565 22 65 90
www.mobylines.de,
www.toremar.it

Toremar-Call Center:
Tel. 800 30 40 35

Weitere Toremar-Büros:
Capraia, Cavo, Giglio, Livorno, Rio Marina, Porto Santo Stefano

SCHIFFSVERBINDUNGEN
Livorno – Capraia: 2 Std. 45 Min.
Livorno – Gorgona: 1 Std. 45 Min.
Gorgona – Capraia: 90 Min.
Marciana Marina – Capraia: 90 Min.
Marina di Campo – Pianosa: 45 Min.
Piombino – Cavo: 30 Min., Tragflügelboot 20 Min.
Piombino – Marina di Campo: 1 Std. 45 Min.
Piombino – Pianosa: 2 Std. 30 Min.
Piombino – Portoferraio: 1 Std., Tragflügelboot 40 Min., Schnellboot 30 Min.
Piombino – Rio Marina: 45 Min.
Porto Azzurro – Giglio: 1 Std. 45 Min.
Porto Santo Stefano – Giglio: 1 Std.
Porto Santo Stefano – Giannutri: 50 Min.
Portoferraio – Capraia: 2 Std.
Portoferraio – Cavo: 20 Min.
Portoferraio – Marciana Marina: 1 Std.
Rio Marina – Pianosa: 1 Std. 45 Min.
San Vincenzo – Capraia: 2 Std.
San Vincenzo – Giglio: 3 Std. 15 Min.
San Vincenzo – Marina di Campo: 2 Std.
San Vincenzo – Pianosa: 2 Std. 45 Min.
San Vincenzo – Porto Azzurro: 75 Min.
San Vincenzo – Portoferraio: 75 Min.

Ein- und Ausreisebestimmungen

Reisedokumente Für EU-Bürger und Schweizer reicht der gültige Personalausweis. Kinder bis 12 Jahre benötigen einen gültigen Kinderreisepass mit Biometriefähigem Lichtbild, die anderen einen Reisepass oder einen Personalausweis.

Haustiere Haustiere müssen mit implantiertem Mikrochip und EU-Kleintierausweis samt Nachweis der Tollwutimpfung reisen. Diese muss mindestens 30 Tage, maximal zwölf Monate vor Einreise erfolgt sein. Maulkorb und Leine sind mitzuführen, an Stränden ist das Hundeverbot zu beachten.

Innerhalb der EU ist der Warenverkehr für private Zwecke weitgehend zollfrei. Für Reisende über 17 Jahren gelten als Richtwerte z. B. 800 Zigaretten, 10 l Spirituosen, 60 l Schaumwein, 110 l Bier oder 10 kg Kaffee. Für Schweizer ab 17 Jahren gelten diese Freigrenzen: 250 Zigaretten oder 250 g Tabak, 5 l Getränke bis 18 % Alkoholgehalt, 1 l Alkoholisches ab 18 % und 1 kg Fleisch. Zollfrei sind Waren im Gesamtwert von 300 SFr.

Zollbestimmungen

AUSKUNFT

AUSSERHALB ITALIENS

STAATLICHES ITALIENISCHES FREMDENVERKEHRSAMT ENIT
Schaumannkai 87
60596 Frankfurt/Main
Tel. 069 68 60 47 65
www.enit.it/en/frankfurt-am-main, www.italia.it

ENIT IN ÖSTERREICH
Mariahilfer Str. 1b
A-1060 Wien
Tel. 01 5 05 16 30 12
www.enit.it/en/wien
www.italia.it

ENIT IN DER SCHWEIZ
c/o Italienisches Generalkonsulat
Tödistr. 65, CH-8002 Zürich
Tel. 044 5 44 07 97
www.enit.it/en/zurich
www.italia.it

TOSKANA
www.visittuscany.com/de/

AUF DEN INSELN

PARCO NAZIONALE ARCIPELAGO TOSCANO
Loc. Enfola 16
57037 Portoferraio (Elba)
Tel. 0565 91 94 11
www.islepark.it

ZENTRALES BÜRO INFO PARK
Calata Italia 4
Portoferraio (Elba)
Tel. 0565 90 82 31
www.parcoarcipelago.info

INFO PARK CAPRAIA
im Besucherzentrum »La Salata«
Via Assunzione 72
Capraia Isola
Tel. 320 9 60 65 60
www.islepark.it/visitare-il-parco/capraia, www.parcoarcipelago.info/capraia/, www.visitcapraia.it

INFO PARK GIGLIO E GIANNUTRI
Via Provinciale 9
Giglio Porto
Tel. 0564 80 94 00
www.parcoarcipelago.info/giglio/, www.parcoarcipelago.info/giannutri/, www.giglioinfo.it/de/

GUTE WEBSEITEN

HTTPS://ELBAHOME.DE
Umfangreiche Infos von Reiner Heller

WWW.ELBALINK-TOSKANA.DE
Seit 1995! Bewährt, auch auf Deutsch, mit vielen Angeboten

WWW.ELBALIVE.DE
Highlights und Sehenswürdigkeiten

auf Elba, dazu Aktivitäten, Sport und 480 Unterkünfte

WWW.GIGLIOINFO.IT/DE
Zahlreiche Informationen auch auf Deutsch zu Giglio und Giannutri, mit Freizeitaktivitäten und Unterkünften

WWW.INFOELBA.NET
Hotels, Pensionen, Apartments, Ferienwohnungen und Campingplätze mit Buchungsoption sowie Sehenswürdigkeiten, Essen, Strände, Sport und Freizeit

WWW.PARKS.IT/PARCO.NAZIONALE.ARCIP.TOSCANO/GINDEX.PHP
Sehr gute Hintergrundinfos zu allen Inseln im Toskanischen Archipel; auch auf Deutsch

WWW.VIRTUALELBA.IT
Prallgefüllte Website (auch auf Deutsch) mit vielen nützlichen Tipps

HTTPS://VISITELBA.INFO
Webseite der Provinz Livorno und der Gemeinden Elbas mit vielen Infos auch auf Deutsch

BOTSCHAFTEN

DEUTSCHE BOTSCHAFT
Via San Martino della Battaglia 4
00185 Roma
Tel. 06 49 21 31
https://italien.diplo.de

ÖSTERREICHISCHE BOTSCHAFT
Via Pergolesi 3
00198 Roma
Tel. 06 8 44 01 41
www.bmeia.gv.at

SCHWEIZER BOTSCHAFT
Via Barnaba Oriani 61
00197 Roma
Tel. 06 80 95 71
www.eda.admin.ch/roma

ETIKETTE

La Bella Figura La Bella Figura, der schöne äußerliche Schein, ist für die meisten Italienerinnen und Italiener ein inneres Bedürfnis. Ob bei der abendlichen **Passeggiata** (Bummel) auf dem Corso oder auch beim Restaurantbesuch: Damen wie Herren achten stets auf ihre schicke Kleidung. Im Zweifelsfall rollt der Euro eher für Mode oder gutes Essen als für Möbel oder Fassadenanstriche. Wenig Verständnis existiert für Touristen, die mit Badeschlappen oder »oben ohne« Kirchen oder öffentliche Gebäude betreten oder in Shorts Gemäldegalerien besichtigen. Manche Kommunen verhängen bei allzu regelwidrigem Auftreten – auch am Strand – sogar Geldbußen, um dem befürchteten »degrado«, dem Niedergang der Sitten, zu begegnen!

Barbesuche »Bella Figura« heißt es auch jeden Morgen für die Hauptdarsteller in den Inselbars: Die **Baristi** an ihren dampfenden Espressomaschinen tragen oft flotte Jacketts über dem gestärkten Hemd und regieren

Exzellente Fotomotive gibt es auf Elba genug – es gelten die normalen Regeln des guten Umgangs, wenn Menschen auf den Bildern sind.

souverän ihr Publikum. Nie fehlen Freundlichkeit und unnachahmliche Eleganz beim Aufschäumen des Cappuccino und Servieren frischgebackener Cornetti. Zum echten italienischen Frühstück gehört übrigens auch ein kleines **Trinkgeld,** das den Service oft noch beschleunigt.

Rauchverbot

Italien bestraft seit 2016 die **Missachtung des Rauchverbots** in Restaurants, Bars, am Strand oder in öffentlichen Räumen mit einem Bußgeld von 27,50 bis 275 €. Wird das Rauchverbot in der Nähe von Minderjährigen unter 14 Jahren ignoriert, also etwa vor Schulen oder Kindergärten, werden 55 bis 550 € fällig. Das Rauchen vor Krankenhäusern ist untersagt.

Fotografieren

Die meisten Italiener freuen sich, wenn sie fotografiert werden – und teilen selbst auch ihre Schnappschüsse gern in den sozialen Medien. Oft will die Nachbarin rasch mit aufs Foto oder der Padrone besteht darauf, dass alle Kellner mit aufs Bild müssen. Ein Foto ist immer ein öffentliches Ereignis, ein Moment der Lebensfreude. Zu beachten ist die längst erwünschte **Selbstbeschränkung** – etwa beim Fotografieren und Posten von Kindern oder Fremden ins Internet. Bereits seit 2014 ist in Italiens staatlichen Museen das Fotografieren zum privaten Gebrauch erlaubt. Doch gerade der neue Kult zum Selbstportrait, dem **»Selfie al museo«,** hat zu erheblichen Kontroversen geführt.

Im Verkehr Spontan ist man auf Elba auch hinter dem Steuer. Doch gestärktes Umweltbewusstsein sowie Kontrollen und drakonische Strafen haben selbst unbekümmertste Lebenskünstler gezähmt. Man ist also gut beraten, die Regeln zu beherzigen und auf freundliche Kavaliersgesten zu setzen. Denn wenn auf Elba doch mal jemand rasen sollte, lassen Sie ihn einfach an der nächsten Parkbucht passieren. Er wird wohl partout die nächste Fähre erwischen wollen. Große Rücksicht wird auf **Fußgänger und die allgegenwärtigen Radler** genommen. Das hat sich auf Elba seit Jahren bewährt.

Arrangiarsi Glücklich wird auf Elba und im Toskanischen Archipel, wer durch ein Lächeln oder eine Geste Sympathie für sein Gegenüber auszudrücken vermag. Gut beraten ist man, manch ungeschriebene Regel zu beachten und vor allem lächerliche Vorurteile bei Seite zu lassen. So gelten gerade die Toskaner, und längst nicht mehr die Deutschen, als **superpünktlich** – und dies nicht nur bei geschäftlichen Anlässen. Und wenn tatsächlich mal etwas nicht klappen sollte, findet sich garantiert eine Lösung. Ein **verständnisvolles Kompliment** führt bei den Elbanern in den meisten Fällen sehr viel schneller zum Ziel. Und Sie machen dabei zudem eine Bella Figura!

GESUNDHEIT

Krankenversicherung Voraussetzung für eine ärztliche Leistung am Urlaubsort: Sie müssen dem behandelnden Arzt oder Krankenhaus die von der Krankenkasse ausgestellte Europäische Krankenversicherungskarte (European Health Insurance Card, EHIC) vorlegen. Auch mit der Karte muss man in vielen Fällen einen Teil der Behandlungskosten bzw. Ausgaben für Medikamente selbst tragen. Gegen Vorlage der Quittungen übernimmt dann die Krankenkasse daheim die Kosten – allerdings nicht für jede Behandlung. Schweizer müssen ärztliche Behandlungen und Medikamente selbst bezahlen. Eine zusätzliche private Reisekrankenversicherung mit Rücktransportkostenübernahme ist zu empfehlen.

Medizinische Versorgung Vielerorts wird die medizinische Versorgung durch die Guardia Medica geleistet. Den **ärztlichen Bereitschaftsdienst** nachts (20–8 Uhr) und an Feiertagen stellt die Guardia Medica notturna e festiva. Ärztlichen Notdienst (Pronto soccorso) leisten außer Krankenhäusern (Ospedali) in Portoferraio das **Ospedale Civile Elbano,** (Loc. San Rocco, Tel. 0565 92 61 11), u.a. das Weiße Kreuz (Croce Bianca), das Grüne Kreuz (Croce Verde) und das Rote Kreuz (Croce Rossa italiana). Wer einen Zahnarzt braucht, fragt nach dem **»dentista«.**

Apotheken

Apotheken **(Farmacie)** öffnen in der Regel werktags 9–13 und 16 bis 19.30 Uhr. Sie schließen wahlweise mittwochs oder samstags. Verzeichnisse von Notapotheken, die nachts und feiertags öffnen (Farmacie di turno), hängen in den Schaufenstern oder an den Apothekentüren aus.

Therapeutische Einrichtung

Im auf Kuren und Wellness spezialisierten **Thermalbad von San Giovanni** werden **Wellnesswochen** und **therapeutische Anwendungen** mit Elbas berühmtem Meerfango, dem Limo, und mit Meeresalgen durchgeführt. Der **Limo** eignet sich besonders zur Behandlung von Haut- und Gelenkerkrankungen sowie Rheumaleiden. Für den Heilerfolg sollten sechs, besser zwölf Anwendungen (eine pro Tag) stattfinden. Die vorgeschriebene ärztliche Konsultation ist in den Angeboten inbegriffen. Im beliebten neuen Wellness- und Schönheitstrakt mit »Salzraum« locken Brom- und Jodbäder. Angeboten werden auch Anwendungen gegen Cellulitis und ganz neu eine Bambus-Massage (50 Min. für 75 €, https://termeisoladelba.it). Die Einrichtung ist für Kassenpatienten zugelassen.
Rabatt für Kurgäste gewähren die Residenze Terme Isola d'Elba (www.residencetermeisoladelba.it, 1- bis 3-Zimmer-Wohnungen), praktisch ist das ans Thermengelände anschließende Hotel Airone del Parco e delle Terme (www.hotelairone.info). Erholung und schöne Spaziergänge garantiert der Hotelpark (30 000 m²) mit Palmen, Pinien, Eukalyptus und Ziergärten. Das gute Hotelrestaurant »Le Antiche Saline« bietet auch vegetarische und Diätküche.

LESETIPPS

Belletristik

Aretz, Gertrude: Napoleon und die Frauen. Belle Epoque Verlag, Dettenhausen 2015. Liebe, Macht, Eifersucht, Ehebruch. Napoleons Macht zog Europas Schöne magisch an.

Dumas, Alexandre (der Ältere): Der Graf von Monte Christo (Taschenbuch, 6 Bände). Mosaicum Books, 2022. Mit seinem 1844 bis 1846 verfassten Bestseller traf Alexandre Dumas den Geschmack der Zeit. Den Plot ermöglichte der Schatz auf Montecristo.

Toussaint, Jean-Philippe: Die Wahrheit über Marie. btb Verlag, München 2012. Marie kümmert sich eigentlich um das verwahrloste Haus ihres Vaters auf Elba, sucht aber auch zwischen Paris und Tokio inmitten einer komplizierten Dreiecksgeschichte wahre Liebe und Leidenschaft – zuweilen unfreiwillig auch hüllenlos.

De Luca, Matteo: Der Commissario und die Dottoressa – Nacht über Elba. Piper, München 2023. Nach »Sturm über Elba« (2022) der zweite Fall für das sympathische Ermittlerduo Hagen Berensen und Fiorina Luccarelli. Elba-Krimis pur!

Dumas, Alexandre (der Ältere): Napoleon Bonaparte. Severus-Verlag, Hamburg 2017. Der Autor des »Grafen von Monte Cristo« war Sohn eines napoleonischen Generals und verfasste auch diesen historischen Roman – ideal für Napoleon-Einsteiger.

Hacke, Axel: Ein Haus für viele Sommer. Verlag Antje Kunstmann, München 2022. Der renommierte Journalist und und Autor befasst sich selbstironisch, schmunzelnd und höchst lesenswert mit den Erlebnissen rund um sein Traumferienhaus – auf Elba.

Bildband

DuMont-Bildatlas Toskana. DuMont Reiseverlag, Ostfildern 2021. Der Band von Rita Henss mit Fotos von Toni und Christina Anzenberger widmet sich dem Sehnsuchtsziel der Deutschen – Elba inklusive.

PREISE · VERGÜNSTIGUNGEN

Museen

Wie alle staatlichen Museen in der Toskana gewähren auch Elbas Museen freien Eintritt für Senioren über 65 Jahre (nur EU-Bürger) sowie Rabatte für Jugendliche, Studierende und Familien. In Portoferraio spart man zudem mit der Cosmopoli Card (12 €).

Öffentlicher Nahverkehr

Fahrräder kann man mühelos in Portoferraio, Porto Azzurro, Marciana Marina oder Capoliveri mieten. Großartig sind die im Sommer verkehrenden Service-Busse, etwa der **Marebus**, der Juni bis Sept. tgl. 8.30 bis 24 Uhr Capoliveri, die umliegenden Dörfer und Strände miteinander verbindet (Ticket im Bus 2 €). In Marciana klappert der Marebus Juni bis Sept. die Orte der Westküste ab, auch Marciana Marina und Procchio. Der **Movibus** pendelt Juli und August zwischen Marciana Marina und Poggio. Der Service **Mare & Shopping** zwischen Pomonte und Procchio bringt die Bewohner von Marciana zu den Märkten nach Procchio. In Portoferraio ist der Shuttlebus **»Cosmopoli by night«** (Linie 8) 20 bis 24 Uhr gratis, der **Marebus Portoferraio** (Linie 7) fährt im Sommer 8.25 bis 19.57 Uhr kostenlos zu den Stadtstränden. Für das ganze Busnetz der Insel gelten die Tarife der Autolinee Toscane (www.at-bus.it).

Zahlreiche Hotels auf Elba, aber auch Campingplätze bieten unter bestimmten Voraussetzungen, zumeist einer Buchung ab sieben Nächten, die Übernahme der Kosten für den Fährtransport oder zumindest Vergünstigungen an.

Fähre kostenfrei oder billiger

REISEZEIT

Klima

Die Inseln des Toskanischen Archipels haben ein mediterranes Klima und milde, feuchte Winter sowie heiße, trockene Sommer. Dank des Meers sind die Temperaturen ausgeglichener als auf dem toskanischen Festland.

Von Juni bis Mitte September ist es fast niederschlagsfrei, die **Sonne strahlt vom überwiegend wolkenlosen Himmel.** Auf den Inseln ist die Lufttemperatur stark von den Wassertemperaturen abhängig, die im April und Mai 14 °C bzw. 17 °C erreichen. Ab Juni bis September erreichen die Tagestemperaturen mühelos 26 °C bis 29 °C, auch

Am besten reist man nach Elba, wenn alles grünt und blüht wie hier in den Straßen von Capoliveri.

nachts sind es angenehme 18 °C bis 21 °C. Weht der heiße Schirokko aus der Sahara, klettert das Thermometer im Juli und August auf über 35 °C. Selbst im Winter erreichen die Tagestemperaturen auf Elba 12 °C bis 14°C.

Frühjahr

Die toskanischen Inseln sind ideal im Frühjahr und Herbst, insbesondere für Wander- und Kulturreisen. Verschont von der Sommerhitze ist dennoch das Bad im Meer möglich. Von April bis Juni verströmt die **prächtig blühende Macchia** intensive Düfte. Der Herbst lockt ab September mit wunderbaren kulinarischen Genüssen, Traditions- und Weinfesten sowie dem Wanderfestival im Oktober.

Sommer

Der Sommer gehört ganz dem Badetourismus mit Wassertemperaturen von bis zu 26 °C. Im Juli/August sollte man sich an der Küste Elbas Tagesrhythmus anpassen und der Mittagshitze mit einer entspannten Siesta im Schatten entgehen. Auch Ausflüge am Spätnachmittag in höhere Lagen bringen Abkühlung. Und sogar Museumsbesuche kann man auf den Abend verlegen.

SPRACHE

Geschichte, Betonung

Seit Dante bildet das Toskanische die Grundlage der italienischen Sprache und Schriftsprache. Die **Betonung** liegt bei den meisten mehrsilbigen Wörtern auf der vorletzten Silbe; liegt sie auf der letzten Silbe, ist die Verwendung eines Akzents (Gravis, z. B. città) üblich. Wird auf der drittletzten Silbe betont, kann zur Verdeutlichung ebenfalls ein Akzent gesetzt werden. Doch die toskanische Sprache ist auch ein Dialekt, der bis heute auch auf den Inseln gepflegt wird. So wird aus dem gesprochenen Konsonanten »k« in »la casa« (= das Haus«, sprich »la kasa«) häufig ein »h« (also »la hasa«). In Livorno und auf den Inseln fällt er gar weg (also »la asa«). Amüsant ist dann z. B. die Aussprache von »Coca Cola« oder »Cognac«.

Italienisch lernen in den Ferien?

Auf Elba bieten zahlreiche Schulen Kurse an, z. B. das **ABC Elba** in Porto Azzurro. Die Schule bietet Mitte Mai bis Oktober Italienisch-Sprachkurse sowie Intensivkurse an für max. 10 Teilnehmer oder in Minigruppen (5 Pers.). Nachmittags werden umfangreiche Freizeitaktivitäten geboten. Übernachtet wird in der **Villa Teresa** (Via del Bocchetto 4, Porto Azzurro, www.villateresaelba.com), in dortigen Ferienwohnungen oder einem nahen Hotel.

Anmeldung: ABC Elba | Località Bocchetto 1, 57036 Porto Azzurro, Elba | Tel. +39 0565 95 78 88 | www.abcelba.com

KLEINER SPRACHFÜHRER ITALIENISCH

ZAHLEN

zero	**0**
uno	**1**
due	**2**
tre	**3**
quattro	**4**
cinque	**5**
sei	**6**
sette	**7**
otto	**8**
nove	**9**
dieci	**10**
undici	**11**
dodici	**12**
tredici	**13**
quattordici	**14**
quindici	**15**
sedici	**16**
diciassette	**17**
diciotto	**18**
diciannove	**19**
venti	**20**
ventuno	**21**
trenta	**30**
quaranta	**40**
cinquanta	**50**
sessanta	**60**
settanta	**70**
ottanta	**80**
novanta	**90**
cento	**100**
centouno	**101**
mille	**1000**
duemila	**2000**
diecimila	**10000**
un quarto	**1/4**
un mezzo	**1/2**

AUF EINEN BLICK

Sì/No	**Ja/Nein**
Per favore/Grazie	**Bitte/Danke**
Non c'è di che	**Gern geschehen**
Scusi!/Scusa!	**Entschuldigen Sie!**
Come dice?	**Wie bitte?**
Non La/ti capisco	**Ich verstehe Sie/dich nicht**
Parlo solo un po' di ...	**Ich spreche nur wenig ...**
Mi può aiutare, per favore?	**Können Sie mir bitte helfen?**
Vorrei ...	**Ich möchte ...**
(Non) mi piace	**Das gefällt mir (nicht)**
Ha ...?	**Haben Sie ...?**
Quanto costa?	**Wie viel kostet?**
Che ore sono?/Che ora è?	**Wie viel Uhr ist es?**
Come sta?/Come stai?	**Wie geht es Ihnen/dir?**
Bene, grazie. E Lei/tu?	**Danke. Und Ihnen/dir?**

INTERNET HANDY

la chiavetta USB/la chiave USM	**USB Stick/Memory Stick**
il caricabatterie	**Ladekabel**
il caricabatterie smartphone	**Handy-Ladekabel**
La batteria non funziona più.	**Die Batterie funktioniert nicht mehr.**
Ho rotto il display del mio cellulare.	**Das Display meines Handys ist kaputt.**
Riparazione/sostituzione	**Reparatur/Austausch**
Cambio	**Tausch**
tutti i modelli	**alle Modelle**

Dovè si trova l'internet point?	**Wo gibt es ein(en) Internet Shop/Café?**
Vorrei comprare un SIM card.	**Ich möchte eine SIM-Karte kaufen.**
Casella di posta elettronica	**E-Mail-Posteingang**
Qui c'è il collegamento internet/wifi?	**Gibt es hier einen Internet/WLAN-Zugang?**
La connessione ad internet non funziona.	**Der Internetanschluss funktioniert nicht.**

UNTERWEGS

a sinistra/a destra/diritto	**nach links/nach rechts/geradeaus**
vicino/lontano	**nah/fern**
Quanti chilometri sono?	**Wie weit (in Kilometern) ist das?**
Vorrei noleggiare ...	**Ich möchte ... mieten**
... una macchina	**... ein Auto**
... una bicicletta	**... ein Fahrrad**
... una barca	**... ein Boot**
Scusi, dov'è ...?	**Bitte, wo ist ...?**
... la stazione centrale	**... der Hauptbahnhof**
... la metro(politana)	**... die U-Bahn**
... l'aeroporto	**... der Flughafen**
... all'albergo	**... zum Hotel**
Ho un guasto.	**Ich habe eine Panne.**
Mi potrebbe mandare un carro-attrezzi?	**Würden Sie mir einen Abschleppwagen schicken?**
Scusi, c'è un'officina qui?	**Gibt es hier eine Werkstatt?**
Dov'è la prossima stazione di servizio?	**Wo ist die nächste Tankstelle?**
benzina normale	**Normalbenzin**
super/gasolio	**Super/Diesel**
deviazione	**Umleitung**
senso unico	**Einbahnstraße**
sbarrato	**gesperrt**
rallentare	**langsam fahren**
tutti direzioni	**alle Richtungen**
tenere la destra	**rechts fahren**
zona di silenzio	**Hupverbot**
zona tutelata inizio	**Beginn der Parkverbotszone**
Aiuto!/Attenzione!	**Hilfe!/Achtung!**
Chiami subito ...	**Rufen Sie schnell ...**
... un'autoambulanza/la polizia	**... einen Krankenwagen/die Polizei**

AUSGEHEN

Scusi, mi potrebbe indicare ...?	**Wo gibt es ...?**
... un buon ristorante	**... ein gutes Restaurant**
... un locale tipico	**... ein typisches Restaurant**
C'è una gelateria qui vicino?	**Gibt es hier eine Eisdiele?**
Può riservarci per stasera un tavolo per quattro persone?	**Kann ich für heute Abend einen Tisch für vier Personen reservieren?**
Alla Sua salute!	**Auf Ihr Wohl!**
Il conto, per favore.	**Bezahlen, bitte.**

Andava bene?	**Hat es geschmeckt?**
Il mangiare era eccellente.	**Das Essen war ausgezeichnet.**
Ha un programma delle manifestazioni?	**Haben Sie einen Veranstaltungskalender?**

EINKAUFEN

Dov'è si può trovare ...?	**Wo finde ich ...?**
... una farmacia	**... eine Apotheke**
... un panificio	**... eine Bäckerei**
... un negozio di generi alimentari	**... ein Lebensmittelgeschäft**
... il mercato/il supermercato	**... den Markt/den Supermarkt**
... il tabaccaio/il giornalaio	**... den Tabakladen/den Zeitungshändler**

ÜBERNACHTEN

Scusi, potrebbe consigliarmi ...?	**Können Sie mir ... empfehlen?**
... un albergo / una pensione	**... ein Hotel / eine Pension**
Ho prenotato una camera.	**Ich habe ein Zimmer reserviert.**
È libera ...?	**Haben Sie noch ...?**
... una singola / una doppia	**... ein Einzel- / ein Zweibettzimmer**
... con doccia/bagno	**... mit Dusche/Bad**
... per una notte/settimana	**... für eine Nacht/Woche**
... con vista sul mare	**... mit Blick aufs Meer**
Quanto costa la camera ...?	**Was kostet das Zimmer ...?**
... con la prima colazione	**... mit Frühstück**
... a mezza pensione	**... mit Halbpension**

ARZT UND APOTHEKE

Mi può consigliare un buon medico?	**Können Sie mir einen guten Arzt empfehlen?**
Mi può dare una medicina per ...	**Geben Sie mir bitte ein Medikament gegen ...**
Soffro di diarrea.	**Ich habe Durchfall.**
Ho mal di pancia.	**Ich habe Bauchschmerzen.**
... mal di testa/gola/denti	**... Kopf-/ Hals-/Zahnschmerzen**
... influenza/tosse/la febbre	**... Grippe/Husten/Fieber**
... scottatura solare	**... Sonnenbrand**
... costipazione	**... Verstopfung**

SPEISEKARTE

prima colazione	**Frühstück**
caffè, espresso	**kleiner Kaffee ohne Milch**
caffè macchiato	**kleiner Kaffee mit wenig Milch**
caffè latte	**Kaffee mit Milch**
cappuccino	**Kaffee mit aufgeschäumter Milch**
tè al latte/al limone	**Tee mit Milch/Zitrone**
cioccolata	**Schokolade**
frittata	**Omelett/Pfannkuchen**

pane/panino/pane tostato	**Brot/Brötchen/Toast**
burro	**Butter**
salame/prosciutto	**Wurst/Schinken**
miele/marmellata	**Honig/Marmelade**
iogurt	**Joghurt**
ANTIPASTI	VORSPEISEN
affettato misto	**gemischter Aufschnitt**
anguilla affumicata	**Räucheraal**
melone e prosciutto	**Melone mit Schinken**
vitello tonnato	**kalter Kalbsbraten mit Tunfischsauce**
PRIMI PIATTI	NUDEL-, REISGERICHTE, SUPPEN
pasta/fettuccine, tagliatelle	**Nudeln/Bandnudeln**
gnocchi	**kleine Kartoffelklößchen**
polenta (alla valdostana)	**Maisbrei (mit Käse)**
vermicelli	**Fadennudeln**
minestrone	**dicke Gemüsesuppe**
pastina in brodo	**Fleischbrühe mit feinen Nudeln**
zuppa di pesce	**Fischsuppe**
CARNI E PESCE	FLEISCH UND FISCH
agnello	**Lamm**
ai ferri/alla griglia	**vom Grill**
aragosta	**Languste**
brasato	**Braten**
coniglio	**Kaninchen**
cozze/vongole	**Miesmuscheln/Venusmuscheln**
fegato	**Leber**
fritto di pesce	**gebackene Fische**
gambero, granchio	**Garnelen**
maiale	**Schweinefleisch**
manzo/bue	**Rind-/Ochsenfleisch**
pesce spada	**Schwertfisch**
platessa	**Scholle**
pollo	**Huhn**
rognoni	**Nieren**
salmone	**Lachs**
scampi fritti	**gebackene Langustinen**
sogliola	**Seezunge**
tonno	**Tunfisch**
trota	**Forelle**
vitello	**Kalbfleisch**
VERDURA	GEMÜSE
asparagi	**Spargel**
carciofi	**Artischocken**

carote	**Karotten**
cavolfiore	**Blumenkohl**
cavolo	**Kohl**
cicoria belga	**Chicorée**
cipolle	**Zwiebeln**
fagioli/fagiolini	**weiße Bohnen/grüne Bohnen**
finocchio	**Fenchel**
funghi	**Pilze**
insalata mista/verde	**gemischter/grüner Salat**
lenticchie	**Linsen**
melanzane	**Auberginen**
patate	**Kartoffeln**
patatine fritte	**Pommes frites**
peperoni	**Paprika**
pomodori	**Tomaten**
spinaci	**Spinat**
zucca	**Kürbis**

FORMAGGI	KÄSE
parmigiano	**Parmesan**
pecorino	**Schafskäse**
ricotta	**quarkähnlicher Frischkäse**

DOLCI E FRUTTA	NACHSPEISEN UND OBST
cassata	**Eisschnitte mit kandierten Früchten**
coppa assortita	**gemischter Eisbecher**
coppa con panna	**Eisbecher mit Sahne**
tirami su	**Löffelbiskuit mit Mascarponecreme**
zabaione	**Eierschaumcreme**
zuppa inglese	**likörgetränktes Biskuit mit Vanillecreme**

BEVANDE	GETRÄNKE
acqua minerale	**Mineralwasser**
aranciata	**Orangeade**
bibita	**Erfrischungsgetränk**
bicchiere	**Glas**
birra scura/chiara	**dunkles/helles Bier**
birra alla spina	**Bier vom Fass**
birra senza alcool	**alkoholfreies Bier**
bottiglia	**Flasche**
con ghiaccio	**mit Eis**
gassata, con gas/liscia, senza gas	**mit Kohlensäure/ohne Kohlensäure**
secco	**trocken**
spumante	**Sekt**
succo	**Fruchtsaft**
vino bianco/rosato/rosso	**Weiß-/Rosé-/Rotwein**
vino della casa	**Hauswein**

TELEKOMMUNIKATION · POST

Telefon In Italien ist die Ortsvorwahl Teil der Rufnummer. Sie wird bei Telefonaten aus dem Ausland wie bei Ortsgesprächen stets samt »0« mitgewählt. Öffentliche Fernsprecher funktionieren größtenteils mit einer Telefonkarte (carta telefonica), die man an Kiosken oder in Tabakwarenläden erwirbt.

Mobiltelefon Das Mobiltelefon (ital. telefono cellulare, auch telefonino) wählt sich automatisch via Roaming ins entsprechende italienische Partnernetz. **Roaming-Gebühren** fallen auch für mobiles Internet bis zu einer bestimmten Obergrenze nicht mehr an. Mobilfunknummern in Italien erkennt man an den dreistelligen Mobilfunkvorwahlen, die jeweils mit einer »3« beginnen. Gewählt wird ohne »0« vorweg.

Postämter Briefmarken (francobolli) kauft man in Postämtern und Tabakläden, die durch ein »T«-Schild gekennzeichnet sind. Allerdings haben nicht alle Tabacchi Briefmarken im Sortiment. Ein Brief bis 20 g oder eine Postkarte ins europäische Ausland kostet derzeit 1,15 €.

Verkehrsreich: Nicht nur um Porto Azurro sind die Wasserwege nach Elba gut erschlossen, sondern auch zur ganzen Insel.

VERKEHR

Straßenverkehr

Auto- und Motorradverkehr ist nur auf Elba und mit Abstrichen Giglio sinnvoll. Dort dürfen vom 30.7. bis 24.8. nur Autos von Inselbewohnern in Giglio-Porto anlanden. Capraias Straßennetz ist zu kurz, auf Giannutri fahren nur Elektro-Autos, auf Pianosa nur Beamte der Forstverwaltung, der Touristenbus des Nationalparks, Wissenschaftler des Zugvogel-Projektes und die Polizia penitenziaria (Gefängnispolizei). Elba setzt auf nachhaltige Mobilität: Sie können hier **E-Bikes** und **Elektro-Autos** (Auto elettriche) mieten. Auf Elba empfiehlt es sich, Pkw mit einer gewissen PS-Stärke zu mieten, um auch auf den Bergstraßen gut unterwegs zu sein. Auch Elbas kurvige Küstenstraßen verlangen Um- wie Vorsicht! Generell sollte man besonders auf Rad- und Motorradfahrer Rücksicht nehmen. Der Blick in den Rückspiegel ist wichtig, da häufig auch Vespa-Fahrer zu riskanten Überholmanövern ansetzen.

Befahrung der Straßen

Geschwindigkeitsbeschränkungen für Pkw, Motorräder und Wohnmobile bis 3,5 t liegen in Ortschaften bei 50 km/h, außerhalb von Ortschaften bei 90 km/h, auf Schnellstraßen bei 110 km/h und auf Autobahnen bei 130 km/h. Für Wohnmobile über 3,5t bzw. Pkws mit Anhänger gilt außerhalb von Ortschaften und auf Schnellstraßen ein Tempolimit von 80 km/h, auf Autobahnen sind es 100 km/h. Bei Regen sind auf Autobahnen maximal 110 km/h erlaubt! Wer auf Italiens Straßen zu schnell fährt und erwischt wird, muss mit **sehr hohen Geldstrafen** rechnen. An Autobahnen, Landstraßen und in Ortschaften sind Hunderte Geschwindigkeitsmesser fest installiert. Mitunter weisen Schilder (»Controllo elettronico della velocitá«) auf sie hin. Strafgebühren ab 70 € werden auch innerhalb der EU eingezogen.

Höchstgeschwindigkeit

PKW müssen tagsüber auf Autobahnen und außerhalb geschlossener Ortschaften mit **Abblendlicht** fahren, Motorräder auf allen Straßen! Die **Promillegrenze** liegt bei 0,5. Achtung: Drakonische Strafen von direkt erhobenem Bußgeld (ab 530 €) über Fahrverbot, Autokonfiszierung bis hin zu Gefängnisstrafen drohen! Für Personen, die weniger als drei Jahre den Führerschein haben, gilt die Promillegrenze von 0,0. **Telefonieren am Steuer** ist nur mit Freisprecheinrichtung gestattet. Seit 2022 sind bei Zuwiderhandlung Geldstrafen ab 160€ fällig und bis zu 2 Monate Führerscheinentzug möglich. Wer nicht mit eigenem Auto einreist, benötigt eine schriftliche **Vollmacht** in italie-

Verkehrsregeln und -vorschriften

nischer Sprache. Warndreieck, Verbandskasten und Warnwesten (je eine pro Insasse!) sind **Pflicht!** Die Grüne Versicherungskarte wird empfohlen.

Weitere Verkehrsvorschriften

Privates Abschleppen auf italienischen Autobahnen ist verboten. Im Fall einer Panne werden ausländische Auto- und Motoradfahrer vom Pannendienst des italienischen Automobilclubs zur nächsten Werkstatt geschleppt. Bei Totalschaden muss man den italienischen Zoll verständigen, da sonst eventuell für das Schadensfahrzeug Einfuhrzoll bezahlt werden muss. Auf Motorrädern über 50 cm^3 besteht **Helmpflicht.** Missachtung kann zur Konfiszierung der Maschine (bis 60 Tage) führen.

Tankstellen

Die Einfuhr und der Transport von Benzin in Kanistern sind verboten. Es gibt Superbenzin (97 Oktan; Super) und Diesel (gasolio). Tankstellen öffnen in der Regel von 7 bis 12 und 14 bis 20 Uhr; an Autobahnen gibt es meist einen 24-Stunden-Service. An Wochenenden, oft auch in der Mittagspause und nachts, kann an vielen Tankstellen nur an automatischen Tanksäulen getankt werden (Bezahlung: Geldscheine oder Kreditkarte).

Verkehrsberuhigte Zonen und Parken

Viele toskanische Städte und auch Portoferraio auf Elba haben verkehrsberuhigte Zentren. In einer solchen **ZTL (Zona Traffico Limitato)** ist zu bestimmten Zeiten nur Anliegerverkehr gestattet. Verkehrssünder erwarten happige Strafgebühren – viele Zufahrten sind videoüberwacht und erfassen sämtliche Autokennzeichen. Empfindliche Bußgelder drohen!

Fast überall sind **Parkplätze** ausgewiesen, von denen man rasch zu Fuß ins Zentrum gelangt. An nicht markierten **Straßenrändern** ohne Halteverbotszeichen oder in weiß markierten Parkboxen (ohne Parkuhr) ist Parken kostenfrei, mitunter braucht man eine Parkscheibe (Disco orario). Blau markierte Flächen und Straßenränder sind kostenpflichtig, man zahlt am Parkautomaten. Grundsätzliches Parkverbot gilt bei gelb-schwarzer oder durchgehend gelber Bodenmarkierung am Straßenrand. Auch auf gelb markierten Flächen darf nicht geparkt werden.

Mietwagen

Wer in Italien ein Auto mieten möchte, muss 21 Jahre alt sein, einen gültigen nationalen Führerschein sowie eine international gültige Kreditkarte besitzen und über ein Jahr Fahrpraxis verfügen. Bei **internationalen Autovermietern** kann man von Deutschland aus in der Regel etwas billiger und oft auch mit garantiertem Vollkaskoschutz buchen. Diese Firmen unterhalten Filialen an den Flughäfen Pisa und Florenz (tgl. 8.30–23 Uhr). Italienische Autovermieter sind im Telefonbuch unter den Stichworten »Noleggio« bzw. »Autonoleggio« gelistet.

Busverkehr

Tickets

Alle Buslinien betreibt **Autolinee Toscane (AT)**. Zu den acht städtischen Linien in Portoferraio kommen drei, die Elba erschließen (Linien 116, 117, 118). Fahrplanauskünfte und Tickets erhalten Sie an der AT-Verkaufsstelle (s. u.) sowie online auf der **App TABNET**.
Tickets kauft man besser vorab, im Bus sind sie teurer (3 €). Die Ticketpreise starten bei 1,70 € für die städtischen Linien in Portoferraio sowie 2€ für die Linee extraurbane (außerstädtischen Linien). Zehnerkarten gibt es ab 12,20 €. Die **Linie 7 (Marebus) in Portoferraio** ist kostenlos und fährt im Hochsommer zu den weißen Stränden der Stadt (tgl. 8.25–19.57 Uhr). Nachtschwärmer lieben die kostenlose städtische **Linie 8 (»Cosmopoli by Night«)**, tgl. 20 bis 24 Uhr, deren Rundkurs die Parkplätze von Portoferraio mit dem historischen Zentrum verbindet. Der **Elba Pass** ermöglicht Busfahren auf der ganzen Insel (1 Tag 10 €, 3 Tage 15 €, 6 Tage 25 €).
Infos/Tickets: AT-Büro, Viale Elba 20, Portoferraio | Tel. 0565 88 26 02
www.at-bus.it | Öffnungszeiten: 14. Juni – 10. Sept. Mo. – Sa. 7.30 – 20, sonst Mo. – Sa. 7.30 – 14.20, 15.55 – 18.45 Uhr

Marebus

Im Hochsommer bieten mehrere Kommunen den **Marebus** (»Meerbus«) an, der zu und von den Stränden ringsum pendelt. In Porto Azzurro verbindet im Sommer ein **kostenloser Nachtbus** (bus navetta notturno) tgl. 18.30 bis 1 Uhr die einzelnen Ortschaften der Gemeinde und die Strände mit dem historischen Hafenzentrum (Rundkurs; Dauer der Gesamtstrecke: 30 Min.).
Der **Marebus Capoliveri** verkehrt meist Mitte Juni bis Anfang September und verbindet Capoliveri tgl. 8.30–23 Uhr mit den Stränden Naregno, Straccoligno, Madonna delle Grazie, Lido, Lacona, Morcone, Pareti, Zuccale, Barabarca, Innamorata und Marina di Capoliveri (eine Strecke 2 €, 4 Fahrten 5 €, 10 Fahrten 10 €). Der Abendbus ab Parkplatz P1 (Piazza del Cavatore) ins Zentrum von Capoliveri ist gratis und fuhr im Sommer 2023 von 19.30 bis 24 Uhr, alle 15 Min. Information: Tel. 0565 93 51 35.
Der **Marebus Marciana** (blauer Minibus der Kommune) verkehrt auf zwei Linien: Die westlichen Ortsteile Patresi, Colle d'Orano, Sant'Andrea und La Zanca wurden 2023 vom 24. Juni bis 5. Sept. bedient, die Line nach Procchio und zu den Stränden vom 1. Juli bis 31. August. Pro Strecke kostet das Ticket 1 € (www.visitmarciana.it/marebus). Im Juli und August 2023 fuhr die auch Mòvibus genannte Busverbindung **MòviMarciana** Marciana – Poggio – Marciana Marina tgl. 8.20 bis 24 Uhr (www.visitmarciana.it/movimarciana/). Außerhalb des Sommers fährt der Bus **Mare&Shopping** tgl. 9 Uhr von Pomonte mit Halt in allen Ortsteilen nach Procchio (www.visitmarciana.it/mare-shopping/).
Tickets für den AT-Shuttle-Bus zwischen **Capraia** Porto (Hafen) und Capraia Paese (Dorf; mehrmals tgl.) erhält man an der Bushaltestelle

AUTOVERMIETER AUF ELBA

E-AUTOS (AUTO ELETTRICHE)

ELBA BY CAR
Via dell'Aeroporto 164
57034 Campo nell'Elba
Tel. 0565 97 77 85
www.elbabycar.com

HAPPY RENT
Hier können Sie nicht nur E-Autos, sondern auch Motorräder und Roller leihen.
Viale Elba 7
57037 Portoferraio
Tel. 0565 91 46 65
www.renthappy.it

TESI RENT
Calata Italia 17
57037 Portoferraio
Tel. 0565 93 02 22
www.tesiviaggi.it

RENT CHIAPPI
Bei Bedarf bekommen Sie hier auch E-Bikes und Roller (Scooter), um unkompliziert und umweltschonend herumzukommen.
Calata Italia 38
57037 Portoferraio
Tel. 0565 91 43 66
www.rentchiappi.it

RENT MONDO
Auch hier gilt: Wer E-Bikes oder Roller braucht, wird fündig!
Via R. Fucini 6
57037 Portoferraio
Tel. 0565 97 10 31
www.rentmondo.it

TWN RENT
Auch E-Bikes, Mountainbikes, Fahrräder, Roller und Motorräder. Außerdem ist der Laden weit über die Insel verteilt und punktet mit Filialen in Lacona, zwei Stück in Marina di Campo, Procchio und Lido di Capoliveri.
Viale Elba 32
57037 Portoferraio
Tel. 0565 91 46 66
www.twn-rent.it

am Hafen oder in der Tabaccheria Nr. 1, Via Carlo Alberto 44, in Capraia Paese (www.at-bus.it).

Giglio

Giglios einzige Buslinie **IG1** verbindet Giglio Porto über Giglio Castello mit Giglio Campese. Das Einzelticket kostet 2€, im Bus werden 3€ fällig. Der Fahrplan ist auf die Ankunft der Fähren in Giglio Porto abgestimmt, der Takt erhöht sich im Juli und August. Dann gibt es auch Nachtbusse (letzter Bus ab Campese 1.20 Uhr, letzter Bus ab Porto 2 Uhr). Tickets gibt es in Giglio Porto beim Tabaccaio (Tabakladen) 20m vom Fähranleger oder beim Bäcker (Panificio) an der Piazza G. Rum, wo die Busse starten bzw. ankommen. In Giglio Castello gibt es Tickets beim Tabaccaio Stefanini an der Piazza Gloriosa.
Information: AT | Tel. 055 8 49 05 05 oder Tel. 800 14 24 24
www.at-bus.it

Auto gemietet? Dann steht dem Urlaub auf Elba nichts mehr im Weg!

REGISTER

A

Accademia del Bello **88**
Acquario dell'Elba **84**
Adami, Gualtiero **158**, **231**
Agriturismo **275**
Anreise **279**
Appiani (Familie) **220**, **228**
Auskunft **283**
Auto **297**

B

Badestrände **245**
Bagnaia **48**
Bagni di Agrippa **183**
Barbarossa, Khair ad-Din **55**, **125**, **134**, **235**
Barbarossa-Strand **91**
Bastion dei Mulini **106**
Bastioni Medicei **106**
Bellucci, Giovanni Battista **229**
Bike Park (Monte) Calamita **52**
Biodola **124**
Blaue Grotte **81**
Bolano, Italo **141**
Bonaparte, Napoleon **8**, **99**, **101**, **104**, **111**, **222**, **223**, **238**
Borghese, Pauline (auch Bonaparte, Paolina) **10**, **232**
Brambilla, Gino **212**
Brignetti, Raffaello **233**
Briten **222**
Bucht von Morcone **60**
Bus **289**, **299**

C

Cala dei Peducelli **59**
Cala della Mortola **152**
Cala dell'Innamorata **51**, **59**, **60**
Cala Giovanna **183**
Cala Maestra **160**
Calamita **50**
Cala Scaletta **158**
Cala Seregola **132**
Cala Spalmatoio **160**
Campo lo Feno **72**
Capo Castello **63**
Capo Enfola **121**, **122**
Capo Fonza **64**
Capoliveri **52**
Cappella del Sacro Cuore di Maria **92**
Capraia **148**
Capraia Paese **151**
Capraia Porto **151**
Casa del Parco »Franco Franchini« **134**
Casa di Letizia Ramolino **103**
Casetta Drouot **19**, **87**
Cavo **60**
Cavoli **81**
Centro Culturale Comte de Laugier **110**
Chiesa dei Santi Pietro e Paolo **144**
Chiesa dei SS. Giovanni e Quirico **134**
Chiesa del Padreterno e della Santissima Trinità **136**
Chiesa del SS. Sacramento **109**
Chiesa di San Rocco **120**
Code Napoleon **18**, **88**
Cosimo I. de' Medici **106**, **109**, **170**, **237**, **229**
Costa Concordia **169**, **172**
Cotoncello-Strand **72**
Crocco, Carmine **234**

D

Del Buono, Oreste **233**
Demidoffs Landsitz **139**
D'Hercole, Emilia **133**
Dragut **220**

E

Einsiedelei San Cerbone **90**
Eisengewinnung **212**
Elektrizität **278**
Eremo di Santa Caterina **136**
Essen **253**
Etikette **284**
Etrusker **217**, **227**

F

Faraglione **171**
Fauna **203**

Feiern **261**
Ferdinand I., Großherzog der Toskana **229**
Flora **199**
Forte Tegla **180**
Forte di Longone **92**
Forte Falcone **108**
Forte Focardo **96**
Forte Inglese **108**
Forte San Giorgio **151**
Forte Stella **106**
Fortezza del Giove **131**
Fortezze Medicee mit Gärten **106**

G

Galerie Demidoff **141**
Gefängnisinseln **218**
Geld **278**
Geschichte **215**
Gesundheit **286**
Ghiaie **99**
Giannutri **158**
Giardino dei Semplici **142**
Giardino Botanico dell'Ottone **48**
Giglio **163**
Giglio Campese **170**
Giglio Porto **169**
Glamping **119**, **275**
Gorgona **174**
Gori, Pietro **235**
Granitgalerie **143**
Griechen **217**, **227**
Grotta del Santo **191**

H

Hotels **273**
HYDRA **84**

I

Il Marchese **187**
Industrialisierung **225**
Inseln des Toskanischen Archipels **148**
Inseltopografie **206**
Insulaner **205**
Isole Gemini **60**

K

Klima **289**
Krankenversicherung **244**

L

Lacona **63**
Laconella **63**
La Fenicia **76**
Laghetto di Sassi Neri **52**
Laghetto di Terra Nera **97**
Landwirtschaft **209**
Langobarden **218**
La Paolina **78**
La Piccola Miniera, Museo Minerario Etrusco **92**
La Scola **180**
La Stagone **155**
La Zanca **72**
Lazzaretto **170**
Le Scole **170**
Le Grazie **60**
Le Tombe **80**
Lido di Capoliveri **60**

M

Madonna del Monte **71**
Madonna di Monserrato **96**
Magazzini **66**
Marchesi de'Frescobaldi **174**
Marciana **67**
Marciana Marina **74**
Marcianas Archäologisches Museum **69**
Marcus Valerius Messalla Corvinus **237**
Marebus **299**
Marina di Campo **79**
Mayol, Jacques **236**
Mazzei, Giuseppe **229**
Medici **220**, **229**, **230**, **55**, **126**
Mercato Agroalimentare Traizionale **270**
Messalla, Marcus Valerius **124**, **237**
Mietwagen **298**
Militärarchitektur **229**
Mineralien **214**
Miniera del Ginevro **50**
Mittelalter **218**
Monte Argentario (Halbinsel) **229**
Monte Calamita **51**, **52**
Monte Capanne **88**
Monte Castello **142**
Montecristo **188**
Möwe **199**
MUM **142**
Münzmuseum **70**
Muro Dalla Chiesa **187**
Museen 288
Museo Archeologico **135**
Museo Civico Archeologico **113**
Museo della Misericordia **111**

Museo del Mare **56**
Museo »La Vecchia Officina« **51**
Museo Mineralogico e Gemmologico »Luigi Celleri« **142**
Museo Nazionale delle Residenze Napoleoniche »Palazzina dei Mulini« **99**
– Privatbibliothek **101**
Museo Nazionale Residenze Napoleoniche **137**

N

Napoleon (► Bonaparte)
Napoleons Residenz **100**
Nationalpark Toskanischer Archipel **194**
Naturschutz **194**
Nisportino **48**
Nisporto **48**
Nonna Adua **137**

Open-Air-Museum Italo Bolano **141**
Orto dei Semplici Elbano **136**
Ovid **124**

Palazzo Comunale **109**
Parco Minerario Isola d'Elba **131**
Parco Nazionale Arcipelago Toscano **148**
Patresi **72**
Pavolini, Elisabetta **17**
Pertini, Sandro **113**, **184**
Pferdetrekkingangebote **248**
Piaggia di Rio **130**
Piana di Mola **96**
Pianosa **21**, **179**
Piazza Caduti delle Miniere **134**
Piazza del Castagneto **85**
Piazza della Repubblica Duomo **112**
Piazza di For di Porta **70**
Piazza Gloriosa **163**
Piazza Matteotti **54**
Pieve di San Lorenzo **70**
Pieve di San Michele **56**
Piraten **218**
Pisaner **219**
Placido, Michele **235**
Poggio **85**
Porto Azzurro **91**
Porto Ercole **229**
Porto Romano **187**
Post **296**
Preise **288**
Punta Cera **93**
Punta del Capel Rosso **161**
Punta del Fenaio **171**
Punta della Civitata **152**
Punta della Manza **152**
Punta dello Zenobito **155**
Punta del Recisello **152**
Punta Nera **93**
Punta Polveraia **72**

R

Ramolino, Maria Letizia **10**, **68**
Reiseplanung **279**
Reisezeit **289**
Rio Marina **127**
Rio nell'Elba **132**
Ripa Barata **76**
Romanik **228**
Römer **227**
Römische Antike **217**
Römische Villa **158**

S

Sagrestani, Giovanni Camillo **229**
San Defendente **18**, **88**
San Gaudenzio **184**
San Leonardo **127**
San Martino **137**
San Niccolò **18**, **87**
San Piero in Campo **142**
San Pietro Apostolo **164**
Santa Barbara **131**
Sant' Andrea **72**
Sant'Ilario in Campo **145**
Santo Stefano **67**
Santuario della Madonna della Neve **64**
Santurio della Madonna delle Grazie **60**
Sarazenen **218**
Sassi Ritti **84**, **144**
Seccheto **81**
Seeschlacht von Meloria **219**
Sentieri dei Mostri di Pietra **71**
Sentiero della Ferrovia **52**

Sentiero delle Orchidee **52**
Shopping **266**
Sorge, Bartolomeo **240**
Spiaggia delle Viste **103**
Spiaggia di Fetovaia **80**
Spiaggia d'Ortano **132**
Spiaggia Ferrato **96**
Spiaggia Frugoso **62**
Spiaggia Grande **63**
Spiaggia Le Ghiaie **120**
Spiaggia di Nisporto **48**
Spiaggia Stracoligno **96**
Spiaggia Topinetti **132**
Spiaggia von Capo Castello **62**
Sprache **290**
Steinzeit **226**
Strände **246**
Straßenverkehr **297**
Strom **278**

T

Teatro dei Vigilanti **108**
Teatro della Fonte **71**
Telefon **296**
Tenuta delle Ripalte **51**
Thermalbad San Giovanni **122**, **208**
Torre degli Appiani **75**
Torre della Linguella **112**
Torre di Marina **80**
Torre dello Zenobito **155**
Torre del Porto **152**
Torre di Campese **89**
Torre di San Giovanni **145**
Torre Nuova **177**
Torretta del Bagno **151**, **153**
Torre Vecchia **177**
Toscanelli, Vittoria Altoviti Avila **232**, **48**
Touren **30**

U

Übernachten **272**
Ughi, Uto **240**
Unterwasserwelt **204**

V

Veranstaltungskalender **262**
Vergünstigungen **288**
Verkehr **297**
Villa Bellariva **61**
Villa del Buono **61**
Villa Domizia **158**
Villa Ottone **48**
Villa Reale **189**
Villa Romana delle Grotte **113**, **122**
Villa San Martino **139**
Villa Tonietti **61**
Viticcio **120**
Volterraio **125**
Vor- und Frühgeschichte **215**, **226**

W

Waldenser-Tempel **131**
Walewska, Maria **11**
Wanderungen 248
- Adlermassiv **72**
- Capraia Porto **152**
- Einsiedelei San Cerbone **90**
- Essenzen und Düfte **84**
- Faro Punta di Capel Rosso **171**
- Gorgona **178**
- Granitwege **84**, **144**
- Halbinsel Calamita **51**
- Monte Calamita **51**
- Pianosa **187**
- Punta del Capel Rosso **161**
- Schmetterlingswanderweg **89**
- Sentieri dei Mostri di Pietra **71**
- Serpentinenweg zum Monte Enfola **122**
- Wanderweg 55 **127**

Wein **269**, **209**
Wirtschaft **208**
Wochenmärkte **267**

BILDNACHWEIS

Bertrand Rieger/hemis.fr./laif 8, 86 (oben)
DuMont Bildarchiv/Christina Anzenberger-Fink, Toni Anzenberger 90, 93, 98 (2x), 139, 169, 280
Dumont Bildarchiv/Widmann 68
f1-online/Dieterich 144
fotolia/cristianbalate 296
fotolia/joangil 23
fotolia/Renzo 143
fotolia/S. Engels 2, 107
fotolia/Stefan Loss 80
fotolia/travelbook 123 (oben)
fotolia/Uwalthie Pic Project 16, 112
Getty images/Mondadori Portfolio / Kontributor 234
Hackenberg 61
huber-images.de/Patrizio Del Duca 161
huber-images.de/Zoltan Nagy 140
interfoto 239
laif/Bertrand Rieger/hemis.fr 3 (unten), 101
laif/Luigi Caputo 15
mauritius images/EGelsi/Alamy 265
mauritius images / SuperStock / Fine Art Images 105
robertharding / Lookphotos 64
Shutterstock/Alessandro Colle 75
Shutterstock/Balate Dorin 54, 130, 208, 260, 289
Shutterstock/Benny Marty 195, 249
Shutterstock/cherryyblossom 49, 285
Shutterstock/Cristian Balate 264
Shutterstock Diego Fiore 224
Shutterstock/Emanuele Mazzoni Photo 270
Shutterstock/ franco firpo 157
Shutterstock/Francesco Lorenzetti 20/21
Shutterstock/Giongi63 24, 26
Shutterstock/Honza Hruby 149, 153 (oben)
Shutterstock/Marco Maggesi 53
Shutterstock/MattiaATH 203
Shutterstock/Moise Sebastian 119
Shutterstock/Mor65_Mauro Piccardi 3 (oben), 87
Shutterstock/Nancy Ayumi Kunihiro 154
Shutterstock/Nick_Nick 259
Shutterstock/Olga Serdyukova Italia 275
Shutterstock Paolo Arsie Pelanda 214
Shutterstock/Paolo Gallo 11
Shutterstock/Paolo Querci 18, 255 (unten)
Shutterstock/Pavel Rezac 5, 126
Shutterstock/praiadotofo8400 162
Shutterstock/robertonencini 12/13, 153 (unten), 181, 186
Shutterstock/sansa55 190
Shutterstock/stefano cellai 219
Shutterstock/StevanZZ 47, 59, 129, 300
Shutterstock/Umomos 243
Shutterstock/Val Thoermer 34 (unten)
shutterstock/YuliiaHolovchenko 255 (oben)
Shutterstock/54115341 102
Renckhoff: 147
Sorges 7, 19, 29, 34 (oben), 86 (unten), 177, 193, 198, 213, 222, 230, 262, 267, 271, 272, 277
Sorges/Foto: Ellen Spielmann 254

Titelbild: Pietro Canali/Schapowalow

VERZEICHNIS DER KARTEN UND GRAFIKEN

Baedeker-Sterneziele U 3/U 4
Tourenübersicht 31
Tour 1 33
Tour 2 36
Tour 3 38
Tour 4 40
Tour 5 42
Tour 6 44
Portoferraio (Cityplan) 114/115
Golf von Portoferraio (Übersicht) 121
Villa Romana delle Grotte (Grundriss) 123
Volterraio (Grundriss) 125
Capraia (Übersicht) 150
Giannturi (Übersicht) 159
Giglio (Übersicht) 165
Costa Concordia (Infografik) 172/173
Gorgona (Übersicht) 175
Pianosa (Übersicht) 182
Elba auf einen Blick (Infografik) 196/197
Blumen und Kräuter auf Elba(Infografik) 200/201
Inseltopografie (3 D) 206/207
Elbas Bodenschätze (Infografik) 210/211
Eisengewinnung 213
Badestrände 246
Übersichtskarte U5/U6

IMPRESSUM

Ausstattung:
99 Abbildungen, 25 Karten und Grafiken, eine große Reisekarte

Text:
Jürgen Sorges, mit Beiträgen von Achim Bourmer, Heide Marie Karin Geiss, Ulf Hausmanns, Dieter Luippold, Reinhard Zakrzewski, Peter Peter

Bearbeitung:
Baedeker-Redaktion (Cornelia Thoellden)

Kartografie:
Klaus-Peter Lawall, Unterensingen, KOMPASS-Karten GmbH, A-6020 Innsbruck; MAIRDUMONT, D-73751 Ostfildern (Reisekarte)

3D-Illustrationen:
jangled nerves, Stuttgart

Infografiken:
Golden Section Graphics GmbH, Berlin

Gestalterisches Konzept:
RUPA GbR, München

12. Auflage 2024

Printed in China

Trotz aller Sorgfalt von Redaktion und Autoren zeigt die Erfahrung, dass Fehler und Änderungen nach Drucklegung nicht ausgeschlossen werden können. Dafür kann der Verlag leider keine Haftung übernehmen. Jede Karte wird stets nach neuesten Unterlagen und unter Berücksichtigung der aktuellen politischen De-facto-Administrationen (oder Zugehörigkeiten) überarbeitet. Dies kann dazu führen, dass die Angaben von der völkerrechtlichen Lage abweichen. Irrtümer können trotzdem nie ganz ausgeschlossen werden. Kritik, Berichtigungen und Verbesserungsvorschläge sind jederzeit willkommen. Schreiben Sie uns, mailen Sie oder rufen Sie an:

Verlag Karl Baedeker / Redaktion
Postfach 3162, D-73751 Ostfildern
Tel. 0711 4502-262
www.baedeker.com

BAEDEKER VERLAGSPROGRAMM

Viele Baedeker-Titel sind als E-Book erhältlich.

A
Ägypten
Algarve
Allgäu
Amsterdam
Andalusien
Australien

B
Bali
Baltikum
Barcelona
Belgien
Berlin · Potsdam
Bodensee
Böhmen
Bretagne
Brüssel
Budapest
Burgund

C
China

D
Dänemark
Deutsche Nordseeküste
Deutschland
Dresden
Dubai · VAE

E
Elba
Elsass · Vogesen
England

F
Finnland
Florenz
Florida
Frankreich
Fuerteventura

G
Gardasee
Golf von Neapel
Gomera
Gran Canaria
Griechenland

H
Hamburg
Harz
Hongkong · Macao

I
Indien
Irland
Island
Israel · Palästina

BAEDEKER
F
FLORIDA

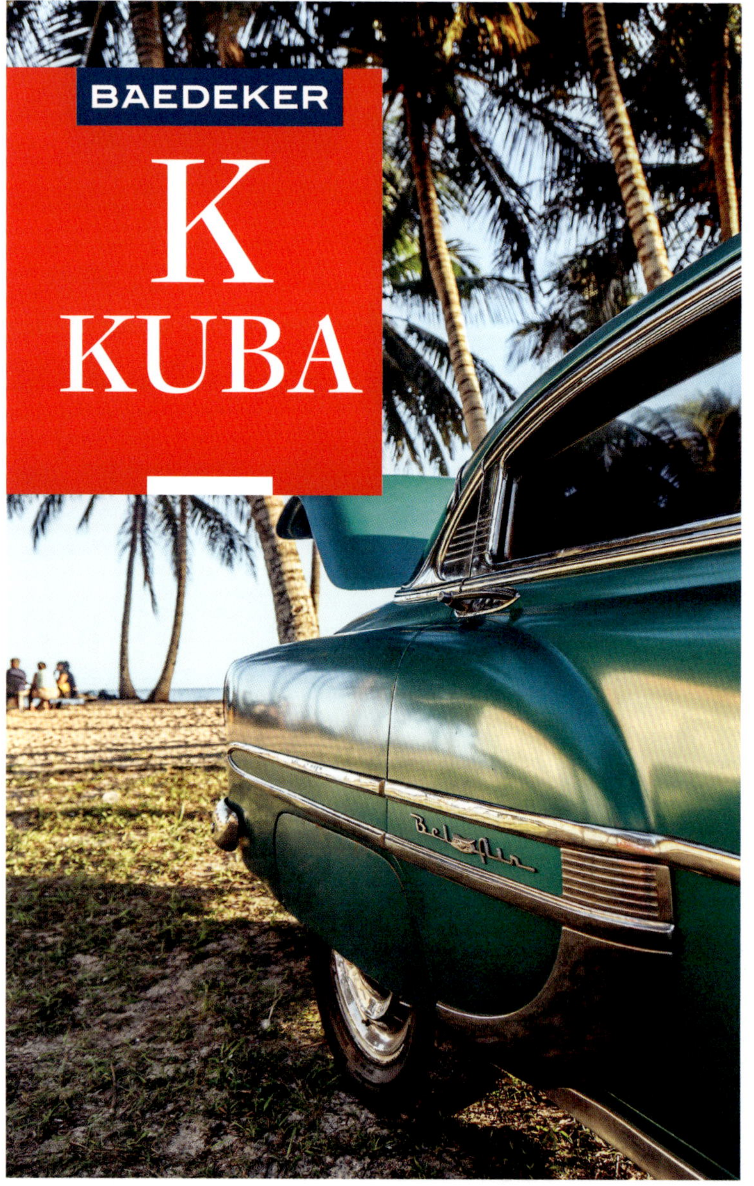
BAEDEKER
K
KUBA
Bel Air

Istanbul
Istrien · Kvarner Bucht
Italien

J
Japan

K
Kalifornien
Kanada · Osten
Kanada · Westen
Kanalinseln
Kapstadt · Garden Route
Kopenhagen
Korfu · Ionische Inseln
Korsika
Kreta
Kroatische Adriaküste · Dalmatien
Kuba

L
La Palma
Lanzarote
Lissabon
London

M
Madeira
Madrid
Mallorca
Malta · Gozo · Comino
Marrokko
Mecklenburg-Vorpommern
Menorca
Mexiko
München

N
Namibia
Neuseeland
New York
Niederlande
Norwegen

O
Oberbayern
Österreich

P
Paris
Polen
Polnische Ostseeküste · Danzing · Masuren
Portugal
Prag
Provence · Côte d'Azur

R
Rhodos
Rom
Rügen · Hiddensee
Rumänien

S
Sachsen
Salzburger Land
Sankt Petersburg
Sardinien
Schottland
Schwarzwald
Schweden
Schweiz
Sizilien
Skandinavien
Slowenien
Spanien
Sri Lanka
Südafrika
Südengland
Südschweden · Stockholm
Südtirol
Sylt

T
Teneriffa
Thailand
Thüringen
Toskana

U
USA · Nordosten
USA · Südwesten
Usedom

V
Venedig
Vietnam

W
Wien

Z
Zypern

Meine persönlichen Notizen

Meine persönlichen Notizen

50 km
Firenze
Pisa
A1
Livorno
Isola di Gorgona
Volterra
Siena
Cecina
Toscana
1
2
Isola di Capraia
Piombino
Portoferraio
Bastia
I. d'Elba
Grosseto
ITALIA
Isola Pianosa
FRANCE
Corse
Isola del Giglio
Orbetello
Isola di Montecristo
Tarquinia
Isola Giannutri
Aleria
Civita-vecchia
Capo d'Enfola
135
Golfo di Viticcio
Punta del Nasuto
Capo S. Andrea
Marciana Marina
Punta Penisola
Scaglieri
S. Andrea
Golfo della Biodola
Zanca
Cala della Cotaccia
25
Conca
Biodola
Madonna del Monte
Marciana Alta
Bagno
Golfo di Procchio
Punta Polveraia
La Guardia
Monte Giove
855
Poggio
Sedia di Napoleone
Colle d'Orano
Procchio
Monte di Cote
950
Monte Perone
630
Marmi
25
Fosso Galeo
365
Monte S. Martino
1019
37
S. Ilario in Campo
Punta Nera
Monte Capanne
La Pila
Chiessi
Valle di Pomonte
Fosso di Vallebuia
Aeroporto Turistico
30
Bonalaccia
25
Punta della Testa
Monte Cenno
592
San Piero in Campo
Campo nell'Elba
Pomonte
Agricoop
Marina di Campo
297
Secchete
Cavoli
25
Fetovaia
Golfo di Campo
Punta le Tombe
Punta di Cavoli
182
Scoglio della Triglia
Punta di Fetovaia
Capo di Poro
Mare Tirreno